本书由贺州学院中国语言文学硕士点建设项目经费资助出版

本书为广西壮族自治区哲学社会科学规划项目"广西旧方志所载诗文辑录、整理与研究"（18FTQ001）阶段性成果

光明社科文库

嘉庆重修一统志·广西统部

牟华林　钟桂玲◎整理

光明日报出版社

图书在版编目（CIP）数据

嘉庆重修一统志·广西统部 / 牟华林，钟桂玲整理 .
-- 北京：光明日报出版社，2019.7
（光明社科文库）

ISBN 978 – 7 – 5194 – 5438 – 8

Ⅰ.①嘉… Ⅱ.①牟…②钟… Ⅲ.①广西—地方志
—清代 Ⅳ.① K296.7

中国版本图书馆 CIP 数据核字（2019）第 148866 号

嘉庆重修一统志·广西统部

JIAQING CHONGXIU YITONGZHI · GUANGXI TONGBU

整　　理：牟华林　钟桂玲

责任编辑：曹美娜　朱　然　　　　责任校对：赵呜呜
封面设计：中联学林　　　　　　　责任印制：曹　净

出版发行：光明日报出版社
地　　址：北京市西城区永安路 106 号，100050
电　　话：010-63131930(邮购)
传　　真：010-63169890
网　　址：http://book.gmw.cn
E – mail：caomeina@gmw.cn
法律顾问：北京德恒律师事务所龚柳方律师，电话：010-67019571

印　　刷：三河市华东印刷有限公司
装　　订：三河市华东印刷有限公司
本书如有破损、缺页、装订错误，请与本社联系调换

开　　本：170mm × 240mm
字　　数：411 千字　　　　　　　印　　张：24.5
版　　次：2019 年 7 月第 1 版　　印　　次：2019 年 7 月第 1 次印刷
书　　号：ISBN 978 – 7 – 5194 – 5438 – 8

定　　价：95.00 元

前　言

一、《一统志》概述

《一统志》属于官修的国家地理总志，旨在"庶几体国经野，不窥牖而可知；观民省方，如指掌而斯在。"（徐乾学《大清一统志凡例》，见谭其骧主编《清人文集地理类汇编》第1册），故而对考察一朝疆域领土之范围、所属省府州县之建置沿革、人口之发展变迁、田亩户税之增减、城市建设之兴废、民风民俗之大略、山川水域之分布、地形地貌之大势、官私教育之发展、各色人物之贡献、佛道二教之概略、地方物产之富饶、名胜古迹之风貌、民族发展与民族风情等，皆具有十分重要的参考价值。

《一统志》之纂修始于元，继于明，终于清。从纂修次数而言，其中元凡二修，明五修，清三修，以明修次数为最多。（牛润珍以为明代仅一修，且以清修次数为最多，与实际情况不符，故不取其说。见牛润珍、张慧《〈大清一统志〉纂修考述》，载《清史研究》2008年第1期）自此，凡历三朝共十次纂修之《一统志》，终成皇皇巨著并沾溉学林无穷。此后再无此名，亦无再纂修《一统志》之事。

明之五修，始修于洪武三年，殆迄于洪武二十七年，名曰《大明志书》，但此书已佚，故卷帙未可知。成祖嗣位，诏纂修《天下郡县志》书，然因成祖去世而未果。代宗朝，于景泰五年诏修《寰宇通志》，于景泰七年竣工，计119卷。英宗朝天顺二年以《寰宇通志》"繁简失宜，去取未当"，故下诏补修《寰宇通志》，天顺五年成书，赐名《大明一统志》，号曰天顺本，共九十卷。（详参张英聘《论〈大明一统志〉的编修》，载《史学史研究》2004年第4期）世宗朝嘉靖四十二年再增修《大明一统志》，成书于嘉靖四十五年，号曰嘉靖本，仍为九十卷。万历朝，约于万历十六年至万历四十八年之间对《大明一统志》再做增修，号曰万历万寿堂本，亦为九十卷。（详参杜洪涛《〈大明一统志〉的版本差异及其史料价值》，载《中国地方志》2014年第10期）自天顺本至万历万寿堂本，虽卷数没有发生变化，但其所包含的内容则因时代不同而不断增多，其史料价值自然也就各有特色。

清之三修曰初修、曰续修、曰重修。其"初修始于康熙二十四年，历雍正朝，至乾隆八年成书；二修始于乾隆二十九年，成于乾隆四十九年，乾隆五十四年正式上呈；三修始于嘉庆十六年，成于道光二十二年"（阎光亮《〈大清一统志〉的纂辑》，载《辽宁教育学院学报》1994年第2期），并由国史馆总裁、大学士穆彰阿正式上呈，自此，《一统志》之纂修经历漫长的岁月等待，终于告罄，并以完备之姿态呈现于世。康熙朝初修之《大清一统志》（康熙本《大清一统志》），自议修至书成，历经几七十年，凡三百四十二卷；"而外藩及朝贡诸国等附录其后，合起来共为三百五十六卷。乾隆九年开始刊行。"（阎光亮《〈大清一统志〉的纂辑》）乾隆朝续修之《钦定大清一统志》，对康熙本多有增补、改进和修正，"前后历时二十载，凡四百二十四卷，加上子卷为五百卷。"（牛润珍、张慧《〈大清一统志〉纂修考述》）嘉庆朝重修之《大清一统志》，由于多方面的原因，"终嘉庆一朝，《重修大清一统志》未能成书"。（牛润珍、张慧《〈大清一统志〉纂修考述》）道光十六年，又敕"续纂《蒙古王公表传》《大清一统志》。"（《钦定大清会典事例》卷1051，第534页，转引自牛润珍、张慧《〈大清一统志〉纂修考述》）直到道光二十二年十二月，历经三十一载始告竣，道光皇帝为之御制序文。曰："旧典有所承而后事有所起，……兹全书告成，沿述于开国之初，增辑至嘉庆二十有五年，为卷五百有六十。"（《嘉庆重修一统志序》，据《四部丛刊续编》本）加上凡例目录两卷，则共有562卷。

上述诸种《一统志》中，清修诸本较前代所修本的价值更大，这是由时代的发展变迁、可参考资料更多、内容不断丰富完善，再加上纂修者的识断更精审等多方面的原因决定的。在清修三本里，《嘉庆重修一统志》被公认是清《一统志》中质量最好的一部，"其原因在于纂修官学风严谨，考订精审，又有前两部《一统志》作为蓝本，还有'部、院、寺、监并各直省来册'可据，修志的馆臣根据各省提供的资料，'采用群书，自国史外，如《日下旧闻考》《热河志》《盛京通志》《平定准噶尔方略》《西域同文志》《西域图志》《平定金川方略》《天下舆地全图》等书，旁搜博采，确切参稽'，因而内容较前两志丰富而且准确。"（牛润珍、张慧《〈大清一统志〉纂修考述》）今人张元济主持编纂的《四部丛刊续编》收入《嘉庆重修一统志》，对其评价甚高，他在为此志所作的《跋》里认为此书"居今日而治舆地之学，欲求一官本且后出而信者，宜莫如此书。"（张元济《嘉庆重修一统志跋》，据《四部丛刊续编》本）此外，由于《嘉庆重修一统志》几乎包含了前此诸《一统志》的全部内容，并广泛采择历代地理总志、方志中的内容精心剪裁编排其中，因而可称得上是有关历代地理总志及其时各地方志的集大成之作及总结性著作。迄今为止，要考察研究清嘉庆及之前古代社会之政治、经济、历史、地理、军事、教育、民风民俗、民族种族等诸种文化现象，《嘉庆重修一统志》依然足资借鉴与参考。

《嘉庆重修一统志》的编次与编目，在其《凡例》中有说明，于编次曰："志中编次首京师，次直隶，次盛京，次江苏、安徽、山西、山东、河南、陕西、甘肃、浙江、江西、湖北、湖南、四川、福建、广东、广西、云南、贵州，次新疆，次蒙古各藩部，次朝贡各国，凡五百六十卷。"于其志目曰："京师以下，每省有统部，总叙一省大要。各府、厅、直隶州自有分卷，凡所属之州县入焉。蒙古各藩部分卷，悉照各省体例，其中间有新增者，谨另标出。"（见《嘉庆重修一统志·凡例》）据牛润珍考察，"统部先有总图、总表、总叙。内地统部各省'分野''建置沿革''形势''文职官''武职官''税课''户口''田赋''名宦'；边疆各统部叙及内容与内地有所不同，相应增叙'属部''旗分''封爵''驿站''山川''土产'等不一，京师及兴京所在的盛京统部，另有'城池''坛庙''山陵''风俗''城池''学校''户口''田赋''税课''职官''山川''古迹''关隘''津梁''堤堰''陵墓''祠庙''寺观''名宦''人物''流寓''列女''仙释''土产'二十五目；边疆各统部之属部目次略异，主要是因地制宜设置门类，在新疆统部下属部新增加了'度漠驿站'门；盛京统部增加了'关邮''城堡''山陵''行宫'门；乌里雅苏台统部属部增加了'晷度''山川''卡伦''属境''台站'门；贵州统部增加了'苗蛮'，记当地少数民族情况；青海、西藏不称统部，无总图、总表、总叙等项，直接记述各部的情况。"（牛润珍、张慧《〈大清一统志〉纂修考述》）这个结论是符合实际情况的。这不但说明《嘉庆重修一统志》的编纂者具有思考周到全面、思维缜密、编排严谨而又灵活的特点，而且说明此《志》确实具备了徐乾学所说的"备载天下山川、郡邑、政事、风俗，用昭我皇上车书一统之盛，贯穿古今，有裨治理"（徐乾学《备陈修书事宜疏》，谭其骧主编《清人文集地理类汇编》第1册，第238页）的特色和功用。

二、关于《嘉庆重修一统志·广西统部》

《广西统部》由郑绍谦任总纂官，李绍昉、蒋立镛为具体纂修者，是《嘉庆重修一统志》的重要构成部分。在《嘉庆重修一统志》中，《广西统部》始于卷四百六十，终于卷四百七十四，计有15卷。虽然所占卷帙不多，但仍然较为全面而充分地反映了广西一地的人文地理、自然地理、经济地理和文化地理等诸情况，成为研究清代嘉庆及之前广西古代社会政治、经济、历史、地理、军事、教育、民风民俗、民族种族等的重要参考资料，有些还甚至是稀见资料，尤其对各府州少数民族进行介绍的资料，综合来看就是一部精炼且难得的广西古代少数民族志，其对研究广西古代少数民族的价值不言而喻。

《广西统部》的编次及卷数安排为：首广西统部概述（卷四百六十）、次桂林府（卷四百六十一、卷四百六十二）、次柳州府（卷四百六十三）、次庆远府（卷四百六十四）、次思恩府（卷四百六十五）、次泗城府（卷四百六十六）、次平乐府（卷四百六十七、卷四百六十八）、次梧州府（卷四百六十九）、次浔州府（卷四百七十）、次南宁府（卷四百七十一）、次太平府（卷四百七十二）、次镇安府（卷四百七十三）、次郁林直隶州（卷四百七十四）。

在编目上，严格遵照《嘉庆重修一统志》的整体编排体例。广西统部前有总图、总表、总叙，后分为"分野""建置沿革""形势""文职官""武职官""税课""户口""田赋""名宦"等九个名目，对广西全省的整体情况作简要叙述。其所属十二个府州，先有分图、分表，然后列"分野""建置沿革""形势""风俗""城池""学校""户口""田赋""山川""古迹""关隘""津梁""堤堰""陵墓""祠庙""寺观""名宦""人物""流寓""列女""仙释""土产""苗蛮"等二十三个名目。其"苗蛮"之增设，乃是因为广西同样也是少数民族聚居区，借此目之设，实有助于对苗族、瑶族、僮族、侗族、伶族、山子、马人、巴等少数民族的居处、风俗等情况做出简要而精当的描述。前举之名目，除去重复，则广西所设共有二十六个。其所属各府州在名目安排上也并非都是二十三个，其全备者有六，即桂林府、柳州府、庆远府、平乐府、浔州府、郁林直隶州；其名目不全者亦有六，名目之缺或一、或二、或三、或四不等。如思恩府无"陵墓"一目，泗城府无"陵墓""人物""流寓""仙释"四目，梧州府无"仙释"一目，南宁府无"寺观"一目，太平府无"陵墓""仙释"二目，镇安府无"寺观""流寓""仙释"三目。这些名目的缺失自然是当时各地人文地理实际情况的反应。

《嘉庆重修一统志》之所以被学人许为中国古代社会最有价值的国家地理总志，这在《广西统部》的纂修中也可以看出来。略述如下：

首先，《广西统部》纂修的取材十分广泛，并不仅限于官修之统志或各府州方志，而是广搜博采，凡有助于说明问题、交代情况的各处材料，皆不遗余力加以采集并精心编排。其所采者，粗略分类有：一曰正史类，如《战国策》《史记·南越列传》《汉书·地理志》《三国志·吴志》《后汉书·郡国志》《晋书·地理志》《南齐书·志》《宋书·州郡志》《隋书·地理志》、新旧《唐书·地理志》《唐书·方镇表》《资治通鉴》及《通鉴考异》《五代史·职方考》《宋史·地理志》《宋史·沟洫志》《元史·地理志》《宋史·范贵参传》等；二曰地理总志类，如《山海经》、唐李吉甫《元和郡县志》、宋乐史《太平寰宇记》、宋王存《元丰九域志》、宋祝穆《方舆胜览》、宋王象之《舆地纪胜》（或讹作《舆地胜纪》）、《元统志》《明统志》、曹学佺《名胜志》等；三曰政书类，如杜佑《通典》、马端临《文献通考》等；四曰地理史料类，如晋王范《交广春秋》、晋裴渊《广州记》、晋干宝《搜神记》、北魏郦道元《水经注》、唐刘恂《岭表录异》、唐莫休符《桂林风土记》、宋范成大《桂海虞衡志》、宋周去非《岭外代答》、宋范成大《骖鸾录》、明田汝成《炎徼纪闻》、明魏濬《西事珥》、明魏濬《峤南琐记》《舆程记》《里道记》《图经》；五曰地理考证类，如《土夷考》《城邑考》等；六曰史学理论类，如唐刘知几《史通》；七曰方志类，其引者号曰省志、金志、通志、旧志、新志、府志、州志、郡志、县志、《经略志》《土司志》等。此外，还征引类书（如宋李昉《太平广记》）、医学著述（如明李时珍《本草纲目》）、文物鉴定著作（如明曹昭《格古要论》）以及各时代单篇文章，如唐咸通三年敕、唐韩愈《罗池庙碑》、唐柳宗元《孔子庙碑》、柳宗元《记》、白居易撰《严谟知桂州制》、唐吴武陵《记》、唐李商隐《桂林诗》、唐李商隐《为柳州郑郎中谢上表》、唐萧昕《送桂州刺史序》、宋唐弼《安远楼记》、宋李彦弼《八桂堂记》、宋曾巩《送李材叔知柳州序》、宋邱翔《苍梧郡赋》、宋赵善奏状、宋杜杞《邕管议》、宋狄青《贺捷表》、宋余靖《平蛮颂》《清华阁记》《新井记》、明制府厅壁记等。上述材料总计约七八十种，可谓相当丰富。对这些材料的征引，其频度也不一而足，少则仅引用一次，多则引一书至数十次（如对《土夷考》的引用就达到了四十四次，这对保存与流布《土夷考》一书显然意义重大），甚至有多达上百次者（如对《太平寰宇记》的征引就达到二百多次，其对该书的重视可见一斑）。如此丰富的材料采择入书，不仅增强了其史料厚度、其可信度，而且增强了其可读性。

其次，纂修者精于识断，能及时发现前人的错误并予以匡正，不让其再贻误后世。如《柳州府·古迹》记"循德废县"曰："在来宾县东。《元和志》：'武德四年，析桂林立阳德县，其年改名循德，本属柳州，永徽初，割入严州。'《旧志》：'《寰宇记》无此县，盖五代时废。今县东南古浪山下有古浪城，疑即古县治。'又按：永徽年号在乾封前，时严州尚未置，何由以县割属？《元和志》误。"《元和郡县志》认为循德

6

县原来属于柳州，在永徽初期则割属严州。但纂修者认为严州之设在乾封时期，而非时代更靠前的永徽时期，则循德县不可能在未设置严州的永徽时期就割属严州，由此，《元和志》关于循德县在"永徽初割入严州"的论断违背了历史事实，故而是错误的。又如《思恩府·建置沿革》曰："汉为郁林郡广郁、领方等县地。按：府境在郁江之北，南界南宁、太平，俱为郁林故地。《明统志》作'交阯郡地'，误。"《明统志》以为思恩府在汉代时属于交阯郡地，但纂修者认为该府的疆境自北至南，都是属于汉郁林郡故地，故《明统志》的结论是错误的。这样的纠误，实事求是，对《明统志》的利用当然是有帮助的。

再次，纂修者对遇到有疑问处，并不强下结论，而是以存疑的方式拿出自己的意见，以备后来考察。如《柳州府·古迹》记"阳寿废县"曰："今象州治，隋置。《元和志》：'隋开皇十一年，以桂林置象州，大业二年废。唐武德四年，平萧铣，立武德县，仍于县治重置象州，取界内象山为名。阳寿县郭下，开皇十一年，析桂林置。'《唐书·地理志》：'象州象郡，本桂林郡。武德四年，以始安郡之阳寿、桂林置。贞观十三年，从治武化。大历十二年，复治阳寿。'《宋史·地理志》：'景定三年，徙州治来宾县之蓬莱。'《元史·地理志》：'象州，阳寿倚郭。'按：唐时象州治所凡三徙，始武德，既武化，后阳寿。《方舆胜览》云：'有象台，去州三十里，为古州治。'盖武德废入阳寿，此即州治之在武德者也。又按《隋志》：'马平，开皇十一年置象州。'而《郡县志》云'以桂林置'，盖是时析桂林置马平，故指马平为桂林耳。"隋开皇十一年置象州一事，《元和志》认为是"以桂林置象州"，《隋书·地理志》认为是在马平置象州，同样之事，记载却出现分歧。作者对此无法断言，只能根据曾经从桂林县分出马平县的事实，来推断《隋志》所谓的在马平置象州，实际上是用马平来指代桂林，其所记载大概只是名号上的差别，而非置象州这一事实有差别。这种推断是否合理，作者也无法肯定，故用揣测语气来表达。这种存疑的方式，不仅显示出纂修者的审慎态度，而且也给进一步研究"开皇十一年置象州"这一历史事实留下了空间。又如《庆远府·古迹》："富安监，在河池州。《寰宇记》：'富安砂监，在宜州西一百三十里。'《九域志》：'富安监，淳化二年置，在州西南一百五十七里。又有宝富一银场，不知何时废。'按：《寰宇记》与《九域志》二书，道里远近不同，未详孰是。"作为富安监的地理位置，以及距州之远近，《寰宇记》与《九域志》记载出现差异，除非亲历了解，否则很难给出准确答案。这种差异或许是二书所据资料之差别造成的，又或许是地理变迁所致，但都只能是猜测。既然说不清楚，则只能存疑，故而说"未详孰是"。

最后，纂修者对于前代记述有脱漏处，也予以增补，以广闻见。如《庆远府·学校》："凤冈书院，在天河县。本朝乾隆四十年建。按《旧志》载：'龙溪书院，在府城西关内。龙江书院，在府城中。香林书院，在府城西南关内。'今并废，谨附记。"纂修者在对"凤冈书院"进行记述后，又补充介绍了旧志所记载的龙溪书院、龙江书院、香林书院，但这三个书院在纂修者时已经废弃，因而有必要予以说明。在纂修者看来，庆远府的学校并非只有在天河县的凤冈书院等寥寥几处，在历史上，还曾经在府城治所都集中出现过多个书院，说明庆远府对学校建设的重视。这样的记载，对读者了解庆远府学校建设的兴废历程，对考察庆远府的古代教育发展状况皆有裨益。又如同样是记载"冯乘废县"，《广西通志》卷二三一《胜迹略二·城址二》记曰："冯乘废县，在今县北七十里灵亭乡。（《明统志·府志》：'在县东三十里。'）"而《平乐府·古迹》则记作"冯乘废县，在富川县东北。《元和志》：'冯乘县，东南至贺州一百八十里，界内有冯溪，因以为名。本汉旧县，属苍梧郡。吴属临贺郡。隋大业三年，改属零陵郡。唐武德四年，属贺州。'《寰宇记》：'废冯乘县，在贺州北一百二十里，开宝四年省入富川。'《旧志》：'在今县北七十里灵亭乡。'"通过引用《元和志》《寰宇记》的材料，对冯乘县的得名原由、历史沿革、历代归属情况进行了有益的补充，增加了读者对冯乘县的认知。

以上介绍了《广西统部》的优点，借以说明其历史价值。但并不表示《广西统部》的编纂没有缺憾，实际上《广西统部》的编纂依然存在不足。略述一二：

首先，引用他人著述不标出处，给人以攘他人成果为己有之嫌疑。如对"巴"这一民族的记载，曰："在怀远县。石阵临溪，阴风懔列，人犹闻鬼哭。相传昔诸葛武侯立营于此，夜令云：'枕石者去，枕草者留。'中夜撤军，枕石者不寐，从孔明去。枕草者熟睡，遂留兹土。遗种斯在，尚能操巴音而歌乌乌。"（《柳州府·苗蛮》）这一记载实出汪森《粤西丛载》卷二四《蛮种土司》，汪氏记曰："怀远，石阵临溪，阴风惨人，犹闻鬼哭。昔武侯立营于此，夜令云：'枕石者去，枕草者留。'中夜撤军，枕石者不寐，从孔明去。枕草者熟睡，遂留兹土。遗种斯在，尚能操巴音而歌乌乌。"两处记载相比较，《柳州府·苗蛮》完全抄录《粤西丛载》的事实极为清楚。又如对"輋客"的记载，《南宁府·苗蛮》作："在宣化县。有槃、蓝、雷、钟四姓，自谓狗王后。男女椎髻跣足，结茆而居，刀耕火种，不供赋役。"而《南宁府志》则作："瑶亦名輋客，有四姓：槃、蓝、雷、钟。自谓狗王后。男女椎髻跣足。结茆为居，迁徙无常。刀耕火种，不供赋役。善射猎，以毒药涂弩矢，中兽立毙。"《南宁府·苗蛮》从《南宁府志》钞入无可争议，并且还漏钞反映輋客"迁徙无常"的居处习惯及善用毒药射猎的特长等材料。其所钞史料的价值必然会打折扣。再如对"蜑"这一民族的记载，《南宁府·苗蛮》载："在宣化县。有麦、濮、吴、苏、何五姓。"而《南宁府志》则作："蜑人有五姓，麦、濮、吴、苏、何，古以南蛮为蛇种，观蜑家神宫蛇像可见。世世以舟为居，无土著，唯捕鱼装载以供食。"两相比较，《南宁府·苗蛮》的纂修取材于《南宁府志》可知，可惜抄录不全，省去了有关蜑人生活习惯与宗教习俗的重要材料，极大地降低了其所记史料的研究价值与利用价值。这种遗憾在《广西统志》的编纂中并非少数，委实让人叹息。

其次，厚此薄彼，不当省而省。如《桂林府·列女》记："吕一鹭妻李氏，临桂人。夫亡，事姑至孝。弟死，迎养其母方氏。雍正三年旌。同县廖应正妻王氏，能文宣妻李氏，周炽妻李氏，朱启瑞妻徐氏，赵继妻陈氏，周朝选妻周氏，谭顺富妻王氏，谭顺贵妻王氏，唐世辅妻周氏，杨光照妻秦氏，均雍正年间旌。"此记载以"吕一鹭妻李氏"为主，仅附带提及同受朝廷旌表的其他人。实际上，《桂林府·列女》对"吕一鹭妻李氏"的记载源自《广西通志》卷二六九《列传十四·列女一》，在《广西通志》中，其他列女的事实并不逊色于"吕一鹭妻李氏"，如"廖应正妻王氏"，《广西通志》记作："指挥王大可女。年十九归应正，越十年，夫亡，事姑育子，艰苦备尝，历三十余年，为乡里姆仪最。雍正四年，题请建坊。子钰取妇阳氏，十七岁归钰，年二十六钰亡。苦节二十六年，矢志如姑范。雍正八年题请建坊。"又记"能文宣妻李氏"曰："性端严，年十六归文宣，事姑孝。年二十六夫亡，子襁褓，姑怜其寡，且爱其贤。家至贫，以纺绩事甘旨。姑年八十余卒，李营葬尽礼，守节二十六年。雍正九年旌。"又记"唐世辅妻周氏"曰："年甫十五归世辅，岁未五周，世辅卒。子一，仅数月，其母屡谋改适，周矢志不二，艰历三十余载。雍正十年，公举表节。"所记"廖应正妻王氏"、"能文宣妻李氏"、"唐世辅妻周氏"三人之事，与"吕一鹭妻李氏"之事并不相上下；甚至"廖应正妻王氏"作为封建官员的后代，在其夫亡后，尚能"事姑育子，艰苦备尝，历三十余年"，这无疑更具典型性，更值得其时女性引为楷模。由此，《桂林府·列女》的记载就显得标准不定，过于随意，缺乏轻重之衡量，从而难免贻人厚此薄彼、不当省而省之口实。

尽管有上举之一二不足，但终归瑕不掩瑜，《嘉庆重修一统志》之史料价值、学术价值与文化价值已得古今学界公认，它对了解、研究中国清代嘉庆朝及以前古代社会的各种文化现象在某种程度上来说仍然具有不可替代性，故而对它进行初步整理与研究，并对它所提供的材料价值进行深度挖掘与开发，从而服务于当前社会经济、文化等的建设与发展也就成为学术界应该做的工作。但《嘉庆重修一统志》卷帙过于浩大，如进行全面整理，则已经超出了我们的能力范围。有鉴于此，我们选取了其《广西统志》部分作为切入点，以期为后来标点整理《嘉庆重修一统志》的其他卷帙总结经验、提供教训。

据牛润珍研究，"《嘉庆重修一统志》成书后，并未刊行，国史馆储有进呈本和副本，民间也有抄本流布"，不过，进呈本和副本并不完整，民间钞本现在也难以寓目，"1914年至1928年北洋政府修《清史稿》，搜集清代史料，才发现了较全的《嘉庆重修一统志》抄本，上海商务印书馆于1934年将之收入《四部丛刊续编》刊行，由张元济题写跋语"。(牛润珍、张慧《〈大清一统志〉纂修考述》) 也就是说，收入《四部丛刊续编》中的《嘉庆重修一统志》可能是目前能够见到的唯一版本，相较而言也是最完整的版本了。

我们此次整理《广西统志》的版本即为《四部丛刊续编》所收之《嘉庆重修一统志》。由于并无别本可供校对，因而所谓整理，所做的工作也就仅限于录文并加新式标点了。原想尽力翻查《广西统志》所引之来源资料，以校其得失，并对纂修者所引用而未明标出处的地方予以补注出处，以明其信而有征。但限于精力和各种条件，目前只能暂时作罢，这固然是很大的遗憾，但弥补这个遗憾也只能俟诸来日。

在整理时，对其中所涉及的民族侮辱性用字，我们能确定者则加以回改，如"猺"改为"瑶"、"獞"改为"僮"、"狪"改为"侗"、"狑"改为"伶"等；对不能确定且易引起歧义者，则仍其旧，如"犽"、"狚"、"猠"等。又书中数见"狼兵"一词，以其为专门术语，亦不改。

此外，原书之统部及各府州前有地图、有对各地历代沿革的文字表格，为便于排版，我们删去了地图部分；原来的表格以府州地名为经、以时代为纬由右向左竖向排列，我们则改为以时代为经、以府州地名为纬由左向右横向排列，并将这些表格移到末尾作为附录。这样的处理或有未当，请读者谅之。

由于我们的学识有限，加上时间仓促，本次整理难免会有诸多失误甚至错误，敬祈专家、学者及各位读者不吝批评指正。

目　录
CONTENTS

广西统部总述

在京师西南七千四百六十里，东西距二千八百一十里，南北距二千九百六十五里，东至广东肇庆府广宁县界一千二百六十里，西至云南广南府土富州界一千五百五十里，南至广东廉州府灵山县界二千四十五里，北至贵州黎平府永从县界九百二十里，东南至广东高州府石城县界一千一百八十里，西南至越南国界二千三百十里，东北至湖南永州府东安县界三百四十五里，西北至贵州兴义府贞丰州界一千三十六里。

分野

天文翼轸分野，鹑尾之次。按：古荆州为翼轸分野，惟梧州府之苍梧、藤、容、岑溪四县为牛女，余俱属翼轸，故当以翼轸为主。

建置沿革

禹贡荆州南徼，春秋时为百越地。秦始皇三十三年，以陆梁地置桂林象郡。汉初属南越国。元鼎六年，改置苍梧、郁林二郡，属交州，兼为荆州零陵郡南境。后汉因之。三国属吴，增置始安、临贺、桂林、宁浦四郡。晋为广州地。《晋书·地理志》："广州领始安、临贺、苍梧、郁林、桂林、宁浦六郡，元帝分郁林立晋兴郡，穆帝分苍梧立永平。"刘宋为湘、广、越三州地。《宋书·州郡志》："湘州领始建、临庆二郡，广州领始安、临贺、苍梧、郁林、

1

桂林、宁浦六郡。又有南流郡，属越州。"南齐因之。梁置桂、静二州。隋为始安、苍梧、永平、郁林四郡。唐初复改诸郡为州，属岭南道，置桂、容、邕三管经略使。咸通三年，始分置岭南西道。《唐书·地理志》："岭南道，领邕、澄、宾、横、浔、峦、贵、龚、象、藤、岩、宜、瀼、笼、田、环、桂、梧、贺、柳、富、昭、蒙、严、融、思、唐、容、牢、白、顺、绣、郁林、党、禺、义等州。"五代初属楚，增置全州。周广顺元年，属南汉。宋至道三年，分置广南西路。《宋史·地理志》："广南西路治桂州，领容、邕、融、象、昭、梧、藤、龚、浔、柳、贵、宜、宾、横、白、郁林等州，其贺州则属东路，全州则属荆湖南路。"元置广西两江道宣慰使司，及岭南广西道肃政廉访司，属湖广行省。《元史·地理志》："宣慰司治静江路，领南宁、梧州、浔州、柳州四路，平乐一府，郁林、容、象、宾、横、融、藤、贺、贵九州，庆远、南丹一安抚司。又有左江，领思明、太平二路；右江，领田州、来安、镇安三路。其全州治，别属岭北湖南路。"至正末，始分置广西等处行中书省。明洪武九年，置广西等处承宣布政使司，统九府。桂林、柳州、庆远、思恩、平乐、梧州、浔州、南宁、太平。

本朝因之，为广西省。顺治十五年，升泗城土州为府，寻改为军民府。隶思恩府。康熙二年，镇安土府改设流官。隶思恩府。雍正三年，升郁林为直隶州。四年，仍改泗城军民府为府。七年，升镇安为府。共领府十一，直隶州一：

桂林府　柳州府　庆远府　思恩府　泗城府　平乐府　梧州府　浔州府
南宁府　太平府　镇安府　郁林直隶州

形势

东据湘水，水出桂林府兴安县，东流迳全州，入湖广永州府境。南控交阯，南宁府、太平府、思明府南境，思陵州、凭祥州、龙州西境，皆与交阯接界。西接滇黔，自泗城府西隆州而西，接云南广南府界。自泗城府而北，达贵州之永宁州。又自庆远府北、柳州府西北，皆与贵州接壤。北逾五岭。五岭，在广西北境者二：萌渚岭，在平乐府贺县北；越城岭，在桂林府兴安县北。其名山则有勾漏山，在郁林州北流县东北十五里。其大川则有漓江、与湘江同源，出桂林府兴安县，南流迳灵川县，又南绕桂林府城，亦曰桂江，亦曰始安江。又经阳朔县，平乐府昭平县，至梧州府，与左、右二江合，谓之三江口。牂牁江。亦名郁水、豚水、温水，唐时始有左、右江之名。《新志》："左江源出交阯界，东流迳上下冻州、龙州、太平府，至南宁府西合江镇，与右江合。右江自云南土富州界东流，迳田州、奉议州上林县、果化土州隆安县，又东南与左江合。又东迳南宁府永淳县，横州贵县，至浔州府与黔江合。又东迳平南县、藤县，至梧州府，与漓江合。又东入广东肇庆府界，为西江。又黔江，即贵州盘江，流迳泗城土府，亦曰红水江。又东迳思恩府忻城土县，又东迳迁江县及宾州，又东南至浔州府武宣县，与左、右江下流合。"其重险则有严关、在桂林府兴安县西南十七里。大藤峡。在柳州府象州武宣县东南三十里，浔州府西北百五十里，跨柳、浔二郡间，夹浔江而南，乃群蛮之窟穴。

文职官

两广总督　管辖广东、广西两省，驻广东省城。

巡抚　驻桂林府。

提督学政　驻桂林府。

布政使　驻桂林府。经历　库大使　广盈。

按察使　驻桂林府，统辖全省驿传事务。经历　司狱

分守桂平梧郁道　驻桂林府，兼理盐务。

分巡左江兵备道　驻南宁府，辖泗、南、太、镇四府，控制汉土州县官。

分巡右江兵备道　驻柳州府，辖柳、庆、思、浔四府，控制汉土州县官。

桂林府

知府　同知　旧驻府城。嘉庆十三年，移驻临桂县大墟。通判　旧驻府城。乾隆六年，移驻龙胜，理苗。旧有管粮通判，乾隆四十七年裁。府学教授　训导　经历　司狱　知州二员　永宁，全。州同　全。理苗。驻西延镇。旧有州判，乾隆三十一年裁。州学学正二员　训导二员　巡检三员　永宁州属喇峒，全州属山枣、山角。吏目二员　知县七员　临桂、兴安、灵川、阳朔、永福、义宁、灌阳。县丞二员　临桂、永福。县学教谕七员　训导七员　巡检六员　临桂县属苏桥、六塘墟，兴安县属社水，灌阳县属崇顺，龙胜厅属龙胜、广南。典史七员

柳州府

知府　通判　府学教授　训导　经历 旧有司狱，乾隆三十一年裁。知州 象。州学学正　训导　巡检 龙门。吏目　知县七员 马平、雒容、罗城、柳城、怀远、融、来宾。县学教谕七员　训导七员　主簿二员 怀远属古宜甲，乾隆四十二年设。罗城属三防塘，乾隆五十一年设。巡检十一员 马平县属穿山、三都，雒容县属平乐、江口，罗城县属武阳，柳城县属东泉、古砦，怀远县属梅寨，来宾县属界牌，融县属长安、思管。旧有罗城县属莫离村一员，乾隆四十二年裁；通镇道一员，五十一年裁。典史七员

庆远府

知府　同知 驻德胜镇，理苗。府学教授　训导　经历　知州二员 河池、东兰。土知州二员 南丹、那地。州同 河池，驻三望；南丹，驻州城。土州同一员 东兰，驻凤山。土州判 那地。州学学正二员 河池、东兰。吏目二员　知县三员 宜山、天河、思恩。土知县 忻城。县丞 宜山，驻楞村。县学教谕 宜山。训导二员 天河、思恩。巡检三员 宜山县属白土、德胜、龙门。典史四员

思恩府

知府　同知 驻百色，理苗。通判 乾隆四十七年，裁桂林粮捕通判设。府学教授　训导　经历　司狱　知州 宾。土知州 田。州同 田。土州判 旸万，乾隆七年设。州学学正 宾州。训导　巡检 安城。吏目　知县三员 武缘、迁江、上林。土知县 上林。县丞 上林，驻三里营。县学教谕三员　训导三员　巡检五员 百色厅属百色，武缘县属高井，迁江县属平阳，上林县属思陇、周安。按思陇一员，乾隆四十三年由甘蔗园移驻；周安一员，乾隆四十六年由思吉镇移驻。土巡检九员 白山、兴隆、定罗、旧城、下旺、那马、都阳、古零、安定。典史三员

泗城府

知府 旧有同知，乾隆四年裁。府学教授　经历　知州 西隆。州同 驻八达，管粮督捕。州判 驻旧州，嘉庆二年，裁西林县八渡墟主簿设。州学训导　吏目　知县二员 凌云、西林。县丞 凌云，驻天峨。县学训导 西林，乾隆二十六年设。巡检二员 凌云县属平乐一甲，乾隆四年裁府属设。西林县属潞城，乾隆三十一年裁柳州府司狱设。典史二员

平乐府

知府　同知 驻麦岭，专督富川、贺县捕务。　通判　府学教授　训导　经历 旧有司狱，乾隆三十三年裁，以经历兼管。　知州 永安。　州学学正　训导　吏目　知县七员 平乐、恭城、富川、贺县、荔浦、修仁、昭平。　县丞贺县，驻桂岭大会墟。嘉庆二十年，裁太平府经历设。　县学教谕七员　训导七员　巡检五员 旧设恭城县属镇峡，富川县属白霞，贺县属信都、会宁，四员。嘉庆四年，增昭平县马江塘一员。二十年，移贺县属之会宁司驻里松乡。　典史七员

梧州府

知府　同知 旧驻府城，嘉庆十三年移驻苍梧县戎墟。　府学教授　训导　经历旧有司狱，嘉庆四年裁，以经历兼管。　知县五员 苍梧、藤、容、岑溪、怀集。　县学教谕五员　训导五员　巡检十员 苍梧县属安平、长行、东安，藤县属白石、窦家，容县属大峒、粉壁，岑溪县属平河，怀集县属武城、慈乐。　典史五员

浔州府

知府　通判 乾隆五十六年裁同知设，嘉庆十六年移驻贵县木梓墟。　府学教授　训导　经历 旧有司狱，乾隆四十六年裁，以经历兼管。　知县四员 桂平、平南、贵、武宣。　县学教谕四员　训导四员　巡检六员 旧设桂平县属大黄，平南县属大乌、秦川，贵县属五山，武宣县属廊镇，五员。乾隆四十六年，增桂平县属穆乐墟一员。　典史四员

南宁府

知府　同知　府学教授　训导　经历 旧有司狱，乾隆四十六年裁。　知州三员 新宁、横、上思。　土知州三员 归德、果化、忠。　州同 忠。　州学学正三员　训导三员　巡检 横州，属大滩。　吏目三员 新宁、横、上思。旧有果化一员，乾隆五十一年裁。　知县三员 宣化、隆安、永淳。　县学教谕三员　训导三员　巡检七员 旧设宣化县属八尺、金城、三官、迁隆，永淳县属武罗、南里，六员。乾隆四十六年，增宣化县墶落司一员。　土巡检一员 迁隆峒。　典史三员

　　太平府知府　同知二员 明江一员，雍正十一年由思明改属。龙州一员，乾隆五十一年裁通判设。　府学教授　训导　知事 乾隆二十年设。　照磨 龙州，乾隆五十六年裁吏目设。旧有经历，嘉庆二十年裁。　知州四员 左、养利、永康、宁明。　土知州十六员 太平、安平、万承、茗盈、全茗、龙英、佶伦、结安、镇远、都结、思陵、江、思、下石西、上下冻、凭祥。　州同五员 万承、

太平、龙英、江、思。州判二员 安平、凭祥。州学学正四员 左、养利、永康、宁明。州学训导 养利。吏目八员 左、养利、永康、宁明、思陵、茗盈、佶伦、都结。旧有结安一员，乾隆四十四年裁。知县 崇善。土知县二员 罗白、罗阳。县丞 崇善，驻思城。巡检 崇善县属驮卢，乾隆四十四年设。土巡检 上龙。典史 崇善。

镇安府

知府 通判 驻小镇安，乾隆三十一年裁归顺州同设。府学教授 知事 知州 归顺。旧有州判，乾隆三十一年裁。土知州四员 下雷、向武、都康、上映。州判二员 奉议、向武。州学学正 归顺。巡检 归顺州属湖润，乾隆三十一年，由南宁府宣化县那南司移驻。吏目三员 下雷、归顺、都康。知县 天保。典史

郁林直隶州

知州 州判 州学学正 训导巡检 抚康。吏目 知县四员 博白、北流、陆川、兴业。县学教谕四员 训导四员 巡检四员 博白县属沙河、周罗，北流县属双威，陆川县属温水。典史四员

武职官

抚标 左右二营。参将 中军兼左营。游击 右营。守备二员 千总四员 把总八员 经制外委八员 额外外委五员

提督 驻柳州府，中、左、右、前、后五营。参将 中营。游击四员 左、右、前、后四营。守备五员 千总九员 中二、左二、右二、前二、后一。把总十八员 九驻本营，九分防马平、雒容、象州，及各塘水汛。旧设二十员，乾隆二十七年裁前营一员，嘉庆二十年裁中营一员。经制外委二十七员 旧设三十员，乾隆二十九年裁左、右营一员，嘉庆二十年裁后营一员。额外外委十六员 旧设十五员，乾隆四十七年增中营一员。

镇守左江镇

总兵官 驻南宁府，中、左、右三营。游击 中营。都司二员 左营、右营。守备三员 千总五员 旧设六员，乾隆五十四年裁左营一员。把总十一员 七驻本营，四分防宣化、永淳、隆安、新宁。旧设十二员，乾隆五十四年裁右营一

员。经制外委十五员 旧设十八员，乾隆五十四裁中营一员，嘉庆二年裁左、右营二员。额外外委九员

镇守右江镇

总兵官 驻思恩府百色，中、左、右三营。游击二员 中营驻本营，右营驻泗城。都司 左营。守备三员 千总五员 旧设六员，乾隆五十四年裁一员。把总十员 旧设十二员，乾隆二十一年裁左营一员，五十四年裁中营一员。经制外委十八员 九驻本营，九分防四塘、逻村、平马、皈乐、逻里、马域、百乐、百莫、沙里各汛。额外外委九员

以上左、右江二镇均听巡抚、提督节制

义宁协

副将 驻龙胜，左、右二营。都司 左营。守备 右营，驻广南。千总四员 二驻本营，二分防芙蓉、独车二汛。把总八员 四驻本营，四分防义宁、龙甸、小江、石村各汛。经制外委十员 旧设十二员，嘉庆二十年裁二员。

平乐协

副将 驻平乐府，左、右二营。都司 左营。守备 右营。千总二员 分防明平、水安二汛。把总四员 一驻本营，三分防恭城、修仁、荔浦各汛。经制外委六员 二驻本营，四分防莲花、龙虎关、黄瑶、修仁各汛。额外外委二员 分防揽水、黄牛二汛。

庆远协

副将 驻庆远府，左、右二营。都司 左营。守备 右营，驻河池。千总二员 分防德胜、二寨各汛。把总五员 二驻本营，三分防天河、龙门、三厂各汛。经制外委八员 二驻本营，六分防龙门、三岔、天河、邱索、思恩、者扛各汛。

全州营

参将 驻全州。守备 千总二员 把总四员 分防西延、灵川、兴安、灌阳各汛。经制外委四员 分防黄沙河、八十里山、泍水、巨岩各汛。额外外委二员

融怀营

参将 驻怀远县，乾隆七年裁永宁营改设。守备千总二员 把总四员 经制外委六员 三驻本营，二防融县汛，一防石碑汛。

宾州营

参将 驻宾州，雍正七年裁河池营改设。守备 千总二员 把总四员 一驻

7

本营，三分防安城、迁江、来宾各汛。经制外委六员 三驻本营，三分防邹墟堡、洛峒、平党各汛。

桂林营

游击 驻桂林府，旧设参将，雍正八年裁。守备千总二员　把总四员 三驻本营，一防西江堡。经制外委六员 四驻本营，二分防两江口、阳朔各汛。

柳州城守营

都司 驻柳州府。千总 驻通道。把总二员　经制外委一员　额外外委二员

富贺营

都司 驻贺县。千总 驻富川。把总二员 分防桂林、龙水二汛。经制外委四员 一驻本营，三分防铺门、里松、濠界各汛。旧设二员，嘉庆二十年增二员。

麦岭营

都司驻富川县麦岭。千总把总二员分防白沙、水峡二汛。经制外委二员一驻本营，一防牛岩汛。

三里营

都司 驻上林县三里。千总 防思吉汛。把总二员 一驻本营，一防上林汛。经制外委二员 分防六便、乔贤二汛。

永宁营

守备 驻水宁州，旧设参将，乾隆七年裁。千总　把总 防安良。经制外委二员 分防常安、屯秋二汛。

东兰营

守备　千总　把总　经制外委一员　额外外委一员

以上义宁等三协十营均隶提督管辖

梧州协

副将 驻梧州府，左、右二营。都司 左营。守备 右营。驻城外。千总二员　把总五员 二驻本营，三分防岑溪、藤、容各水汛。旧设四员，嘉庆二十年增左营一员。经制外委七员 二驻本营，五分防三番、大垬、广平卡、分界、戎墟各汛。旧设六员，嘉庆二十年增左营一员。

浔州协

副将 驻浔州府，左、右二营。都司 左营。守备 右营。驻贵县。千总二员 一驻本营，一防武宣汛。把总四员 二驻本营，二分防贵、平南二汛。经制外

委六员 一驻本营，五分防武林、武宣、大岭、五山、覃塘各汛。额外外委二员

新太协

副将 驻太平府，左、右二营。都司 左营。守备 右营。驻明江。千总二员 分防永康、宁明。把总三员 分防养利、左州、思陵、思明。旧设四员，乾隆五十四年裁一员。经制外委六员 分防永康、左州、养利、枫门、海渊、思陵各汛。额外外委一员 旧设二员，乾隆五十一年裁一员。

郁林营

参将 驻郁林州。守备 千总二员 把总四员 分防博白、北流、陆川、兴业各汛。经制外委六员 二驻本营，四分防博白、北流、陆川、兴业各汛。

南宁城守营

都司 驻南宁府。千总二员 把总四员 二驻本营，二分防宣化、横州二汛。经制外委六员 四驻本营，二分防横州、那晓二汛。

上思营

都司 驻上思州。千总 经制外委一员 额外外委一员

龙平营

都司 驻龙州。千总 把总二员 旧设一员，乾隆五十四年增一员。经制外委二员 一驻本营，一防苛村汛。额外外委二员 一驻本营，一防水口汛。

馗纛营

都司 驻宁明州。千总二员 旧设一员，乾隆五十四年增一员。把总二员 旧设一员，乾隆五十四年增一员。经制外委三员 一驻本营，二分防由隘、罗隘二汛。

怀集营

守备 驻怀集县。千总 把总 经制外委二员 一驻本营，一防洽水汛。

以上梧州等三协六营均隶左江镇管辖

镇安协

副将 驻归顺州，左、右二营。都司 左营。守备 右营。驻小镇安。千总三员 二驻本营，一防镇安。把总六员 三驻本营，三分防小镇安、奉议、上勾汛各汛。经制外委七员 分防频峒、屯隘、荣劳、壬庄卡、剥淰、怕怀子、平孟各汛。额外外委三员 二驻本营，一防向武汛。

思恩营

游击　驻武缘县。守备　千总　把总二员　经制外委三员　一驻本营，二分防府城、丹良二汛。额外外委二员　一驻本营，一防府城。

隆林营

游击　驻西隆州八达。守备　驻西隆州。千总二员　把总四员　经制外委五员　分防里仁、旧州、古障、隆或、北楼汛各汛。旧设四员，乾隆五十四年裁一员，嘉庆二年增二员。额外外委二员　一驻本营，一防里仁。旧设一员，嘉庆二年增一员。

上林营

都司　驻西林县。千总　把总　防西林县那佐。经制外委一员　防周马汛。额外外委一员　防八盘汛。

以上镇安等一协三营均隶右江镇管辖

户口

康熙五十二年，原额人丁二十万六千一百零四。乾隆三十七年停编丁。今滋生男妇大小共七百四十二万九千一百二十名口。计一百二十七万九千零二十户。

田赋

田地八万九千五百六十三顷六十六亩二分一厘五毫。又泗城府新垦田二十二伯，太平府新出膳田三百三十九户，镇安府田　六千二百四　一伯一伍小半伍一分，额征地丁正杂银三十九万三千五百四十五两五钱六分九厘，遇闰加征银一万二千五百八十五两四钱二厘。米四十万三千一百八十五石三斗四升二合六勺。

税课

梧州厂额征正税银五万四千六百二十一两三钱五分三厘，盈余银七千五百两。浔州厂额征税银三万八千六百六两四钱一分二厘，盈余银五千二百两。全省均行两广正引，额征盐税银四万七千五百一十四两有奇，盐课载广东省税课门。

名宦

秦

史禄　以御史监郡，始皇伐百越，禄转饷，凿渠通粮道，自阳海山导水源，以湘水北入于楚，融江为牂牁下流，南入于海，远不相谋，为几以激水，于沙磕中垒石作铧，派湘之流而注于融，激行六十里，置陡门三十六，使水积渐进，故能循崖而上，建瓴而下，既通舟楫，又利灌溉，号为灵渠。

汉

路博德　平州人。元鼎五年，以卫尉为伏波将军，征南越，平之。先是，秦独置桂林一郡，及博德受桂林监，居翁降，乃改苍梧、郁林等九郡。

罗宏　长沙人。元封五年，初置交州部刺史，治所在苍梧。往刺史多以荒远，行部罕偏，部吏因得恣其贪残。宏于征和间为刺史，春行冬息，偏历所部，咨询疾苦，太守多解绶请罪。宏廉实举发，一时贪残为之敛迹。

马援　扶风人。建武十七年，交阯女子征侧、征贰反，拜援伏波将军，南击。军至浪泊上，与贼战，破之，斩征侧、征贰。又击征侧余党都羊等，自无功至居风，峤南悉平。

綦母俊　上虞人。安帝时为交州刺史。元初三年，合浦蛮反，遣御史任逴督州郡兵讨之。俊以苍梧当合浦下，蛮或流劫，猝难回顾，乃先保障苍梧，后往合浦，所向摧靡。

张乔　南阳人。永和二年，诸蛮倡乱，杀长吏。交州刺史樊演发交阯、九真二郡兵万余人救之，兵惮远役，遂反，贼势转盛。明年，拜乔交州刺史。乔至，开示慰诱，并皆降散。

夏方　九江人。建康元年，为交州刺史。时日南蛮千余人攻县邑，扇动九真，与相连结。方开恩招谕，贼皆降服，以功迁桂阳太守。永寿三年，朱达为乱。延熹三年，复拜方交州刺史。方威惠素著，宿贼闻之，相率诣降。

张磐　丹阳人。延熹中，为交州刺史。荆州叛兵朱盖等，与桂阳贼胡兰作乱，为中郎将度尚所破，余党散入交阯。磐身撄甲胄，涉危履险，讨击凶患，斩殄渠帅，余烬鸟窜鼠遁，还奔荆州。

朱隽　上虞人。光和元年，为交州刺史。时交阯贼梁龙等，与南海太守孔芝反，攻破郡县。隽受命过本郡，简募家兵及所调，合五千人，分两道入。既到州界，按甲不前。先遣使诣郡，观贼虚实，宣扬威德以震动其心，既而与七郡兵俱进逼之，遂斩龙。旬月尽定。

贾琮　聊城人。中平元年，交阯屯兵反，执刺史及合浦太守。灵帝以琮为交州刺史，琮到部，移书告示，各使安其资业，招抚荒散，蠲复徭役，诛渠帅为大害者，简选良吏，试守诸县，岁间荡定，百姓以安。

隋

令狐熙　敦煌人。开皇中以岭南夷数起乱，拜熙桂州总管。至部，大宏恩信，其溪峒渠帅更相谓曰："前总管以兵威相胁，今乃以手教相谕，我辈岂可违！"于是相率归附。先是，州县生梗，长吏多不得之官。熙悉遣之，为建城邑，开设学校，夷人感化。

侯莫陈颖　代人。高祖以岭南刺史、县令多贪鄙，蛮夷怨叛，妙简清吏，于是征颖，拜桂州总管。及至官，大崇恩信，民夷悦服。

周法尚　安成人。文帝时为桂州总管。后入朝，以本官宿卫。州人李光仕反，令法尚讨之。驰往桂州。光仕率劲兵保白石洞，法尚捕得其弟光略、光度，亲率奇兵，蔽林设伏。两阵始交，法尚驰击其栅，光仕大溃，遂斩之。

唐

李靖　三原人。武德中，授岭南抚慰大使，检校桂州总管。以岭海陋远，久不见德，非震威武，示礼义，无以变风。即率兵南巡，所过问疾苦，延见长老，宣布天子恩意，远近欢服。

王晙　景城人。景龙末，授桂州都督。州有屯兵，旧常仰饷衡永，晙始筑罗郭，罢戍卒。又堰江水，开屯田数千顷，百姓赖之。后求归上冢，州人诣阙留，诏即留以须政成。在桂逾期年，州人刻石颂德。

裴怀古　寿春人。圣历中，始安贼欧阳倩拥众数万，剽掠州县。授怀古桂州都督招慰讨击使。未逾岭，逆以书谕祸福，贼迎降。怀古以为示不疑，可破其谋，乃轻骑赴之，曰："忠信可通神明，况裔人耶。"身至其营抚慰之。倩等大喜，悉归所掠出降，诸峒相率内附，岭外悉平。

张九龄　曲江人。坐宇文融谤，出为桂州刺史，兼岭南按察选补使。张说荐九龄可备顾问，召为集贤院学士。

李昌巙　大历间，以御史中丞出为桂州刺史，兼桂管观察防御使。讨蛮贼潘长安有功，吏士刻《平蛮颂》于镇南山下。

韩佽 长安人。元和中，累迁桂管观察使，部二十余州。自参军至县令，无虑三百员，吏部所补才十一，余皆观察使商才补职。佽下车，悉来谒，一吏持籍请补缺员，佽下教曰："居官治，吾不夺，其不奉法，无望纵舍，缺者须按籍，取可任任之。"会春服使至，乡有豪猾，厚赂使者，求为县令。佽召乡豪，责以挠法，笞其背以令部中，自是豪右畏戢。时诏置五管监兵，尽境赋不足充费，佽处以俭约，遂为定制。

马总 扶风人。元和中，以虔州刺史迁安南都护。廉清不挠，用儒术教其俗，民皆安之。建二铜柱于汉故处，剟著唐德，以明伏波之裔。徙桂管经略观察使。

李渤 洛阳人。宝历中，为桂管观察使。桂有漓水，出阳海山，世言秦命史禄伐越，凿为漕。马援讨征侧，复治以通馈。后为江水溃毁，渠遂废浅。每转饷，役数十户济一艘，渤酾浚旧道，障泄有宜，舟楫利焉。

周元静 为静江军节度使。唐末，所在兵起，元静约部内守令将校，广农辑兵，四境信服。安州防御使宣晟，以计入桂，诡夺所领。元静不从，与其部将刘士政率众以战，不胜，死之。部众咸就死，无弃去者。按《通鉴》，是时为静江节度使者，即刘士政。以败出降，此则本《新唐书》本纪所载，已为《考异》驳正。以《旧志》与《省志》皆如此，姑存之以备参考。

宋

陈尧叟 阆中人。为广南西路转运使。岭南风俗，病者祷神，不服药。尧叟有《集验方》，刻石桂州驿。又以地气蒸暑，为植树凿井。每三二十里置亭舍，具饮器，人免暍死。咸平初，诸路课民种桑枣，尧叟以所部诸州田多山石，地少桑蚕，请以所种麻苎顷亩，折桑枣之数。民以布赴官卖者，免其算税。诏从之。

曹克明 百丈人。景德中，抚水蛮叛，徙克明为宜、融、桂、昭、柳、象、邕、钦、廉、白十州都巡检使。既至，蛮酋献药一器，曰："溪峒药箭中人，以是解之，可不死。"请试以鸡犬。克明曰："当试以人。"乃取药箭刺酋股而饮以药，即死。群蛮惭惧而去。

曹利用 宁晋人。景德中，宜州军校陈进杀知州刘永规，叛陷柳城县，围象州。事闻，帝以利用晓方略，擢广南安抚使。利用至岭外，遇贼武仙，贼持健镖、蒙采盾，衣甲坚利，锋镝不能入。利用使士持巨斧、长刀破盾，遂斩以徇。岭南平。

马玉 祥符人。为安抚都监。宜州蛮人骚动，朝廷兴兵讨伐。玉勒兵深入，多所杀获，蛮人畏服。

张煦　开封人。景德中，宜州军校陈进反，命副曹利用为广东西路安抚使。贼拥卢均僭号南平王，围象州。煦以兵会利用，斩之。

萧固　新喻人。皇祐初，为广西转运使。知侬智高凶狡，条上羁縻之策于枢府，不果。用智高，后果叛。

狄青　西河人。皇祐中，侬智高陷邕州，岭外骚动。青自请行，除宣抚荆湖经制广南盗贼事。兵次宾州，佯令军休十日。觇者还报，以为军未即进。青明日整军骑，一昼夜绕昆仑关，出归仁铺为阵。贼失险，青大败之，智高烧城遁去。

余靖　曲江人。侬智高乱起，委靖以广南经制。靖虑交阯及侬黄诸蛮为智高所诱，乃约李德政会兵击贼。又募侬黄诸酋长，皆縻以职。智高势孤，遂为狄青所败。青既罢兵，独留靖广西，遣人入特磨道，收智高母、子、弟三人致阙下。

张立　任广西都监。侬智高据邕州，执立杀之，立临刑，辞色不变。又张拱，亦官都监，自宾州引兵来援，既入而城陷，骂贼不屈，死。

朱寿隆　诸城人。提点广西刑狱。岭外新经侬寇，修营城障，贵州虐用其人。寿隆驰诣州，械守送狱，奏黜之。老稚妇女，遭乱不能自还，檄所在资送。旧制，溪蛮侵暴羁縻，州虽杀人，无得仇报。寿隆请听相偿，蛮始畏戢。

王罕　华阳人。先为广东转运使，以平侬智高功，复为西路转运使。时智高已遁，侬宗旦尚据险聚众。罕呼宗旦子日新，谓之曰："汝父内为交阯所仇，外为边将希赏之饵，非计也。汝归报，择利而为之。"于是父子俱降。

周沆　益都人。侬智高乱定，仁宗命安抚广西，谕之曰："岭外地恶，非贼所至处，毋庸行。"对曰："君命，仁也。然远民罹涂炭，当播宣天子德泽。"遂往，遍行郡邑，为民兴利除害。

魏瓘　婺源人。提点广南西路刑狱。邕州僚户缘道负没，男女为佣者千余人，悉奏还其家。就除转运使。刘　时计口以税，虽舟居皆不免，瓘为除之。又减柳州无名役四百人。

胡则　永康人。仁宗时为广西路转运使。有番舶遭风至琼州，食乏不能去，则命贷钱三百万。吏白夷人狡诈，又风波不可期。则曰："彼以急难投我，可拒而不与耶？"已而偿所贷如期。又按宜州重辟十九人，为辨活者九人。

徐的　建安人。仁宗时为广南西路提点刑狱。安化州蛮攻杀将吏，所部卒畏诛，谋欲叛。的驰骑至宜州慰晓之，众敛手听命，奏复澄海忠敢军，后皆获其用。

杜杞 无锡人。仁宗时，广西区希范诱白崖山蛮蒙赶反，袭破环州，岭外骚然。擢杞广南西路安抚使，行次真州，先以书谕蛮，听其自新。次宜州，蛮无至者，乃勒兵攻破白崖黄泥九居山砦，及五峒，焚毁积聚，斩首百余级，复环州。贼散走，赶来降。获希范，醢之。

和斌 鄞城人。仁宗时，权广西钤辖，徙泾原。安南入寇，复徙广西，抚水蛮罗世念犯宜州，斌提步骑三千进讨。方暑，昼夜趣兵，诱敌至平阪，列八阵以待之。士殊死战，蛮大败，世念率酋党内附。

李师中 楚邱人。仁宗时，提点广西刑狱。桂州灵渠故通漕，岁久石窒舟滞，师中凿而通之。邕管有马军五百，马不能夏，多死。师中谓地皆险阻，无所事骑，奏罢之。后摄帅事。交阯声言入寇，师中方宴客，饮酒自若，草六榜揭境上，具得其情，贼不敢动，即日贡方物。

苗时中 宿州人。熙宁中，交人犯边，擢广西转运副使，师讨交人罪，次富良江，久不进。时中曰："师无进讨意，贼必从间道来，乘我不备，冀万一之胜。势穷，然后降耳。"密备之。既而果从上流来，战败，始纳款。

张颉 桃源人。熙宁中，授广西转运使。时建广源为顺州，将城之，颉谓无益，朝廷从其议。

刘谊 长兴人。元丰初，提举广西常平。上言：广西一路户口二十万，而民出役钱至十九万缗，先用税银敷出，税数不足，又敷之田米，田米不足，复算之身丁。夫广西之丁，既税以钱，又算以米，是一身而输二税，乞裁损其数，则两路丁米可少宽。诏减役钱万一千二百余缗。

王奇 汾州人。崇宁中，为广西都监。宜州蛮寇边，万人骤集。麾下劝逃去，奇骂曰："大丈夫当尽节以报国，何走为？"战死。赠皇城使。

朱伯文 绍兴中，催断广西刑狱还，言雷州海贼两狱并系平人，七人内五人已死。帝恻然，诏本路提刑以下重致罚。

路彬 晋阳人。绍兴中，提点广西刑狱。所至辄亲身诣狱，悉记所系名数，随取按问，枉者立释。时昭化夏税折布钱过重，民甚苦之，彬独抗章请减，诏从之。

徐梦莘 临江人。绍兴间，主管广西转运司文字。时朝廷议易二广盐法，遣广西安抚司干官胡廷直，与东西漕臣集议。梦莘谓广西阻山，止当仍官般法，广东诸郡并江，或可容客贩，未可遽以二广概行。廷直竟以客贩变法。不三年，二广商贾毁业，民苦无盐，复从梦莘官般法。

曾几　河南人。高宗时，为广西运判，除转运副使。三仕岭表，家无南物，人称其廉。

徐天麟　临江人。梦莘从子。权广西转运判官，所至兴学明教，有惠政。

李椿　永平人。提点广西刑狱。狱未竟者，一以平决之，释所疑数十百人。奏罢昭州金坑，禁仕者毋市南物。

吴猎　醴陵人。刘焞经略广西，以猎为本司，准备差遣。盗陷容、贵、郁林等州，猎请赏劳诛罪。焞于是录郁林功，诛南流县尉、郁林巡检。人人惊厉，不逾时，盗悉就擒。

崔与之　广州人。提点广西刑狱，偏历所部，至浮海巡朱崖，秋毫无扰州县，而停车裁决，奖廉劾贪，风采凛然。岭南去天万里，用刑惨酷，贪吏厉民，乃疏为十事，申论而痛惩之。高惟肖尝刻之，号岭南便民榜。

马默　成武人。为广西转运使。会安化等蛮，岁饥内寇，默乃上平蛮方略。

董槐　豪州定远人。淳祐六年，擢广西运判，兼提点刑狱。至邕州，上守御七策。邕州西通诸蛮，南引交阯，符奴、月乌、流鳞之属数寇边，槐与约无相侵，推赤心遇之，皆伏不动。又与交阯约五事：一无犯边，二归侵地，三还掳掠生口，四奉正朔，五通贸易。于是遣使献方物，南方悉平。

杨大异　醴陵人。提点广西刑狱，兼漕、庾二司。所至奸吏屏息，盗寇绝迹。凡可以为民兴利除害者，必奏行之。广海幅员数千里，道不拾遗，报政为最。

赵彦橚　宋宗室，为广西提刑。诸郡鬻官盐，取息之六以奉漕司，后增至八分。彦橚复其旧，以苏民力。

马塈　宕昌人。咸淳中，留静江，总屯戍诸军，护经略司印，守城。元阿尔哈雅来攻，塈发所部及诸峒兵守静江，而自将三千人守严关。元兵攻关不克，乃以偏将入平乐，过临桂夹攻塈。塈兵败，退保静江。阿尔哈雅使人招降，塈发弩射之。攻围三月，城破，塈率死士巷战，被执，死之。有黄文政者，淮人，戍蜀。军溃，间道走静江，塈邀与同守城。被执，大骂不屈，死。阿尔哈雅，旧作"阿里海牙"，今改正。

刘子荐　安福人。主管广西经略司参议官。德祐二年，北兵至静江，马塈遣子荐提瑶兵乐弩手，守城东门，势不支。时瀛国公已入燕，子荐取笏书其上云："我头可断，膝不可屈。"登城北望，再拜，取所衣瘗之，语左右曰："事已急，不可为，吾惟以死守。"城陷，死之。

元

臧梦解　庆元人。至元间，官广西廉访副使。烟瘴之地，行部者多不至。梦解遍历案问，凡贪奸置于法者八十余人。又平反邕州黄震、藤州唐氏妇两冤狱。

乌克逊札尔　临潢人。至元中，为广西两江道宣慰副使。两江荒远瘴疠，与百蛮接，不知礼法。乌克逊札尔作司规三十有二章，以渐为教，其民至今遵守。邕管及外蛮数为寇，乌克逊札尔循行并徼，得阨塞处，布画远迩，募民伉健者，置雷留那扶十屯，列营堡以守之。陂水垦田，筑八堰以节潴泄，得稻田若干亩，岁收谷为军储边，民赖之。乌克逊札尔，旧作"乌古孙泽"，今改正。

吕思诚　平定人。出佥广西廉访司事。巡行郡县，土官有干元帅者，恃势鱼肉人，恐事觉，阴遣其子迓思诚于道。思诚缚之，悉发其阴私，痛惩其罪。一道震肃。

额尔吉讷　唐古氏人。至正末，授广西行省平章政事。时贼入湘南，岭表震动。额尔吉讷筑城扼险，招集骁勇，保境土二十余年。明初杨璟兵至，额尔吉讷坚壁不下。城破，被执送京师，不屈死。额尔吉讷，旧作"乜儿吉尼"；唐古，旧作"唐兀"。今改正。

陈瑜　雷州人。为广西中书行省都事。城被围，佐额尔吉讷守御甚力。及城破，拔佩刀自刎。同时湘潭刘永锡，率妻子溺白龙池死。又义兵千户曾尚宾，守西城，及城陷，退焚其家以死。尚宾，江西人。

明

杨璟　合肥人。洪武初，以征南将军，与周兴、张彬率兵取广西。璟驰至桂林，破之，执元平章额尔吉讷送京师。遣谕郡县及两江溪峒，莫不迎降。

徐元　洪武中，为广西指挥。东兰、那地贼犯边，元击斩之，平砦二十四。

胡子祺　吉水人。洪武中，为广西按察司佥事。屡平冤狱，祠庙不载祀典者，悉撤毁。宋《元祐党人碑》，在融州山谷，舁出培碎之。

王佑　泰和人。洪武中，为广西按察司佥事。时寻适为按察使，尝咨以政体。佑曰："蛮方之人，渎伦伤化，不及此时明礼法，示劝惩，后将难制。"适从之，广西称治。

韩观　虹县人。洪武中，为广西右卫指挥佥事。屡平象州、义宁、古田、庆远诸叛，擢都指挥使。二十八年，讨南宁、奉议及大藤峡等贼，擒贼帅黄世铁、莫金等，俘获甚众。开设奉议、南丹、浔州、庆远四卫，及向武、河池、怀集、贺县四千户所。

山云　徐州人。宣德初，以征蛮将军出镇广西，平柳、庆蛮寇，前后十数战，身先士卒，所向无前。驭土官以威信，廉介自持，由是蛮瑶慑服。

黄润玉　鄞人。正统初，擢广西提学佥事。抑浮靡，奖实行，士风为变。时方军兴，有都指挥妄掠子女万余口，润玉劾而归之。副使李立入民死罪至数百人，亦为辨释。南丹卫处万山中，瘴甚，戍卒多死，为奏，徙夷旷之地。

王翱　盐山人。景泰三年，浔、梧诸府瑶寇乱，翱为左都御史，总督军务。两广之有总督，自翱始。翱素有威望，至镇，将吏詟服。推诚抚谕，瑶多向化，部内遂无事。

韩雍　长洲人。成化初，广西瑶、僮为寇，雍以右佥都御史赞理军务，讨之。贼据大藤峡，直捣其巢，大破之，诸寨悉平。迁左副都御史，提督两广军务，以忧归。后再任，蛮民慑雍威，寇盗益稀。

朱英　桂阳人。成化中，总督两广，以安静约饬将士，毋得妄请用师。招抚瑶、僮效顺者，定为编户，给复三年。于是马平、阳朔、苍梧诸县蛮，悉闻风来归。而荔波贼拥众数万，久负固，亦遣子纳款。自是归附日众，比户口十五万有奇，帝甚嘉之。田州酋黄明不法，檄诛之，传首军门。英淳厚，然持法无所假借，以故人畏服。承韩雍之后，益持清节，仅携一苍头之官，所赐金币，悉贮于库。威望虽不及雍，而惠泽过之。

叶淇　山阳人。成化中，为广西按察使佥事。南丹土官侵掠邻境，淇抚定之。城柳城、雒容以遏贼冲。荔浦贼炽，承总督朱英檄进讨，不逾时平。

孔镛　长洲人。成化时，为广西副使。瑶、僮闻镛名，相率远遁。寻进按察使。荔浦贼来寇，总督朱英以兵属镛。贼闻，惊曰："此故高州孔副使耶？"亟遁走。镛追击，平之。

欧磐　滁人。成化中，充广西右参将。分守柳州、庆远，讨融县八砦瑶，克之。郁林、陆川贼猖獗，攻破之。宏治时，平府江、永安诸僮，进广西副总兵。思恩土官岑濬，筑石城于丹良庄，截江括商利，帅府令毁之不听。磐自田州还，督兵将毁城，濬率众拒击，败之，卒夷其城。

舒清 德兴人。宏治中，为广西左布政。瑶、僮反侧不常，清御以恩信，皆誉服。田州土官袭职，酬金币甚厚，清召集属吏，示以令章，而归其贿于公帑。

姚镆 慈溪人。宏治中，为广西提学佥事，立宣城书院，延五经师以教士子。桂人祀山魈，镆毁之，俗遂变。嘉靖初，提督两广军务，兼巡抚。田州土官岑猛谋不轨，镆设计斩之。又请改设流官，陈善后七事。制可。

张祐 广州人。正德时，为广西右参将，分守柳、庆，大破府江贼于沈沙口。擢副总兵，镇守广西，督讨临桂、灌阳诸瑶，又连破古田贼，多所俘获。已复讨平雒容、平乐诸蛮，寻以被劾间住。卢苏王受乱田州，总督姚镆召至军中赞画。后王守仁代镆，询剿抚之宜，祐曰："以夷治夷，可不烦兵而下。"守仁纳之，苏受果效顺。因请于朝，命以副总兵镇守思田。祐智识绝人，驭军有节制，与士卒同甘苦，不营私产，田州人立祠横山，祀之。

王守仁 余姚人。嘉靖中，总督两广。时思恩土州土酋卢苏王受反，守仁至，皆诣军门乞降，杖而释之。因请于田州地，别立一州，以岑猛次子邦相为吏目，署州事。复于田州置十九巡检，以苏受等任之，悉统于流官。已攻破断藤峡瑶贼，八寨、仙台、花相诸峒蛮。会疾作，卒于南安。

唐胄 琼山人。嘉靖初，迁广西提学佥事。令土官及瑶蛮，悉遣子入学。后迁左布政使。官军讨古田贼，久无功。胄遣使抚之，其魁曰："是前唐使君令吾子入学者。"即解甲。

翁万达 揭阳人。嘉靖中，擢广西副使。时议征安南莫登庸，万达以为宜先除内寇。于是诱执断藤峡瑶侯公丁，破其巢，而尽平诸不顺命者。进参政。已毛伯温集兵进剿，以万达策，登庸遂降。

黄佐 香山人。嘉靖中，为广西提学佥事。正士习，毁淫祠，举节孝，立乡社，择士民秀者为诸生，俾转相谕告。瑶、僮感悦，寇掠为稀。

应槚 遂昌人。嘉靖中，总督两广。时桂林、平乐诸瑶，据险肆乱，槚与总兵顾寰督兵进讨，遂夷其巢。

戴鳌 鄞人。嘉靖中，以副使备兵府江。时蛮贼据江剽掠，鳌练士分道入巢合击，俘斩殆尽，历仙回、松林、马尾、石田等山，诸蛮四出求抚，鳌许之，由是咸辑。

茅坤 归安人。嘉靖中，历广西兵备佥事，辖府江道。瑶贼据鬼子诸砦，杀阳朔令。朝议大征，总督应槚以问坤，坤曰："大征非兵十万不可，饷称之令猝不能集，而贼已据险为备，计莫若鹏剿，俟入歼其魁，他部必詟，谋自全。"榼善之，悉以兵事委坤，连破十七砦，晋秩二等。民立祠祀之。

殷正茂　歙人。隆庆三年，巡抚广西。古田僮韦、黄二姓，自宏治、正德时，积年为乱，正茂督将讨平之，斩其魁。捷闻，改古田为永宁州，设副使、参将镇守。建委官运盐之议，以其息充军饷，综理详密，军需赖以不匮。终明世，增损其法而行之，卒莫能易。

俞大猷　晋江人。嘉靖末，为广西总兵官。隆庆初，古田僮煽乱，大猷讨之，贼保潮水巢极巅，攻十余日未下，乃分兵自击马浪贼，而密令参将王世科登山设伏，大破贼军。马浪诸巢相继下，生擒贼首黄朝猛、韦银豹等，百年积寇尽除，威名震南服。

郭应聘　莆田人。隆庆时，由广西按察使，历右副都御史，巡抚其地，讨平府江、怀远诸瑶，克定阳朔。及雒容、上泊、边山，诸叛悉平。后再莅任，时十寨初平，奏设三镇隶宾州，以土巡检守之，而统于思恩参将，十寨遂安。

李锡　歙人。隆庆中，以征蛮将军镇广西，剿府江贼，僮酋等悉授首，柳州瑶据怀远。万历元年，锡分兵六道并进，自统水师，独当其冲，截浔江，大破之，贼尽歼。移师讨雒容僮，及永福、永宁、柳城诸贼，并以捷闻。锡一年内，破贼二百一十四巢，获首功一万二千余级。在任六年，威名大著。

郑茂　莆田人。隆庆末，迁府江兵备。督兵进剿诸叛蛮，悉奔溃。于六巢各置一堡，改三峒为二土司，屯兵阨险。复开仙回、马尾二营，以通永安。修广运、足滩二堡，以控府江。创昭平治以控平、梧，诸瑶敛迹。

徐作　南昌人。万历二年，以副使备兵府江。时南源残孽为梗，榕峒、喇仑、六窟等巢附之。作督兵分道进剿，复峰门寨，破其山湾贼周公楼等，降昭平上下四屯。贼黎福庄叛，又计擒之。五指岩最负固，悉平之。

吴文华　连江人。父世泽，为府江兵备副使，威镇诸蛮。万历初，文华巡抚广西，讨平南乡、陆平、周塘、板寨瑶，及昭平黎福庄，请终养归。起兵部侍郎，复抚广西，迁总督两广军务。

周起元　海澄人。万历中，出为广西参议，分守右江道。柳州大饥，群盗蜂起，起元单骑招剿贼，而赈恤饥民甚至。

金九陛　全椒人。崇祯十二年，分巡苍梧道。时峒瑶焚掠郁林、北流，总督张镜心令九陛会剿，直趋凤凰山贼巢，先后斩获满朝哥等一百九十余人，歼其魁。

瞿式耜 常熟人。崇祯末，以佥都御史巡抚广西。南都既覆，式耜与丁魁楚、焦连等，奉永明王监国于肇庆，以大学士留守桂林。大兵至，偕焦连力守，城获全。后郝永忠大掠桂林，式耜纠合余烬，广西再定。及大兵入严关，诸镇皆逃去，城中无一兵，独式耜端坐府中。俄总督张同敞至，誓偕死，秉烛危坐。黎明数骑至，式耜曰："吾两人待死久矣。"至则踞坐于地，不降。将就刑，天大雷，空中震击者三，远近称异。本朝乾隆四十一年，赐谥忠宣。同时殉难者：光禄少卿汪皞投水死。守将镇西将军朱旼如，平乐城破自刭。中书舍人周震居全州，慷慨尚气节，条城守事宜上之，式耜题为御史，监全州军，无何郝永忠、卢鼎自全州撤兵还桂林，守全诸将，议举城降，震力争不可，众怒杀之。

张同敞 江陵人。大学士居正曾孙。永明王时，总督广西诸路军务。每出师，辄跃马为诸将先。及大兵破严关，诸将尽弃桂林走。同敞自灵川至，见瞿式耜端坐府中，誓与共死。明烛达旦，侵晨被执，谕之降，不从，令为僧，亦不从。阅四十余日，整衣冠就刃，颜色不变。既死，尸植立，首坠，跃而前者三，人皆辟易。本朝乾隆四十一年，赐谥忠烈。同时殉难者：侍郎吴炳从桂王太子奔城步，遇大兵被执，送衡州，不食，自尽于湘山寺。尚书严起恒，事桂王，以阻孙可望王封，杀之于平乐。兵部尚书杨鼎和，以阻封议，孙可望追杀之于崑仑关。大学士郭之奇闻孙可望杀严起恒，团聚乡勇，守乐民所，被执至桂林，不屈，死之。湖南道陈象明，征饷广西，调土兵至梧州，战败死。苏松兵备道参政余昆翔，与总督汪硕德等，同在广西被获，不屈死。吴炳，宜兴人。严起恒，山阴人。杨鼎和，江安人。郭之奇，揭阳人。乾隆四十一年，均赐谥忠节。陈象明，东莞人，赐谥烈愍。余昆翔，一作余鲲，辰溪人，赐谥节愍。

龙之虬 永新人。一作之明。永明王时，巡抚柳、庆右佥都御史。辛卯，柳州城被围，誓以死守。城陷，不屈死。其妻朱氏亦殉。本朝乾隆四十一年，赐谥节愍。

焦连 山西人。永明王时，总督广西军务，封宣国公，与瞿式耜同守桂林。后移驻南宁，训练兵士。至平乐，陈邦傅说降，不屈自刭。本朝乾隆四十一年，赐谥节愍。

本朝

孔有德 奉天人。顺治六年，以定南王率兵平广西，遂留镇桂林。九年，靖宝镇将失守，分遣赴援。李定国从间道突犯桂林，麾下李养性、孙龙、程希孔俱战死。有德知不可守，乃阖室举火，妻李氏以下，并投缳，拔剑自刭。事闻，谥武壮，祀昭忠祠。

李懋祖　容人。以湖南衡永郴兵备道，署广西巡抚。殉难，赠光禄寺卿，祀昭忠祠。

线国安　奉天人。顺治九年，李定国陷桂林，时国安镇南宁，亟提师赴援，定国遁走。十年，定国拥众数万，复犯桂林，国安与巡抚陈维新合策败之。后以征云南功晋伯爵，仍留镇广西。先后二十余年，安静不扰。

李率泰　奉天人。顺治十年，总督两广。李定国陷广西诸郡县，急攻新会。率泰躬提劲卒，袭击，大破之。定国宵遁，穷追至邕始还。平靖两藩，将士欲乘乱掠高雷、浔南，率泰侦知，驰令禁遏，人素惮其威，遂止。

陈维新　奉天人。顺治十年，巡抚广西。李定国犯桂林，维新偕线国安拒守，贼驱象来攻，败之。复穴地道欲陷城，维新令掘城内地，射火箭入穴，贼多死。随取土囊垒筑，贼计沮，遁去。事平，疏请蠲免两载租赋，以苏民困。

于时跃　奉天人。顺治十二年，巡抚广西。时桂林初复，李定国尚盘踞南太六郡，时跃筹兵画饷，缓急得济，贼以削平。交阯黎、莫二夷构争相仇杀，时跃宣布德威，莫遂内附，黎亦奉表入贡。

李栖凤　汉军镶红旗人。顺治十四年，总督两广。时广西、浔南两郡未平，栖凤受事五阅月，调兵恢复，擒伪江夏王，及贼渠陈奇策等。积年负固者，次第翦除，土司、交阯，率服致贡。

田升龙　奉天人。顺治十四年，巡按广西。疏陈闾阎穷困，凡盐埠营债诸獘立除之，旗弁有强占民产，并夺子女者，力为禁止。又请改旧藩邸为贡院。国朝广西宾兴自此始。

彭而述　南阳人。顺治末，任广西参政。时僮贼猖獗，流劫临桂、永宁、融县，而述督兵进剿，计擒渠魁，招集流亡，计口授田，民赖之。

金汉蕙　金华人。顺治己丑进士，任广西参议，分守右江。单骑之官，招集流亡，劝农课学。后遭兵寇，汉蕙守孤城，援绝，遂陷，胁降不屈，遇害。

翁旦　寿昌人。顺治乙未武科，累官参将。会瑶、僮蠢动，率兵剿之，深入被围，自刎死。

马雄镇　辽阳人，康熙初，巡抚广西。值群寇煽乱，剿抚并行，计斩渠寇杨其清等，贼众瓦解。十三年，滇南构祸，孙延龄叛附。雄镇密檄提督马雄潜师讨之，雄迁延不至，因蜡疏具状，遣子世济、世永间道入京乞师。延龄诇知，夜发兵围署，百计胁之不从。贼吴世琮至，执之诣营，雄镇詈骂不屈，阖门遇害。赠太子少保、兵部尚书，谥文毅。

佟凤彩 汉军正蓝旗人。康熙初，为广西右布政。时云南未定，广西屡遭兵燹，人民流离。凤彩悉心筹划，转饷不乏，境内安堵。

傅宏烈 进贤人。以预发吴三桂不轨得罪，戍苍梧。嗣三桂叛，宏烈召募义兵，出龙南庾岭，东迎大兵，擢广西巡抚，佩抚蛮灭寇大将军印，分兵四出，复梧、浔郡县数十城。后全粤底定，以云、贵未平，疏辞抚篆，率兵进讨，取道柳州，柳降将马承荫惊悸，邀计机宜。单骑往，为所执，械送桂阳，遂遇害。赠太子太师，谥忠毅。

王如辰 鳌山卫人。康熙十九年，督学广西。时吴逆变乱，学宫鞠为茂草。如辰力振兴之，文学日兴。

黄元骥 晋江人。康熙十九年，任广西按察使。会大兵进复云南，檄使转饷，即兼程趋南宁。是时，苗疆多阻险延望，元骥宣布朝廷盛德，开诚化导，率响应。建议就地募夫充运，诸郡得免侵冒瘴疬远役之苦。又为圜转递运法，自竹洲塘直接滇省，计里设塘，计塘设汛，分设目长，逐塘递接，更番休息，先至者别出赏以旌之。前后运粮数百万，日用夫六千六百人，增口粮，给御寒、止舍之具，人心踊跃。丛山叠岭间，挽役不劳，而饷粮日充。雍正十一年，祀名宦。

郝浴 定州人。康熙二十年，巡抚广西，调剂戎务，清理盐政，改折米之令，除采铜之扰，定粤船载送大兵接替之法，绝云南投诚家口绕道之害。时方撤藩，浴措置晏如。凡旧有藩邸佣工人役，悉释为民，一时政声，远近无不称善。

彭鹏 莆田人。康熙三十九年，巡抚广西。先声所至，贪墨股粟。下车后省刑布德，减税轻傜。粤西旧有鱼胶、铁叶之供，非本省所产，每岁赴粤东购运，鹏疏请免之。

李涛 德州人。康熙四十一年，为广西布政使。时有亏官帑者，株连他族，或漫指民产为已物，追索严急。涛廉知其实，勘请咨豁，安业者万家。

郑昱 黄冈人。康熙四十一年，为广西按察使，持法平允。修复宣城书院。尝劝耕郊甸，令民沿江作车坝灌溉，至今获其利。

张维远 奉天人。康熙四十三年，分巡右江道。蛮僚夙称难治，维远百方导谕，民风丕变。设义学，振饥民，雍正十一年，祀名宦。

陈元龙　海宁人。康熙五十年，巡抚广西。岁饥，为籴于湖南，建仓桂林，贮谷以备水旱，损俸筑兴安堤闸，建养济院以收茕独。建义学数十处，使庶民子弟，皆得就学。而自建书院于七星岩前，时与诸生讲学其中，今栖霞书院是也。尝巡阡陌，劝民耕作，携其乡荏菽之种，教以树艺之法，民呼为“陈公豆”。在任八年，迁工部尚书。

孔毓珣　曲阜人。康熙五十六年，按察广西。由布政擢巡抚，迁总督。立常平仓春借秋收之法，请团练乡勇以捕盗贼，数平僮乱。乾隆十年，祀名宦。

陆绍琦　嘉兴人。雍正四年，广西学政。清约如寒素，按试所至，煦煦然。进诸生教之，请业者纷至沓来，常日晏不得食。其后卒于家，粤西士数千里往吊，为文祭之，至比之文翁、韩愈云。

赵君良　雍正五年，提标后营游击，剿八达侬颜光色，夺平寨岭，中擂石死。罗文光，右江镇标右营千总，随讨八达。文光力战，负重伤，殒于阵。贼平，皆奉恩旨恤赍。

鄂尔泰　满洲镶蓝旗人。雍正六年，由云贵总督兼辖粤西，为云、贵、广西三省总督。疏请黔、粤划江分界，添设边疆扼要营汛，改西隆为属州，皆切中利弊，边徼永安。与巡抚韩良辅会剿泗城土府岑映宸，映宸惧，自拘请罪。乃革世职，改泗城为流府。又征西隆侬颜光色，兵至八达，累战破之，其党杀光色。苗、僮闻其名，皆不敢犯。官至太傅、大学士。卒，谥文端，配享太庙。

杨廷璋　汉军镶黄旗人。雍正十一年，任桂林知府。乾隆初，擢右江道，继迁按察使。凡宦粤西二十余年，边情民隐，皆周知之，故其所设施，多中体要。后十年，以工部尚书权两广总督，请于小镇安改设通判驻守，怕坏隘增设把总，其那波、者赖、者欣、打面梁诸险隘，皆戍以兵，制度周密，边境永安。

苏昌　满洲正蓝旗人。乾隆十六年，署两广总督。初，广西巡抚舒辂，请于思陵土州沿边种竹以杜私越，土目遂侵夷地。夷与之争，则以夷伐竹毁墙伪报所司。昌廉得其实，奏罢种竹之令，申画守边抚夷之法，计虑周远，至今遵行之。

许世亨　成都人。乾隆五十三年，提督广西。大兵征越南，世亨率兵分战，累奏捷。遂克黎城，诏封世亨子爵。逾年正月，阮惠潜师复至，全师皆陷。事闻，得旨进爵为伯，恤如礼。同时死事者：总兵镶蓝旗尚维升，大同张朝龙，齐东李化龙，副将定州邢敦行，参将江夏杨兴龙，奉节王宣，正黄旗英林，游击镶黄旗明桂，大定张纯，砀山王檀，成都刘越，都司长沙邓永亮，丰城卢文魁，守备都匀黎致明，凌云知县上杭袁天达，府经历仁和张诚，皆赐恤有差。

谢启昆 南康人。乾隆进士。嘉庆四年巡抚广西，操守廉洁，驭下最严。省志自雍正初创修，阅七十余年，公余搜罗散佚，续辑成书。修筑兴安陡河，仿浙江海塘竹篓囊石之法，镶筑石堤，民田俱得耕种，河流亦一律深通。七年，卒于官。赐祭葬。

纂修官（臣）李绍昉恭纂（臣）蒋立镛恭纂
提调官前总纂（臣）郑绍谦恭覆辑
校对官（臣）陶际克恭校

桂林府（一）

广西省治。东西距五百五十五里，南北距五百里。东至湖南永州府零陵县界三百四十五里，西至柳州府融县界二百十里，南至平乐府荔浦县界一百八十里，北至湖南宝庆府城步县界三百二十里，东南至湖南永州府永明县界三百七十里，西南至柳州府雒容县界二百五十五里，东北至湖南宝庆府新宁县界三百六十里，西北至柳州府怀远县界二百十里。自府治至京师七千四百六十里。

分野

天文翼轸分野，鹑尾之次。

建置沿革

《禹贡》荆州之域。周为百越地。秦为桂林郡地。汉为零陵郡零陵、洮阳、始安等县地。三国吴甘露元年，始分零陵南部置始安郡。晋因之。宋明帝改为始建国。《宋书·州郡志》："始建内史。吴孙皓立始安郡，属广州。晋成帝属荆州。宋文帝元嘉二十九年属广州，三十年属湘州。明帝改名。"按李吉甫《元和郡县志》作"吴立始安郡，属荆州"。南齐复曰始安郡。梁大同六年，始于郡置桂州。《元和志》："天监六年，立桂州于苍梧、郁林之境，因桂江以为名。大同六年，移于今治。"陈因之。隋开皇初，郡废，于州置总管府。大业元年，州废，寻复为始安郡，属扬州。《元和郡县志》："大业三年，罢州为始安郡。"唐武德四年，复曰桂州，置总管府。后改都督府，属岭南道。开耀后置桂管经略使。天宝元年，复曰始安郡。至德二载，改建陵郡。乾元元年，复为桂州。《唐书·方镇表》："广德二年，置桂邕都防御观察使。大历八年，罢隶邕管。贞元元年，复置桂管经略使。"光化三年，置静江军节度使。五代初，属楚。东北境增置全州。周广顺元年，属南汉。宋仍为桂州始安郡静江军节度，属广南路。至道三年，分置广南西路。大观元年，升为帅府。绍兴三年，升为静江府。《宋史·地理志》："以高宗潜邸升府。"元至元十五年，置静江路总管府，属湖广行省。明洪武初，改曰桂林府，为广西布政使司治。

本朝为广西省治，领厅一、州二、县七。

临桂县

附郭。东西距一百十里，南北距九十二里。东至平乐府恭城县界九十里，西至永宁州界八十里，南至阳朔县界八十里，北至灵川县界十二里，东南至阳朔县界七十二里，西南至永福县界八十二里，东北至灵川县界六十里，西北至义宁县界六十三里。汉置始安县，属零陵郡。后汉因之。三国吴甘露元年，于县置始安郡。晋及宋、齐因之。梁为桂川治。隋仍为始安郡治。唐复为桂州治。武德四年，析置福禄县。贞观八年仍省入，改曰临桂。五代因之。宋为静江府治。元为静江路治。明为桂林府治。本朝因之。

兴安县

在府东北一百三十里，东西距二百二十里，南北距一百十二里。东至灌阳县界九十里，西至灵川县界一百三十里，南至灵川县界八十里，北至全州界三十二里，东南至灌阳县界九十五里，西南至灵川县界九十里，东北至全州界七十里，西北至湖南宝庆府城步县界二百三十里。汉始安县地。隋置临桂镇。唐武德四年，析置临源县，属桂州。大历三年，改曰全义。五代晋开运三年，于县置溥州。宋乾德元年，州废，县仍属桂州。太平兴国元年，改曰兴安。绍兴初，属静江府。元属静江路。明属桂林府。本朝因之。

灵川县

在府东北五十里，东西距一百二十里，南北距六十里。东至兴安县界五十里，西至义宁县界七十里，南至临桂县界四十里，北至兴安县界二十里，东南至临桂县界五十里，西南至义宁县界六十里，东北至兴安县界五十里，西北至兴安县界八十里。汉始安县地。唐龙朔二年，始析置灵川县，属桂州。五代因之。宋属静江府。元属静江路。明属桂林府。本朝因之。

阳朔县

在府南少东一百五十里，东西距一百三里，南北距一百里。东至平乐府平乐县界三十五里，西至永福县界六十八里，南至平乐府荔浦县界三十里，北至临桂县界七十里，东南至平乐县界二十里，西南至荔浦县界四十里，东北至平乐府恭城县界八十里，西北至临桂县界八十五里。汉始安县地。三国吴置尚安县，属始安郡。晋改曰熙平。宋因之。齐后废。隋开皇十年，改置阳朔县，仍属始安郡。唐武德四年，析置归义县，俱属桂州。贞观初省入。五代、宋初因之，南渡后省。元初复置，属静江路。明属桂林府。本朝因之。

永宁州

在府西一百四十里，东西距一百五十里，南北距二百里。东至永福县界八十里，西至柳州府融县界七十里，南至柳州府柳城县界一百二十里，北至义宁县界八十里，东南至柳州府雒容县界一百二十里，西南至融县界九十里，东北至临桂县界六十五里，西北至义宁县界一百里。汉零陵郡之始安、郁林郡之潭中二县地。晋太康元年，置常安县，属始安郡。宋省。梁大同八年，改置梁化县，于县置梁化郡。隋开皇中，郡废。十八年，改县曰纯化。大业二年，省入始安。唐武德四年，复置，属桂州。永贞元年，改曰慕化。乾宁三年，又分置古县，亦属桂州。五代因之。宋嘉祐六年省慕化。后以古县属静江府。元属静江路。明洪武十四年，改曰古田县，属桂林府，后没于瑶蛮。隆庆五年，开置永宁州，仍属桂林府。本朝因之。

永福县

在府西南一百里，东西距六十五里，南北距一百九十五里。东至临桂县界五十里，西至永宁州界十五里，南至平乐府荔浦县界一百八十里，北至临桂县界十五里，东南至荔浦县界八十里，西南至柳州府雒容县界一百五十里，东北至临桂县界十八里，西北至永宁州界六十里。汉始安县地。三国吴为始安、永丰二县地。唐武德四年，分置永福县，属桂州。五代因之。宋属静江府。元属静江路。明属桂林府。隆庆五年，改属永宁州。本朝仍属桂林府。

义宁县

在府西北八十里，旧境东西距二百三十里，南北距二百五十三里。本朝乾隆六年，析置龙胜厅。今县界东西距一百十里，南北距一百五里。东至灵川县界二十里，西至龙胜厅界九十里，南至临桂县界十五里，北至龙胜厅界九十里，东南至临桂县界十里，西南至永宁州界一百十四里，东北至灵川县界五十里，西北至龙胜厅界九十九里。汉始安县地。唐为灵川县地，本义宁镇。五代晋天福八年置义宁县，属桂州。宋开宝五年省，六年复置，后属静江府。元属静江路。明属桂林府，隆庆五年，改属永宁州。本朝仍属桂林府。

全州

在府东北二百五十里，东西距一百五十里，南北距一百四十五里。东至湖南永州府零陵县界七十里，西至兴安县界八十里，南至灌阳县界五十里，北至湖南宝庆府新宁县界九十五里，东南至灌阳县界五十五里，西南至兴安县界一百八里，东北至湖南永州府东安县界九十五里，西北至新宁县界一百一十里。汉置零陵县，元鼎六年，于县置零陵郡，领洮阳县。后汉移郡治泉陵县，以零陵、洮阳二县属之。晋及宋、齐以后因之。隋废二县，改置湘源县，仍属零陵郡。唐属永州。五代晋天福中改县曰清湘，于县置全州。宋因之，属荆湖南路。绍兴元年，始听广西路节制。元至元十四年改全州路，属湖广行省。明洪武初曰全州府。九年，降为州，省清湘县入之，属湖广永州府。二十八年改属桂林府。本朝因之。

灌阳县

在府东三百二十里，东西距八十五里，南北距一百里。东至湖南永州府零陵县界二十五里，西至兴安县界六十里，南至湖南永州府永明县界五十里，北至全州界五十里，东南至永明县界四十里，西南至平乐府恭城县界九十里，东北至永州府道州界六十五里，西北至兴安县界三十里。汉零陵县地。三国吴析置观阳县，属零陵郡。晋宋以后因之。隋省入湘源县，大业末复置，曰灌阳。唐武德七年废。上元二年复置，属永州。五代晋天福中改属全州。宋因之。元属全州路。明属全州。本朝属桂林府。

龙胜厅

在府西北一百三十里，东西距二百五十五里，南北距一百九十五里。东至灵川县界一百三十里，西至湖南绥宁县界一百二十五里，南至义宁县界一百里，北至湖南城部县界九十里，东南至灵川县界一百三十五里，西南至柳州府怀远县界一百一十里，东北至城步县界九十里，西北至湖南武冈州一百三十五里。

本义宁县地。本朝乾隆六年析置，移捕盗通判驻辖，属桂林府。

形势

东控海岭，右扼蛮荒，唐白居易撰《严谟知桂州制》。制邕容交广之冲，扼宾蛮严象之隘。唐吴武陵《记》。居五岭之表，控两越之郊。唐萧昕《送桂州刺史序》。被山带江，控制数千里。宋唐弼《安远楼记》。府治雄胜，与湖南犬牙。宋范成大《桂海虞衡志序》。

风俗

风气清淑，习俗醇古。《桂海虞衡志序》。早温昼热，晚凉夜寒，一日备四时之气。宋周去非《岭外代答》。笃信阴阳，尚巫卜。士知经术，虽贫家，未尝废学。宋李彦弼《八桂堂记》。俗尚质朴，不事浮靡，婚姻庆吊，以槟榔为礼。《旧志》。

城池

桂林府城　周十二里，门十二。宋皇祐间建，元至正十六年甃石，明洪武中增建南城。本朝康熙四年，雍正三年，乾隆四年、十三年、二十六年、四十八年，嘉庆四年重修。其池东导漓江，西南环阳江，阔八丈二尺。北无池。临桂县附郭。

兴安县城　周三里有奇，门三。明景泰间建，万历中甃砖。本朝雍正八年修。

灵川县城　周三里有奇，门五。明景泰初建，成化间甃砖。本朝乾隆八年、十三年、五十八年重修。

阳朔县城　周二里。元至正七年建，明成化初韩雍增拓。旧门八，本朝顺治十年闭三存五。乾隆九年重修。

永宁州城　周六里，门四。明成化十三年建，东西二水环抱，万历十四年筑堤为障。本朝康熙六十一年、雍正五年重修。

永福县城　周一里有奇，门四。明天顺中建，宏治九年甃砖。本朝乾隆十年修。

义宁县城 周二里有奇，门五。明天顺六年建，宏治十八年甃砖。西南以义江为池，阔十丈。本朝乾隆六年、十三年、六十年重修。

全州城 周五里有奇，门五。元至正间建。北据山麓，南瞰湘江。明嘉靖间修。本朝雍正四年、乾隆二十年、嘉庆四年重修。

灌阳县城 周二里有奇，池阔一丈六尺，门四。明洪武中建，景泰初甃砖。本朝雍正十年修。

龙胜厅城 周四里有奇，门四。本朝乾隆六年建。

学校

桂林府学 在府治西，宋乾道初建。本朝康熙十一年、二十一年、五十八年，雍正九年，乾隆三十年，嘉庆四年，重修。入学额数二十名。嘉庆三年，附龙胜厅苗学二名。

临桂县学 在府治南，元皇庆间建。本朝康熙二十四年修，乾隆七年、嘉庆四年重修。入学额数二十名。

兴安县学 在县治西，宋迄明屡徙其地。本朝雍正九年，迁置今所。乾隆五十三年重修。入学额数十五名。

灵川县学 在县南门外，元至元间建。本朝康熙二十一年、五十年、五十五年，雍正元年，重修。乾隆二十九年，复迁县东街。入学额数十五名。

阳朔县学 在县东，宋淳熙间建。本朝康熙年间修。入学额数十二名。

永宁州学 在州治西北，明万历八年建。本朝康熙二年重建，雍正十三年、乾隆二年重修。入学额数九名。旧额十二名，乾隆三十年减三名。

永福县学 在县治东北，宋淳熙六年建。本朝康熙二年重建，乾隆三十二年重修。入学额数八名。

义宁县学 在县治西，元元贞初建。本朝雍正七年修，乾隆十年、四十五年重修。入学额数八名。

全州学 在州治北，宋绍兴十三年建。本朝康熙二十年、五十一年，乾隆三十年，重修。入学额数二十名。

灌阳县学 在县治东，明嘉靖二年建。本朝康熙中屡修。乾隆四十八年，迁建西门外。入学额数十五名。

宣成书院　在府治西南，宋景定三年建。祀张栻、吕祖谦。理宗合二人之谥赐额。明初以其地为县学，宏治中复建于学西。本朝康熙二十四年修。

秀峰书院　在府治东北，因面独秀峰之胜，故名。本朝雍正十一年建。

栖霞书院　在府东门外。本朝康熙五十六年，巡抚陈元龙建。

漓江书院　在兴安县。本朝乾隆十二年建。

文笔书院　在灵川县治东，本朝康熙五十六年建。

清湘书院　在全州北柳山，宋刺史柳开书堂故址。嘉定八年，增置讲堂斋舍。宝庆元年，赐额，魏了翁有《记》。本朝康熙二十六年，知州崔廷瑜重修，更名柳山。乾隆五十年，知州陈肇辂改建于城内西北隅，仍曰清湘。

义江书院　在义宁县。本朝乾隆二十三年建。

龙川书院　在灌阳县。本朝乾隆二十四年建。

户口

原额人丁五万五千九百七十，今滋生男妇大小共一百零四万五百七十三名口。计一十九万六千一百一十四户。

田赋

田地一万八千六百八十六顷六十九亩八分有奇。额征地丁正杂银六万八千八百三十三两五钱一分四厘，遇闰加征银二千五百六十二两六钱四分五厘。米九万五千四百八十六石七斗五升八合二勺。

山川

宝积山　在府治西，多奇石怪木。东隅有吕公岩，石乳融结，瑰奇万状。华景山　在府治西北。一曰宝华山。与宝积相连，下有洞。《桂海虞衡志》："华景洞，高广如十间屋。"桂山　在府治东北，俗称北山，又名越王山。有三峰连属，前峰拔起，如狮昂首。岩桂生其巅，次峰宛转，横亘一方。后峰巃嵸特秀，奇石累积，为叠彩岩。岩后有风洞，洞西北隅有北牖洞，洞左小山曰于越。其右小支戟立，曰四望洞。远眺长江。亦名四望山。伏波山　在府治东北，亦曰伏波岩。突起千尺，与独秀山相望。岩傍水际有还珠洞，本名玩珠，宋提刑张维易今名。洞前石脚，插入漓江，为绝胜处。七星山　在临桂县东二里，隔江，亦名七星岩。《桂海虞衡志》："七星岩，七峰位置如北斗。又小峰在旁，曰辅星石。"《旧志》："山半有栖霞洞，入洞门下行百余级，始得平地，夏冷冬温。洞旁又有元风洞，宋柳开有《铭》。下有冷水岩，宋曾布为桂帅，因改名为曾公岩。西南有龙隐岩，亦曰龙隐洞。山脚入溪水中，山后又有月牙岩，及乳洞诸胜。其接龙隐而起者曰望城冈。外障大江，内护东城，旁连诸土山，纵横起伏，亘二十余里。"弹丸山　在临桂县东二里。乐史《太平寰宇记》："在临桂县东二里，隔漓水。郦道元《水经注》云：'山有涌泉，奔流迅激，东注于漓水。溪中有石如弹丸，因以名焉。复有石窦，下深数丈，莫究其极。'"《旧志》："在七星山东，一名弹子岩。有二岩，皆北向，旁有东西二洞。"穿山　在临桂县东五里，为弹丸溪入漓处。南溪水出其下，山半有穴，南北横贯，故以穿名。又以穴形如月轮挂空，或名曰月岩。又以山辣身昂首，若与西峰山作斗，亦名斗鸡山。漓山　在临桂县南。《寰宇记》："在临桂县南二里漓水之阳，因名。一名沉水山。其山孤拔，下有澄潭，上高三百余尺，周回二里，可容五百家。旁有洞穴，广数丈，南北直透。上有怪石欹危，藤萝荣茂，民保以避寇。"《旧志》："在县城外东南隅，阳江入漓处，突起水滨，形如象鼻，郡人名为象鼻山。明初师围静江，别将朱亮祖屯于东门象鼻山下，即此。北麓有洞，名曰水月。洞门踞江，透彻山背，顶高数十丈。其形正圆，俨如月轮，故名。宋范成大有《铭》。"雉山　在临桂县南三里，其形侧起，势如昂首欲飞，亦曰雉岩。南溪山　在临桂县南。《寰宇记》："在临桂县南五里，耸拔千尺，烟翠凌空，其溪东注桂江。"《旧志》："在县南七里，山东南有刘仙岩，岩旁又有穿云仙迹。两岩俱以仙人刘仲隐而名。自刘仙岩而入其最高处，曰泗州岩。又山西南半山有白龙洞，五代汉末南汉谋并静江地，湖南遣兵屯龙洞以拒之，即此。洞中有泉，谓之新泉。又山西北有洞，唐李渤名曰元岩。"大塘山　在临桂县南十里。有滑石江绕其前。又南曰七宝山，亦曰七宝岩，下有塘水。普安山　在临桂县南三十里。山势蜿蜒回绕，有泉涌于山顶，四时不涸。明封为龙泉山。又卧石山，在县南五十里。隐山　在临桂县西二里。《寰宇记》："在桂州之西郊。先是榛莽翳荟，古莫知者。唐宝历初，李渤出镇，见石门牙开，有水渊澈，乃夷薙芜秽，疏通岩穴，石林磴道，若天造灵府，不可穷极，因号隐山。"《桂海虞衡志》："隐山六洞，一曰朝阳，二曰夕阳，三曰南华，四曰北牖，五曰嘉莲，六曰白雀。碧玉千峰，倒影水面。"《方舆胜览》："隐山诸洞之外，别有奇峰，绘画所不及。范成大名其一峰曰沉香，大约似琱锼通脱沉香山子也。"《旧志》："乱石层叠，北高南下，回环出入，胜致不一，今多芜秽。又潜洞山在隐山东北，中有南潜、北潜二洞。"西山　在临桂县西三里，隐山之西。三峰连属，曰石鱼，曰观音，曰西峰。石鱼一作立鱼。高数十丈，缘磴而上绝顶，群山森然在目。有明月洞，在峰南，去平地数千尺，外隘中宏，周如茧室。琴潭山　在临桂县西六里。群山环抱，中有小山，巨石林立。其下空洞成潭，水流琮琤，如琴筑声。旁有玉乳、荔枝等岩，皆以滴乳垂缀而名。中隐山　在临桂县西十里，俗名佛子岩。其岩三重：下岩深广如积大艘；中岩明爽，有乳石凝结；上岩差下。旧有寺，悬岩置屋，恍非人境。侯山　在临桂县西十里。《唐书·地理志》："临桂有侯山。"《明统志》："在府城西十五里，高耸如公侯端冕之状。"《旧志》："绝顶有金钩岩，攀援曲折而上，俯视诸峰如培　然。相近又有光明山，山势峭拔。有一穴通明，其水潜为于家庄渠，灌田数百顷。"清秀山　在临桂县西北三里，下有塘曰青岩。独秀山　在临桂县治北。《寰宇记》："在临桂县城正北一百步，直耸五百余丈，平地孤拔，秀异回出。"《桂海虞衡志》："为郡主山。下有洞穴，石壁垂乳，洁白如雪。路通山北，旁回百余丈，豁然明朗。刘宋时，太守颜延之尝于石室中读书，赋诗云：'未若独秀者，嵯峨郡邑间。'后人因名读书岩。"虞山　在临桂县东北五里，一名舜山。左临漓江，后临黄潭，其下有洞。宋绍兴三年，郡守张栻名之曰韶音。入洞面潭，水石清漪，名曰皇泽湾。洞东有屏风山，亦名程公岩。断山屹立，高百余丈，中有平地，可容百人。石磴五十余级。有石穴通明，宋范成大表为空明洞。有水纡折，名圆通湾，下接弹丸溪。辰山　在临桂县东北十里，土人名曰虎山。有三岩：下岩曲折而入，石室穹然，岩扉西向，下瞰城郭。中岩乳石怪绝。上岩有小亭，可眺望。宋嘉泰初，士人刘晞隐此，桂帅李大异表为蛰龙岩。駮鹿山　在临桂县东北。《后汉书·郡国志》注：《始安郡记》曰，东有駮乐山。"《元和志》："駮鹿山，一名福禄山，在临桂县东北十五里。"《旧志》："俗又谓之阳龙山，顶有二池。"全义山　在兴安县东三里，唐以名县。又黄华山在县东五里，下有泉可溉田。龙蟠山　在兴安县东十五里。《寰宇记》："在郡城东北一百七十里，属兴安县，本名盘龙山，天宝六载敕为龙蟠山。有石洞，洞门内数里，人秉烛游，于回溪泥沙中，尝见龙迹，其大如盘。"《岭表异录》云："全义岭之西南有盘龙山，山有乳洞，斜贯一溪，号灵水溪，入灵川县界。"九星山　在兴安县东南十五里，有峰耸秀。宋唐则居此登第，因名状元峰。龙山　在兴安县南四十里。阳海山　在兴安县南九十里。《汉书·地理志》："零陵阳海山，湘水所出。"《后汉书·郡国志》："零陵阳朔，湘水出。"《水经》："湘水出零陵始安县阳海山。"注："即阳朔山也。应劭曰'湘水出零陵山'。盖山之殊名也，山在始安县北。"《元和志》："阳朔山在全义县东南八十里，即零陵山也。"《寰宇记》："阳海山在郡城北一百七十里，属兴安县，一名阳朔山。其山自永州零陵县西迤逦冈峦，连亘不绝。此山即湘、漓二水之源。"按：《后汉志》及《水经注》皆以阳海山为阳朔山，而应劭及《元和郡县志》又以为零陵山。盖阳朔即阳海之殊名，非今阳朔县之阳朔山也。零陵乃汉时阳朔山所在之郡。应劭盖云湘出零陵郡之山，非阳朔外又别有零陵之称也。郁金山　在兴安县西南五十里，零水所出。点灯山　在兴安县西三里，有岩。六峒山　在兴安县西北六十里，六峒江出此。凤鸣山　在兴安县北三十七里，宋淳熙间以蒋来叟登甲第，故名。黄柏山　在兴安县北六十里，黄柏江出此。东屏山　在灵川县东十里。又石几山在县东十五里。文笔山，在县东北十里。俱与东屏相接。马鞍山　在灵川县东三十五里，与香炉山对峙。尧山　在灵川县东南四十里。《寰宇记》："灵川县尧山，在府城东北四十四里。"《旧志》："按史传，尧封履不到苍梧，以其西与舜祠相对，邑人慕舜之风，遂名为尧山。"《县志》："为县南镇，上有平田数亩，土人名为天子田。有井泉百源，剑江水出此。"高镇山　在灵川县西南二里，古名大象峰，一名大藏。宋宝祐间，改名高镇。元至正间，大藏山崩后，名其所崩崖为赤壁，因名赤壁岩。其下有潭横浸山腹，名象潭。其形三折，又名之潭。半云山　在灵川县西南四十里，平地突起，四面孤高，亦谓之半云岭。其阳即临桂县境。又有五圈山，在县西南五十里。西峰山　在灵川县西三里，四面峭拔，其中坦夷。上有龙泉，每日三涨三落，亦名潮泉。吕仙山　在灵川县西四里，产茶，曰吕仙茶。宋秦观有《吕茶诗》。金瓶山　在灵川县西十五里。其西峰连环崒嵂，少南有仙隐岩，亦名仙隐山。岩穴深广，其上若石楼，下有深潭。又西南有华岩，洞高广数仞，清泉环绕。双盖山　在灵川县西北十里，两峰平列，状如盖，俗名凉伞山。其前为挂榜山，最高耸。北障山　在灵川县北二十里。《旧志》："重峦叠嶂，绵亘数里，高逾千仞。一名百丈山，又名把仗山。当风飚起，则飞鸟回旋不能度。谚称'鸟不过灵川'，谓此。周环有泉百源，其最著者曰滑石泉，亦曰道乡泉，以邹浩经此而名。宋绍兴六年，州帅胡舜陟易名漱玉泉。或谓之隐龙泉。"按：《元和郡县志》："灵川县西南有泠山，出滑石。"《寰宇记》作"冷石山"。今县界无此山名，惟北障泉有滑石之称。诸峰绵亘，疑即冷石山也。然唐灵川故治，在今县西南，而北障在北，方界未合，当再考。凤凰山 有二。一在灵川县北五十里，唐时有凤凰栖其上。一在永宁州南五十里，崎岖难陟。明嘉靖中，獞贼韦银豹等据此为巢。香炉山 在灵川县东北一十里，山高千仞，旁分一小山，形若香炉。白鹤山 在阳朔县东南三里，滨江。其形如鸟舒翼，一名青鸟山。其下有岩。又龙马山，在县东南十里，其前为凤凰山，皆以形似名。东人山 在阳朔县东南十里，石似人，下有三十六洞，南北纵广三十里。又县西七里有西人山，与此山相对峙。或名东郎山、西郎山。鉴山 在阳朔县南三百步，嵯峨拔起，东瞰大江，县城环其上。今更名寿阳山。有碧莲峰。古罗山 在阳朔县南三十里，亦名都罗山，高数千丈，顶有池。寨山 在阳朔县西十五里。五代时，马氏常置戍山下，故名。有二十余峰。脉络相连，云收雨霁，望之一碧，亦名连碧峰。天马山 在阳朔县西十五里。其形如马，前有二小山，状如执御者。南有膏泽峰，以云起必雨，故名。威南山 在阳朔县西十五里，下有吴威南将军薛翙墓。相近为塘山，下有涌泉。又金泉山在县西二十五里，山腹有泉不涸。都利山 在阳朔县西北隅，与天鹅山脉络相连。三峰排闼，为县诸山之总。天鹅山一名都峨山，在县治北，比诸峰独耸。云源山 在阳朔县西北七十里，一名灵源山，亦名源头山，广数百里，县境群山发脉处。兴平水出此。阳朔山 在阳朔县北门外，隋时以此名县，俗呼羊角山。石银山 在阳朔县北四十里，左右层峦峭拔，此山居中，独光润如银，故名。相近者曰宝山，上有瀑布，下注桂江。画山 在阳朔县北五十里，江滨九峰屹立，丹崖苍壁，望之如绘。龙头山 在阳朔县东北，下有读书岩。宝峰山 在阳朔县东北七十里，一名宝子山，又名抱子山。兴平、零陵二水出此。与湖南道州接界。银屏山 在永宁州东三里，高耸秀拔，江流经其下。覆釜山 在永宁州南门外，以形似名。俗名矮山。旁有小洞可入。又南半里为偃月山，形斜倚如半月。天柱山 在永宁州西南八里。又天村山，在州西南百里，山巅有田，居民耕种成村，因名。禾仓山 在永宁州西一里，圆如禾困。会仙山 在永宁州西北三里。又虎踞山，在州北五里。宝盖山 在永宁州北一里，州之主山。又有黄源山，在州西北五十里，亦名黄源岭，黄源水出此。都狼山 在永宁州东北五十里，亦名都狼岭，险峻陡绝。明万历中，巡道郭宗磐稍凿平之。下有大长泉。永福山 在永福县南五里，县以此名。山后有白马峰，与县治对，亦曰莲花峰。大溶山 在永福县南三十里，大溶水出此。其东有安乐山，安乐水出此。东入阳朔县界。太和山 在永福县南六十里，旧理定县后，崖谷盘纡，峰峦幽峻，太和江经其西南麓。金山 在永福县西南十里。上锐下广，形如金字。下汇三江六源之水，蓄为重潭，曰金潭。其后有螺山，萦纡盘曲，俨如螺状。又马芒山，与金山夹江对峙，锁县水口。兰麻山 在永福县西南四十里。《寰宇记》："理定县有兰麻山，在府城西南二百里，其山自衡岳迤逦南亘，到此遇入柳州、象州。山阔一百里，高二十余里。"《明统志》谓之拦蛮山。登云山 在永福县西十五里。高数千丈，重冈层岭，云雾常兴其上。又茅汇山在县西北十五里，亦高峻。凤巢山 在永福县北，旧名华盖山。隋有双凤来巢，宋建隆时复至，因改今名。神山 在永福县东北三十里，亦名罗秀山，顶有池。又灵寿山，在县东三十里。灵秀山 在义宁县东二里，势高峻。又青梅山，在县东五里。登高山，在县东南一里。灵鹫山 在义宁县西南十五里，峭拔高耸。上有瀑泉，悬流而下。又欧山，在县西五里。边隘山 在义宁县西二十里。丹霞青壁，状如列戟，环拱县治。智慧山 在义宁县西北二十里。特立万山中，蜿蜒秀丽，智慧江出此。丁岭山 在义宁县北七十里，义江出此。又桐山在县东北桐山里，石濠江出此。完山 在全州东合江门外，山形完整。旧名钵盂，明顾璘易今名。为罗、灌二水入湘处。隆城山 在全州东一里，有古颓垣，如城堑状。黄华山 在全州东六十里。《隋书·地理志》："零陵郡湘源有黄华山。"《旧志》："一名猎山。"三华山 在全州南三里。顶有三峰，形如笔盖，湘江绕出其背。倚石山 在全州南六十里，建安水出此。涌泉山 在全州西南八十里，有泉涌出山上。湘山 在全州西二里。马端临《文献通考》："全州清湘有湘山。"《旧志》："峰峦蓊郁，岩洞幽邃，绝顶有甲亭，土人以为游观之所。柳宗元所谓西山也。有法华、玉华二泉。盘石山 在全州西三里，中有玉髓泉。山下即螺江。有宋郡守林岊《记》。"玉屏山 在全州西十五里。自八十里山蜿蜒绵亘而下，至此苍碧错绣，环列如屏。其北三里许有虎潜岩，石壁峭拔。半山上有洞门，瀑水奔注。其内纡回曲折，复流为潭者三，相距各半里许，深不可测。其北为仙奕山，平地特起一冈，广袤寻丈，中横方石，旁簇八小峰，四面拱峙，如对奕状。礼山 在全州西七十里。高耸数千仞，横亘数十里，罗列如屏。北障大江，其南为丰玉岩。覆釜山 在全州西八十里，一名朝山。峭险峻绝，凌逼霄汉。有七十二峰，其著者曰大小覆釜峰，顶皆有石如覆釜。其岩曰圣水岩，有石盘潴之。又东为宝鼎山。八十里山 在全州西八十里。高峻峭拔，险于诸山。又西北十里曰九十里山，与湖南宝庆府新宁县接界，宜湘水出此。钟石山 在全州西一百里，钟乐水出此。相近曰罗氏山，有泉罗水出此。柳山 在全州北二里，州之主山也。有寸月台，拔地七十丈，冈峦回复，二江东流。旧名北山。宋刺史柳开爱其泉石之胜，筑室读书于此，亦名书堂山。下有达泉，一名应泉。文山 在全州北三十里，洮水出其下。旗山 在全州北五十里。壁立万仞，不可攀援。东面稍低，望之如展旗然。相近有鼓山，亦高数百丈，上广下锐，悬梯以登。飞山 在全州北七十五里，接湖广永州府东安县界。麒麟山 在灌阳县东，原名旗岭。又有凉伞岭，在县东二十五里。钟山 在灌阳县东五十里，与湖广道州接界，钟山水出此。栀子山 在灌阳县东南二十里，峭拔秀丽。三峰山 在灌阳县南十五里，亦名三峰岭。又华山，在县西南七里。海山 在灌阳县西南百里，以四围涵水而名。相近有风吹罗带山。王楼山 在灌阳县西三里。上有望华岩，岩与华山相对，故名望华。岩口临江，相传宋理宗时有道人王楼过此，因名。橧山 在灌阳县西四十里，灌水经其下。今名俊山。台山 在灌阳县西北五里。龙川山 在灌阳县西北四十里，龙川水出此。峡山 在灌阳县北十里，夹峙江岸，高耸蔽日，形似二峡，故名。又白面山，在县北二十里。连珠山，在县北二十里。抱子山 在灌阳县北五十里，山势重叠，如禢抱然。相近者曰七星山。石子山 在灌阳县东北五十里，峰峦耸拔，高出众山。龙脊山 在龙胜厅东八十里，产龙脊茶，向办土贡，近年停止。大罗山 在龙胜厅东南一百里，绵亘百数十里，为东南屏障。

乌岭 在临桂县东二十里，极高峻。有石磴数千级，盘回而上，其顶有泉。铜冈岭 在临桂县东四十里，高数百丈，绵亘数十里。百丈岭在县东五十里，险难登，亦名云伏岭。又有驿岭，亦在县东五十里，路通阳朔、平乐。东岭 在兴安县东十五里，地名锦水，有二峰如卓笔。又永福县东二里，亦有东岭，形如屏障，下有甘泉。越城岭 在兴安县北三里。《水经注》："湘、漓之间，陆地广百余步，谓之始安峤，即越城峤也。"《郡县志》："越城峤在全义县北三里，即五岭之最西岭也。"《寰宇记》："越城岭，一名始安岭，在兴安县北三里。"《旧志》："其地临湘、漓二水之源，亦名临源岭。唐时以在全义县，又谓之全义岭。唐光化二年，静海帅刘士政以马殷悉定岭北地，遣将戴可蟠屯全义岭备之。即此。"东冈岭 在永宁州东二十里，东江出此。又总甫岭在州东南，接永福县界。三隘岭 在永宁州北二十里，崎岖险仄。岭凡三，亦曰三阽岭。中道一线，左逼高冈，右临深涧，又名落马岭。明万历中，郭宗磐凿为坦道，建馆于其上。观风岭 在义宁县东北一里。潮水岭 在全州东六十里，下有寒潭不涸，时涨时消，如潮信然。又马家岭，在州南五里，下瞰深潭，宋时始凿山为径。白水岭，在州南五十里，有泉溉田数百亩。大茅岭，在州西北九十里，下有江流四合，资溉甚多。

镇南峰 在府城北。《明统志》："峰旁有石厓。唐大历中，刻《平蛮颂》。宋狄青平侬智高，勒碑于左。"千秋峰 在灵川县东北七里，独立危耸，亦名文笔峰。下有峡，通大江，名千秋峡。云翁峰 在阳朔县南。秀耸特立，群峰环绕，若子孙列侍，故以翁名。翠眉峰 在永宁州北三里。

湘水岩 在临桂县东三十里，俗呼圣水岩。山腹地广数十亩，夜半潮上，日中潮下，略不愆期。龙凤岩 在兴安县东十五里。岩内石乳凝结，如龙凤形。一名梓林洞。有泉出岩中，溉田甚广。盐砂岩 在兴安县西六里，有砂与盐相似。桃花源出此。草圣岩 在兴安县西十五里，以唐时僧云峤居此，善草书而名。岩之东有圆穴，一名月山。又西五里为白云峰，特立渠江之侧，粲如积雪。真仙岩 在灵川县西南三里，石室穹窿，容数十人。龙田岩 在灵川县西三里，中有石田，高低委曲，产石米，下有龙泉。灵岩 在灵川县西北三十里。《方舆胜览》："灵川县有灵岩，大江洞其腹，阔数十丈，遥望山根，横光如练，迫视乃知岩在山底水上，表里明澈而然。岩口仅容小舟，击汰而入，水深不可施篙，仰撑岩腹而行。"《旧志》："亦名龙岩。唐龙朔初，山忽晦暝，六七日大雷雨，龙升而霁，山腹遂空。高三十丈，下临深渊，水从西江来者汇焉。"棋盘岩 在阳朔县东半里，有三石洞，旧名豹隐洞。有石似棋盘，有棋子可奕。下洞平坦，有小窍通后洞，别是一境。东明岩 在阳朔县东十五里江滨，旧有栈道通平乐。绣山岩 在阳朔县南十里，一名独秀。岩分南北，南岩曲折，即废新林驿；北岩面江，即废新林渡，又名青衣洞。广福岩 在阳朔县南二十里，石门天成，其中虚朗，叠石如龛。有罗汉像，一名罗汉洞，为阳朔岩洞之冠。唐曹邺有《诗》。翠屏岩 在阳朔县西四十里。岩高而明，石门三五，俯望若屏。后立翠屏堡。冠岩 在阳朔县北七十里江滨，一名甘岩。水石窈曲，中有甘泉，溢流不竭。百寿岩 在永宁州东百步许，旧名夫子岩。宋令史渭，刻百寿字于岩，今尚存。金竹

岩 在永宁州东南六里，深宦宽敞，有水一泓，两洞口相通，皆有石乳，奇怪万状。相近有钟鼓岩，有石如钟鼓，叩之能响。铜堂岩 在永宁州南六十里，宽敞可容数百人。又南十里有石盆岩。双瑞岩 在永宁州南八十里，旧属永福县。其形如狮，岩在其口。深数十丈，中有佛像，皆石乳所凝结。穿岩 在永宁州西南三十里，穿成复道，如覆夏屋。坦长数百步，人马通行其中。旁数步又有小岩，梯而下之，怪石参差，下有穿岩营。又金钗岩在州西三里。又西二里有将军岩，束炬而入，可半里许。华岩 在义宁县西二十里，一名华岩洞，有泉绕洞前。青田岩 在全州南三十里，深数十丈。由小径而入，中多怪石。又波斯岩，在州南四十里，前后有龙潭，直通漳井。狮子岩在州西四里，即湘山支峰也。龙隐岩，在州西十四里石燕冈，一名龙云岩。地产石燕，遇雨则飞。礧岩 在全州北。《方舆胜览》："在清湘县北十五里，虚明深窈，有飞泉数百丈，萦如飞练。"《旧志》："一名漱玉岩，上有漱玉亭，宋守黄伸建。"虎岩 在全州北五十里。岩前高敞，入内数十步，宽平如数间屋。相近又有龙岩，中空可容数千人。下临深潭，寇不能犯，里人昔避兵于此，名为小桃源。通真岩 在灌阳县南二里，一名灵岩。前后洞门敞朗，约深十余丈，广二十余步，如大厦焉。九龙岩 在灌阳县西十五里，中有沙河，流通别洞，河中有石藤凡九，盘曲如龙，故名。玉珠岩 在灌阳县北十五里，中有白石，喷泉如珠。花石岩 在灌阳县北六十里，唐柳宗元尝游此，有《诗》。

虚秀洞 在临桂县西十里，亦名灵秀岩。《方舆胜览》："洞去府城差远，有大石室。左右有径隧，各数十百步，穿透两旁，皆俯临旷野。"鸣玉洞 在兴安县南十里，旧名梵音洞，外狭中广，下滨灵渠。乳洞 在兴安县西南十里。《方舆胜览》："兴安有乳洞，洞凡有三：上曰飞霞，中曰驻云，下曰喷雷。"《明统志》："下洞泉流石壁间，田垄沟塍如凿。中洞有三石柱，及石室石床。左旋至上洞，行八十步，得平地，有五色石横亘其上。"白龙洞 在阳朔县西十五里。中有小江，江上石如鳞甲，亦名龙鳞洞。相近又有乳洞，中多乳石，下为观源溪。仙源洞 在灌阳县西十里，旁有大源塘。又西五里有龙岩，洞中有石龙，并石磬，击之，声可远闻。打鼓洞 在灌阳县西四十里，有石击之如鼓声。按《水经注》："观阳县东有装岩，其下有石鼓，形如覆船，扣之清响远彻。"疑即此。

阳江 源出灵川县维罗岭，流五十余里，至城西，受杉木、莲花诸塘水，汇而为潭。东出漓山，兴漓水合。《寰宇记》："在临桂县直南二里，源出灵川县界思磨山下，东流百余里，渐胜舟楫，经郊郭之中，东流合于桂江。"《旧志》："又有蒙溪，源出隐山六洞，唐李渤所凿，一名西湖，后多堙废。其余流入于阳江。"相思江　在临桂县南五十里，源出卧石山，流分为二：一东流注漓江，一南流合永福县白石水。《唐书·地理志》："临桂有相思埭，长寿元年筑，分相思水，使东西流。"《旧志》："相思埭，名曰南渠，今为分水塘。又浪石江在县南，绕江在县西，俱流入相思江。"漓江　源出兴安县阳海山。至汉，潭与众流汇，乃分湘、漓二流。南流为漓水，由灵渠经灵川县东北，会众水南注府城，远城东北流。又南经阳朔县，东入平乐府界。《汉书·地理志》："零陵有滩水，东南至广信入郁林。"《水经》："漓水出阳海山。"注："漓水，与湘水出一山而分源。始安峤水，南流注之，又南与汋水合，又南合弹丸溪，又南迳始与县东，又南右会洛溪，又东南流入熙平县，迳羊濑山，又东南迳鸡濑山，又南迳熙平水口，又西经平乐县界。"《郡县志》："桂江一名漓水，经临桂县东，去县十步。杨仆平南越，出零陵，下漓水，即谓此也。"宋柳开《湘漓二水说》："二水本一水也，自阳海山西北，流至县东五里分水岭，始分为南北二水。盖昔人以二水相离，故命之曰相，曰离。后人又加水云。"《旧志》："漓水自阳海山，北流至兴安县，为漓江。经县北为灵渠。西南入灵川县，合大融水。一名中江，亦曰灵江。又南经千秋峡，风水相搏，涛色如银，亦曰银江。又南合金江、甘棠江而入临桂县，亦曰桂江。自县东北十里，绕流而南，至漓山北麓，合阳江。又南合相思江，入阳朔县。复由平乐而达苍梧，两粤左右江水通道也。"湘江　源出兴安县阳海山，北流至灵渠，分为湘水。东经全州，合罗、灌二水。又东，入湖南东安县界。《汉书·地理志》："零陵阳海山，湘水所出，北至酃入江。"《水经注》："湘水出零陵始安县阳海山，即阳朔山也。湘、漓同源，分为二水。南为漓水，北则湘川。东北过零陵县，东越城峤水注之。又迳零陵县南。又东北迳观阳，与观水合。又东北过洮阳县东。又东北过泉陵县西。"《元和郡县志》："湘水出全义县东南八十里阳朔山，其初则觞为之舟，至峒庭，日月若出入其中。"《旧志》谓之海阳江，又名中江。至分水塘分流，一自花桥下全州，曰湘江。大融江　在兴安县西五十里，源出全州西延司界，亦曰大溶江。南流入县界，合六峒、黄柏二江。又南至灵川县界，合漓水，即古汋水也。《水经注》："汋水出西北郡邵陵县界，东南流至零陵县西南，迳越城西。建安十六年，交州刺史赖恭，自广信合兵出零陵越城迎步骘，即是地也。汋水又东南流注于漓

41

水。"《旧志》："又富江支分为川江，流出大峒，合大融江。又六峒江、黄柏江，源俱出全州界，至六峒巡司与川江合，入大融江。又小融江，在县西五十五里，亦合于大融江。"富河江　在永宁州南桐木镇前，源出镇西二里，流迳镇前，行十里，入地伏流十里，至柳州府融县始出。黄源江　在永宁州西北二十里，源出黄源山。东南流至州城，东曰东江，亦曰大江。又东南流入永福县界，合白石水。又大长江，在州东北五十里，源出都狼岭之大长泉。又里旺江，在州东北，源出里旺村，俱南入大江。又施龙江，在州北，两峰山岩水涌，亦入大江。又西江，源出沙牛隘。东江，源出大晏岭。并注大江。西江　在永福县半里，源出永宁州石山下，西南流至县西北，合银洞江。经凤巢山西，又南至县西南，合白石水。其水澄清，任大江洪涨，汇流不浊。又银峒江，在县西十五里，有二源，一出石城隘，一出茶山，并流至县西北入西江。又木皮江，在县北三十里，源出古底村，流入西江。白石江　在永福县东北四十五里。其上流自临桂县之相思江，分漓水，西至县界之苏桥驿，受义宁县之义江，南流经县东，亦名永福江。又西南经太和山西麓，名太和江。又西南入柳州府雒容县界。《寰宇记》："白石水，东北自临桂县来，经永福县理东，又西南入理定县界。"《旧志》："龙溪水在县西十五里，环城南流入白石水。又金山水，在县西南十里，源出金山。丹竹江，在县南八十里。大融江，在县南九十里。俱入白石水。"义江　在义宁县北，即古洛溪水也。《水经注》："洛溪水出永丰县西北洛溪山，东流迳其县北。又东南迳始安县，而东注漓水。"《旧志》："义江亦名珠江，在县北七十里，源出丁岭山，流经县西。中有义江洲，一名浮洲。又南至永福县苏桥驿，分为二派：一东入临桂县，合相思水入漓。一南经永福县东，合白石水。"灌江　在灌阳县东，自恭城县界流入。又北入全州，合湘水，即古观水也。《水经注》："观水出临贺郡之谢沐县界，西北迳观阳县西，又西北流注于湘川，谓之观口。"《隋书·地理志》："湘源有灌水。"《元和志》："灌水在灌阳县西南一百二里。"《旧志》："灌水由县西南百里牛江发源，纡曲层折，四十里皆暴瀑。出槽山，至黄牛寨，水流始平，可容小舟。又四十里至县，折而东北，经大龙、三贵、大埠等滩，皆险滩也。又六十里，过昭义，入全州界。经州南完山下，湘、灌、罗三水合流，谓之合江。"

弹丸水　在临桂县北十里，亦曰弹丸江。《水经注》："弹丸溪水，出于弹丸山，山有涌泉，奔流冲激山崖。及溪中，有石若弹丸，故山水即名焉。溪水东流，注于漓水。"《旧志》："又灵剑江，一名灵剑水，源出尧山，西南流经弹丸山下，入弹丸水。"凤源水 在兴安县南三里，源出乳洞，东合南渠入漓水。又桃花源水，亦在县南，源出盐沙岩，东流合漓。又零水，在县西南五十里，源出郁金山，北流合漓。越城峤水 在兴安县北。《水经注》："越城峤水，南出越城之峤，北至零陵县，下注湘水。又峤水南流注漓，谓之始安水。"淦水 在灵川县东十五里，源出香炉山之麓，流入漓江。又路江，在县西十里，发源阳高山之南，出密岭，流至县东北合漓江。甘水 在灵川县南，亦曰甘棠江。《寰宇记》："甘水源出融州北界，潭峒涓流，引派百余里。经灵川县西南，穿过大山下，萦回五百余步。东流经甘常驿南，而东注漓水。"朝夕塘水 在阳朔县东。《水经注》："熙平县南，有朝夕塘水，出东山西南，塘水从山下注塘，一日再增再减，盈缩以时，未尝愆期，同于潮水，因名此潭为朝夕塘。"安乐水 在阳朔县西南二里，源出永福县安乐山。又归义水，在县西二里，源出古归义县。东晖水，在县西北五里，源出东晖村。西溪水，在县西一里，源出云源山。俱流入漓。清白塘水 在阳朔县西北翠屏山西麓。两湫相去尺许，清白自分，遇春涨，混为一，而水色自别。熙平水 在阳朔县东北三十。《水经注》："熙平水，源出熙平县东龙山。西南流迳其县南，又西注漓水。"《旧志》："源出宝峰山，有二派，一西南流入漓，曰熙平水，亦曰兴平水。《寰宇记》谓之永乐水。一东北流，出道州，曰零陵水。"常安水 在永宁州南。《元和志》："常安水东去慕化县七步。"《寰宇记》："源出慕化县西南二十九里须离山，东北流迳县南，又经县东，屈而东南，流经永福县西。又南注白石水。"按：常安水无考。今有洞源江，在州南二十里，源出洞源村山中，东流合黄源江。又大岩江，源出凤凰山南大岩，行数十里，至旧县村入大江。又回龙江，在州南旧县村。合三江之流，至州东城下为大江，疑即常安水。常平水 在永福县东三十里，源出县东异鱼塘，西流入白石水。又铜鼓濑水，在县东六十里，源出阳朔龙隐岩，西流合常平水。智慧水 在义宁县西北二十里，源出智慧山，北流而南入义江。又桑江在县北八十里，西北合智慧水。石濠江，在县东南。又塔背江，在县东南。俱入义江。又山东江，在县西南，源出灵鹫山，南入永福江。罗水 在全州西，源出罗氏山。东流迳州南，合灌水入湘。又建安水，在州西南，源出倚石山。钟乐水，源出钟乐山。俱流入湘。宜湘水 在全州西北九十里，源出九十里山，汇群山之水，东流三十里入湘。洮水 在全州北五十里。《水经注》："洮水出洮阳县西南大山，东北迳其县南，又东流注于湘水。"《隋书·地理志》："湘源有洮水。"《方舆胜览》："洮水源出文山，南流入湘。"钟山水　在灌阳县东五十里。又小河源水，在县东北五十里，皆自湖广道州界流入灌江。又吴川在县南。黑石源水，在县西南十里。市溪水，在县西南十七里。安乐源水，在县西南二十里。大溪源水，在县西南六十里。飞口水，在县东北。皆自湖广永明县流入，下流入灌江。龙川水　在灌阳县西北五十里。又盐川水，在县西北六十里。皆自兴安县界流入灌江。峡水　在灌阳县东北五十里，源出县北七星、抱子诸山。东南流经峡山，故名。下流入灌江。又小富水，在县北六十里，源出旗岭山，东流经昭义关，西南入灌江。

马溪　在临桂县东四十里，源出群山，东流入漓。又临溪，在县东南五十里，南流入漓。南溪　在临桂县南。《寰宇记》："南溪水东注桂江，泝流五里合阳江。直抵隐山，萦带二十余里，通舟楫于二江之上下。"《旧志》："漓江，南流至斗鸡山，南溪水自西南来入焉。又西有曲斗潭，在白龙洞西，回旋数曲，东流合于南溪。"

白竹湖　在临桂县西南三十里，广百余亩，冬夏不涸。

灵渠　在兴安县西十里。秦史禄所凿，以引漓水。《寰宇记》："秦史禄，自零陵凿渠至桂林。汉归义侯赵严为戈船将军，出零陵，下漓水。即此。至后汉伏波将军马援，开湘水为渠六十里，穿度城中。今城南流者，是因秦旧渎耳。至唐宝历中，渠道崩坏，观察使李渤叠石造渠，如铧觜，劈分二水，每水置石斗门一，使制之，任人开闭。开漓水则全入桂江，拥桂江，则尽归湘水。又于湘水凿分水渠三十五步，以便舟行。漓水经县郭中流。"《宋史·沟洫志》："灵渠或谓之秦凿渠。唐刺史鱼孟威以石为铧堤，亘四十里，植大木为斗门，通舟楫，然乘水涨乃可行。宋嘉祐四年，提刑李师中积薪焚其石，募工凿之，废斗门而舟以通。"《旧志》："明洪武末，遣御史严震直修复渠道，撤去鱼鳞石，增高石堨。遇水泛，奔趋北渠，而南渠浅涩。永乐二年，改作如旧置，水患始息。今县东有函十，渠水经此，每遇霖潦，往往啮堤为患，因置石函以泄之。灌田数千亩，有司以时修治。"

皇潭　在临桂县东北，本名舜潭。《寰宇记》："临桂县虞山下有潭，号曰皇潭，言舜南巡游此，因名。"饵潭　在兴安县东十五里，一名饵江。石壁上有犀牛迹，岁旱驱水牛百数，下潭搅之，投朱书石符，雨泽立应。渼潭　在兴安县南铧觜之上。阳海山水，与众流汇而为潭。湘、漓之源始此。龙潭 在阳朔县东南五十步，双月桥旁。阔四十余丈，极深，出海鱼。或云有窍通海，时或潮溢。犀潭 在阳朔县西三十里，龙蹄、松江二水合处。有石穴，相传有犀藏焉。钻潭 在全州西七里。又有雷潭，在州西湘山之滨。范成大《骖鸾录》："钻，熨斗也，潭形似之。"按：柳宗元《钻潭记》在永州，《旧志》以此潭当之，误。

白石湫 在灵川县南三十里。唐李商隐《桂林诗》"龙移白石湫"，即此。亦曰白石潭、白石濑。

白鹤池 在永福县治西。

飞泉 在阳朔县北十二里，从山腰涌出，有石数百级，飞注而下，如泻银河。水头泉 在永宁州西三十里，从山下石穴流出。其口大如瓮，声如雷，迅疾不可遏，溉田数百亩。

訾家洲 在临桂县东南江中。先是訾家所居，因以名之。虽巨浸不能没，自古以为浮洲。唐元和中，裴行立建亭洲上，柳宗元有《记》。

双女井 在兴安县南七里，泉源不竭，流出南渠，入漓水。廖家井 在兴安县南。《明统志》："其水清浊中分。《抱朴子》云：'廖扶家丹井，一族数百口，饮之多寿，有至百岁者。'"漳井 在全州西六十里。《明统志》："井有石台中起，泉窦通波斯岩龙潭。"

古迹

始安故城 今府治，汉置。唐改名临桂。《旧唐书·地理志》："桂州所治，江源多桂，不生杂木，故秦时立为桂林郡。"《元和志》："本汉始安县，至德二载，改为临桂。"《城邑考》："桂林子城，唐初李靖筑。外城，唐大中间蔡袭筑。又有夹城，在外城之北，唐光启中，都督陈环筑。皆久圮。今城，宋皇祐中，平侬智高经略使余靖增筑。王安石有《桂州新城记》，亦谓之外城。"按：秦桂林郡在今郁林。《旧唐书》以临桂当之，误。又始安更名临桂，在贞观八年。《元和郡县志》作"至德二载"，亦误。全义故城 在兴安县东二里，今土人犹称为全义坊。唐柳宗元有《全义县北城记》。临源故城 在兴安县西，唐初置。《元和郡县志》："全义县，南至桂州一百五十里。本汉始安县地。武德四年，分置临源县。大历三年，改为全义县。"《寰宇记》："时土将万重光诱临桂等九县构逆，唯临源独守诚节，故改为全义。宋太平兴国二年，改为兴安县。"《明统志》："临源城，在兴安县南乡廖仙井旁，遗址尚存。"灵川故城　在今灵川县东南五里。《元和志》："灵川县，西南至桂州六十里，龙朔二年，分始安县置，东临桂江。县在桂州东北五十二里。"《旧志》："唐故县，在今县西南吕山之东，后又迁象峰下。宋绍定四年，县令郑延年始移今所。"阳朔故城　在今阳朔县西十五里。《元和志》："阳朔县，北至桂州一百四十里。本汉始安县地，隋开皇十年分置，取阳朔山为名。"《寰宇记》："在漓水东二十里，永乐水西。"按：今县在漓水西，疑自南宋后移治也。又有古乐州城，在县南二十里，相传唐初乐州置此，后始移于平乐。理定故城　在永福县西南。隋置兴安县，唐改为理定，明省。《寰宇记》："理定县，在桂州西南三百里，本汉始安县地。隋仁寿初，分置兴安县。武德二载，改为理定县。"《旧志》："理定故城，在永福西南四十里。宋迁治上清音驿，在今县西北。元迁治上横塘驿，在今县西南六十里。明正统五年，废县为堡。嘉靖二十二年，县令林天荣重筑砖城，设兵防守。"永福故城　今县治。《元和志》："永福县东北至桂州一百里。武德四年，析始安县之永福乡置，因以为名。"《寰宇记》："隋开皇十一年，割永福乡于废龙口戍置。"按《新唐书·地理志》："桂州永福县，武德四年析始安置。"《元和志》同。《隋志》始安郡无永福县，《寰宇记》云"隋开皇十一年置"，未知何据。洮阳故城　在全州北，汉置，属零陵郡，隋开皇中废。《水经注》："洮水出洮阳县西南。汉元朔五年，封长沙定王子为侯国。"《州志》："洮阳故城，在州北三十五里，地名改州滩。"零陵故城　在全州北，汉置零陵县，为零陵郡治。后汉移郡治泉陵，以县属之。以对零陵郡而言，亦谓之小零陵。隋平陈，废小零陵，入湘源。《旧唐志》云："零陵故城，在湘源县南七十八里。"《州志》云："全州北三十里，曰梅潭，有旧城址，濠堑尚存，俗称改州。"灌阳故城　在今灌阳县西，三国吴置，曰观阳，后为灌阳。隋废入湘源，唐复置。《水经注》："观水北迳观阳县西，县盖即水为名也。"《元和志》："灌阳县北至永州三百六十里，本汉零陵县地。隋大业末，萧铣析湘源县置。唐武德七年废。上元二年，吕諲奏置。"《县志》："旧治在今县西二十里雀儿山前，隋初建县于此，后迁今治。"按：汉、晋、宋、齐《地志》俱云"观阳"，《隋志》始有灌阳之名，而云"县有观水"。《元和志》："灌阳县有灌水。"《县志》："春陵有《汉灌阳长熊君碑》"，是后汉称灌阳。盖观、灌音同，古通用也。古田旧城　在永宁州南。唐置古县，属桂州。明初改为古田。《寰宇记》："古县场，在桂州西南一百五十里。唐乾宁三年，分慕化县三里一乡为场。"《旧志》："明宏治五年，瑶首覃万贤等陷古田，分立八寨。永福边山、灵川七都百余里间，皆其巢穴。隆庆五年，抚臣殷正茂讨平之，因奏请改县置州，曰永宁。兼置桐木、富禄、常安土巡检，改驿传金事为古田兵备副使，置古田守御千户所，设分守参将、守备各一员，与兵备驻州城弹压。"《州志》："古田故城，在今州南三十里，明初移于今州南八里。成化十八年，又移今治。其古田守御所，今裁。"

福禄废县　在临桂县治东。《唐书·地理志》："临桂，武德四年置福禄县，贞观八年省入。"归义废县《唐书·地理志》："阳朔，武德四年置归义县。贞观元年省入。"《旧志》："在阳朔县西十五里寨山下，今曰旧县村。相近又有坝州城，乡民农隙常教阅其中。"熙平废县　在阳朔县东北。《晋书·地理志》："始安郡熙平。"《宋书·州郡志》："三国吴立，曰尚安。晋武改名。《水经注》：'县本始安之扶乡，孙皓割以为县。'萧齐后废。"《旧志》："有兴平墟在县东北四十里。以熙、兴声相近而讹也。"宣风废县　在永福县南。《唐书·地理志》："武德四年，置宣风县。贞观十二年省入理定。"清湘废县　今全州治。《隋书·地理志》："零陵郡湘源县，平陈，废洮阳、灌阳、小零陵三县置。"《元和志》："湘源县东北至永州一百三十里，本汉洮阳县地，隋改置，唐属永州。"《五代史·职方考》："全州，楚王马希范置，以潭州之湘川县为清湘县。又割灌阳县为属，而治清湘。"《旧志》："湘源故城，在全州城西七里。周显德三年，迁今州城内，而故城遂废。明初省县入州。"按：湘源，《五代史》作"湘川"，疑误。慕化旧县　在永宁州南。《元和志》："慕化县，东北至桂州二百二十里。武德四年，析始安县置。"《寰宇记》："本汉潭中县地。晋太康元年，分吴所置武丰县，于此置常安县。萧齐又于县置常安戍，梁改置梁化县，隋改曰纯化。唐永贞元年，改曰慕化，以避宪宗庙讳。"《宋史·地理志》："临桂，嘉祐六年，废慕化县入焉。"《旧志》："今有常安镇，犹以故县为名。"广明旧县　在义宁县东北。唐末湖南马氏奏置，属桂州。晋开运三年，改属溥州。南汉因之。宋初废。今有古城墟。

汉城　在临桂县东北。《旧志》："相传汉军伐南越时筑，遗址尚存。"故越城　在兴安县越城岭西南。《元和志》："在全义县西南五十里。汉高后时，遣周灶击南越，赵陀踞险为城，灶不能逾岭，即此。"秦城　在兴安县西南四十里。

《桂海虞衡志》云："秦城，相传秦戍五岭时筑，在湘水之南，融、漓二水间，遗址尚存，石甃无恙。北近严关，群山环之，鸟道不可方轨。唐光化初，马殷引兵取桂州，静海帅刘士政遣将王建武屯秦城，即此。"

桂林故卫　在府城内。明洪武八年建左卫，十二年改为中卫。又有桂林右卫，与左卫同建。又广西护卫，亦在府城内，洪武五年为靖江王府置。今俱废。

归义场　今义宁县治。《寰宇记》："晋天福八年，析灵川县归义乡为场，寻升为义宁县，属桂州。东去州八十里。"《宋史·地理志》："静江府，义宁马氏奏置。"

万寿殿　在临桂县东北独秀山南，元时以顺帝潜邸建。明洪武五年，封从孙守谦为靖江王，改建府第于此。

平易堂　在府治。又有正夏堂，宋范成大建。八桂堂　在临桂县北。宋绍圣中，知桂州程节治圃筑堂，有熙春台、流桂泉、知鱼阁诸胜，李彦弼为《记》。按：《明统志》作"范成大建"，误。四友堂　在灌阳县治西隅。宋淳祐中，县令黄子成建，江万里有《记》。

无倦斋　在府治东，宋张栻有《记》。

明远楼　在府治，元建，虞集作《记》。逍遥楼　在府城东隅。《寰宇记》："在桂州城东角上，轩楹重叠，俯视山川。"《旧志》："宋崇宁间，改为湘南楼，李彦弼有《记》。"楚南伟观楼　在全州治圃中，一名高秋楼。宋守陈峴建，并《记》。湘春楼　在全州城大南门，又名镇湘楼，宋吴泰有《记》。

沧漪阁　在府治南，宋陶弼有《诗》。棠阴阁　在府城上，宋张孝祥有《记》。又泛渌阁，在府治揭谛塘旁。青萝阁　在临桂县南雉山寺，宋孙觌有《诗》。卷烟阁　在全州西二里。曹学佺《名胜志》："阁在盘石山椒，取宋柳开诗'疏箔卷烟雾'句也。"

超然亭　在府城西，唐折彦质、宋孙觌俱有《诗》。碧浔亭　在府城东北隅。唐大中初，韦瓘建，曾邺有《诗》。南薰亭　在府城北，宋守张栻建。拱极亭　在府东门外叠彩岩北，元郭思诚建。碧虚亭　在临桂县东七星山，宋范成大《碧虚亭铭序》云："唐郑冠卿遇日华、月华君于栖霞洞，与之笛，不能成声，倾壶饮之，仅得滴沥，独记其赠诗三篇。出门见采樵者，问曰：'洞中乐乎？'跬步亦失所在。今小筑其处以识之。其诗有'碧虚'之句，即以为亭额。"依绿亭　在全州治圃中。宋守陈峴有《诗》。内有环秀堂。又濯缨亭，在州西。又合江亭，在完山上，明州守顾璘建。

碧梧台 在全州西，宋林岊建，有《记》。登春台 在全州柳山侧，上有熙熙亭，宋林岊建。

颜延之宅 在临桂县独秀山下。有读书亭。又有五咏堂，在独秀山前，以延之有《五君咏》，故名。宋守孙览有《记》。宅后为兴福寺。今废。宋之问宅 在临桂县南二里，即元山观也。宋柳开有《记》。复改为真仙观。曹邺宅 有二：一在临桂县西阜财坊。唐大中间，观察使令狐绹以邺登第，改为迁莺坊。一在阳朔县东北龙头山下，有读书堂，后建为书院。寻废为慈光寺。元延祐七年，于寺建文会堂。明成化中撤寺复建，寻废。唐承裕宅 在兴安县北二十里。五代时，承裕避地于此，后仕宋。有玺书亭，藏艺祖所赐书。淳熙间，张栻为《记》。王世则宅 在永福县北，凤巢山之阳。

榕树门 即古南门，在府学前。相传唐时筑门，上植榕一株。岁久，根跨门外，盘错至地，若天成焉。元至正间，忽悴，守臣祭之，复茂。至今犹存。忠义门 在永福县西毛峒里，宋时旌表李珙立。

关隘

东关 在临桂县东江门外。又南关，在县南马神庙前。北关，在县北拱极楼前。中关，在县西南文昌门外。皆近郊之捍卫。又河泊关，在县东南河泊所之东。严关 在兴安县西南十七里，两山对峙，中为通道，势极险隘。其南二十里，即秦城。为楚粤之咽喉，设兵戍守。又小严关，距严关二里，与严关相犄角，亦守险之要地。下营关 在兴安县西五里。榕树关 在阳朔县西门外。石柜关 在阳朔县西一里许。一名老西关。明洪武三十年建，后废。崇祯时，重建于屏风山龙跃岩，名曰新城，驻兵防守。又山南关，在县城南。东桃关，在县城北。杨梅关 在义宁县东十五里，接临桂县界。山势崎岖，中通一路，为义宁县之门户。黄沙关 在全州东北七十五里，道出湖南永州府，关前有渡。又砦墟关，在州西北三十里，道出湖南宝庆府，下有渡。昭义关 在灌阳县北六十里。旧尝置昭义驿于此。又县北八里，亦有石柜关。

金竹隘 在阳朔县西北，天鹅、都利二山之间。明嘉靖初，建关门于此。琵琶隘、鸡洞岭隘、杜元山隘，皆在县南。长满隘在县西南。又荆柴隘、古墟隘、栏木桥隘，及古隘、古灶隘，皆在县西。廖家隘　在阳朔县东北。天鹅、龙头二山之间，一名廖家岜。黄峰隘　在义宁县东三里，接灵川界，明末汛守。今废。

六塘墟巡司　在临桂县南七十里，本朝乾隆三十一年设。又芦田市，在县西五十里。苏桥巡司　在临桂县西六十五里，本朝乾隆十七年设。社水巡司　在兴安县西北一百里，向驻六峒，本朝乾隆六年移驻社水。喇峒巡司　在永宁州南一百二十里，本朝雍正七年设。崇顺里巡司　在灌阳县西南八十里，本名吉安砦。宋置吉安巡司。明洪武中改名。本朝因之。龙胜巡司　在龙胜厅治。本朝乾隆六年，裁桑江司改设，属龙胜通判。广南巡司　在龙胜厅西六十里，本朝乾隆三十一年设，属龙胜通判。山枣巡司　在全州南六十里，明正德二年置驿，本朝康熙二十五年改为巡司。山角巡司　在全州北五十里，明洪武四年置驿，本朝康熙二十五年改为巡司。

峡口镇　在临桂县东。《九域志》："临桂有峡口、永安、仙保、浪石、慕化五镇。"永安镇　在灵川县东，四都灵村，有土城，乡民筑以御蛮。白石镇　在灵川县南三十里，白石潭上。又千秋峡，在县东北五里，银江滨。塘下镇　在灵川县西南。《九域志》："灵川县有塘下镇。"《县志》："塘下墟，在县西南三十里。"常安镇　在永宁州南一百二十。东连永福，西接雒容。僮瑶出没之所，咽喉要地。又桐木镇，在州南五十里。富禄镇，在州西南七十里，接融县界。山高岭峻，并属险要，旧俱设土巡检。明万历二十二年裁。兰麻镇　在永福县西南四十里。又铜鼓市，在县东北四十里。建安镇　在全州西南六十里。明洪武二十年，置建安驿。三十年，又置巡司。万历九年并裁。西延镇　在全州西一百里。元至正中置巡司，寻废。明洪武六年复置。即故延峒地，今裁。其地多瑶，宋有延峒蛮粟氏，聚族居此，为柳开所降。本朝雍正八年，移州同驻此。宜湘镇　在全州北七十里，今有宜香市。《九域志》："清湘县有杳烟、麻田、西延、建安、宜湘五镇。"柳浦镇　在全州东北七十里。明洪武元年置柳浦驿。三十年，又置巡司。万历九年并裁。城田镇　在灌阳县西南八十里。又经田镇，在县东南七十里。

倚云营　在永福县北凤巢山上。明嘉靖九年，县令胡观叠石为城，以为北城护卫。今废。

大墟　在临桂县东南三十里。本朝嘉庆十三年，移同知驻此。都乐墟　在阳朔县南。大河墟　在永宁州东南六十里。本朝康熙十年新设。又平头墟，在州南常安镇，西接雒容县，土产饶沃，负贩大率由此。

白竹砦 在阳朔县西二十五里。旧有巡司，明嘉靖间裁。长乌砦 在全州东北六十里，宋时置砦。今有长乌村。

伏荔市 在阳朔县东南十五里，其南为伏荔渡。旧有巡司，本朝乾隆八年裁。

大桥堡 在灵川县西南七十五里，接义宁县界。又蓝田堡，在县西北八十里，接兴安、义宁二县界。旧皆有兵汛守。金宝顶堡 在阳朔县西四十里。《旧志》："县境瑶僮出没，有庄头、鬼仔诸巢逼近府江。明隆庆五年，设金宝、大水田二堡戍守。万历初，贼廖金滥等作乱，抚臣郭应聘讨平之，置戍于金宝顶，遏龙翠屏、伞山诸堡。本朝康熙八年设游击一员，驻防各隘口。"凤凰堡 在永宁州东南三十里凤凰山，四面皆山，极为险峻。明宏治中，韦银豹据此为巢。今有兵防守。莲塘堡 在永宁州西二十里。路通怀远县，其地险要，有兵防守。海湾堡 在永福县西二十里，接永宁州界。又有永福堡，在县西，有兵戍守。鹅桥堡 在义宁县南十二里，有兵汛守。贝子堡 在义宁县西北桑江口北，西属县境，东属灵川，并通兴安及湖南城步、绥宁等地。瑶僮杂居二十余村。本朝康熙五十六年，设兵分守桑江、皮水、石门诸要。石门堡，在县东，有石如门限。又透江堡，在县西南。塘头堡，在县北塘头村，今移老庙隘口。龙岩堡，在县东北桐山。

东江驿 在临桂县东北。《旧志》："望秦驿，宋改为桂城驿，明初移今所，曰东江驿。北至灵川县大龙驿五十里，西南至永福县三里驿一百里，南至阳朔县古祚驿一百二十里。有马站。本朝雍正七年，增设省城、苏桥二站。旧有驿丞，雍正十年裁。"白云驿 在兴安县东北。西至灵川县大龙驿八十里，东至全州城南驿一百二十八里。大龙驿 在灵川县东北。南至临桂县东江驿五十里，东北至兴安县白云驿八十里。旧有驿丞，本朝顺治十六年裁。古祚驿 在阳朔县北龙头山下。北至临桂县东江驿一百二十里，东至平乐府平乐县照潭驿一百里。三里驿 在永福县治东。东至临桂县东江驿一百里，西至柳州府雒容县一百八十里。又有横塘驿，为西北柳州之道。城南驿 在全州北。西至兴安县白云驿一百二十八里，东至湖南零陵县一百四十里。

纂修官（臣）李绍昉恭纂（臣）蒋立镛恭纂

提调官前总纂（臣）郑绍谦恭覆辑

校对官（臣）刘咸恭校

桂林府（二）

津梁

阳桥 在府城内谯楼前。宋建，名青带，又名通济。明初修，改今名。本朝顺治十八年修。永济浮桥 在临桂县东江门外。明正德四年，抚臣陈金造舟五十，两岸植铁柱四，中贯以铁缆二，各长百余丈。后废。本朝顺治十七年重建，雍正六年修。天柱桥 在临桂县东。旧名花桥，又名嘉熙。明景泰间建。有石笋自平坡突起，形如础柱，故名。本朝康熙二十年修，乾隆三十三年重修。横桥 在临桂县南门外。旧建，以拒全城水势。后圮。本朝康熙二十四年重建。定西桥 在临桂县西门外。长安桥 在临桂县文昌门外二里，旧名太平桥。本朝乾隆五十年修。西新桥 在临桂县武胜门外。明洪武初建。本朝乾隆六十年修。独峰桥 在兴安县西南二十余里，本朝雍正十一年重建。万里桥 在兴安县东北一里漓江上，唐李渤建，明洪武时修。长寿桥 在灵川县西四里，本朝康熙三十年建。甘棠桥 在灵川县西南二十里，旧有甘棠渡。本朝康熙五十一年，抚臣陈元龙造舟三十为浮梁。乾隆二十九年修。安行桥 在灵川县北七里。攀龙桥 在阳朔县东北四十里，宋淳祐间建。广丰桥 在阳朔县东北一百里，宋嘉兴时建。太平桥 在永宁州北郭外，明万历间建。本朝康熙六十一年重建。华盖桥 在永福县东，旧名狮子桥，宋淳熙中建。惠政桥 在义宁县南门外。和丰桥 在义宁县南三里。飞鸾桥 在全州西五里，跨罗水，宋建。本朝康熙二十年重建，乾隆年间修。广济桥 在全州西五十里，跨白沙水，明嘉靖中建。本朝雍正七年修。文家桥 在全州东北八十里，明嘉靖间建。长二十余丈，上覆以屋。两埠有亭，市贾日集亭下。龙川桥 在灌阳县北三里，明洪武初建。通济桥 在灌阳县北十里，明初建，曰登云。景泰间，上覆瓦亭，改曰德兴。后圮。本朝康熙三十六年重建，更今名。

堤堰

回涛堤　在临桂县东。《唐书·地理志》："桂林东南有回涛堤，以捍桂水。贞元十四年筑。"《寰宇记》："在城东南十五步，桂江西岸。其水南流经桂岭，去州二百余里，水势极高。唐贞元十四年，刺史王拱筑。堤长五百五十四步，以捍水势。"

龙眼堰　在兴安县东。又辛家堰，在县南。皆灵渠之水，分引溉田处。南北二堰　皆在灵川县北三里。堰潺江水，溉田二千余顷。又有莲花塘，在县南。黄花塘，在县西北。皆潴水溉田处。

东石渠　在阳朔县东狮子山下。石崖天成，有两瓮，深数丈，积水澄泓。

灵陂　有二：一在临桂县东北二十里。唐景隆中，桂州都督王晙堰漓水溉田处。宋乾道中，经略李浩开营田再筑。淳熙中，经略詹仪之重修。久废。一在阳朔县西北七十里。雷雨所成，涌水成江，潴以溉田。赵家陂　在兴安县西七里，源出石康岭。又八字陂，在县治东半里许。斜陂，在县北四里，引灵渌水合北渠。沿潭陂，在县西三十里，上承赵家陂，下合漓江。观陂，在县西五十里，引黄柏、六峒水溉田。昌陂，在县南六十里，引汤海山水灌田。清渌陂　在阳朔县西十五里，亦曰清渌塘，溉田甚广。

湖塘　在临桂县东十五里。又有龙塘、二塘相通，广数百亩。其旁又有润塘、耿塘。又石家九塘，在县南。沙塘，在县西。俱利灌溉。古育塘　在义宁县东北，相近为横塘。又有壶塘，在县南。皆灌田数百亩。

陵墓

古双冢　在临桂县境。《寰宇记》："临桂县有双妃冢，高十余丈，周回二里。旧传二妃寻舜而卒，葬于此。"

三国·吴

薛翊墓　在阳朔县西，威南山下。

唐

欧阳普赞墓　在临桂县北。《寰宇记》："在桂州北郭外，松林尽处。唐初安南都护，本灵川人，葬此。其旧宅，今圣寿寺是。有庙在寺北。"

宋

唐承裕墓　在全州西，觉山铺下。

明

靖江诸王墓　在临桂县北，尧山麓。

蒋冕墓　在全州尹家塘。

孝子曹正儒墓　在全州涩塘。

本朝

陈宏谋墓　在临桂县东畔村。宏谋任东阁大学士。乾隆三十七年，赐祭葬。

陈枚墓　在全州马山。枚知山东堂邑县。赠中宪大夫。

祠庙

三先生祠　在府学明伦堂之旁，祀宋周子、二程子。张栻有《碑记》。今废。四贤祠　在府城内，祀明王守仁、山云、舒清、刘大夏。三贤祠　在府城内，祀本朝巡抚郝浴、学政王如辰、运使高熊征。康熙年间修，有孙勷《碑记》。双忠祠　在府城内。本朝康熙二十一年敕建，祀巡抚马雄镇、傅宏烈。诸葛武侯祠　在府西宝积山。元至治间，追封威烈忠武显灵仁济王。本朝雍正十一年奉旨修建。李卫公祠　在临桂县东七星山下，祀唐李靖。裴公祠　在临桂县东南訾家洲上，祀唐裴行立。定南王祠　在临桂县叠彩山，郡人立祠，祀本朝定南王孔有德。阳海祠　在兴安县阳海山下。《旧志》："一名灵泽庙，宋乾道间范成大请封为灵泽侯，故名。本朝雍正十年重修，敕封安流襄绩阳海山神，御书'阳朔灵源'扁额。"俞公祠　在永宁州西南隅，祀明总兵俞大猷。七先生祠　在全州学。宋嘉定八年州守林岊建，祀周、程、张、朱五子及柳开、张栻。岊有《碑记》。柳侯祠　在全州北柳山，祀宋柳开。有孙次铎《碑记》。忠孝祠　在全州湘山，祀明曹学臣，及子正儒。

平章庙　在府城内西北，祀元平章政事额尔吉讷。本朝乾隆十九年，学使许道基有《碑记》。舜庙　在临桂县东北。《寰宇记》："在临桂县虞山下，宋淳熙间修。"本朝康熙十六年，奉敕修。内有御书"清慎勤"扁。乾隆二十三年修，四十五年重修。伏波庙 在临桂县伏波山下。《寰宇记》："在桂州郭中东北二里。唐乾符二年，敕封灵昭王。"本朝乾隆五十八年修。尧庙 在灵川县南尧山。宋淳熙间，桂州经略使张栻修，有《谒庙文》刻石。本朝雍正八年修，嘉庆五年重修。于公庙 在永宁州南门外，祀唐于向。广福王庙 在义宁县西北十五里，旧称惠安庙，祀蜀汉裨将武当。当偕诸葛武侯南征，追奔逾岭，溺死智慧源。后土人祀之，祷雨辄应。绍兴间，加封英济广福王。其后临桂、灵川皆有庙。本朝乾隆八年，敕封显佑英济广福王。二妃庙 在全州城南，祀虞帝二妃。汉初平元年建，唐元和九年修，柳宗元有《碑铭》。本朝乾隆十二年修，嘉庆四年重修。盘石庙 在全州西三里，祀宋州守王世行，黄庭坚有《记》。

寺观

万寿寺 在府城南门外，隋建，旧名永安。元赐书"圆觉"，虞集作《记》。本朝顺治十五年重建。栖霞寺 在临桂县东七星岩下，唐建。本朝顺治十五年重建。如意寺 在灵川县南，唐建。本朝康熙五十八年重建，为庆贺习仪所。鉴山寺 在阳朔县南鉴山下，宋建。报恩寺 在阳朔县北，宋景定间建。上乘寺 在永福县东门外，明洪武初建。香林寺 在义宁县西南，唐咸通五年建。湘山寺 在全州西门外湘山之阳，唐乾符三年建，有无量寿佛塔。本名光孝寺，又名景德寺。宋赐今额。本朝康熙五十二年，御书"寿世慈荫"扁额。慧明寺 在灌阳县西关外，旧名梁兴，唐建。宋祥符间赐额。大觉寺 在灌阳县北五十里，旧名黄潭，宋熙宁中赐额。

庆林观 在临桂县东七星山栖霞洞前，又名东观，唐建。五岳观 在临桂县西，唐建，名天庆观。宋改今名。亦名东观。

名宦

晋

干宝 新蔡人，始安太守。治尚清静，公退即务著述。

南北朝

宋

颜延之　临沂人，少帝时迁始安太守。谢晦谓延之曰："昔阮咸为始平郡，今卿又为始安，可谓一始。"

齐

裴昭明　闻喜人。永明三年为始安内史。郡人龚元宣，诡云神人与其玉印玉版，书不须笔，吹纸便成字，以此惑众。前后郡太守敬事之，昭明付狱案罪。

梁

裴邃　闻喜人。天监中，迁始安太守。邃志立功边陲，不愿闲远，乃致书吕僧珍曰："昔阮咸、颜延之有二始之叹，吾才不逮古人，今为三始，非其愿也。"

唐

李袭志　安康人。武德初，高祖召为桂州总管，封始安郡公，转桂州都督。前后任桂州二十八年。政尚清省，南荒便之。

鱼孟威　咸通中镇桂州。时灵渠十八斗门已废，孟威以石为铧堤，亘四十里，植大木为斗门，至十八重，乃通巨舟。

宋

柳开　大名人。端拱初，知全州。西延洞有粟氏，常劫民口粮畜。开作衣带巾帽，选牙吏勇辩者三辈，使人以利害谕之。粟氏惧，留二吏为质，率其酋四人与一吏偕来。开厚其犒赐，遣还。如期携老幼悉至。开赋其居业，作《时鉴》一篇，刻石戒之。

常延信　平晋人。雍熙中，为全郡六州都巡检使，充羊状六砦都钤辖。诚州蛮归欤，命延信驰入溪峒，索其要领。又逐蛮直趣古镇，过西延大木诸峒，蛮人慴服。

曹克明　百丈人。景德中，知桂州，兼管勾溪峒公事。州人覆茅为屋，岁多火。克明选北军，教以陶瓦，又激江水入城，以防火灾。

冯伸己　河阳人。天圣中，自邕州改知桂州，兼广西钤辖。会安化蛮犯边，官军不利。仁宗遣中人趣伸己讨之。伸己疾驰至宜州，单骑出阵，语酋豪曰："朝廷抚汝甚厚，汝乃自取灭亡耶？"皆仰泣罗拜，率众降。

陶弼　永州人。庆历中，讨侬智高，以功得阳朔簿。后调阳朔令。课民植木官道旁，夹数百里，行者无暑暍之苦。他郡县悉效之。

陆诜 余杭人，知桂州。自侬瑶定后，交人浸骄，守帅常姑息。诜至部，其使者黎顺宗来。诜召问折谕，慑伏而去。诜遂至邕州，集左右江四十五峒首诣麾下，阅简壮丁五万，补置将吏，更铸印给之。军声益张，交人遣使入贡。

张田 澶渊人，知桂州。异时蛮使朝贡假道，与方伯抗礼，田独坐堂上。使引入拜于庭，而犒赙加腆。土豪刘纪、卢豹素为边患，讫田去不敢肆。京师禁兵来戍，不习风土，往往病于瘴疠。田以兵法训峒丁，面奏罢戍。

萧注新 喻人。神宗时，知桂州。既至，种酋皆来谒。注延访山川曲折，老幼安否，均得懽心。有献征南策者，辄不听。

孙构博 平人。神宗时，交阯入寇，以构知桂州。声言将犄角捣其巢穴，寇闻，引去。

刘彝 福州人。熙宁中，知桂州。言旧制宜、邕、桂、融、钦五部土丁，成丁已上者皆籍之。既接蛮徼，自惧寇掠，守御应援，不待驱策。而近制主户，自第四等已上，三取一以为土丁。而旁寨多非四等已上，若三丁籍一，则减旧丁十之七，余三分以为保丁。保丁多处内地，又俟其益习武事，则当蠲上丁之籍，恐边备有缺，请如旧制。从之。

张颉 桃源人。熙宁中，知桂州。黎峒首领请出兵自效，命颉处其事。颉召见，补以牙校，喜而去。诏问："何赏之薄？"对曰："荒徼蛮蜑，无他觊，得是足矣。"寻罢兵，海外讫无事。

熊本 鄱阳人。元丰中，宜州蛮扰边，徙本知桂州。至则谕溪峒酋长，戒边吏勿生事。请选将练兵代戍，益市马以足骑兵，宜州遂无事。时以顺州赐李乾德，疆画未正，交人缘是辄暴勿阳地。本檄问状，乾德敛兵谢。本因请以宿桑八峒不毛之地赐之，南荒遂安。转运判官许彦先，谋通湖南盐于广西，计口授民，度可得息三十万。本言桂管民贫地瘠，恐不堪命。议遂格。

谢麟 瓯宁人。元祐初，知桂州。融江有夷警，将吏议致讨。麟部土人使极南，而北兵止屯近郡，赖以全者甚众。

徐勣 南陵人。哲宗时，选桂州教授。王师讨交阯，转运使檄勣从军，饷路瘴险，民当役者多避匿。捕得千余人，使者使勣杖之。勣曰："是固有罪，然皆饥羸病乏，不足胜杖。"使者怒，欲并劾勣，勣力争不变。郭逵宿留不进，勣谓副使赵卨曰："师出淹时，而主帅无讨贼意，何由成功？"因具蛮人情状疏于朝。既而遷、高果皆以无功贬。

沈晦　钱塘人。绍兴间，为广西经略，知静江府。南州蛮酋莫公晟归朝，用为本路钤辖羁縻之，后遁去。旁结诸蛮，岁出为边患。晦选老将罗统戍边，招诱诸酋，谕以威信，皆诣府请降。晦犒遗之，结誓而去。自是公晟孤立，不复犯边。

高登　漳浦人。绍兴中，由富川簿调古县令。豪民秦琥不法，登置之死，一郡快之。桂帅胡舜陟以古县为秦桧父旧治，属登祀之，登不可。

范成大　吴郡人。乾道九年，知静江府。广西专藉盐利，漕臣尽取之，于是属已有增价抑配之弊。成大入奏，谓能裁抑漕司强取之数以宽郡县，则科抑可禁。帝从之。旧法马以四尺三寸为限，诏加至四寸以上，成大谓互市四十年，不宜骤改。

张孝祥　乌江人。孝宗时，知静江府，兼广南西路经略安抚使。治有政绩。

张栻　绵竹人。孝宗时，知静江府，经略安抚广南西路，所部荒残多盗。栻简州兵，汰冗补阙，籍诸州黥卒伉健者为效用，申严保伍，群蛮帖服。朝廷买马横山，边民告病，而马不时至。栻究其利病六十余条，奏革之。

李浩　临川人。孝宗时，知静江府，兼广西安抚。旧有灵渠，通漕运及灌溉，岁久不治，命疏通之。民赖其利。邕管所隶安平州，其酋恃险，谋聚兵为边患。浩遣单使谕以祸福，许其引赦自新。即日焚撤木栅，听大府约束。

应孟明　永康人。孝宗时，知静江府，兼广西经略安抚。初广西盐易官般为客钞，客户无多，折阅逃避，遂抑配于民，公私交病，孟明奏除其弊。禁卒朱兴弄兵雷化间，声势渐张，孟明遣将缚致辕门斩之。

赵崇宪　余干人。淳熙中，知静江府，兼经略安抚。静江属邑十地，肥硗略等，而阳朔、修仁、荔浦赋独倍，崇宪请加蠲减。诏递损有差。有罗蔓峒者，岁寇钞为暴，民何向父子阴导之，崇宪置之法，因严民、夷交通之禁。先是，部内郡邑有警，辄移统府兵戍之，在宜州者百人，古县半之。崇宪谓根本单虚，乃各置兵，如戍兵数，而敛戍者以归。

黄畴若　丰城人。淳熙间，调灵川令。会万安军黎蛮窃发，经略司选畴若条画招捕事宜。谓须稽原始乱，为区处之方。从之。

詹体仁　浦城人。宁宗时，知静江府。开十县税钱二万四千，蠲杂赋八千。

冷应征　分宁人。理宗时，调静江府司录参军，治狱平恕。转运使范应铃列荐于朝。

姚希得 潼川人。理宗时，知静江府，主管广西经略安抚使公事，兼转运判官。希得忠亮清俭，好引善类。广西官署以锦为帘幕，希得曰："吾起身书生，安用此？"以缯缬易之。

邓得遇 邛州人。理宗时，摄经略事，兼知静江府。德祐元年，移治苍梧而静江破，得遇朝服南望拜辞，投南流江而死。

元

石亨祖 真定人。至正间，除全州路总管。时蛮瑶入寇，城邑居民，焚掠殆尽。亨祖筑城郭，籍民兵以御寇，民得安生。

陈南宾 茶陵人。至元中，授全州路学正。先是，僚人焚延学宫。南宾至，亟请建庙宇，仿《苏湖学则》《白鹿洞教规》，训饬士类。文化遹兴。

明

左君弼 庐州人。洪武初，授桂林卫指挥佥事。平上思州黄英杰及英览之乱，威震两江。

李德番 禺人。洪武初，调义宁县教谕。时丧乱后，黉舍颓圮，生徒零落，义宁在粤西，尤号荒陋。德力为振举，文教渐兴。

康孝良 洪武元年，为永福县丞。殚以经画，事无巨细，罔不整饬。县治、学校、坛宇，皆所修建。

李原受 灌阳县丞。洪武中，蛮僚寇县，原受调官军剿平之，复为筑城以备守御。

郑曦 福建人。永乐中，知永福县。筑土为城，增修学校。立永福堡于县西，沿兰麻、理定、牛摆立堡，建兰麻驿。悉心经画，民赖以治。

周健 钱塘人。宣德间，知全州。勤于民事，大著声绩。考满，民乞留。进秩还治。

罗瑜临 安卫人。成化中，知桂林府。西延、阳峒诸蛮，时出劫，为兴、全害。瑜檄召六峒丁，简练以待。蛮谋渡湘，瑜至灵川与战，破之。又引兵伏山口，蹙杀几尽。诸蛮自是敛迹。

蒙宗远 番禺人。正德中，任灵川典史。县故多瑶、僮，募骁民防守，名曰打手，皆捕官统之。宗远约束练习，人咸思奋。贼犯城，率兵斩之。自是诸蛮屏迹。

顾璘　上元人。正德中，谪知全州，以兴贤养才为首务，重建柳侯书院。躬亲校士。岁旱，尝徒跣祷覆釜山，雨随至。

胡鹤　信丰人。嘉靖四年，知永福县。值僮贼乱，悉心守御。以城北山高受敌，议增高城垣，重建四门城楼。又于凤山巅筑石城，贼不敢犯。

梁若衡　顺德人。崇祯末年，知永福县。为政有声，擢左州知州，未赴任。大兵定广州，陈子壮谋举兵，若衡应之。事泄被执，死。本朝乾隆四十一年，赐谥节愍。

本朝

冯瑾　保定人。知桂林府，清介平恕。尝以"体认天理"四字见之施行。狱片言立折，多所平反。

焦勤　武功人。顺治十二年，知临桂县。台使令鞫大狱，悉心剖折，民以无冤。大兵过省，军需告急，会本省赋税蠲免，帑无余金。勤筹划转输，纤毫不以累民。

江桢　宁晋人。顺治十二年，知灌阳县。当李定国乱后，邻兵调至者，多掠民间子女，桢力请代赎。有诬陷平民为盗者，悉释之，全活甚众。

吴辂　石门人。康熙初，任桂林推官。理逃人及叛盗诸大案以数十计，平心剖决，得减死若干人。衡、永食粤盐，为奸商侵渔。委辂行部，悉廉得之，饷赖以足。

黄朱昷　泉州人，康熙二年，知永福县。安集流民，立学校，修教化。时剧贼莫扶豹等恃险劫掠，朱昷单骑至贼巢，开诚慰谕，结以恩信。贼党皆感泣罗拜，立为解散，渠魁亦势孤就擒。

李愫文　沁水人。康熙九年，知永福县。化导僮民，渐改其习。修学建署，皆捐俸成之。后离任去，民为之泣。

朱王造　平和人。康熙十年知永宁州。吴三桂之变，王造不从贼，全家系狱三年，死狱中。

钱元昌　海盐人。雍正九年，知桂林府。辟临桂西乡花岩下荒地数十顷，修堤筑坝，收其租为秀峰书院膏火，士民交受其惠。

倪国正　成都人，知义宁县。乾隆五年，桑江苗胡金银为乱，国正与临桂丞吴嗣昌、卢田巡检鲁器、下雷吏目鲁懋、永宁千总潘贵，入其巢抚谕之。金银杀嗣昌等，而闭国正于土室，绝食六日，招之降。不从，死。事闻，赠按察使司佥事。嗣昌，正红旗汉军人。器，会稽人。懋，山阴人。贵，永宁人。各赐恤有差，建祠祀之，额曰"五忠祠"。

人物

唐

曹唐 临桂人。太和中举进士，累为知府从事。及仕诸幕，颇多赠酬，有诗集。

于向 临桂人。咸通中，从高骈讨安南有功，授本州团练使。黄巢入桂林，溪峒蛮响应。向出兵御之，巢退走。又败蛮于都狼山，孤军深入，蛮遁。向亦被创，卒。巢遂陷桂管。

曹邺 阳朔人。大中间登第，由天平节度掌书记，迁太常博士。时相高璩、白敏中相继薨，邺言璩交游丑杂，进取多蹊径，请谥为剌。又责敏中怙威肆行，谥曰丑。其持论不阿如此。后徙居桂林，历祠部郎中，终洋州刺史。有集三卷。

赵观文 临桂人。乾宁二年，进士第八人。被黜者诉不当，乃重试，观文遂魁多士。时刘季述辈专横，观文以为言忤时相意，谢病归。

宋

李观象 临桂人，有才略，太祖时官左补阙。

王世则 永福人。太平兴国八年，廷试第一。太宗幸金明池，宴世则等于琼林苑，进士赐宴自此始。淳化初，世则以右正言使交州。还朝，条事迹及山川形势上之。进直史馆，与尹黄裳、冯拯等，伏阙请立许王为储贰，谪蒙州。后徙知永州。

朱道诚 清湘人。幼孤，母俞多病，截发延医。卒葬，庐于墓侧，有冬笋瑞竹之异。景祐四年，有司以状闻，赐绢米。及卒，郡守赵晰题其墓曰"朱孝子墓"。其子杨善亦庐墓，至和二年，赐米帛，如其父故事。

唐子正 兴安人。治平初举孝廉，后通判邕州。熙宁八年冬，交阯围邕，与苏缄固守。外援不至，城陷，与缄死之。

欧阳辟 灵川人。至和间，与弟简同学诗于梅尧臣。元祐六年，辟举进士，任雷州石康令。时苏轼南迁，与之交游。乞休归，居无完璧。

唐曳 兴安人。少孤嗜学。家贫，授徒养母。绍圣间，以经明行修，举为雷州海康令。苏轼南迁，过之，握手道旧。后调池州通判，遂归旧隐。邹浩谪昭日，访其家，赠诗甚多。

唐谏　清湘人。初名册。元符间，与乡人蒋举上书论时事。崇宁间，申严党禁，入党人籍，屏居田里。后易今名，登政和五年第。尝知峡州，廉介多惠爱。

李珙　永福人。大观间，宜州蛮入寇，以御贼首功，补右职。进筑南丹州，以珙摄州监押，为先锋，群蛮畏惧，纳款归疆。积官至武功大夫。剧贼刘花三啸聚，自虔、吉入寇广东，朝廷议择将御之。除广东路，至则尽俘其众，槛贼首送京师。历邕州团练使。金人围汴，珙募死士入援。北至卫州，敌众数万扼其前，珙战死。赠忠州防御使。

蒋炳文　兴安人，政和二年通判融州。南渡后，诣行在上书言时事。宰相赵鼎荐为中都官，炳文愿外职自试，除琼管安抚。秩满奏事，忤权臣意，遂辞归。

唐时　全州人，政和二年进士。初名时臣，御笔为去臣字。绍兴中，官鄂、岳间。值岳飞将兵，应付军需，甚有劳绩。飞荐之。召见奏事，任静江理定令。官至澧州守。

蒋周翰　兴安人，太学生。靖康初，金人犯阙，上疏请持国书使西夏，请兵入援，如唐回纥破安史故事。不报。后官德庆府教授。

黄齐　临桂人，绍兴二年进士，调富川尉，改判柳州。赐对，齐曰："桂林宾兴数狭，折纳输重。"诏增乡贡三人，减军输布钱九万有奇。摄新州，逾年种刺竹围城千二百余丈。后知廉州，禁采珠，民以不扰。

李守柔　临桂人，绍兴间登第，为海康令，后改倅邕。邕守武臣御下严，衣粮不时给，将大阅，众汹汹不靖。守柔劝使移病，为摄州事，下令发帑给诸将，引首乱者斩之，军中肃然。历知梧、宜、新三州。

蒋允济　兴安人。绍兴间登第，任新化令。县人不肯输租，允济至官，即为要约，积年逋租，车牛属路。后为宾州倅，摄昭州。先是，官出钱一百予民，民输布一疋，折布为钱，十倍取之。允济疏闻，减其半。寻知浔州，及守邕管，以廉介闻。

刘晞　临桂人。有诗名。桂帅李愿中邀赋秦城王气诗，欲以媚秦桧，晞托疾不往。后帅李大异闻而嘉之，题所居岩曰"蛰龙"。

唐俊义　兴安人，博通经史。绍兴间进士，廷对以直言被黜。寻起容州倅，移守昭州。政成入奏，除知象州。寻知廉州，未赴。摄郁林郡，贼谢实犯邻境，俊义躬率吏民御之，实遁去。秩满遂请老，家无赢蓄。张栻帅桂时，深叹其清约。

石安民　临桂人，绍兴间登第，为象州判官。累决冤狱，以明恕称。分教廉、藤二州，士知向慕兴起。喜为诗，弟安行、安持俱负文名，人号三石。同县张仲子，亦以文藻称。与安民相引重，著有《桂林盛事记》。

唐则　兴安人。少以学行称。举进士。历官至侍郎。归，筑馆授徒，以身率后进，极寒盛暑不少倦。经史皆训诂，成一家言。

陶崇　全州人。少聪敏，十岁赋笔山诗。登嘉泰二年进士。召试馆职，撰《宋铙歌鼓吹曲》及《楚词》《七叙》以进。理宗在潜邸时，崇为讲读官。及登极被召，陈"保业、谨微、慎独、持久"之说，又陈"郡县修武备、厚民生、励士气"。与史弥远不合，出知信州。卒谥文肃。

蒋公顺　全州人，精研理奥，从魏了翁游，七年大有得。筑室湘源，名曰鹤寄，了翁为之铭。后刘之杰制置两淮，携公顺与俱。以解安丰围，补官监施州清江税，再调沅州黔阳尉。辟桃源令，未赴而卒。弟公顿，受业公顺，亦义烈不群。

滕处厚　全州人。少颖悟，邃于《春秋》。魏了翁迁渠阳日，往从游。了翁奇之，留置门下，以古人之学勉之。后调柳州马平簿，再辟潭州甘泉酒库，兼帅幕。居官守正不阿。

元

唐朝　兴安人。刻意力学，选授辰溪教谕。值湖湘道阻，乃归授徒家塾。每讲学，必先示濂、洛、关、闽粹论，使之体认自得。尝析心字之义，为《心法纂图》。后居父丧，不复仕。

秦仲礼　临桂人。武冈峒贼扰桂城，仲礼从官兵战走之，以功授义宁县尉，威慑边瑶。改临桂令，兼防御。修筑县治，葺学宫，团乡兵，宽征敛。远近肃然。

赵元隆　兴安人，为广西行省都事。明师压城，元隆分守伏波门。城陷，与同官陈瑜、刘允锡皆死之。

明

王溥　桂林人。洪武进士。由郎中为广东参政。以廉名。其弟自家来省，属吏与同舟，赠以布袍，溥命还之，曰："一衣虽微，此污行辱身之渐也。"粮运由海道多漂没，溥身至庾岭，相度形势，命有司凿石填堑，修治桥梁，教民车运，民甚便之。居官数年，箧无重衣。

李文选　临桂人。洪武时，以孝行旌表。

黄骥　全州人。洪武中举于乡，为沙县教谕。永乐时擢礼科给事中。尝三使西域。仁宗初，上疏论外夷贡马及官军下番之弊，词甚剀切，帝嘉纳之，自是陕西之民少苏。寻升右通政，卒。

易先　全州人。以国子生为琼山知府，有善政。洪熙元年，交人叛，死之。赠参政。

莫愚　临桂人。由工部郎中出知常州府。奏请减宜兴岁进茶数，禁公差官凌虐有司，严核上官荐劾之实，皆报可。秩满，郡民乞留，巡抚周忱以闻，诏进二阶复任。

朱琼　临桂人。正统间举人。知开建县，有干济才。天顺三年，流贼攻县城，琼身击贼，无援，死之。

蒋冕　全州人，成化进士。正德时，累官户部尚书，谨身殿大学士。与杨廷和协诛江彬。世宗立大礼议起，冕固执为人后之说，与廷和等力争，帝谯让。及廷和罢政，冕当国，帝逐礼部尚书汪俊以怵冕，而用席书代之，且召张璁、桂萼，冕抗章极谏，帝不悦，令驰传归。冕当正德之季，持正不挠，有匡弼功。世宗初，朝政虽新，而上下扞格弥甚，冕守之不移，卒龃龉以去。论者谓有古大臣风。隆庆初，谥文定。

刘本　临桂人。成化进士。授刑部主事。宅忧庐墓，有白莲、芝草之瑞。有司闻于朝，旌其门曰"孝行"。

蒋曙　全州人。宏治进士。知赣县，擢保定府。诸豪敛戢。历广东参政，平樊家屯贼，以功晋副都御史。抚郧阳，获贼首倪道真等。所在有声绩，仕终工部右侍郎。

刘天麒　临桂人。宏治进士。为工部都水司主事，分司吕梁。正德初，阉人自南都诣北者，舟经吕梁，天麒不为礼，及横索，颇裁抑之，为诸阉诬奏，被逮，谪贵州安庄驿丞。王守仁亦以事谪龙场驿丞，与定交。嘉靖初，追复官爵。

萧淮　临桂人。正德进士。由行人擢御史。宸濠将作难，人无敢言者，淮奏宜敕锦衣卫逮至究治。世宗嗣位，淮请刷锦衣冗员数千。历金都御史，巡抚延绥。

陈邦修　全州人。嘉靖进士。初授行人，迁给事中。劾郭勋、严嵩、张瓒、胡守忠等不职，又极论楚世子逆悖，乞敕定东宫出阁往还仪节，陈清牙牌等疏，帝皆嘉纳。累迁南太仆少卿。

屠楷　临桂人。嘉靖进士。由兵部主事迁吏部。时诸僚高叔嗣、李舜臣等负气相高，楷独简默，诸曹亦以此重之。尚书汪　用事，楷典选一无所徇。累升工、吏、兵三部尚书。卒谥恭简。

吕调阳　临桂人。嘉靖进士，授编修。历官礼部尚书，侍穆宗经筵。每讲，辄先斋沐，期以精诚悟主。往往援引经传，列古义以规时政，帝嘉悦之。神宗时，进文渊阁大学士。以朴忠受知，卒谥文简。

殷从俭　临桂人。嘉靖进士。历官广东屯盐佥事，摄岭东兵备，提孤军御倭有劳。隆庆时，累擢佥都御史。巡抚福建，识治体，不为苛细。仕终副都御史。

唐一岑　临桂人。嘉靖中举乡试，知崇明县。倭窥吴，道出崇明。一岑督励战守，倭来攻败之。已尽锐复攻，力竭城陷，死之。赠光禄寺丞。

蒋焞　全州人。嘉靖进士。改庶吉士，授御史。方入台，遣监刑，见杨继盛当刑，即为具奏，曰："继盛越职妄言，自取重辟。其妻哀恳，愿以身代。继盛就刑，妻必并命，恐伤陛下好生之仁，愿缓其死。"奏上不报。移疾归。

曹学程　全州人。万历进士。历知石首、海宁。治行最，擢御史。时册封日本正使李宗诚遁归，神宗惑石星言，欲遣给事一人充使，因察视情实，学程抗言不可，触怒，下狱，将置死。子正儒刺血三上书，愿以身代。后遇赦，谪戍宁远卫。天启中，赠太仆少卿。崇祯中，旌正儒孝子。

吕兴周　临桂人。调阳子。万历进士。授礼部主事，迁郎中。时郑贵妃专宠，神宗将并封三王，举朝无敢言，兴周疏争，中外韪之。

唐世熊　灌阳人。万历中举于乡，历知永平府。值兵燹后，极力拯救，全活者万余人。迁山东盐运使。崇祯十一年，分守济南西门。城陷，死之。本朝乾隆四十一年，赐谥节愍。

唐俨　全州人。万历中，以孝行旌门。

唐良锐　全州人。天启中举于乡，知灵璧县。李自成攻城急，良锐率民固守，力竭城陷，抗骂而死。本朝乾隆四十一年，赐谥节愍。

蒋秉采　全州人。天启中举于乡，知灵邱县。崇祯七年八月，大兵攻灵邱。秉采函募兵死守，力绌众溃，阖门殉节。本朝乾隆四十一年，赐谥节愍。

文昌时　全州人。天启中举于乡，知临淄县，以廉慎得民。城被围，与训导周辅共守。城破，举家自焚，周辅亦殉难。本朝乾隆四十一年，赐谥节愍。

蒋佳征 灌阳人。天启四年举于乡。崇祯中，知盱眙县，治甚有声。县故无城，佳征知贼必至，训民为兵。十年，贼果来犯，乃设伏要害，而亲率兵往诱贼，歼甚众。贼怒，环攻之，力战而死。其母亦投缳死。赠尚宝卿，兼建表忠祠，并母奉祀。本朝乾隆四十一年，赐谥烈愍。

文师颐 全州人。天启甲子举人。崇祯十五年知汝阳县，莅任甫三日，流贼陷城，不屈死。本朝乾隆四十一年，赐谥节愍。

朱永吉 桂林人。崇祯间，云南巡抚王位讨普名声，擢为游击，屡破贼众。后吴必奎通贼，永吉身被重伤，力战不已。会诸军皆溃，自刎死。本朝乾隆四十一年，赐谥烈愍。

唐一中 全州人。崇祯时，由举人任巨鹿教谕。大兵破城，抗节死。本朝乾隆四十一年，入祀忠义祠。

蒋秉芳 全州人。崇祯时，流寇猖獗，尝作《南迁疏》，言金陵形势，及二祖并建两都深意，与却敌制胜之方。寻以明经受柳城司训，贼至，不屈死。本朝乾隆四十一年，入祀忠义祠。

朱宗臣 临桂人。以功拜镇西将军。督兵守平乐，大兵至，诸镇望风遁，宗臣坚守，城破死之。本朝乾隆四十一年，赐谥烈愍。

孟泰 全州人。瞿式耜守粤，泰为兵，从焦琏战有功，授守备。佐守将等御全州，屡战胜。后守将降，泰恸曰："忍负国耶！"尽酖其妻妾死，乃自杀。本朝乾隆四十一年，赐谥烈愍。

赵三荐 全州人。崇祯举人，知瑞昌县，擢肇庆同知。未及行，城破殉难。本朝乾隆四十一年，赐谥节愍。

周震 全州人，官中书舍人。瞿式耜题为御史，监全州军。诸将议举城降，震力争不可，众怒杀之。本朝乾隆四十一年，赐谥忠节。

刘飞汉 灌阳千户，殉难。本朝乾隆四十一年，入祀忠义祠。

陈大本 阳朔人。性至孝，母死未葬，会邻家失火，仓卒不能举棺，伏棺号哭，风为返，火不之及。同县莫秉伦亦以孝著，庐墓终身。

本朝

刘霈 灌阳人。顺治初，贼曹志建盘踞龙虎关，霈招义勇屡败之，后以力孤，为贼所擒。诘之曰："谁为主此谋者？"霈厉声曰："汝之悖逆，吾恨不能手断汝。"贼怒剐之。

朱大宝　灌阳百户所部下军人。顺治三年，群盗夜砍城行劫。大宝巡逻，见贼突至，奋勇手击一贼，曳至县前，群盗蜂集，为所杀。邑人立像祀之。

文映朝　全州人。顺治间举于乡，任安庆府同知。以慈惠绥民，诘奸御盗，训士子，恤流亡。士民颂之，有《德政录》梓行。寻迁户部员外郎。归，四壁萧然，人以为有五柳风。

黄嗣宪　临桂廪生。潜心理学，邑士请业者，先德行而后文艺。顺治己亥，以荐授怀集教谕。邑当兵燹之余，人文凋敝，嗣宪为设条规，殷勤训课，一时士习，翕然丕变。

唐之柏　灌阳人。顺治丁酉举人，授汉阳知县。汉阳自明末困于兵，之柏在任，又当吴三桂肆逆，大兵往来，益著盘错才。设水口义渡船，清丁户，缉奸宄，修学教士，分校得人。擢知云南南安州，邑中敛钱助行，却不受。调昆阳，迁顺天治中，政绩卓然。为户部、刑部郎，上官倚重之。以老乞休。

文秉濂　全州举人。康熙七年，知陕西淳化县。县有浮粮，国初已蠲免，后虚报新垦，且溢前额，赋滋重。秉濂力争于台使者，事乃寝。民感其德，建祠祀之。

唐正发　全州人。事巡抚马雄镇。会孙延龄叛，正发怀雄镇血疏，并负其少子世永、孙国祯，由间道抵京。延龄闻之，收系正发眷属，妻蒋氏自经，子一介被戮。贼平，授凉州镇守备，擢浙抚标中军游击，所至有声。

易友亮　全州人。为巡抚马雄镇守备。孙延龄之变，幽雄镇于别室。友亮鬻产赂贼，得通音问。雄镇死，收遗骸草葬之。事闻，授襄州游击。

王之骧　灌阳人。廪生。孙延龄叛，之骧挈家邀迹深山。赋三峰烟雨以见志。延龄慕其名，迫令督饷，之骧坚卧，不食而死。所著有《格致集》。

杨启祥　灵川人。康熙时，充抚署承舍，巡抚马雄镇为逆帅孙延龄所絷，启祥奉雄镇命，偕其子马世齐潜奔出关，告变于江西巡抚，具疏上闻。贼平，授山西寿阳守备。

余日鼎　永宁州人。康熙间岁贡。吴三桂叛，民骇奔，田芜不治。左江道刘晓，知日鼎行谊，委以招抚逃亡，民咸归集。任怀远训导，兵燹之余，兴修学宫，招徕庠士，兴行讲学。卒，祀乡贤祠。

刘懋藻　全州人。事亲，色养备至。明末遭乱，田园荒芜，舌耕以供菽水。亲没，哀毁骨立，饘粥三年。兄弟蔼然一室。兄卒后，遗产悉畀诸侄。与人交，然诺不苟。中康熙己酉举人，初任河南光山令，有善政，擢监察御史。终江南漕运使。

梁敦峻　全州人。康熙壬子举人。早孤。事母尽孝，读书他所，距家数里，每日必归省。值吴三桂叛，伪党慕名招之，敦峻奉母远避深山。后为延长令。乞侍养归，十余年未尝一夕宿于外。母年九十三，寿终，敦峻亦以哀毁卒。

谢赐履　全州人。年二十，与父明英同中康熙辛酉举人。知感恩县，甫两月，值海寇薄城，赐履御贼有方。嗣由黔江知县，累迁户部郎中。出为永平知府，永平夏涝伤稼，赐履出库帑以赈饥民，劝富民出粟以助，赴上官请粟百艘，民赖以生。历任天津道、湖北按察使，巡抚山东，两浙盐政。以疾乞休。子庭琪，雍正二年进士，知神池县，调安邑，擢太原知府，所在有政声。

蒋延宏　全州人。性孝友。少值兵燹，幼弟被掠，其母以念子故失明。延宏椎胸饮泣，昼夜吁天。越三年，乃从云南得弟以归，母喜甚，目忽明。

朱履跃　临桂人。以孝著。母疾，祝天愿以身代。母没，庐墓如礼。平生以敦行为先，恤孤赒贫，闾党奉为模准。又同邑周尚文，事母以孝闻。尝置义田，营义葬，乡里推为长者。

蒋芾　全州人。康熙丁卯举人，知魏县，莅政精明。巡抚下其事于所属，以为法。魏滨漳河，久罹水患，芾躬负畚锸，三日夜堤成，众名曰"蒋公堤"。后以母病归，事母至孝，抚弟、侄，曲尽友爱。增置祭产，助人婚葬无吝色。卒，祀乡贤，魏人亦祀名宦。季弟肇，康熙癸未进士，官检讨。

曾一懋　临桂人。八岁丧父，母以针黹作生计，指为针伤，一懋辄流涕，乡党称孝。雍正八年，有司为请建坊表其闾。

刘宏基　临桂人。康熙四十六年，知晋江县，以慈祥为政。催科不立限，不事敲扑，听讼得情，士民刊《德政诗》纪焉。

蒋如升　全州举人，知偃师县。岁饥，漕粮催挽甚急。如升白于府，请出仓粟代民输漕，不允。如升矫令发之，期以明岁秋成来归。至期，民果如约。与前令王泽长，并祀南郭外。

蒋林　全州人。康熙五十四年进士，任检讨。六十年，年羹尧将致之幕府，林遽以假归。后由郎中，历官福建延平、邵武，浙江严州知府。尝权杭州篆，织造某谋塞海宁尖山，林移书极言不可，不听。时方四月，乞少缓工，俟田蚕毕，又不听，且留督役以困苦之。林冒暑雨巡役，泥滑蔽膝，劳来抚循，四万人依为慈父。役虽未息，杭人至今颂焉。乾隆元年，擢长芦运使。不私一钱，以终养归。

杨家修 临桂人。康熙五十二年举人。雍正元年举孝廉方正，知宝丰县。以诚治民，民不忍欺。居民有被火者甚炽，家修往救，遽反风火息。

李梅宾 临桂人。康熙六十年进士，由庶吉士补四川剑州知州。在官不携家，文檄讼牒不假手于人。簿书暇，辄巡行郊野，咨民疾苦，蔼若家人。总督廉其治状，以清官第一荐，擢直隶广平知府。秋雨河涨，城下土堤垂陷，梅宾冒雨立堤上，鸠工堵筑，废饮食者三昼夜。水将及堤，左右具筏请登，梅宾叱之曰："堤不保，则全城无孑遗，守土者将焉避？"既而水遽退。终山东盐运使。

唐裴然 全州人。康熙癸巳举人。少孤贫，昼秉耒耜，夜燃松明读书。雍正末，知隆平县，劝民息争讼，勤耕垦，严胥役催科骚扰之禁。又立书院，聚生徒以教之。筑釜东堤若干步，民立碑堤上以纪焉。旋擢工部主事，寻引年归。

陈宏诚 其先湖南人，明末避兵迁粤，居临桂。父奇玉。宏诚少与其弟宏谋、宏议攻举子业，补县学生。宏谋既贵显，而宏诚以独行。为善于家，筑堤堰，立社仓，修道路，建宗祠，人多赖之。乾隆二十九年，御书"友恭笃庆"额以赐。年九十卒。

陈宏谋 雍正元年进士，由检讨累官至云南布政使。时广西巡抚金鉷，以粤西地多粮薄，令废官及官生垦荒报捐，以广赋额。人多就熟田扩其亩数，实未能开垦也。地不加辟，而赋日增。宏谋陈其事，敕下督抚会议，未覆奏。而宏谋复再疏劾，乃镌级，授天津道。既而总督鄂弥达、巡抚杨超曾，会奏垦报不实，请予豁除，而论伪报者如律。历任江西、陕西、河南、江苏、福建、甘肃巡抚，擢两广总督。节制本郡，尤为异数。最后以兵部尚书，署两湖总督。寻内转吏部，官至东阁大学士。凡敭历数十年，官迹半天下，清俭不异寒素，而政治卓越。尤尽心水利，凡所兴建，辄为经久之计。其在江南条奏河工五事，及运道蓄泄二事，至今以为法。乾隆三十五年，加太子太傅。致仕，卒于途。赐祭葬，谥文恭，祀贤良祠。

杨嗣璟 临桂人。雍正三年进士，由编修改御史。乾隆五年，以吏部侍郎往山西，勘狱称允。寻改宗人府丞。平生喜为诗，尤工于书。

汤应求 灵川人。雍正五年举人，知麻城县，有治行。争杨氏疑狱，被诬下狱，几死。后昭雪，复原官。著《警心录》二卷。

朱亨衍　临桂人。雍正初，任甘肃知县。尝摄固原州事，州东南有沙河，多水患。亨衍筑堤数十里，州赖以安。再迁平凉府盐茶同知。同知旧驻固原，距所属皆远，输将诉讼维艰，乃请于上官移驻海嗽都，营城郭廨署，民甚便之。其在固原时，州将御下严，役军士无暇日。岁将尽，聚而哗，众罔知措。亨衍毅然独出，谕以祸福。事解，大府即委会鞫，戮首随机数人，余悉置宽典。在任八年，引疾归。子若东，乾隆十年进士，官至河南粮储驿盐道。若东子依鲁、依炅，俱乾隆年间进士。依鲁官鸿胪寺卿，依炅官检讨。

吕炽　其先旌德人，祖某迁临桂。炽幼端悫，俚语嬉笑，未尝出诸口。雍正五年进士，由检讨累官至礼部侍郎，左副都御史。未几，致仕归，卒于家。炽居乡，舆服不异平人，事两亲慕孝。

曹鎏　全州人。雍正五年进士，知晋江县。时严垦田令，用赢绌课能否。鎏蹙然曰："此加赋也，如民命何。"上官切责之，独不奉命。未几查豁，诏下，巡抚愧之。为邑除积年讼棍。邑有典先贤裔女为婢者，及长，其家赎之，靳不予。鎏廉得实，择士人嫁之。

曾唯　全州人。由行伍累擢至左江镇标守备，署抚标右营游击。雍正十三年，古州苗乱，唯督师往剿，攻雄台寨，奋勇先登，既深入而后援不至，没于阵。乾隆五年，赐祭赠恤。同时死难者：千总熊禄，把总蒋忠，外委千总黎士俊，把总蒋锡著。

周瑞　临桂人。雍正十年举于乡，历任山东海丰、商河知县。海丰有黎敬等五庄，地皆硗瘠，赋同上则，逋欠甚多，民或逃亡。瑞莅任即请免积欠，减粮额，并减其地亩额征粮税。词意诚恳，巡抚为奏请得免，民困获苏。乾隆二十二年，运河浸溢，其水潴积。直隶庆云县令请于海丰之土家堰开支河，以消漫溢，总督为具奏。兴工有日，民间惊恐，以为堰决则水势直注，田庐不保。瑞亟按行堤畔，审形绘图，备陈利害不可开状，上之。巡抚檄监司再勘，不诬，事遂寝。

张椿　临桂人。父母没，庐墓三年。事闻得旌。先是，椿父官山东日照知县，以妾女妻日照人。既去官，妾及子楷留居日照。楷最贤，工诗，闻父母没，以毁卒，椿赴山东修其墓。后授富川训导。

朱若炳　临桂人。乾隆二年进士，由庶常改授知县，历任山东长山、菏泽、历城等县，皆有政声。擢知胶州。岁连祲，既莅任，亟开仓赈之，僚属佥语：

"必待报可。"曰："吾民旦夕死，胡可待？"复建借米关东之策，巡抚为奏请允行。又捐俸疏凿河溪以通商贾，并溉田数百顷。筑珠山书院，买田以助膏火。既而调德州，擢江西九江府，调南昌府。

蒋振圚　临桂人。乾隆十七年举人，历官山西、四川、直隶知县，勇于任事。莅四川平武任时，金川逆命，振圚往营台站，地为贼所出没，前营站官方遇害。振圚勾当两月，不少挫。羊河蛮内乱，密迩平武，振圚请往喻之，单骑抵其巢穴。群蛮持兵守隘，呼号声数里不绝，从者震栗。振圚从容呼守者前，谕以利害，皆释兵叩头，称父母去。

郭相良　临桂人。官四川巡检。乾隆癸巳，大兵征金川，檄守台站，为贼获，不屈，死之。

陈枚　全州举人，乾隆甲午，权山东堂邑县事。时王伦倡乱，堂邑民王胜如应之，枚收其妻子，登城守御。城破，骂贼死。其弟武举元梁，与贼巷战，格杀数十人，力竭不屈，亦死之。事闻，赐祭葬，加赠道衔。元梁赠千总，皆荫一子。其从兄培敬，以举人授馆陶知县，屡破贼，贼不敢犯。

陈兰森　临桂人。太学士宏谋孙。乾隆丁丑进士，由翰林院编修，改部曹，授江西袁州府知府，调南昌府，升盐道，调粮道，所至有声。乾隆乙卯，湖南苗疆滋事。时兰森丁艰在籍，大学士福康安奏调赴军，总理军需。迄嘉庆初年，由苗疆至川、陕、楚三省，历次协剿贼匪。赏戴花翎。服阕，补湖南粮储道，仍留军营办理军务。后任湖北荆宜施道，因赶办军粮，卒于途。诏依军营病故例赐恤，赠太仆寺卿衔，荫一子。

骆朝贵　临桂人。寄籍贵州铜仁府。初从田姓入伍。嘉庆元年，以毕赤营千总，随剿邪匪，以功，累擢云南新　营参将，调剿川省教匪。六年，升陕西陕安镇总兵，击贼李彬于巴州，追剿张添伦于南江。七年，迎剿张、魏二逆于本箐坝，获伪先锋张尔文等。寻围斩首逆张添伦，赏提督衔。九年，官川北镇总兵。时歼三省残匪于土地坎、金鸡河等处，击贼凤凰寨，获贼目罗思兰、李如玉等，三省全功告蒇。调赴陕西协剿宁陕镇叛兵。十三年，奏请改复骆姓，上允之。十四年，擢湖北提督。十五年卒，赐祭葬。

陈钟琛　临桂人。乾隆己亥举人。由直隶抚宁知县，荐升山东布政使。登莱青一府，夏旱蝗起，钟琛亲往驱捕，不终日捕除尽净，禾稼无伤，而甘霖旋降。旋省之日，同阎焚香送数十里，感泣而退。及秋，黄河衡家楼决口，山东被灾州县二十余处，钟琛督办赈务，严立科条，身亲监散，吏胥无侵渔。请帑不过数十万，而被灾之民均沾实惠。后补内阁侍读学士，擢太常寺卿，以老病乞归，卒于家。

马宏树　全州人。孝行著闻，乾隆四十二年旌。

李文蔚　临桂人。乾隆三十七年，由武进士选陕西督标右营守备，任汉中都司。奉檄往和阗理粮饷，及率回部采玉，勤敏清慎。嘉庆元年，随征邪教，与贼战于太平之通天观、洞汝河等处，凡七战，皆捷。论功，赏戴花翎。守尚家坝，贼众大至，与战一日夜，没于阵。事闻，以总兵例议恤，赐祭葬，予骑都尉世职。

麻允光　临桂人。由武举荐升宣化镇守备。嘉庆四年，调赴川陕军营。时老林匪匿，窜过沔县之埠川、官庄一带，允光随副将韩加业往捕，相持一昼夜。贼潜自山后绕下，允光率众仰攻，鏖战移时，力竭，殁于阵。

蒋尚埘　全州人。与弟尚坪孝行著闻，嘉庆二十一年旌。

卿彬　灌阳人。乾隆五十三年岁贡。五岁丧父，庐墓三十余年，事大父母暨母不遗余力。母殁，哀毁骨立，三年不履人门户。所著有《周易贯义》《洪范参解》等书。嘉庆二十五年，入祀乡贤祠。

杨秉昭　临桂人。由行伍累功擢游击。嘉庆二年，随征黔楚逆苗，遇擂石猝击，死之。又外委童上标、马腾云，先后阵亡。事闻，均荫恤如例。

朱纯彩　临桂人。由行伍出师湖北，拔补把总，嘉庆六年擢守备。时贼匪冉学胜由楚境窜白河，纯彩奋力进攻，中矛，伤卒。事闻，荫云骑尉。

流寓

唐

李商隐　河内人。给事中郑亚廉察桂州，请为观察判官。寓桂林三年，多所著作。

宋

尚用之　宣和中，任本路提刑。后寓桂林，喜奖劝后进。卒葬兴安，子孙因家焉。

路允迪　南迁寓桂林，日接后学，训解义理，著作甚多。

孙伟 谪融州，久寓静江。以讲学为务，桂林学问之源，自此始。

仇念 益都人。秦桧方主和议，以为异已，以朝奉郎、少府少监，分司西京、全州居驻。

元

陈南宾 茶陵人。任全州路学正。先是，僚贼焚劫，延烧学宫。南宾请建文庙，仿白鹿洞学规，训饬士类。后弃官寄家于全，士仍师事之。

刘三吾 茶陵人。至正间，避兵静江。平章额尔吉讷擢主本路学正，迁副提举。一时从游者甚众。

明

蒋珍卿 益都人。景泰进士，任荔浦知县，以循良称，谢政归。道出兴安，乐灵渠之秀，遂占籍焉。今县治前蒋家塘，其旧址也。

列女

宋

马胝女 全州人。胝病笃，女割股进，胝瘳。淳祐十年，太守朱子恭为立孝忱坊。

元

唐斗辅妻文氏 兴安人。夫亡，氏执义自誓孝养。舅姑殁，葬无违礼。至治中旌。

明

陈愚妻袁氏 全州人。愚亡，子处厚尚幼，袁守志不渝，姑讽之嫁，袁曰："烈女不更二夫，脱不谅此心，当一死以从夫地下。"议遂寝。永乐中旌。

赵存质妻唐氏 临桂人。少寡，养姑抚幼五十余年。成化中旌。

徐骏妻陶氏 临桂人。骏卒于龙州，陶闻讣，刺血写诗藏箧笥，以衣匳悉还舅姑，遂自缢。

刘鼐妻丁氏 临桂人。鼐亡，子淳三岁，姑讽之嫁，丁曰："吾命在姑与子矣，不知有他。"坚守五十七年。成化中旌。

龚氏女 永福人。正德中，古田贼劫其村，掠妇女及牛畜去。至河，龚语贼曰："吾不能行，愿得骑牛而渡。"贼从之。乃策牛入水，自沉死。

下陋女　逸其姓名。正德间，女将嫁，僮夜掠其村，为所获。绐僮以取衣饰，跃入火中死。

张义姑　桂林卫张礼女。礼征安南阵亡，兄福寻亦卒。福妻刘氏，有子辉，方六岁。时姑年十五，察刘难久留，语之曰："兄不幸死，遗孤幼。吾张氏女，义当为张存孤，敢复累嫂。"因不嫁，抚辉，为辉娶妇，后子姓繁衍。嘉靖间，旌门特祠，署曰"义姑"。

唐东升妻蒋氏　灌阳人。生子照才三月，升卒。蒋奉侍舅姑，课子读书，达旦。后照登贤书，以名宦著。天启中旌。

唐应星妻张氏　灌阳人。隆庆五年，古田瑶贼乱，肆劫全灌。张为贼所获，不从，被杀。崇祯中旌。

关辅宗妻彭氏　临桂人。宗死，彭守节抚孤。姑病，割股煮粥以进，遂愈。崇祯中旌。

刘寀妻舒氏　桂林人。寀卒，有一子在襁褓，纺绩抚孤，事继姑以孝闻。

曾璋妻郑氏　临桂人。璋卒，子幼。郑与妾同矢志抚孤，时称双节。

易氏女　义宁人。贼劫其村，掠易与诸妇女。易恐为所污，坚不行，为贼所杀。

黎禧妾黄氏　阳朔人。禧任新淦令，时妖人作乱，聚众劫县取印。黄大骂，贼挺刃砍其面，血流满地。贼退，得不死。事闻，御赐珠冠，让其正室。寿七十终。

蒋氏女　全州人。父卒，二弟幼且疾，女誓不嫁，谨视弟疾，后皆愈。长各为娶妇。乡人高其节义，称曰仁姑。

滕愈湘妻谢氏　全州人，年二十二。明末，为乱兵所执，不辱。携二子一女，投昭平江中。

蒋极世妻唐氏　全州人。明末为郝贼所掠，挟之马上，同渡河，唐夺刀自刎。

蒋维藻妻唐氏　灌阳人。时为乱兵所掳，守正捐躯。同县唐纳俞妻邓氏，其妹为唐之夔妻，皆为乱兵所掳，誓不从，相持投崖下，俱被害。

陈敬甫妻蔡氏　灌阳人，居寨包岭山麓，隔山即永明苗贼。苗利陈所有，纠党劫之，敬甫被杀。氏伏尸恸哭骂贼，强之行，不从。贼群拥出户，鬓发尽落，骂益厉。贼怒，挥刀刺之，剖腹洞胸而死。

本朝

朱德佩女　临桂人。未嫁，夫亡。父母议改适，女投井死。同邑邓十妹，年十六，字韩氏。未嫁，夫卒。遂截发誓不再适。父母嘉之，俾行其志。

王尊德妻唐氏　临桂人。尊德年老病剧，邻舍火，唐负之再，不能动。火且至，尊德遣之避，唐曰："君死，妾岂敢独存？"因以身翼蔽之，遂焚死。

卢懋瑛妻黄氏　临桂人。懋瑛客死，氏年二十，苦营夫丧，归葬。事舅姑尽孝，教子立学，年九十卒。

卫枝兰妻廖氏　临桂人。枝兰死，截发以誓。甘淡泊，守礼法。见宗党戚属，不妄言笑。三十余年如一日。

蒋氏二女　兴安人。长玉贞，字张氏，未婚守节。次冰洁，方待字，而怜姊苦节，愿为闺中侣。居白玉楼，晨夕坐卧其中，虽昆弟莫之见。玉贞年八十三，冰洁年八十一，同时卒。同县周观保聘妻李氏，亦未婚守节。

林槐妹　永福人，林光岫养女。入圃采蔬，光岫仆进福欲犯之，槐妹怒骂，仆遂取腰镰砍杀之。有司杖杀仆，封树槐妹墓。

曹国瓒妻胡氏　全州人。明末兵变，葬夫赎子，饮水茹蘗四十余年。又国瓒女割股疗父病，后适谢希濂，克尽妇道。同州王尔祥女，年十六，割股疗母病。蒋彦清妻唐氏，夫病危，唐啮指誓不嫁。抚孤，娶唐氏，能继姑志。人称双节。

唐镇畿妻蒋氏　全州人。康熙十八年，夫妇避兵山中，为贼所执。过大殿岭，氏度不能脱，奋身投岩下。贼去，氏复苏。适其弟过，闻泣声，救之归。镇畿被执，投水死。氏念姑老子幼，艰苦守志。

史可传妻苏氏　灌阳人。灌俗里户输运兵粮，可传粮多折耗，贷营兵银补之。一日营兵至，诱氏曰："尔夫负我银，以尔抵偿。"欲挟之去，投缳自缢。

文玉卿女　灌阳人，名兆祥。及笄未字，遭李定国乱，与嫂陆氏，避寇火星山箐中。见贼众搜山淫掠，并自刎。时称双烈。

唐之礽妻杨氏　灵川人。守节抚孤，足不出户者三十载。康熙七年旌。

时正煜妻邓氏　灌阳人。守节抚孤，三子皆成立。与同县唐之靖妻邓氏，均康熙年间旌。

蒋士达妻朱氏　临桂人。士达卒，三子俱在襁褓。朱年二十四，时值兵燹，饥馑。朱备历艰险，抚三子成立。康熙二十五年旌。同县刘翊妻朱氏，朱旦如妻王氏，均康熙年间旌。

萧齐审妻刘氏　兴安人。夫亡，值兵燹流离，藜藿为炊，抚其子成立。康熙二十五年旌。

邓植葶聘妻王氏　全州人。植葶省其父于浔州学署，溺水死。王奔丧守制，抚犹子承桃，亦早没。复鞠幼孙，以延宗祀。康熙五十五年旌。

朱履祺女　临桂人，字陈坦德。未婚而夫没。女往夫家守节，众力阻之。托言盥浴，闭户自缢死。康熙六十年旌。

吕一鹭妻李氏　临桂人。夫亡，事姑至孝。弟死，迎养其母方氏。雍正三年旌。同县廖应正妻王氏，能文宣妻李氏，周炽妻李氏，朱启瑞妻徐氏，赵　继妻陈氏，周朝选妻周氏，谭顺富妻王氏，谭顺贵妻王氏，唐世辅妻周氏，杨光照妻秦氏，均雍正年间旌。

郑一洪妻朱氏　临桂人。年二十七，夫亡，庐夫墓侧。贼抄掠其室，朱且泣且诉，贼感叹去。抚二孤，中夜篝灯，为二子课诵。苦节终身。雍正九年旌。同县王之梅妻潘氏，欧升琦妻周氏，萧良梓妻张氏，贺永贵妻张氏，李佳实妻齐氏，曹世贵妻赵氏，朱文彩妻杨氏，马良骡妻周氏，张骄妻万氏，朱依雯妻陈氏，粟如升妻陈氏，李亦章妻胡氏，均雍正年间旌。

邓章甫妻王氏　全州人。夫亡，抚子愈凯，长娶刘氏。五载而愈凯亡，遗腹生孙，姑媳孤苦相依。雍正三年旌。

汤成用妻石氏　灵川人。夫亡守节。雍正四年旌。

李兆荣妻黄氏　灵川人。年十九，兆荣卒，黄即绝食，欲以身殉。父母苦谕之。未几，衣麻阖户自经。时雍正八年也。同县苏挺健妻粟氏，夫亡子幼，姑以其年少，劝改适。氏断发自誓，养姑训子，历四十年。

蒋氏女　名莲姑，全州人。父母早丧，弟甫四岁，女以弟孤苦，誓不字人。抚弟成立，为娶妻胡氏。弟卒无子，复为立嗣，以延宗祀。胡亦守志终身。雍正八年旌。

王继旭妻朱氏　临桂人。夫亡，以从子体升为嗣，娶蔡氏。体升卒，复立体谦，娶陈氏。生子为矫，体谦又卒。一门之内，姑妇节烈，戚里感之。乾隆二十年旌。

童绶妻朱氏　临桂人。十九而寡，二子相继夭。朱无所依，乃归居母家。朱喜读书，工诗。嫠后绝不复为，唯以《女诫》及《古女史》教授诸姊妹。

王炳妻黄氏　临桂人。未婚，炳没，黄闻讣奔丧，矢志孝事翁姑。抚弟廷珍长子崇仪为嗣，严为督课，得成名。乾隆五十三年旌。同县节妇，况刚妻梁氏，刘贵祥妻秦氏，刘玉全妻吴氏，王廷圭妻秦氏，唐明汉妻莫氏，张应璧妻蔡氏，李聚林妻吕氏，杨贤妻张氏，王宗周妻陈氏，谢允安妻龙氏，徐兴悦妻李氏，文金洪妻刘氏，刘甫麟妻周氏，朱瑛妻孙氏，梁君锡妻李氏，秦体干妻李氏，朱士璟妻蒋氏，秦其煜妻王氏，马允定妻骆氏，郭永正妻朱氏，邹兆麟妻萧氏，雍世杰妻李氏，雍世美妻毛氏，雍学诗妻左氏，朱亨茂妻王氏，莫若佑妻李氏，张玉妻秦氏，徐德寿妻唐氏，阮志和妻唐氏，王之美妻周氏，龙全保妻杨氏，龙章锡妻陈氏，秦君璧妻卫氏，刘绍宽妻孙氏，朱爌妻方氏，朱履趼妻秦氏，聂先妻曹氏，龙正国妻黄氏，莫燕妻吕氏，曹助臣妻谢氏，王裕祥妻莫氏，王仲选妻秦氏，黄龙逊妻廖氏，张奇芳妻李氏，刘允书妻晏氏，朱若琼妻陈氏，李儒正妻聂氏，李敬福妻李氏，冷士德妻陈氏，罗茂瑞妻沈氏，沈秉礼妻郑氏，晏承德妻黄氏，曾文绍妻邹氏，李世松妻刘氏，左延圭妻秦氏，陈钟灿妻廖氏，龙嘉章妻李氏，黄瑞麟妻熊氏，朱一淑妻赵氏，潘宏清妻詹氏，朱依暸妻刘氏，莫疏槐妻朱氏，朱依瑞妻张氏，唐履中妻罗氏，萧馨仁妻张氏，潘宏澍妻段氏，杨嗣绾妻张氏，陈元瑛妻秦氏，王疏杰妻唐氏，张宏治妻马氏，孙恕妻叶氏，孙学义妻罗氏，唐世增妻龙氏，郑士朝妻潘氏，刘永佩妻阮氏，李通寿妻廖氏，李世甫妻秦氏，朱厚池妻许氏，唐傅霖妻杨氏，均乾隆年间旌。

江湛妻庄氏 兴安人。幼通晓《孝经》《内则》诸书。夫卒，抚子世林，多方教育。作《十戒》警之，卒成名。乾隆四年旌。同县罗惟珏妻彭氏，罗锦妻盛氏，雍然妻文氏，侯之桐妻庄氏，蒋瑞妻王氏，廖逢甲妻张氏，李光墀妻郑氏，文魁妻莫氏，杨文林妻蒋氏，均乾隆年间旌。

秦世洪妻赵氏 灵川人。夫亡无依，其母劝之改适，不听，竟与外家绝。凡春秋祭祀与夫忌日，必哀恸绝粒。乾隆九年旌。同县莫能强妻唐氏，夫亡抚孤，周恤邻里。时邻人不戒于火，唐亟捧先人神主出户外，仰天号恸，火竟灭。乾隆十三年旌。

王宾妻徐氏 阳朔人。夫亡守节。乾隆十九年旌。同县苏廷琮妻徐氏，苏汝众妻陈氏，苏永抚妻王氏，吴士聪妻苏氏，均乾隆年间旌。

余居体妻覃氏 永宁人。夫亡守节。同州刘士崑妻传氏，彭三杰妻蒋氏，黄士安妻余氏，陈诗妻伍氏，戴文杰妻李氏，均乾隆年间旌。

林之揖妻刘氏 永福人。夫死，有土豪将夺娶之。氏闻，持刀欲自杀。家人趣救，乃得免。

胡锡嘏女　永福人，字李氏，未嫁守贞。同县节妇，徐应嵩妻毛氏，梁环妻林氏，骆神法妻丁氏，唐友蕙妻陈氏，均乾隆年间旌。

林钟嵋妻莫氏　义宁人。夫死，葬甫毕，沐浴衣麻自经。按《旧志》载："张义妻李氏，山西人。乾隆五年，随义戍义宁。未几，义没，以遗金贮县库，且曰：'家有子赓儿，儿幼，道远不能来，夫死，妾事毕矣。'投江死。有司题旌。"

邓章缨妻曹氏　全州人。夫亡，抚子愈良，笃学成名。嗣愈良亦卒，妻易氏生子，娱侍老姑，出入相随，苦节终身。乾隆二十年旌。同州刘士谟妻伍氏，马宏则妻唐氏，邓丙相妻唐氏，萧克荣妻李氏，邓疏葵妻何氏，秦居禄妻张氏，邓成缨妻文氏，黄广演妻邓氏，蒋杞妻曹氏，蒋上梧妻谢氏，蒋上桐妻唐氏，曹增灿妻蒋氏，唐仲全妻秦氏，唐一鹄妻刘氏，文禄模妻蒋氏，陈广时妻唐氏，陈光宪妻邓氏，邓植楷妻王氏，刘文昌妻樊氏，王象九妻秦氏，唐内文妻赵氏，马麟妻蒋氏，蒋经任妻邓氏，陈大志妻蒋氏，蒋柏妻曹氏，蒋梧妻谢氏，蒋桐妻唐氏，唐运咸聘妻易氏，唐汝孟妻吴氏，均乾隆年间旌。按《旧志》："赵顺妻张氏，金坛人，李文坛之婢。时文坛妻兄胡位铸官全州，张从文坛妻来署，仆李明欲犯之，不从而死。乾隆三十五年旌。"

范方龄妻邓氏　灌阳人。未婚守贞，乾隆四年旌。同县节妇，唐体仁妻邓氏，陆启运妻蒋氏，张世禄妻王氏，戴生兰妻文氏，李廷材妻乡氏，王廷琮妻陈氏，均乾隆年间旌。

梁会瀛妻吕氏　临桂人。与同县汤应诏女，未婚守贞，均嘉庆年间旌。

邓茂桂妻廖氏　临桂人。夫卒，课二子严，寿一百三岁。嘉庆三年旌。同县邓炜妻王氏，邓培绩妻潘氏，阳日才妻阳氏，张鸾翮妻阳氏，唐煊妾刘氏，唐勋培妻关氏，龙为勋妻秦氏，龙为功妻熊氏，陈显熙妻朱氏，朱振沛妻于氏，滕元勋妻周氏，龚廷玉妻董氏，许恢妻吕氏，周发潘妻董氏，均嘉庆年间旌。

汤四正继妻李氏　兴安人。夫亡守节，嘉庆十五年旌。

秦灿妻陈氏　灵川人。夫亡守节，与同县胡汝明妻苏氏，均嘉庆年间旌。

李章发女土妹　阳朔人。守正捐躯。与同县烈妇、赵兴奉妻廖氏，均嘉庆年间旌。

胡承桂妻秦氏　永福人。夫亡守节。与同县秦老六妻蒋氏，均嘉庆年间旌。

唐仕荣妻王氏　全州人。夫亡守节，嘉庆三年旌。同州胡天宠妻周氏，马泰世妻胡氏，马世灿妻唐氏，唐学相妻赵氏，王允淳妻邵氏，蒋善玑妻陈氏，曹则坤妻刘氏，唐思周妻蒋氏，蒋祖昭妻唐氏，蒋奇相妻颜氏，唐甲雍继妻蒙氏，均嘉庆年间旌。

仙释

唐

郑冠卿　乾宁中，临贺令，赴调止桂林。入栖霞洞，遇二道士坐石上，奕棋觞酒，令二青衣奏笛，弹箜篌，音律非人间所闻。与酒仅涓滴，出洞倏不见。冠卿遂绝名利。寿一百四岁。向所遇乃日华、月华君也。

惠能禅师　唐武后时，说法讲经于永州南双瑞岩。人叩其行止，答曰："僧修于此，不知花甲。但觉时寒时暑，草木盛而复衰。"武后征召，不赴。复往曹溪，世称六祖。

宗慧　姓周名全真，柳州人。至德初，游湘源，创居湘山。咸通八年二月十日，端坐逝，年一百四十岁。遗蜕在湘山寺妙明塔。历代谥为"慈祐寂照妙应禅师"，又谓"无量寿佛"。

宋

石仲元　桂林人，号桂华子。天禧中，为道士，居七星山。于诗妙究精微，有《桂华集》。

刘景　字仲远，桂州人。遇异人，授以术，遂自游方外。尝馆贾昌朝家，冬夏一裘，终日不食。善谈《老》《庄》《周易》。皇祐中还家，容色如少年。其所居石室，号"刘仙岩"。

雷隐翁　名本，桂州人。少磊落不群。举进士不第，即弃去。默坐终日，或笑其痴，答曰："痴犹胜黠。"后远游不知所之。元祐中，有朝士游罗浮，见本啸傲林下，自道姓名，云雷隐翁，乃知其仙也。

土产

银　铜镜　铜器《元和志》："俱桂州土贡。"
葛《宋史·地理志》："全州贡。"

朱砂《寰宇记》:“桂州土贡。”

冷石《寰宇记》:“桂州土产，即滑石，有黑白二种。”

钟乳《桂海虞衡志》:“桂林山中洞穴最多，所产胜连州远甚。”

零陵香《宋史·地理志》:“全州贡。”《南越志》:“香有五种，曰檀，曰降，曰罗汉，曰青皮，曰藤，俱出瑶峒。”

麖皮　鞾簟《唐书·地理志》:“俱桂州贡。”

桂心《寰宇记》:“桂州土贡。”

石燕　翠羽　何首乌《明统志》:“各县俱出。”

蚺蛇胆《寰宇记》:“桂州土贡。”《桂海虞衡志》:“蛇大者如桂，长称之，其胆入药。”

茶《金志》:“各州县出。临桂之刘仙岩，兴安之六峒，全州之湘源，特佳。”《府志》:“龙脊茶，出义宁县龙脊山，今属龙胜厅。”

苗蛮

苗　在龙胜厅，自为一类。峒苗喜结交，尚意气。人有与暱者，即倾家殒身不顾。本朝嘉庆三年，设苗学额二名。

瑶　本五溪槃瓠之后，散处临桂、兴安、灵川、义宁等处。最强者曰罗曼瑶、麻园瑶，其余曰黄沙甲、石岭屯、褒江、赠脚、黄村、赤水监、思中江、竦江、定花、冷石坑、白面、黄大利、小平、滩头、丹江、縻江、闪江、把界等瑶。山谷弥远，瑶弥多，尽隶于义宁县桑江寨。椎髻跣足，衣斑布褐采。种植外，猎山兽续食。负戴者悉著背上，绳系于额。临桂皆熟瑶，居三乡。男女挽髻，青衣缘绣，风俗与土民无甚异，或通婚姻，有平地、火艮、高山、过山之别。在兴安者，居五排、七地、六峒及融江、穿江、黄柏江，与民杂处，耕山为活。在灵川者，居六都，自谓盘古之裔，迁徙无定，以六月六日为小年。在阳朔者，有笠头、箭杆、戴板、大源等瑶。在永福者，性最淳朴。有白瑶，居毛峒里、定二里，亦谓之木皮瑶。在全州者，居西延峒，以红布缭头者曰隘瑶，青布者曰令勾瑶，绩木皮为铠曰狗瑶。惟恩乡、建乡之瑶，风俗与民同，有子弟就学，列博士弟子者。在灌阳者，散处归化上下里，性易驯，民募使佃作，谓之佃丁。

僮 与瑶异类，花衣短裙，鸟言兽行。居室无问贫富，俱喜架楼，名之曰栏，上人下畜，不嫌臭秽。产自湖南溪峒，入于广西。其隶版籍输赋为熟僮，否则生僮。临桂西南二乡，接阳朔、永福境多有之，性好剽窃，男子尺帛缭头，妇人髻绾木梳，短衣长裙，俱贯耳跣足。在兴安者，居富江，习俗与临桂同而不事剽窃。在灵川者，居七都，居服与临桂瑶略同，俗亦如之。在永宁者，俗皆编茅作屋，或窖地以居，性顽悍而颇听约束。在义宁西北境者，山田瘠埆，岁不再熟，然能畜藏，故凶年亦不为患。

㑰 在永宁州，俗与僮同。男女俱挽髻，前锐后广，绩麻为衣。女多以白布蒙首，善鸡卜，能骑射。明隆庆初，募那地南丹㑰人征古田。事平，给田使耕。今则服饰与民无异。

伶 在永福县，来自义宁。其俗与良瑶同，而语言各别。妇无鬏髻，以布缠箬作鬟，贴插椎髻之下。俗呼为苦麻伶。视诸瑶较驯。

仡佬 一名仡僚，种有五。蓬头赤足，轻命死党。以布一幅横围腰间，旁无襞积，谓之桶裙。男女同制，花布者为花仡佬，红布者为红仡佬。各有族属，不通婚姻。《炎徼纪闻》："广西桂林有仡种。"

纂修官（臣）李绍昉恭纂（臣）蒋立镛恭纂
提调官前总纂（臣）郑绍谦恭覆辑
校对官（臣）杨景曾恭校

柳州府

在广西省治西南三百七十里。东西距四百二十五里，南北距八百三十里。东至平乐府修仁县界二百六十五里，西至庆远府宜山县界一百六十里，南至浔州府贵县界二百七十里，北至湖南靖州绥宁县界五百六十里，东南至浔州府武宣县界一百八十里，西南至思恩府迁江县界一百二十里，东北至桂林府永宁州界一百三十里，西北至贵州黎平府永从县界五百六十里。自府治至京师七千八百三十里。

分野

天文翼轸分野，鹑尾之次。

建置沿革

《禹贡》荆州之域。周为百越地。秦为桂林郡地。汉为郁林郡潭中、中留等县地。三国吴凤皇三年，分置桂林郡。治在府南境。晋及宋、齐因之。梁、陈间分置马平郡。《方舆胜览》："梁置龙州，而诸书不载。"隋平陈，郡废。唐武德四年，置昆州。寻曰南昆州。贞观八年，改曰柳州。《元和志》："因柳江为名。"《旧唐书·地理志》："以州界柳岭为名。"《新唐书·地理志》："以地当柳星更名。"天宝初，改龙城郡。乾元元年，复曰柳州，属岭南道。五代初，属楚。周广顺元年，属南汉。宋亦曰柳州龙城郡，《宋史·地理志》："州治马平。咸淳元年，徙治柳城之龙江。"属岭南西道。元至元十六年，升柳州路总管府，属广西道。明曰柳州府，还治马平。属广西布政使司。

本朝因之，属广西省，领州一、县七。

马平县

附郭。东西距一百七十五里，南北距一百七十里。东至雒容县界十五里，西至庆远府忻城土县界一百六十里，南至来宾县界一百二十里，北至柳城县界五十里。东南至象州界八十里，西南至思恩府迁江县界一百二十里，东北至雒容县界七十里，西北至柳城县界四十里。汉置潭中县，属郁林郡。后汉因之。三国吴分属桂林郡。晋为郡治。宋省。齐复置，仍属桂林郡。梁置马平郡。隋废郡，置马平县，属象州。大业初，属始安郡。唐武德四年，为昆州治。贞观中，为柳州治。五代、宋初因之。咸淳中为柳州属县。元不改。明为柳州府治。本朝因之。

雒容县

在府东北六十里。东西距六十五里，南北距二百里。东至桂林府永福县界三十里，西至马平县界三十五里，南至象州界一百三十里，北至桂林府永宁州界七十里。东南至平乐府修仁县界六十里，西南至马平县界六十里，东北至永宁州界九十里，西北至柳城县界六十五里。汉潭中县地。唐永徽中，分置洛容县，属严州。天授二年，割属柳州。五代、宋、元、明不改。本朝因之。

罗城县

在府西北一百九十里。东西距一百里，南北距三百四十里。东至融县界七十里，西至庆远府天河县界三十里，南至庆远府宜山县界四十里，北至贵州黎平府永从县界三百里。东南至柳城县界一百四十里，西南至庆远府永顺副土司界九十里，东北至融县界一百里，西北至天河县界一百里。汉潭中县地。南齐后为齐熙郡地。隋开皇十一年，析置临牂县。大业初，并入义熙县。唐武德四年，复置。永徽元年，废入融水县。龙朔二年，改置武阳县，属融州。五代因之。宋开宝五年，分置罗城县，属融州。熙宁七年，俱省入融水。明洪武二年，复置罗城县，属融州。十年州废，属柳州府。本朝因之。

柳城县

在府西北八十里。东西距一百八里，南北距二百五十里。东至马平县界十八里，西至庆远府宜山县界九十里，南至马平县界五十里，北至融县界二百里。东南至马平县界五十里，西南至宜山县界七十五里，东北至雒容县界六十里，西北至罗城县界八十五里。汉潭中县地。梁分置龙城县。隋属始安郡。唐武德四年，于县置龙州。贞观七年，州废，属柳州。五代因之。宋景德三年，改曰柳城。咸淳元年，为柳州治。元为路治。明属柳州府。本朝因之。

怀远县

在府北三百一十里。东西距二百四十五里，南北距二百五十二里。东至融县界五里，西至贵州黎平府永从县界二百四十里，南至融县界二里，北至湖南靖州绥宁县界二百五十里。东南至融县界十里，西南至融县界一百里，东北至桂林府义宁县界一百九十里，西北至贵州永从县界二百五十里。汉潭中县北境，牂牁蛮地。南齐后，为齐熙郡地。唐为融州地，后为古州蛮地。宋崇宁四年，置怀远军，寻升为平州。又置怀远县为倚郭。政和元年，州县俱废。寻复置平州。宣和二年，赐名怀远郡。绍兴四年，州废。十四年，复置怀远县，属融州。元因之。明洪武十年县废，十四年复置，属柳州府。嘉靖末，为诸瑶所陷。万历十九年更置。本朝因之。

融县

在府西北二百五十里。东西距二百四十里，南北距二百四十五里。东至桂林府永宁州界一百九十里，西至罗城县界五十里，南至柳城县界一百二十五里，北至怀远县界一百二十里。东南至雒容县界一百二十六里，西南至罗城县界八十里，东北至永宁州界一百九十里，西北至怀远县界一百八十里。汉潭中县地。南齐置齐熙县，兼置齐熙郡。梁大同中，于郡置东宁州。隋平陈，郡废。开皇十八年，改州曰融州，县曰义熙。大业初，州废，属始安郡。唐武德四年，复置融州。六年，改县曰融水。天宝初，曰融水郡。乾元初，复曰融州，属岭南道。五代属南汉。宋曰融州融水郡，属广南西路。大观元年，升为帅府，置黔南路。三年，府罢，赐名清远军节度，升为下都督府。元至元十四年，置安抚司。十六年，改为融州路，寻降为州，属广西道。明洪武初，以州治融水县省入。十年，降州为融县，属柳州府。本朝因之。

象州

在府东南一百三十里。东西距一百八十五里，南北距一百里。东至平乐府修仁县界一百三十五里，西至马平县界五十里，南至浔州府武宣县界五十里，北至雒容县界五十里。东南至浔州府平南县界一百三十里，西南至来宾县界五十里，东北至修仁县界九十里，西北至雒容县界五十里。汉中留县地。三国，吴置桂林郡，治武安县。晋太康中，更名武熙，属郁林郡。梁分置象、韶阳等郡。隋平陈，郡皆废。开皇十一年，改置桂林县，仍于县置象州，又分置阳寿县。大业初，州废，县皆属始安郡。唐武德四年，复置象州。天宝初，曰象山郡。乾元初，复曰象州，属岭南道。五代属南汉。宋亦曰象州象山郡，属广南西路。元至元十五年，升为象州路总管府。大德后，仍降为州，属广西道。明洪武二年，以州治阳寿县省入，属柳州府。本朝因之。

来宾县

在府南一百八十里。东西距一百五十里，南北距一百七十里。东至浔州府武宣县界七十里，西至思恩府迁江县界八十里，南至浔州府贵县界七十里，北至马平县界一百里。东南至贵县界七十里，西南至迁江县界七十里，东北至象州界七十里，西北至马平县界七十里。汉潭中县地。唐武德四年，分置文安县，属昆州。寻改曰乐沙。贞观七年，省入新平，改置怀义县，又于县置严州。天宝初，改州曰循德郡，县曰来宾。乾元初，复曰严州，属岭南道。五代属南汉。宋开宝七年，废严州，以县属象州。元因之。明初属柳州府。本朝雍正三年，改属宾州。十二年，还属柳州府。

形势

山兼象县，江带龙城。唐李商隐《为柳州郑郎中谢上表》。牂牁与龙、融二江合，宛转环绕如壶形。东处若领，城居其腹。魏濬《西事珥》。居岭峤之表，接蛮貊之疆。《新井记》。控扼番落，封疆不啻千里。众流逶迤，为骆越要害，镇压诸蛮。《图经》。

风俗

古为南夷，椎髻卉裳，至唐始循法度。唐柳宗元《孔子庙碑》。民业有经，公无负逋，嫁娶葬送，各有条法。唐韩愈《罗池庙碑》。风气与中州不少异，人少斗讼，喜嬉乐。宋曾巩《送李材叔知柳州序》。民醇事简，俗阜物庶，视他州为乐土。《图经》。地无桑柘，不事蚕作。《通志》。

城池

柳州府城　周七里有奇。内城门五，外城门三。《旧志》："在龙江北。唐宋俱土城，元祐间重筑。咸熙初，徙龙江南。迄元无城。明洪武元年，迁今所。四年，筑土城。十二年，甃砖。嘉靖二十四年，筑外城。"本朝康熙五年修，雍正三年、乾隆三年、三十二年、四十八年、五十年重修。马平县附郭。

雒容县城　周一里有奇。门四。本朝康熙五十二年修，雍正六年重修。

罗城县城　周二里。门三。明成化时建。本朝康熙三年修，三十三年、乾隆二十五年重修。

柳城县城　周一里有奇。门三。明成化时建。本朝康熙十年修，雍正七年重修。

怀远县城　周三里。门四。明初建于大容江口。万历中迁今所。南北筑月城二里，外又有土城。

融县城　周二里有奇。门四。唐建。元至正间修。本朝康熙十九年修，四十八年、五十年、雍正八年重修。

象州城　周三里。明洪武中建。嘉靖九年修。本朝康熙六十年修，乾隆六年、二十年重修。

来宾县城　周二里有奇。门四。西南临河。明洪武间建，永乐间改建砖城，景泰间废，天顺四年修复。本朝康熙六年修，五十六年，雍正二年、十三年，乾隆六年、十四年、四十九年，重修。

学校

柳州府学　唐建。元和中，刺史柳宗元修，有《碑》。明洪武六年，徙建于府治西北隅。本朝康熙十九年修，二十四年、二十七年、五十三年、五十七年，雍正十一年，乾隆四十六年重修。入学额数二十名。

马平县学　明洪武间建于城外罗池街东。本朝康熙五年修，二十二年、五十七年，雍正三年，乾隆九年重修。入学额数十二名。

雒容县学 在县治西。明初迁建。本朝康熙二十二年修，乾隆八年、三十三年、四十五年重修。入学额数十二名。

罗城县学 在县东门外，旧在县治西北隅。本朝康熙元年迁建，乾隆九年修。入学额数八名。嘉庆三年，增设苗民学额二名。

柳城县学 在县西。明嘉靖初迁建。本朝康熙二十年重建，雍正七年修，乾隆三十九年重修。入学额数十二名。

怀远县学 在县治东。明万历中迁建。本朝康熙三十四年修，雍正七年、乾隆四十二年重修。入学额数八名。嘉庆三年，增设苗民学额二名。

融县学 在县治西。明正统中迁建。本朝顺治十八年重建，康熙二十年修，雍正四年、乾隆四十四年重修。入学额数十二名。

象州学 在州治东南隅。明初建。本朝康熙四十九年修，雍正十三年、乾隆十八年重修。入学额数十五名。

来宾县学 在县治北。本朝康熙二十九年重建，雍正五年修，乾隆五十年重修。入学额数八名。

柳江书院 在城东。本朝乾隆十年，即柳侯祠改置。乾隆二十七年增修。

洛江书院 在雒容县。本朝乾隆十二年建。

玉融书院 在融县。本朝乾隆十七年增建。

象江书院 在象州。本朝雍正元年建，乾隆二十五年改建于城西州署旧址。按《旧志》载："同仁书院，在马平县旧址。驾鹤书院，在柳州城东驾鹤山下。正心书院、兴文书院，在融县。"今并废，谨附记。

户口

原额人丁一万一千四百二十七，屯丁三十二。今滋生男妇大小共九十三万九千三百九十九名口。计一十五万三千四百五十四户。

田赋

田地五千九百八十三顷八十一亩五分有奇。额征地丁正杂银一万九千五百八十四两三钱六分三厘，遇闰加征银一千一百四两八钱六分六厘。米二万三千二十八石四斗五升七合七勺。

山川

甑山 在马平县东南，柳宗元《记》："龙壁南绝水，有山无麓，广百寻，高五丈，上下若一，曰甑山。"驾鹤山 在马平县东南。柳宗元《记》："甑山之南皆大山，多奇。又南且西曰驾鹤山，壮耸环立，古州治负焉。有泉在坎下，常盈而不流。"《县志》："在县东南隅，隔江耸立，如孤鹤。下有长塘，冬夏不涸。东台山 在马平县东南四十五里，临大江。"屏山 在马平县南一里。柳宗元《记》："南有山正方而崇，类屏者曰屏山，其西曰四姥山，皆独立不倚，北流浔水濑下。"雷山 在马平县南十里。柳宗元《记》："雷山两崖皆东向，雷水出焉，蓄于崖中，谓之雷塘，能出云气作雷雨，变见有光。"仙奕山 在马平县西南，亦名仙人山。柳宗元《记》："四姥山又西，曰仙奕之山。山之西可上，其上有穴，穴有屏，有室，有宇。其宇下有流石，东西九十尺，南北少半。东登入小穴，长有四尺，则廓然甚大。无窍，正黑，烛之，高仅见其宇，皆流石怪状。由屏南室中入小穴，倍常而上，始黑，已而大明，为上室。由上室而上，有穴，北出之，乃临大野。其始登者，得石枰于上，黑肌而赤脉，十有八道可奕，故以云。"《寰宇记》："仙人山在柳州西南，山上有石，形如仙人。"《旧志》："亦名天马山。高数百丈，于群山中独尊。下有杨文广洞，相传宋时侬智高幽杨文广于此。"石鱼山 在马平县西南二里。柳宗元《记》："石鱼之山，全石，无大草木，山小而高，其形如立鱼。有穴类仙奕，入其穴东，出其西北，灵泉在东趾下，有麓环之。泉大类彀，雷鸣，西奔二十尺，有洞在石涧，因伏无所见。"《旧志》："山半有立鱼岩。岩之东麓，灵泉出焉，下有龙潭，内又有三洞相通。"新洞山 在马平县西南十里。有穴可坐百人。石乳融结，触之如钟鼓声。峨山 在马平县西三里，亦曰鹅山。柳宗元《记》："峨山在野中，无麓，峨水出焉。"《明统志》："山巅有石如鹅，名鹅山。"《通志》："水自半巅喷出，远望似双鹅飞舞，故名。又名深峨山。"黄吉山 在马平县西三十里，黄陂水出此。背石山 在马平县西北三十里。柳宗元《记》："北有双山夹道崭然，曰背石山。有支川，东流入于浔水。"《名胜志》："背石山，其东山曰桃竹，西曰雀冈，俗名夹道双山。"龙壁山 在马平县东北二十五里。柳宗元《记》："浔水受背石支川，因自北而东，尽大壁下。其壁曰龙壁，其下多秀石，可砚。"《旧志》："有石壁峭立，下临滩濑，郡城之下关也。"龙屯山 在雒容县西二十里，蜿蜒盘曲如龙。横赖山 在雒容县西三十五里。相近又有聚讲山、鸡跕山。双童山 在雒容县北。其左为主山，俗名县后山。雷村山 在雒容县北五十里，旧名雷峒，其东北有谢入山。如来山 在雒容县北七十里，高耸峭拔。又大定山，亦在县北七十里。平头山，在县北八十里。屏石山 在雒容县东北三十里，峰峦高耸，下有石岩出泉。思微山 在雒容县东北七十里，顶有甘泉，四时不涸。相近有响山，中渡水出此。又有西眉山，在县东北八十五里。东黄山 在罗城县东三十五里，中有渊秀岩，有水东北入武阳江。又马山，在县南十里。砚山 在罗城县西里许，卓立端正，为城西障。又有葵山，在县西。冰玉山 在罗城县西北四十里，色莹如玉，高寒，四时常冰。古黎山 在罗城县西北，古溪水出其下。又有石砚山，在县西北九十里，圣水出此。凤凰山 在罗城县北二里，山半有岩，路径陡峻，石壁峭立如屏。覆钟山 在罗城县北十里，有岩圆耸，若钟之覆。青陵山 在罗城县北五十里，山势延亘，通楚、黔两省。中多仙迹，有水流入武阳江。直满山 在罗城县东北二里，山峰矗立，耸出群山。山半有黄泥岩，岩口宏敞，中深邃，后有瀑布如帘。伏安山 在罗城县东北二十里，有水东北入武阳江。笔架山 在柳城县东十里，群峰参差，以形似名。并峙者曰造化岩。乌鸾山 在柳城县南二里，高耸临江，全身皆石，青白相间，形如翔鸾。自县西关渡河望之，首尾双翼俱全。下有深潭，澄泓澈底。青凤山 在柳城县西二里，高百余丈，为县案山。上有一窍通明，一名穿山。云盖山 在柳城县西二十五里，高大峻耸，云气常覆其上。又西山，在县西三十里。晒网山 在柳城县西北五里，有两山夹河而立，一小似舟而停，一山似网而晒。又一山，似渔翁倚舟而卧，俗称停舟晒网卧渔翁。铜磬山 在柳城县西北十里，一名覆釜山，上有甘泉。勒马山 在柳城县北，对江，旧县治在其麓。山形曲转，状如勒马。又伏虎山、轿顶山，亦俱在县北。古清山 在柳城县东北七十里，西北去融县亦七十里。天马山 在怀远县东，大小凡九山，为县治之屏障。又猫儿山在县东。有二水，西为板江，东为桐木，合流而下。又凤凰山在县东南，大山对峙。珠玉山 在怀远县南十里，滨江。下有珠玉渡，与融县接界。蕉花山 在怀远县西十五里，有小江流入大江。又榜山在县西北一里，亦名挂榜山。枫木山 在怀远县西北。明万历元年，官军败瑶贼于板江东岸。贼惧西遁，聚于枫木，即此。又大桂山，在县西北，瑶人槃瓠种所居。石门山　在怀远县西北七十里，大江滨。左右两山夹峙，峭壁如门，亦名下石门。又融县西北十里，亦有石门山，两峰夹峙江岸，名为上石门。九曲山　在怀远县西北，下石门之西。高万仞，怪石巉岩，中流一泓，碧练千尺。独洞山　在怀远县西北一百六十里，孟团江出此。其侧为龙顶山，接贵州黎平府界。武牢山　在怀远县西北一百六十里，高拔险峻，俗讹为武落山。信洞山　在怀远县西北二百里，腮江出此。平山　在怀远县北五里，宋建平州以此名。亦曰屏山。又北五里为大耀山。又苍帽山，在县北二里。古泥山　在怀远县北一百五十里。峰峦环抱，岚气凝聚。浔江源出此。白雉山　在怀远县东北六十里，西坡江出此。林溪山　在怀远县东北一百六十里，石眼河出此。相去十里有古生山，斗江所出。宝积山　在融县东五十里，产铁及卢甘石。相近有浪溪山，浪溪江流经其下。灵岩山　在融县东南五里，仰视高远，青白错杂，灵寿溪贯其中。有白石巍然如人状，亦名老君洞。宋咸平中，改为真仙岩，颁太宗御书百二十轴，建楼藏之。有真仙书院。旗山　在融县西南四里，山峰卓立，旧设香山驿于下。独秀山　在融县西二里，挺然秀发，上干云霄。铜鼓山　在融县西二十里。《明统志》："旧传诸葛亮散埋铜鼓以压蛮僚，后有得是山者，故名。"铁船山　在融县西三十里，上有仙女泉。揽口山　在融县西北十五里，连延数十峰，高千丈，深林密菁，为邑要区。云际山　在融县北十里，上有翠玉、寒碧二泉。圣山　在融县北四十里，山势高峻，上有舜祠，故名。白面山　在象州东七里，石壁屹立，横绝大江，中多白石。一名挂榜山。又南三里，有鹭鸶岩，一名鹭鸶峡。石牛山　在象州东四十里。《名胜志》："山多怪石，常有云气蒙罩。天色晴霁时，遥望如牛形。下有濮泉。"雷隐山　在象州东六十里，下有仙女池。《风土记》："天欲雷雨，则此山先有云雾。"西山　在象州西，与象山相连。其北有猫儿山，下临大江。象山　在象州西，隔江。《元和郡县志》："在阳寿县西北三里许，州名本此。"《寰宇记》："在州西岸五里，高四十丈，其形如象。"象台山　在象州西北三十里。《方舆胜览》："平地突起，巍然一台，盖古之州治也。今犹相承谓州为象台云。"居鹿山　在象州东北四十里，上有鹿池。又有凤凰山，在州东北二十里。山势凌空如凤飞状。圣塘山　在象州东北一百六里，高峻不可登。上有塘水，相传热水源出其下。贾利山　在来宾县东三十里。古郎山　在来宾县东南五十里。《元和志》："循德县有古郎山，在县西四十里。"石牙山　在来宾县南三十里，平地有石，峭拔如牙。居松山　在来宾县南四十里。《名胜志》：

"山有石门，中有自然石盆，夏生莲花，尝有鱼戏盆中。"穿山 在来宾县南六十里。《九域志》："来宾有穿山，山有穴，南北相通。"金峰山 在来宾县南六十里，泉石甚胜。龙峒山 在来宾县西十里。又有入云山，亦在县西十里。龙镇山 在来宾县北一里，县之主山也。亦名三台山。

走马岭 在马平县西十里，延亘二十余里。有一峰特起，曰金山。相台岭 在马平县北十里，又东北十里曰将台岭。马蹄岭 在雒容县南二十五里，有水东流入永福县太和江。又六百岭，在县南六十里。丙和岭，在县东南六十里，与平乐府修仁县接界。天堂岭 有二。一在雒容县北五十里，有泉不涸。一在象州东北一百里。四盘岭 在融县东北四十里，上下二十余里，岭道萦纡。石门岭 在象州东南二十里，又十里有金鸡岭。

会仙岩 有二。一在雒容县南五里，苍秀玲珑，下有碧潭。一在柳城县东，中有丹炉仙迹。白象岩 在雒容县西南七里，石洞玲珑，中有白石如象形。悬崖上有二藤，从石顶并垂而下，长十余丈，其直如柱。《名胜志》："岩有石钟，击之铿然。内有字如篆，不可识。"白龙岩 在雒容县西北六十里，旧县治在其下。回龙岩 在罗城县东南十里，岩径幽邃。中寨岩 在罗城县西南二十里，岩势高峻，土人修石桥，从平地蜿蜒而上，深不可测。中产鸳鸯石。太白岩 在怀远县西北七十里石门之右，相传唐李白谪夜郎尝游此，故名。老人岩 在融县西南四里，叠巘隆起，度高千仞。山腰削壁，忽开岩窦，轩豁明爽。山后有石径，萦纡而上，俯眺山原，尽在几榻。又有刘公岩，在县南五十里，宋时郡守刘继祖所辟。玉华岩 在融县西北四里，俗名龙吟虎啸岩，以石形相似也。玉华溪流其下。又德岩在县西南十二里，中多石子，一名弹子岩。石乐岩 在象州南十里，有石如鼓。又三仙岩，在州北二十里。燕子岩 在象州北，群燕巢栖于此。空洞可容千余人。下有碧潭，亦名龙潭山。双泉岩 在来宾县北一百里，有泉冬温夏凉。相传昔有人肆业其中，常患无水，忽一日双泉涌出，因名。

采蓝洞 在融县东北二十里，四山环列，洞中平地如砥。白牛洞 在来宾县西南六十里，有白石状如牛。白马溪水出此。

鹅江 在马平县西南四十里，即峨水，亦曰鹅江。柳宗元《记》："峨水出峨山，东流入于浔水。"《通志》："鹅水在文笔山下会柳江。又有黄陂水，在县西三十里，源出黄吉山，合鹅水入柳江。"洛清江 在雒容县东南三十里。上源即白石水，自桂林府永福县流入县界。又西南经江口镇，亦名运江。又南经马平县三江口，合柳江入象州界。又中渡江，在县东，源出响山，南入洛清江。龙鼻江，在县西北废县西十五里，源出柳城东泉镇，东南流入洛清江。又三门江，在县西，自马平县流入。山道江，在县东，自永福县流入。俱合洛清江。西江　在罗城县西，源出县西北银村，伏流入地，至庆远府天河县复出流合龙江。又圣水，在县西北，出石砚山，南流入西江。乐登水，在县西，源出中寨岩，有九曲三潭，深不可测，北流入西江。武阳江　在罗城县北。《元和志》："武阳溪，在武阳县东十里。"《寰宇记》："武阳水，在县东南，流一百里会浔溪，达柳州。"《县志》："在县北百里。有二源，一出县西北之平西里，一出县东北之高悬里，皆至武阳岩合流，东南至柳城县界，入融江。"柳江　上流即贵州黎平府福禄江。自永从县界流入怀远县西北，名古州江，亦谓之大江，即古潭水也。又南入融县，东为融江。又经柳城县西，合古清洛、渝二水与龙江会，曰合浦。环绕县南名潭江，亦名柳江。又经府城南，又东南经象州西，名象江。又南入浔州府武宣县界。《水经注》："潭水自镡城又东南经潭中县，周水西南来注之。"《元和志》："马平县潭水，东去县二百步。柳江，在县南三十步。"《寰宇记》："浔江在柳州南三十步，亦名柳江。又融水在融州北六百里，连接叙州郎溪县界。潭江出黄水县西北当丽山。"《名胜志》："柳江即城南江，经江口镇，合相思埭、永福、雒容之水。下浔州与郁水合，是曰黔江。"《府志》："柳江环府城西、南、东三面，折而东南，与鹅江、洛清江会，曰三江口，即雒容之江口镇。"按《通志》，柳江一来自古坭，一来自庆远，经柳城县合流至郡。古坭山在怀远县北，浔水所出，下流入融江，此即从贵州永从县来一支水也。柳城西南有龙江，自庆远府流入，·本古周水，下流入潭江，此即从庆远来一支水也。腮江　在怀远县西北，流出信洞山。其南又有盂团江，皆东入大江。田寨江　在怀远县北三十里，源出县西北大湾泉。又蕉花江，在县北十五里，源出蕉花村。皆东流入大江。浔江　在怀远县东北，自湖南靖州界流入绕县东，西南流入大江。《寰宇记》："融州有浔水溪，源出叙州西界。"《县志》："浔江出自老堡东北，城步、义宁二县水所汇。"石眼江　在怀远县东北，源出林溪山。又斗江，源出古生山。皆西入浔江。西坡江　在怀远县东北四十三里，发源白雉山。又板江在县北十五里，源出扶劳山。皆南入大江。背江　在融县西北十里，其源有三：右为思杲江，左为通道江，中为都狼江，合流至揽口东入融江。以江在县城背，故名。又县南有蔡邕江、高桥江、清流江，县北有带江、回回江，皆入融江。浪溪江 在融县东北六十里。一发源永宁州高望山，一发源义宁县大罗山，西流至县界。又宝江，源出怀远县，南流入县界，折而西，与浪溪江并入融江。居民多设木障为陂，以溉田亩。又有李获江，在县东北，一名南江，西北流入浪溪江。热水江 在象州东北十五里，其源曰温汤泉，在州东三十里热水村，平地涌出，沸如滚汤。下流渐冷，溉田甚广。又西经城北，谓之第四涧。从牛角洲入象江，亦谓之牛角江。凌田江 在象州东北二十五里，源出州东四十里濮泉，西北流入象江。又七里江，在州东北四十里，源出天堂岭，西流入象江。都泥江 在来宾县南，自思恩府迁江县流入，又东入浔州府武宣县界。《元和志》："来宾县在都泥江北。"《寰宇记》："严州州门有长水，深八丈，从牂牁流下。"即此。《旧志》谓之洪水江，"自迁江县黄牛滩东流七十里，至县南。又东北六十里，至武宣县界，入柳江。"雷江 在来宾县西北三十里，源出新庆村，南入红水江。《寰宇记》："县西有来宾水。"即此。定清江 在来宾县北五里，源出清水堡，东南流入红水江。龙江 在柳城县西南，源出庆远府天河县，与融水会，合流至县西，合于潭江，即古周水也。《汉书·地理志》："定周有周水，东入潭。"《水经注》："周水自定周又东北至潭中，入潭。"《元和志》："龙溪迳县南，入潭水。"《旧志》："相传五代梁时有八龙见于江中，故名。"

灵寿溪 在融县南五里，源出县西南之六村，东流入融江。又有清潭，在县东南七里，流入灵寿溪。玉华溪 在融县西，亦曰玉华江，源出玉华岩下，东流入潭江。

黄金河 在罗城县北五十里，自通道山流出，灌溉甚广。古清河 在柳城县北，源出古清山。又洛潋河，源出雒容县黄泥村。皆西流入潭江，不通舟楫。

龙潭 在马平县，有二：一为大龙潭，在县南雷山下，即所谓雷塘也。一为小龙潭，在县西南石鱼山下。又罗城县有龙潭，在县东门外，与西江水地脉相通。柳城县东北有龙潭，四面皆石，中潴一潭，水从巨石吐出。一名龙头江。军厅潭 在怀远县北三里，两岸悬崖峭壁，水流入大江。安灵潭 在融县西南十五里，源出铁船山，东流入潭江。

罗池 在马平县东，水可溉田。又有白莲池，在县东北，池有九窍，泉出其中。

东泉 在象州东北四十里，可引溉田。

城北井 在府城北，有柳宗元《祭井文》并《井铭》，镌于石。凤凰井 在象州东。《文献通考》："大中祥符元年，象州凤凰见，其地涌出一泉，味甘美，土人呼为凤凰井。"

鸑洲　在柳城县西北关外江中，长里许。治平洲　在怀远县北七十里，广数百亩，可以耕种。又老堡洲，在县北八十里。大洲　在融县北五里。又落杯洲，在县北二里。单洲，在县东南三里。蓝洲，在县东南二十里。皆融江中之洲也。龙舌洲　在象州西南江中。

古迹

马平故城　在今县北，隋时旧治。《元和志》："马平县，隋开皇十一年析桂林县置，属象州。唐贞观时，属柳州。"柳宗元《记》："古之州治，在薄水南山石间。今徙在水北，直平四十里，南北东西皆水汇。"雒容故城　在今县东北。《元和志》："雒容县东南至柳州一百二十里，永徽中置。"《名胜志》："雒容旧县，宋南渡后，迁于洛清乡。今徙上罗乡之嘉禄村。"《旧志》："唐宋故县，本治县西北白龙岩下。明天顺末，毁于贼。邑民奔米峒居之，因即山麓，甃为城垣，在今县东北七十里，去古田县常安镇，仅隔一水。正德六年，为古田贼所陷。万历三年，始移县于今治，而以旧县为平乐镇。"按《唐志》，雒容，作贞观中置，与《元和志》《旧唐志》不同。龙城故城　在柳城县西南。《隋书·地理志》："始安郡龙城，梁置。"《元和志》："龙城县东南至柳州八十八里，隋开皇十年，析桂林县置。"《寰宇记》："龙城，隋县。唐武德四年置龙州，领龙、岭二县。"《宋史·地理志》："柳州、柳城、梁龙城县，景德三年改。咸淳元年，徙州治于柳城之龙江。"《旧志》："龙城故治，在龙江南岸。宋时移府治于龙江，又移县治于江北，今距县十里，东乡大社里旧县村是也。元至大间，移府治复归马平，移县治复归龙江，而江北之城废。明初，又移县于龙江东岸，即今治也，而江南之城亦废。尝于此置南汤卫，后又废，乃设南汤堡。至今土城尚存。"按：龙城，《隋志》皆作"梁置"，而《元和志》《寰宇记》俱云"隋县"，不合。罗城旧城　在今县北。《宋史·地理志》："开宝五年置罗城县，熙宁七年省为镇，隶融水。"《寰宇记》："在融州西南九十里。"《旧志》："县旧治在西罗乡，洪武三年迁今治。"怀远旧城　在今怀远县北。《宋史·地理志》："崇宁四年，王江古州蛮户纳土，于王口砦建军，以怀远为名，割融州融江、文村、浔江、临溪、四堡砦并隶军。寻改怀远军为平州，仍置倚郭、怀远县。政和元年，废平州，依旧为王口砦，并融江、文村、浔江、临溪、四堡砦，并依旧隶融州，废怀远县。绍兴四年，废平州仍为王口砦，隶融州。十四年，复以王口砦为怀远县。"《旧志》："洪武十年，废怀远县，置三江镇巡司。十四年，复置县治，在大融江、浔江之汇，割融县金鸡乡属之，列宜阳、浔江、丹阳、万石四镇附县，仅三乡，民二百余家。其外数里，瑶僮环巢。嘉靖中，县为诸瑶所陷。后寄治于融县。万历十九年，始移于丹阳镇，即今治。"

乐善旧州　在罗城县北。《宋史·地理志·融州羁縻州一》："乐善州，崇宁二年置乐善砦。"《寰宇记》："乐善州在融州西北一百五十里，雍熙三年归化。"《旧志》："县有乐善里，分立四堡，疑即州之旧址。"废严州　今来宾县治。唐置，宋开宝中废。《元和志》："乾封二年，于废昆州乐沙县置严州，仍改乐沙为怀义县。州城南枕大江，当桂州往邕州之路。在严冈之上，因为名。"《旧唐书·地理志》："严州领县来宾，州所治。"按《元和郡县志》"严州治循德"，与《唐志》异。而《唐志》以严州为"乾封招致生僚置"，又与《元和志》不合。

潭中废县　在马平县东南驾鹤山间。汉置县，属郁林郡。晋为桂林郡治。刘宋省。萧齐复置，属桂林郡，后废。又常安废县，沈约《宋志》引《晋太康地志》云："桂林郡有常安县。"王隐《志》无，永初《志》有，何、徐《志》无。《新志》云："今县南有常安堡。"新平废县　在马平县南，唐武德四年置。贞观十二年，省入马平。废象县　在雒容县南。《元和志》："象县西南至柳州六十五里，陈于今县南四十五里置象郡。隋开皇九年，废郡为县。唐乾封二年，复置。总章元年，割属柳州。"《唐书·地理志》："柳州象县，本隶桂州，后来属。"《宋史·地理志》："嘉祐六年，废象县入雒容。"按《旧唐志》作"贞观中置"，与《元和志》不合。黄水废县　在罗城县西北。《隋书·地理志》："始安郡义熙县旧置黄水郡，平陈，郡废。大业初，并废黄水县入焉。"《唐书·地理志》："融州融水，本义熙县，武德四年析置黄水县。天宝初，并入武阳。"安修废县　在罗城县西北。《唐书·地理志》："融州融水县，武德四年，析置安修县。贞观十三年，省入临牂。"柳岭废县　在柳城县西。《唐书·地理志》："武德四年置龙州，并置柳岭县。贞观七年，州废，省柳岭。"《旧志》："今县北古清河入江处，有古城村，即古县。"融水废县　在融县西南。齐置齐熙县，兼置齐熙郡，治此。隋改县为义熙，唐复改为融水，为融州治。明初省入融县。《元和志》："融州南

95

至柳州，陆路二百三十里，水路三百八十里。"《旧志》："县东临融水，西近香山，南达真仙岩，北倚云际山。唐始筑州城。宋大观初，创外城，周九里。元至正中，燬。缩入南城修筑，即今治。"阳寿废县　今象州治，隋置。《元和志》："隋开皇十一年，以桂林置象州，大业二年废。唐武德四年，平萧铣，立武德县，仍于县治重置象州，取界内象山为名。阳寿县郭下，开皇十一年，析桂林置。"《唐书·地理志》："象州象郡，本桂林郡。武德四年，以始安郡之阳寿、桂林置。贞观十三年，从治武化。大历十二年，复治阳寿。"《宋史·地理志》："景定三年，徙州治来宾县之蓬莱。"《元史·地理志》："象州，阳寿倚郭。"按：唐时象州治所凡三徙，始武德，既武化，后阳寿。《方舆胜览》云："有象台，去州三十里，为古州治。"盖武德废入阳寿，此即州治之在武德者也。又按《隋志》："马平，开皇十一年置象州。"而《郡县志》云"以桂林置"，盖是时析桂林置马平，故指马平为桂林耳。长风废县　在象州东。《唐书·地理志》："武德四年析阳寿置长风县。大历十一年，省入武化。"按《九域志》："象州有古长风城。"盖即废县故址。桂林废县　在象州东南。《隋书·地理志》："始安郡，统桂林县。"《唐书·地理志》："乾封元年，省入武仙。"武德废县　在象州西。《唐书·地理志》："武德四年，析桂林置武德县。天宝元年，省入阳寿。"循德废县　在来宾县东。《元和志》："武德四年，析桂林立阳德县，其年改名循德，本属柳州，永徽初，割入严州。"《旧志》："《寰宇记》无此县，盖五代时废。"今县东南古浪山下有古浪城，疑即古县治。又按：永徽年号在乾封前，时严州尚未置，何由以县割属？《元和志》误。归化废县　在来宾县南。唐乾封二年置，属严州。宋开宝五年，省入来宾。

武阳旧县　在罗城县北。《元和志》："武阳县东北至融州八十里。隋开皇十一年，析义熙置临牂县。唐永徽元年，废入融水。龙朔二年重置，改为武阳。"《九域志》："熙宁七年，省为镇，入融水。"按《唐志》，武阳，天宝初并黄水、临牂二县更置，与《元和志》不合。疑龙朔初改临牂为武阳，至天宝初又以黄水并入耳。又《宋志》："崇宁元年，置武阳砦。"即古县也，今仍为武阳镇。西宁旧县　在象州南。《隋书·地理志》："始安郡桂林，大业初并西宁县入。"《唐书·地理志》："武德四年，析桂林置武德、西宁、武仙三县。贞观十二年，省西宁入武德。"阳宁旧县　在象州西南。《隋书·地理志》："始安郡有淮阳县，开皇十八年，改曰阳宁。大业初，省入阳寿。"武化旧县　在象州东北。

《元和志》："武化县西南至象州六十五里。武德四年，析桂州建陵县之南界置，属晏州。贞观十二年，州废，改属象州。"《宋史·地理志》："熙宁四年，废武化县入来宾。元祐元年，复置。南渡后省。"

铅场《九域志》："融水县有古带一铅场，又有矾场。"《旧志》有古带村，在融县南，近柳城界。沛溪场《寰宇记》："在融县西北一百八十里。本融水县沛溪洞，以其偏远，输赋甚艰，因立场，以便于民。"《旧志》："在罗城县北，久废。"

明秀堂 在府治，宋王安中书匾。五箴堂 在融县西融水废县，久废。《舆地纪胜》："五箴堂在郡治。其东为坐啸堂。又廉静堂，在郡治，有荔子，清荫可人。又清辉楼，在子城上。又有飞跃亭，旧为祝圣之所。"

南楼 在府治。宋詹体仁重建，张栻有《记》。待苏楼 在府治后。宋许申建，取杜甫诗"春生南国瘴，气待北风苏"为名。望仙楼 在融县前，以前揖仙人山，故名。瑶光楼 在象州城西门上。俯瞰溪山，面对长江，晴岚烟霭，景物之胜，一目而尽。后改曰西峰楼。

东亭 在府城南。唐元和中柳宗元建，有《记》。思柳亭 在马平县东半里，宋陶弼有《诗》。真仙亭 在融县东真仙岩前，宋郡守鲍粹然建。又有会台阁，在岩旁。

谢园 在象州南门外，宋进士谢洪、谢泽兄弟立。内有扶疏堂、寒光亭。竹木深邃，蔚有佳致。王安中、孙觌南迁，尝寓此。

关隘

桥屯隘 在雒容县北九十里。明万历二年，官军平洛斗诸巢，设兵分屯阨塞，一守桥屯隘，一守都勒隘，一守平径隘。中峒隘 在罗城县西南三十里，路通庆远，环隘皆山。本朝顺治十八年置。金鸡隘 在柳城县西八十里。又有古木隘，通府治。鹅颈隘 在融县西南五十里。狼村隘 在象州西四十里，两旁石山，中穿一径，为西乡要隘。

穿山巡司 在马平县南四十里，本朝雍正十二年设。三都汛巡司 在马平县西南六十里，本朝雍正十二年设。江口镇巡司 在雒容县西南五十里洛清江口，与马平县及象州接界。明洪武六年，置运江巡司。万历三年，移于县东。今仍还旧治。又有章驼镇巡司，今裁。平乐镇巡司　在雒容县东北七十里，地名中渡，即明初故县也。洪武六年置巡司，在县东十里石溜江。万历十四年迁于此。本朝因之。武阳镇巡司　在罗城县北六十里，即故武阳县也。旧设巡司，今因之。东泉镇巡司　在柳城县南六十里，与雒容县接界。旧置东泉驿于此，明隆庆二年裁。今有巡司。古砦镇巡司　在柳城县西北八十里，与融县接界。旧置巡司于融江西岸，明成化中移于此。今因之。梅寨巡司　在怀远县北二百里，本朝雍正九年设。长安镇巡司　在融县北四十里。明万历元年，讨怀远贼，诸军集长安镇，进至板江。二年，又议迁怀远县治于此。旧有巡司，今因之。又清流镇，在县东南七十五里，旧有巡司，今裁。思管镇巡司　在融县东北一百二十里。明隆庆初讨古田贼，分兵一从思管入，即此。旧有巡司，今因之。龙门寨巡司　在象州东北八十里，东去永安州一百里。山溪险僻，为瑶贼出没之处。旧有巡司，今因之。又鹅颈镇、尖山镇，旧皆有巡司，今裁。界牌镇巡司　在来宾县南六十里，与贵县接界。

新兴镇　在马平县东五十里。又都博镇、归信镇，旧设巡司，今裁。又樟木镇，在县西六十里，明末平叛僮韦志道立。通道镇　在罗城县北一百五十里，与贵州西山土司接界。去县最远，重山隔越，瘴疠倍甚。旧有巡司。本朝乾隆五十一年裁，改设三防塘主簿。又旧有安湘镇、乐善镇、中峒镇三巡司，今并裁。古清镇　在柳城县东北七十里，有堡。又洛好镇、廖洞镇，旧俱有巡司，今皆裁。万石镇　在怀远县西北，即宋万安砦也。崇宁四年，置百万砦及万安砦。明初置万安镇巡司。今裁。又有通天砦，在县东，宋政和间置，属平州。宣和中废。古泥镇　在怀遣县北一百六十里，本朝乾隆四十二年，设古宜甲主簿。浔江镇　在怀远县东北，即宋浔江堡也。《九域志》："融县，有融江寨，在州东北三百里。"又有文村堡，在州北三百二十五里。浔江堡，在州东北三十六里。临溪堡，在州东北四百九十五里。皆宋元丰七年置。《宋书·地理志》："崇宁四年，置怀远军，割融州之融江、文村、浔江、临溪四堡砦隶之。政和元年州废，还属融州，寻复故。"《旧志》："又有清流镇，在县东南七十五里。及大约镇、保江镇、西洞镇，皆有巡司，后并裁。"蓬莱镇　在来宾县东，宋景定三年，徙象州治来宾之蓬莱。元还旧治。《旧志》："今有蓬莱洲，在县东南三里是。"

鱼窝寨　在马平县西南。《旧志》："马平五都诸贼，窃发不时。明嘉靖间，贼首韦金田等，占据水陆二路。督臣张岳会兵征之，分三哨并进，围鱼窝巢。

石壁峭立，拔地高数千丈。贼悉力坚守。山四周倾仄，官军进攻，不能置足。乃为久困计，乘懈击之，遂破鱼窝巢。马平之寇遂息。"

长平堡 在马平县南三十里。乌石堡，在县南八十里，与来宾县接界。《旧志》："县界去城十里则有僮，五十里外则有瑶、俍、伶、犵之属。设有四方、三江、白面、官道、喇堡、都寒、里团、落满、樟木、红罗、石汉等堡，及三都、五都，皆属险隘，有兵防守。"高天堡 在雒容县东南六十里。又三板堡，在县东北，明万历中置。安劳堡 在柳城县西北。明成化初置，后为叛瑶所据。万历初，平上油峒，复置堡，设兵屯守。板江堡 在怀远县西南五里。明万历初讨瑶贼，官军至融县长安镇，贼屯聚板江，据大洲，四面列艘。官军进至四维江，沂流斫贼，贼向军厅潭遁，即此。沙子堡 在融县东南一百里。又永安堡，在县东北一百七十里。皆属要隘。

托定村 在雒容县北七十里。明正德时，古田僮酋万贤陷雒容，据西乡、托定、洛斗诸村，江道多梗，久之始平。

和睦墟 在罗城县，旧置巡司，本朝乾隆四十二年裁。

雷唐驿 在马平县东北七十里，今裁。雒容驿 在雒容县南。又有江口驿，在江口镇。《舆程记》："自江口驿西南一百二十里，至云腾驿，为趋府城之道。自江口驿东北一百二十里，至大汾驿。又一百二十里，至永福县之横塘驿，为趋省城之道。"今皆裁。东江驿 在柳城县西。《舆程记》："自东江驿而西六十里为斯驿，又五十里为宜山县之大曹驿，又五十里即庆远府城。"今皆废。

津梁

太平桥 在府城东门外城。东又有东溪桥。穿山桥 在马平县南四十里，水出县西南三都，东北至三江口入江。安定桥 在马平县西二里，明永乐中建。西江桥 在雒容旧县西一里。绕江桥 在罗城县东四十里，跨东黄山水。浮桥 在罗城县西北黄金墟，本朝康熙四十年建。石门桥 在罗城县北七里。富龙桥 在柳城县北七十里。茶濡桥 在怀远县西二里。裕后桥 在融县南一里，本朝康熙二十一年重建。云锦桥 在象州城中。杨柳桥 在象州东四十里。广济桥 在来宾县东门外。

三门江渡 在雒容县西三十五里。又山道江渡，在雒容县东三十里。皆设渡夫。浔阳渡　在融县东南十五里，为融水津渡处，今改设博塘。又高街渡，在县东南五十里。又有和睦渡，在县东南六十里。

堤堰

黄陂　在马平县西三里，其水入柳江。大陂　在融县西。又有下陂、龙陂及新田、相思等陂，皆资灌溉。

长塘　有二：一在府城西南驾鹤山下，有灌溉之利。一在融县东上团，秋冬不涸。都博塘　在融县西南十五里，宽百亩。又山塘，在县北四十五里，受诸山溪之水。三里塘　在象州南，广三里，可灌田。又有大莲塘，在州东。

陵墓

唐

柳宗元墓　在马平县北。按：宗元卒于柳州，将殁时，谆谆以从祔先域为言。韩愈作墓志，载"元和十五年，归葬万年先人墓侧"，此地安得复有冢域？当属附会。

刘蕡墓　在马平县西五里。

宋

覃光佃墓　在融县太平乡。

祠庙

贤良祠　在府治西，祀唐司户刘蕡。宋绍兴间建，赐额。柳侯祠　在府治北，旧名罗池庙，祀唐刺史柳宗元，内有韩愈《罗池庙碑》。本朝乾隆二十八年修。襄惠祠　在马平县北关外镇粤楼，祀明督臣张岳。苏公祠　在怀远县城中，祀明知县苏朝阳。于公祠　在罗城县凤凰山麓，本朝乾隆二十三年建，祀罗城县知县于成龙。

雷塘庙　在马平县南十里雷山，唐柳宗元有《祷雨文》。香山庙　在融县冷峒。宋天禧间融人梁熹、宜山人吴辅战没，屡著灵应，封侯庙食。至今尤显。

寺观

华容寺 在府城内，本朝康熙二十年建。大云寺 在马平县仙迹山下，唐建。柳宗元有《复修大云寺记》。山下又有天安寺，亦名灵泉寺。开元寺 在马平县西，宋吕本中有《柳州开元寺夏雨诗》。多吉寺 在罗城县凤凰山麓。河沙寺 在罗城县平东下里。

名宦

唐

柳宗元 河东人。元和中，徙柳州刺史。因其土俗，为设教禁，州人顺赖。其俗以男女质钱，约不时赎，子本相侔，则没为奴婢。宗元与设方计，悉令赎归。其尤贫力不能者，令书其佣，足相当，则使归其质。观察使下其法于他州，比一岁，免而归者且千人。

刘蕡 昌平人。太和初，宦官益横，自蕡对策后旋有甘露之祸，中人深嫉之，诬以罪，贬柳州司户参军。

宋

张守约 濮州人。至和时，欧阳修荐其有智略、知边事，擢知融州。峒将吴侬恃险为边患，捕诛之。

袁抗 南昌人。抚水蛮寇融州，转运使俞献可檄抗权融州推官，督兵粮，与谋军事。蛮治舟且至，抗即杨梅、石门两隘建水栅二，据其冲，贼不得入。后因置戍不废。

黄畴若 丰城人。淳熙间，任柳州教授，训迪后起，以善诱称。

刘子荐 安福人。度宗时，知融州，以廉静著闻。

明

苏铨 洪武初，柳州卫指挥佥事。僮贼攻劫融县，铨率兵往剿。贼败散后，复聚众剽掠，铨计擒之，遂畏服不敢出。又于海亦为卫指挥佥事，守大藤峡。蛮聚众攻劫，海破之，一方遂安。

张霖 洪武中，知马平县，爱民如子。有虎噬人，霖告于城隍，设槛以捕，明日即获二虎。峒贼为患，都督韩观统兵抚之，贼据险不服，曰："若张知县来，即投顺。"霖乃衣冠入峒，贼皆感泣出降。

陈骏　河源人，永乐中知柳州府。马平寇围城，骏作榜投城下，示以祸福，许其自新，寇敛众退。岁饥，骏倡属劝分计口赈之。

张金陵　吉水人。正统间，谪雷塘驿丞。象州屡为瑶、僮侵扰，起金陵署州事。既至，揭榜抚谕，示以恩信，遂解散。民始得安业。

胡高　安福人。成化中，知象州。单骑谕峒贼，示以祸福，贼渠法庆憕服就抚。建州治，修学校，境赖以安。

刘连　鄱阳人，宏治末知柳州府，屡征诸僮有功。正德初，鱼峰贼周鉴煽乱，连率兵数百御贼。贼败走，连追之，援兵不继，为所陷，被害。

沈希仪　贵县人。嘉靖中，为古江参将，平象州、武宣、融县瑶贼。初柳州城外五里，即贼巢。军民至，无地可田。希仪至，渠魁宿猾，诛捕殆尽。诸瑶畏服，不敢为盗。

郑舜臣　上虞人，嘉靖中知柳州府。时抚臣征古田，调狼兵十余万屯城下，狼众无统属，恣行扰民。舜臣密遣材官数辈，擒四人磔于市，不书姓名。各营自相疑阻，其患遂息。

马希武　隆庆中，知怀远县。当苗、瑶蹂躏后，议城旧县为守御，瑶不利，啸聚攻围。希武与经历俞冕、典史陆锦、郑鹏、徐士科、巡检郑元英，皆遇害。

苏朝阳　晋江人，万历中，知怀远县。时县城残破，借治融县。朝阳亲历各峒疆地，遂城丹阳镇。民瑶向化。

本朝

许鸿儒　浙江太平人。顺治四年知罗城县，随征四载，缘兵燹城荒，土司叛乱，桂林又屡为伪党窃据，罗城孤立无援，被执不屈，骂贼死。弟、男五人俱被害。事闻，赠按察佥事，赐恤荫。

于成龙　山西永宁人。顺治十八年知罗城县，革重耗，减盐引，招集流移，劝垦荒田。地错苗疆，奸宄杂处，成龙申明保甲，禁带刀杖，获盗果实，立即诛戮。自是寇贼屏息。

熊飞渭　南昌人。康熙十二年，知融县。柳州降帅马承荫叛，奸民苏际盛、曾亚池，乘变纠合永宁土司，劫掳思管镇。融城小兵稀，人情危惧。飞渭部署二十四团长申明约束，各给信牌领事，给钱募民。增窝铺，集堡目，分城而守。贼知有备，不敢攻，城赖以全。

江皋 桐城人。康熙二十一年，知柳州府。地经兵燹，皋殚心绥辑，流亡复业。他邑民有被掠在柳者，资送之。饬关津，抚瑶、僮，政绩甚著。

钱元昌 海盐人。雍正六年，知柳州府。会苗首据通道镇恣恶，提督欲举兵剿之。元昌请缓师，以手札令巡检单骑往谕，众皆跪泣。越日，率众诣府营谢罪，纳赋如旧。元昌遂建公署，立墟市以通贸易。

人物

唐

白耸 马平人，仕为义胜都将。光启中，寇入郡境，尽驱其民，掠财帛。耸率所部败贼，夺而归之。

宋

覃庆元 融州人，景德进士。大中祥符间，拜御史中丞。庄重不阿，遇事敢言，举朝服其公正。

覃光佃 庆元子，博学能文。开宝进士。为监察御史，弹劾不避权势。进武骑尉，知雁州军事。时沿边将士，多贪功妄杀及媮惰不职，悉征以法。寻升沿边都总管，兼劝农使。外筹军政，内肃朝仪，咸倚重焉。

覃昌光 佃子，庆历进士，官至国子祭酒。闭户讲学，其教人一本六经。有文集行世。

王之才 雒容人。少好学，与同邑张亚卿齐名，登庆历进士。历官工部侍郎，有吏治才。

宋士尧 马平人。皇祐中，侬智高寇邕州，士尧率兵救之。与智高战，不胜，被害。赠屯卫大将军。

明

计仲政 马平人。洪武初，峒夷猖獗，知县张霖以才能荐为巡检。率民兵与战，俘馘五百余，诸峒凛然。总兵韩观托为心腹，发纵指使，无不成功，前后四十余年。致仕卒。

邓敏 象州人，洪武丁卯举人，官礼部主事。少孤，事母以孝闻。母卒，居丧哀毁，庐墓三年。有司旌其闾曰"思本堂"。

郭本 融县人，景泰二年进士，历官御史，巡按贵州及浙江。时权珰肆恶，本疏劾之，谪云南永平主簿。

周琦　马平人，成化进士。邃于理学，著《东溪日谈》十八卷。成化中，僮贼猖獗，时为南户部员外，上疏指陈，多中时弊，时论韪之。又同县简弼，宏治举人，官肇庆府通判，亦以讲学称。

吕景蒙　象州人，宏治举人，历御史。性矜洁自贵。谪判颍州，转汲县令。少嗜学，所著有《定性发蒙》《象郡学的》二书。

戴钦　马平人，正德进士，擢刑部郎中。为尚书林俊所重，每属草稿。钦长于诗，与何景明、马汝骥辈游。后坐议大礼，廷杖殁。著有《鹿原集》《玉溪存稿》。

余勉学　马平人，嘉靖进士，知钱塘县，擢御史。时大宰汪　秉铨不法，列其奸状以闻，下诏狱。寻以　败得释。历天津兵备副使，严世蕃嫉之，嗾言官疏劾。事白，补贵州。历任福建按察使。

徐养正　马平人，嘉靖进士，授礼科给事中。后官户部右侍郎。劾严世蕃奸状，嵩怒，矫旨廷杖，谪通海典史，量移肇庆府推官。嵩败，起南京工部尚书。

张翀　马平人，嘉靖进士，授刑部主事。疾严嵩父子乱政，抗章劾之，下诏狱，谪戍都匀。穆宗初，召为吏部主事，历佥都御史。巡抚南赣，有剿贼功。仕终刑部侍郎。卒谥忠简。

李允简　融县人，嘉靖时由举人知内江县。旱祷，暴赤日中三日，霖雨大沛。后升思州知府。时许保、黑苗为乱，参将石邦宪等讨之。许保突思州，劫执知府，挟以求厚赎。允简乃传语邦宪，令亟进兵，自投盘山关崖下，贼弃之去。思人舁还至清浪卫。卒，诏赠贵州副使。

秦健　马平人，嘉靖间，知禄劝州。凤朝文叛，健监守汛地，贼攻围急，遂遇害。

戴希灏　柳州人，嘉靖二十一年，为永昌同知。恺悌廉明，绝请托，勤劝课。在任八载，迁长史。去之日，行李萧然，士民泣留遮道。

王化　马平人，嘉靖时，知平远县。县故贼薮，化单骑往，日坐草亭中治事，大著恩信。于是各寨尽出所掠子女三千余人。屡平贼有功，晋广东按察司伸威道副使。化生平破贼历数十战，渠魁既歼，为其绥定全活者亦数万人。

刘顺之　马平人，隆庆六年，官徐州。徐频年被水，筑张村堤，塞房村口，又筑护城堤。偏历郊原，问民疾苦。居四年，百度俱饬。

孙克恕　马平人，万历时，举于乡。历官贵州副使，分巡思石道。安邦彦之乱，战死。有虎守其骸不去，蛮人嗟异。事闻，赠太仆卿。

覃文应　柳城人，天启间，授四川巴县。张献忠陷城，文应具朝服北向拜，遂投井死。其子懋德亦投井。本朝乾隆四十一年，祀忠义祠。

龙文光　马平人，天启进士。崇祯间以吏部郎督学贵州，历升四川巡抚。值张献忠寇蜀，城陷，不屈死。本朝乾隆四十一年，赐谥忠节。

戴震　马平人，崇祯时，以乡荐任浙江常山教谕，旋擢知县事。土寇窃发，执胁不屈，死之。本朝乾隆四十一年，入祀忠义祠。

本朝

温如珍　马平人。顺治初，龙韬盘踞柳、庆，民遭荼毒。知县许鸿儒，副将沈邦清，俱被害。如珍奉命协剿，阵斩逆韬，恢复柳、庆。授都督佥事。

曹应元　怀远人。顺治初，流贼李来亨等，所至蹂躏。应元散家财，聚乡勇，分布守御，为邑之保障。弟应魁，亦以武功著。

曹维屏　怀远人。康熙十八年，将军傅宏烈授参将衔，委以团练。维屏躬冒险阻，率苗、僮擒逐余逆，境赖以安。

杨刚　马平人。弱冠从军，历剿古州、庆远、桑江诸苗。积功渐升副将，寻擢左江镇总兵。生平历数十战，未尝败衄。尝谓用兵之道，"静如处女，动如脱兔"二语尽之。著有《平苗纪略》。

欧阳永裿　马平人，由拔贡知合水县，渐升河南盐驿道。乾隆二十六年，河决杨桥堤，赈灾全活无算。调河陕汝道，擢浙江按察使，广东布政使。奏言："连州排瑶，地狭人众，将无所得食。请许其良者编入民籍，以广谋生之路，而消其生事之端。"下督抚议行。永裿历官数十载，能持政体。所至兴修书院，以教士为务，尤以诚化民。

佘之格　雒容人。由武进士授云南守备。乾隆三十七年，随征金川，积功。累迁四川漳猎营参将，击贼于喇穆山梁，阵亡。事闻，议恤荫守备。

马群臣　马平人。乾隆五十三年，随征安南，阵亡。同时死难者：吴忠耀、陆上柏、李元、汤正强、陈国明、刘成亮、袁成刚、黄振雄、王万年。事闻，均荫恩骑尉世职。

李荣光　马平人。嘉庆二年，由千总协剿聂杰人等余匪，阵亡。又王熊飞、邓得、罗应龙，亦于嘉庆二年随征黔楚逆苗，先后遇害。事闻，均荫云骑尉。

流寓

宋

张庭坚 广安军人。徽宗时，蔡京欲引为己用，庭坚不肯往，京大憾。后遂编管象州。

龚夬 瀛州人。徽宗时，以侍御史抗疏论事，削籍。编管象州，徒步适贬所。

列女

唐

全女 柳城人。父亡无嗣，誓不适人，竭力养母。母偶出，遭虎害。女痛哭逐虎，夺回母骸，备棺以殓。停枢未葬，比邻失火，延烧女屋，抱枢不去，焚死。

元

龙氏 柳城人。寇至，杀其夫，将污之。氏毅然曰："甘与夫同死，岂肯为贼辱乎？"骂不绝口。贼怒射之，贯胸而死。

明

龙居德妻罗氏 融县人。僮蛮劫博塘村，得罗，驱之以行。罗伺间投水，蛮出之，伤一目，坚不行。蛮怒，支解之。

谢氏女 罗城人。正德初，蛮寇劫其里，见谢有殊色，争舆以行。谢骂贼，夺刃自杀。

王化妻计氏 马平人。嘉靖中，化知江西平远县，会田坑贼叛，化寄妻子会昌，而身率乡兵往击。会昌讹传化殁，计乃以儿置妾怀中，恸哭自刭。

蔡氏二女 雒容人。长适褚本纪，夫亡，依其父瑶以居。次许字潘仁。嘉靖中，以征田州，调永顺保靖兵，二女为兵所掠，计不能脱，相携堕崖死。

葛若惠妻廖氏 马平人。崇祯末，土贼破城，廖被执，投河死。同县孙章林妻王氏、龙偕熊妻邬氏、秦聘瑜女俱被掠，投水死。

陈原道妻计氏　马平人。夫殁，不食死。同县王象节妻毕氏，夫没，自缢死。邓氏女受聘未嫁，夫卒，亲欲夺其志，遂服其聘服，自缢。

计于京妻戴氏　马平人。避乱居五都凤山村，夫为叛兵所杀，妻持镰刀自刎死。

唐良杰妻卢氏　马平人，文燿母。文燿奉旨抚贼，被执。后贼破城，卢骂贼，投池死。

简文妾李氏　马平人。文为福建布政司经历，有女曰元，赘陶吾智为壻。文与妻皆卒于官，二妇与二孤，扶丧以归。路遇贼，吾智与贼抗，溺水死。李被执，辄解囊出白镪啖贼，且曰："此外惟一身可表，但乞不惊两幼子，足矣。"语毕，遂投水。贼亦嗟惋去。李漂附岸得不死，收吾智尸，抚养二孤。元亦相依，不他适。人谓为"简门双节"。

王氏二女　柳城人，王士魁女。一名春姑，一名祖姑，俱未字。土寇单鸣珂作乱，二女避古带村山中，为贼所逼，并服毒死。

梁氏二女　柳城人。五都寇猝至，劫二女，欲犯之。二女怒骂曰："贼奴暴虐乡里，犬豕不若，吾岂为汝辱耶？"奋起触石死。

吴振元妻龙氏　融县人。崇祯末，避兵土弁掳之至棠阴桥，抱女投水死。其夫闻之，亦不食死。

本朝

龙应贵妻范氏　马平人。年二十八，夫亡。子甫九岁，家甚贫。氏辛勤纺绩，抚孤成立。雍正三年旌。同县卢朝玉妻王氏、龙圣佐妻徐氏、杨名标妻刘氏、叶承暏妻欧氏、计元龙母胡氏，均雍正年间旌。

吴起龙妻张氏　怀远人。遭岁歉，翁与夫相继殁。姑老且病，张服事维谨。家极贫，常忍饥供养。邻家失火，延及其室，氏弃幼子不顾，冲焰负姑出。须臾，子亦至。雍正三年旌。

雷世腢妻王氏　融县人。夫亡守节。雍正三年旌。

欧阳永椅妻王氏　马平人。夫卒，扃户三缢，帛三绝。母氏徐泣谕，勉受命。以犹子为后，养教如所生。事姑尤谨。戚党不相见数十年。乾隆十七年旌。同县欧阳永祐妻邓氏、王某妻胡氏、叶芷妻陈氏、许钟宪妻萧氏、莫维春妻刘氏、韦扶亭妻韦氏，均乾隆年间旌。

欧阳贞女　马平人。名晚姑，生四岁而孤，字蔡昌。昌贾于外，卒，女请奔丧。母曰："生者母也，死者犹未夫，忍而去此耶？"女惧以戚母，乃止。御缟啜粝，矢志不移。母卒，竟以哀死。同县季氏女，幼字陈至言。陈憎其命蹇，弃而别取。季依兄纺绩自瞻，誓不更嫁。人称为贞女云。

廖世豪妻卢氏　雒容人。夫亡守节。乾隆三十七年旌。

范开明妻刘氏　罗城人。年二十，夫病笃，泣祷于神，愿以身代。后竟不起，遂投繯死。乾隆十八年旌。

贾朝选妻全氏　柳城人。夫亡守节。乾隆十七年旌。同县何可锦妻莫氏，五十六年旌。

覃揆一妻吴氏　融县人。年二十七，夫亡，家贫无所依。纺绩无（抚）孤，奉姑惟谨。乾隆元年旌。同邑王伸妻胡氏，四年旌。

韦正妻黄氏　象州人。捐躯明志。乾隆六十年旌。

宋国祥继妻何氏　象州人。年十九而寡，奉姑十余年。姑病，啮血祷于神而愈。教子铉，中甲午举人。后目衰，日事纺绩，手皲裂。临殁时，延医诊治，不许，曰："吾岂以手与男子诊脉者耶？"同县何宏勋妻马氏、欧耀臣妻吴氏、孟名世妻王氏，均乾隆年间旌。

韦应坤妻毛氏　来宾人。年二十而寡，子方幼，族人将不利之。毛曰："若辈利吾所有耳。"悉委之，襁负其子，走依外家。遂迁居廖坊，卒全其嗣。深虑如此。

董君甫妻计氏　马平人。捐躯明志。与同县金壎妻虞氏，均嘉庆年间旌。

沈正林妻丁氏　雒容人。夫亡守节。嘉庆二十四年旌。

韦潮和妻常氏　柳城人。捐躯明志，嘉庆六年旌。同县烈妇常扶平妾劳氏，嘉庆十二年旌。

陈良策妻曾氏　象州人。夫亡守节。嘉庆七年旌。同县梁会瀛妻吕氏、陈以梅妻吴氏，均嘉庆年间旌。

仙释

宋

佛日禅师　来宾金华峰第一代祖，有戒行。相传山有寺，大石当殿前。佛日祷于神，忽风雨晦冥，顷之开霁，石已移在山中。

土产

金《元和志》："融州贡。"《宋史·地理志》："来宾贡。"

银《元和志》："柳州象州贡。"

铁《明统志》："融县出。"

布《寰宇记》："融州产苎布。又象州有古苎，绩以为布。"

香《明统志》："怀远县出降香，罗城县出郁金香。"

檖子《宋史·地理志》："来宾贡。"

桂心《元和志》："融州贡。"

药《元和志》："融州贡防风。"《寰宇记》："象州出人面子。"《明统志》："融县出芦甘石。猪腰子，其木生子，形如猪肾，能解药毒。又不死草，府产菖草高一二尺，状如芊，食之令人多寿。夏月置盘筵，蟊蝇不近。"

蚺蛇胆《唐书·地理志》："柳州贡。"

僮锦《府志》："各州县俱出。"

苗蛮

苗　府境多有之。男女服以青布，绣花极工巧，俗谓之花衣苗。饮食与侗伶同。本朝嘉庆三年，增设罗城、怀远苗学额各二名。

瑶　在马平县百里外，耕田输赋，皆熟瑶也。在罗城通道镇有板瑶，男衣黑衣，妇人左衽。裙有五色，系古铜钱，步行有声。在怀远有二种：居上下陇，耕田纳赋，谓之住瑶。种山而食，去来无常，谓之流瑶。在融县居背江村，各成村落，有红、黑、白三种，自谓诸葛武侯征孟获，流入背江居者。在象州，男女椎髻徒跣，截竹筒而吹，待雨而耕。每岁十月，屠牛置酒，召同类以降神，醉则舞刀剑为戏。

僮　在马平县，有覃、蒙、韦三姓。服青椎髻，男女皆同。岁首以木槽倾牲物于内，伏地作犬嗥。在罗城居平西、布政、高悬各里，性顽悍。在怀远，男女皆斑衣，长仅至脐，裙不过膝，好楼居。在融县，有僮村，与瑶村分地而居，或彼此相错，习俗大略相似。在象州，服饰、习俗与瑶相似。来宾县十数里外皆僮，男子缭头跣足，妇人短衣长裙。性好仇杀，捕逮至中途，则劫夺去。

此其旧习，今则咸知奉法矣。

伢　罗城郡那等四堡皆有之。男子衣服与汉民同，惟妇人少异。柳城仅六七村，约一百四十余户。近城者渐效华风，居乡者大率鄙陋。

伶　在马平县，种山捕兽，时至墟市交易，俗最陋简。在雒容，与伢杂居，距永宁常安镇仅隔水。罗城之东一、西一、西七、西九、东五平、东上里，怀远之永吉、三峒等村，皆伶所居，以手抟饭，和以鱼鲊，为上食以宴客。杀牲用蒭，无刀砧。

侗　在怀远县。与伶杂处，不喜杀，善音乐，弹胡琴，吹六管。长歌闭目，顿首摇足，为混沌舞。

伀　在柳城县。与伢、瑶杂处，言语不相通，俗类僚而颇黠桀，性能耐寒，故曰伀。见官长不知拜跪，以跼跌为礼。

侬　在柳城县上油峒，俗似瑶、伀，而语言各异。

犵狫　马平、柳城皆有之。黑齿黔面，绣额为花草、蛾蝶之状。嫁则自荷伞戒途，聚族数十人送之。在深谷者为生丁、黑丁，杂民处者曰熟丁、白丁。

狙　在怀远县。居山谷，种山禾。日暮始舂粟，无隔宿之炊。单衣不利于寒，长袴不利于走，较诸蛮最为愚弱。

巴　在怀远县。石阵临溪，阴风懔冽，人犹闻鬼哭。相传昔诸葛武侯立营于此，夜令云："枕石者去，枕草者留。"中夜撤军，枕石者不寐，从孔明去。枕草者熟睡，遂留兹土。遗种斯在，尚能操巴音而歌乌乌。

篡修官（臣）李绍昉恭篡（臣）蒋立镛恭篡
提调官前总篡（臣）郑绍谦恭覆辑
校对官（臣）刘咸恭校

庆远府

在广西省治西南五百七十里。东西距四百七十里，南北距二百九十里。东至柳州府柳城县界四十里，西至贵州都匀府独山州丰宁下土司界四百三十里，南至思恩府上林县界一百二十里，北至柳州府罗城县界一百七十里。东南至柳州府柳城县界七十里，西南至思恩府安定土司界一百六十里，东北至罗城县界五十里，西北至贵州都匀府荔波县界三百二十里。自府治至京师八千三十里。

分野

天文翼轸分野，鹑尾之次。

建置沿革

《禹贡》荆州南裔。周百越地。秦象郡地，汉为郁林郡地。《明统志》以府为汉交阯、日南二郡之界。按：今府南去交阯尚千余里，日南又在其南，中隔思恩、太平、南宁三府，已为郁林郡地。二郡之界，何得至此？晋后沦于蛮。唐贞观四年，始开置粤州，治龙水县。乾封中，改曰宜州。天宝初，曰龙水郡。乾元初，复曰宜州，属岭南道。《旧唐志》属安南管，《新唐志》属邕管。五代初属楚。周广顺元年，属南汉。宋初亦曰宜州龙水郡，属广南西路。宣和元年，置庆远军节度。咸淳元年，升为庆远府。以度宗潜邸也。元至元十六年，置庆远路总管府。大德元年，改置庆远、南丹、溪峒等处军民安抚司，属广西道。明洪武三年，仍为庆远府，属广西布政使司。

本朝因之，属广西省。领州二、县三、土州二、土县一、土州同一、长官司三。

宜山县

附郭。东西距一百八十里，南北距七十里。东至柳州府柳城县界四十里，西至河池州界一百四十里，南至永定土司界四十里，北至天河县界三十里。东南至柳城县界七十里，西南至永定土司界八十里，东北至柳州府罗城县界七十里，西北至思恩县界九十里。古百越蛮地。唐贞观四年，置龙水县，为粤州治。乾封后，为宜州治。五代因之。宋宣和初，始改曰宜山。南宋为庆远府治。元为路治。明为府治。本朝因之。

天河县

在府北少东一百十里。东西距一百五十里，南北距一百三十里。东至柳州府罗城县界四十里，西至思恩县界一百十里，南至宜山县界七十里，北至罗城县界六十里。东南至宜山县界四十里，西南至宜山县界五十五里，东北至罗城县界三十五里，西北至思恩县界一百二十里。古蛮地。唐贞观四年，始置天河县，属粤州。后属宜州。五代因之。宋大观元年，废入融州。靖康元年，复置，仍属宜州。南宋属庆远府。元、明不改。本朝因之。

河池州

在府西二百五十里。东西距八十五里，南北距一百九十里。东至宜山县界五十里，西至南丹土州界三十五里，南至那地土州界一百十里，北至思恩县界八十里。东南至东兰州界五十五里，西南至东兰州界一百三十里，东北至思恩县界六十五里，西北至南丹土州界六十三里。古蛮地。唐羁縻智州地。宋初置河池县，属羁縻金城州。后属智州。治平二年，改属宜州。大观初，于县置庭州，改县曰怀德。四年州废，仍曰河池县。南宋属庆远府。元属庆远路。明宏治十七年，升为河池州，属庆远府。本朝因之。

思恩县

在府西北一百五十里。东西距三百七十里，南北距三百十里。东至天河县界一百七十里，西至河池州界二百里，南至宜山县界三十里，北至贵州都匀府荔波县界二百八十里。东南至宜山县界三十五里，西南至河池州界四十五里，东北至都匀府古州界三百五十里，西北至荔波县界一百五十里。古蛮地。唐贞观十二年，开置环州，治正平县，兼置思恩县属之。天宝初，改正平郡。乾元初，复曰环州，属岭南道。后省正平，移州治思恩县。宋熙宁八年，州废，以县属宜州。南宋属庆远府。元属庆远路。明宏治十七年，改属河池州。本朝属庆远府。

东兰州

在府西南四百二十里。东西距一百七十二里，南北距一百五十二里。东至永定土司界三十二里，西至泗城府界一百四十里，南至思恩府都阳土司界一百二十里，北至那地土州界三十里。东南至忻城土县界一百五十里，西南至泗城府界一百四十里，东北至河池州界八十里，西北至那地土州界一百十里。古蛮地。宋初置羁縻兰州，属宜州管。崇宁五年纳土。元曰东兰州。明属庆远府。本朝雍正七年，以东院内六哨改流官，以东兰土州同分辖凤山外六哨。

那地土州

在府西南三百四里。东西距二百二十里，南北距七十五里。东至河池州界六十里，西至贵州兴义府贞丰州界一百六十里，南至东兰州界三十里，北至南丹土州界四十五里。东南至河池州界五十里，西南至贞丰州界一百五十五里，东北至河池州界五十里，西北至南丹土州界三十里。古蛮地。唐为瑶蛮溪峒，名曰那州。宋崇宁五年纳土，置地、那二州。元因之。明洪武初，省那州入地州，改今名，属庆远府。本朝因之。

南丹土州

在府西北三百四十里。东西距一百七十里，南北距一百四十里。东至河池州界八十里，西至贵州兴义府贞丰州界十里，南至那地土州界五十里，北至贵州都匀府荔波县界九十里。东南至河池州界六十里，西南至那地土州界八十里，东北至思恩县界八十里，西北至都匀府独山州丰宁下土司界九十里。古蛮地。唐为羁縻极边之地。宋初置南丹州。大观元年，改曰观州。四年，复曰南丹州。元初置安抚司，大德初并司入庆远路。明洪武初，仍曰南丹州。二十八年州废，改设南丹卫。寻复为南丹土州，属庆远府。本朝因之。

忻城土县

在府南少东九十里。东西距一百二十里，南北距一百二十里。东至思恩府迁江县界九十里，西至思恩府上林县界三十里，南至迁江县界八十里，北至永定土司界四十里。东南至迁江县界九十里，西南至上林县界四十里，东北至迁江县界八十里，西北至思恩府安定土司界八十里。古蛮地。唐初置芝州，治忻城县。天宝初曰忻城郡。乾元初复曰芝州，属岭南道。宋初为羁縻州，属宜州管。庆历三年州废，以县属宜州。南宋属庆远府。元属庆远路。明宏治间，降为土县，仍属庆远府。本朝因之。

永定长官司

在府西南六十里。东西距二百里，南北距一百六十里。东至宜山县界七十里，西至东兰州界一百三十里，南至思恩府安定土司界一百里，北至宜山县界六十里。东南至忻城土县界五十里，西南至安定土司界十里，东北至宜山县界五十里，西北至宜山县界七十里。古蛮地。唐初为羁縻思顺州地。宋初为思顺、归化二州，后为宜山县地。明宏治五年，析置今司，属庆远府。本朝因之。长官韦姓。

永顺正长官司

在府西南三百里。东西距六十八里，南北距一百五十里。东至永定土司界五十里，西至东兰州界十八里，南至思恩府安定土司界一百里，北至宜山县界五十里。东南至瑶巢四十里，西南至安定土司界五十里，东北至宜山县界三十里，西北至宜山、河池二州县交界三十里。古蛮地。唐为羁縻述昆州地。宋为宜山县地。明宏治五年，析置今司，属庆远府。本朝因之。长官邓姓。

永顺副长官司

在府治东北四十里。东西距二十五里，南北距三十二里。东至柳州府柳城县界十里，西至宜山县界十五里，南至柳城县界十二里，北至宜山县界二十里。东南至柳城县界十五里，西南至宜山县界十里，东北至宜山县界三十里，西北至宜山县界八里。古蛮地。唐、宋后为宜山县地。明宏治五年，析置今司，属庆远府。本朝因之。长官彭姓。

形势

土壤遐僻，《宋史·地理志》。江山险峻。《寰宇记》。万山盘礴，一水抱流。《府志》。

风俗

民性轻悍,《宋史·地理志》。人风犷戾,常持兵甲,礼异俗殊。以岩穴为居止。《寰宇记》。山高地瘠,田寡人稀,民多贫而重去其乡。《府志》。瑶、僮杂居天河、思恩,又有伶、僚、仫佬、伬、佯、㑌、侗之属,皆盘瓠遗种。同上。

城池

庆远府城 周九里有奇,门六。北倚江,东、西、南三面浚濠。旧土筑。唐天宝元年,甃砖。明洪武二十九年增建。本朝康熙二十三年、乾隆三十年重建。宜山县附郭。

天河县城 周二里,门三。土筑。旧治在高砦。明万历间迁今所。本朝康熙二十四年重建,乾隆十年修。

河池州城 周二里有奇,门四。土筑。本朝顺治十七年重建,康熙二十四年、雍正四年重修。

思恩县城 周一里有奇,门四。土筑。本朝顺治十五年重建,康熙五年、二十四年重修。

德胜厅城 周二里,门四。在宜山县西六十里。明永乐二年,垒石筑城。本朝雍正六年,设同知驻此理苗。

那地州城 土垣。

南丹州城 土垣。

忻城县城 周三百三十步,门三。旧土筑。本朝康熙二十一年,甃石。

永定土司城 石垣,周四十步。

永顺正土司城 土垣。

学校

庆远府学 在府治东新城内。宋淳熙四年建,张栻有《记》。明末燬。本朝康熙三年重建,雍正八年、乾隆十三年、六十年重修。入学额数二十名。

宜山县学 在县治东。明洪武初,因宋故址建。崇祯末燬。本朝康熙四十六年重建,乾隆九年修。入学额数十五名。

天河县学　在县治北。明正统七年迁建。本朝雍正元年重建。入学额数八名。

河池州学　在州治东。明宏治十七年建，崇祯末年燬。本朝康熙二十三年重建。入学九名。旧额十二名，乾隆三十一年减三名。

思恩县学　在县南门外。明万历间建，崇祯末燬。本朝康熙二年重建，乾隆五年、五十一年重修。入学额数六名。

东兰州学　在州治东。旧为土州，无学。本朝雍正七年改流，十一年建。入学额数四名。

竹池书院　在宜山县。明宏正间建。

李公书院　在府治右。本朝康熙五十八年建。中祀知府李世仁。

庆阳书院　在府治学使院旧址。本朝乾隆二十一年建，五十九年修，易名庆江。

屏峰书院　在德胜镇西。本朝乾隆十年建，十三年修。

凤冈书院　在天河县。本朝乾隆四十年建。按《旧志》载："龙溪书院，在府城西关内。龙江书院，在府城中。香林书院，在府城西南关内。"今并废，谨附记。

户口

原额人丁七千二百六十四。今滋生男妇大小共四十八万八百五十六名口。计八万四千七百三十一户。

田赋

田地三千二百五十八顷二十七亩七分有奇。额征地丁正杂银九千八百三十八两四钱一分八厘，遇闰加征银五百六十六两。米一万三千四百六十二石六斗一升五合四勺。

山川

九子山　在宜山县东二十里。九峰排列，锁龙江水口。一名九头山。小曹山　在宜山县东三十二里。下有潭，今筑为砦，名水寨。又有大曹山，在县东四十里，即古洛曹山也。鹤山　在宜山县东南十二里。上有石，色白如鹤。思黎山　在宜山县东南。《寰宇记》："在崖山县东七里。"大号山　在宜山县南二里，县境诸山，惟此独高。又南一里曰马蹄山，亦名马蹄隘。南山 在宜山县南五里。有洞轩敞如屋，中有石龙，鳞甲宛然，因名龙隐洞。山左有白云岩。九龙山 在宜山县西南六里。有洞，洞口有潭，引流为陂，资以灌田。月山 在宜山县西二十五里，其形肖月。都龙山 在宜山县西。《寰宇记》："在东玺县北三十步。"文笔山 在宜山县西六十里德胜镇，尖秀挺出。又羊角山，在县西七十里。屏风山，在县西八十里。相近又有香炉山。宜山 在宜山县北一里。群山多高大，此独阜小。下临龙江，宜于登眺，故名。唐名宜州以此。会仙山 在宜山县北一里，亦名北山，盘曲数里。中有白龙洞，潜通龙隐洞。又山旁有青鸟山。天门山 在宜山县北二里，两峰如笋，崒嵂参天，亦名天门拜相山。相近者曰卢山。龟山 在宜山县北三里，以形似名。相近又有铁城山。又寿山，在县东北二里。朱砂山《寰宇记》："在宜州东北，隔龙江三里。"日山 在宜山县东北十二里。其形特立而圆，故名。隔江与月山对峙。东山 在天河县东一里。石壁峭立，俨如屏障。又有南山，在县南一里，与东山对峙，翠峰矗立，顶上有泉。甘场山 在天河县东二里。形如幞头，县治依其麓。又东一里曰凤头山。文峰山 在天河县东十五里，高出众山之表。北陵山 在天河县东南十五里，山麓有泉。榜山 在天河县西三里，形如挂榜。又西二里曰穿山，以石窦相通而名。高寨山 在天河县西四里，旧县治在其下。乌山 在天河县西三十里。峰峦高峻，其顶有泉。居民因险筑寨其上。又交椅山，在县西三十五里。龙德山 在天河县西北。《寰宇记》："在天河县西五里。"石狮山 在天河县西北二十里。砥柱两江，以形似名。独俊山 在天河县北二里。众山相连，此独孤立而耸秀。植福山 在天河县东北二十里。山势高耸，延互数里。为县之镇山。都铭山 在河池州东二十里。旧名都猛隘，极高峻。鬼岩山 在河池州东三十五里，以岩穴深杳而名。一曰鬼人山。太平山 在河池州东五十五里，下临金城江。罗山 在河池州东南二十五里，古浪溪出此。智山 在河池州南二里。与州后北山对峙，高耸入云。洪鹿山 在河池州南九十五里。又南五里为振人山，洪龙江出此。剑甲山 在河池州南一百十里，相近为天马山。北会山 在河池州南一百二十里。智州山 在河池州西南四十里。盘纡延互九百余里，以唐建智州而名。马鞍山 在河池州西南一百二十里，那龙河出此。凤仪山 在河池州北四里，极险峻。州城半枕其麓。移岭山 在河池州北五里。道路萦纡，山崖险峻。屏风山 在河池州东北三里，旧州城北。嵯峨环绕，如屏之峙。三峰山 在思恩县东二十里，三峰并列。下有石洞，宽五六丈，泉自中出，引流溉田。寒山　在思恩县东南五里，为入县孔道。其地多风，土人谓之寒陂。旗山　在思恩县东南十里。覆斗山　在思恩县南二里。又修崇山，在县南十里。啸山　在思恩县西四十里。岩窍玲珑，风响谷鸣，如长啸然。绀山　在思恩县北三十里，以山色名。一名扞山，以其扞蔽县后也。岩嶂层叠，日光少见，土人又谓之暗山，亦曰暗岭。三仙山　在思恩县北四十里，又四十里为入怀山。北荷山　在东兰州东三十里，红水河西，岸特立峭然。稍南曰印山，其形方正如印。又思荣山在州东三十一里。都夷山　在东兰州东三十五里。高峰插天，最为险隘，古都夷县以此名。又有真武山，在红水河东岸，遥接都夷。霸陵山　在东兰州东南一里。峰迴路转，曲折玲珑，林木荟蔚，为一州胜境。九曲山　在东兰州南八十里。岩洞盘旋，峰峦曲折。又南十里有十八鹤山。青云山　在东兰州西十里，横亘绵远。相近为雷山。上有关隘。武篆山　在东兰州西八十里，一名五篆山。耸秀菁葱，上多大猿奇鸟。幽洞山　在东兰州西北九十里，林麓深邃。双凤山　在东兰州北二十五里。又五里为福山。虎山　在那地州南十二里，以山形蹲踞而名。相近有兜娄山。又南三里曰红山。感现山　在那地州西南五十五里。翠灵山　在那地州西四十里。巴罗山　在那地州西六十五里，即巴罗江水发源处。登龙山　在那地州东北十里。又十里曰折登山。金鸡山　在南丹州东一里蒙寨前。红盆江水，迤逦绕其东、南二面。长春山　在南丹州南三里，峰峦叠矗。又为青云峰，青云之水出焉。都利山　在南丹州南二十里，都泥江出此。三宝山　在南丹州西二里。有辛周坑，旧采锡处。秀陵山　在南丹州西二十七里。奇峰怪石，杰出蛮陬。红盆江出此。孟英山　在南丹州西北三十五里。产银砂。明永乐中曾开矿，旋罢。龙塘山　在忻城县西八里。又张帽山，在县西十五里。叠石山　在忻城县北四十里。石如累砌，层次昭峣。头盔山　在永定土司东南七里。半山有数石悬岩前，形如头盔。石鱼山　在永定土司西二十里。有石如鱼形。旗挑山　在永定土司北十里。高椅山　在永顺正土司治前。高耸约百余丈。七星山　在永顺正土司东南三十里。多灵山　在永顺正土司东北八十里。突起三峰，轩耸秀丽，远可眺数百里。卧虎山　在永顺副土司北二十里。其势狰狞，宛如虎卧。

　　米岭　在思恩县东三十里。诸峰罗立，上有老鼠洞。青石岭　在东兰州西五十里。高低蜿蜒，为往武缘要道。慕晓岭　在那地州西北五十六里。又西四里，日怀峡岭。

望峰 在思恩县东一里，脉自寒坡迤逦至此。垒土峰 在思恩县西北二十五里。如片石层累，高可千丈。一名斧劈峰。天门峰 在思恩县东北二十里。峭立插天，山腰一穴如门，中有石柱似龙形。天欲雨，则水如注。俗名天门洞。清远峰 在永顺正土司北十里。

冷暖岩 在宜山县北一里。下有洞达山腹，前冷后暖，故名。龙岩 在思恩县南五十里。有洞深邃莫测。

通天洞 在天河县东三里。洞门平坦，四面皆黑，上通一穴。黄甲洞 在县东三十里。又容乐洞，在县东南十里。龙门洞 在天河县西五十里。翠壁峭立，洞口轩豁，望之如登天门，杳不可测。其下有水通流。又有涵乐洞，在县北一里。喇冲洞 在天河县北三里。外敞内深，中有清泉不竭，下为龙潭。夜洞 在忻城县东十五里。有岩深邃，不透日光，故名。莫往洞 在永定土司西南八里。峰峦险峻。清潭洞 在永定土司东北二十五里。

高峰坑 在河池州西三十里。旧尝产锡矿，置高峰厂于此。

洛蒙江 在宜山县南六十里。源出忻城县山中，东北流入龙江。《寰宇记》："有叠石溪，在崖山县北六里，源从蕃州界来。"疑即此。流马江 在宜山县西。源出县西南永泰里山峒，东北流入龙江。小江 在宜山县东北六里。源出西北诸蛮峒，经天河县流入龙江。《寰宇记》："有宜水在州北，隔龙江二里。"疑即此。九龙江 在天河县东二十里。源出龙泉。东小江 在天河县东二十里。源出黄甲洞，南流入罗城县界，流入龙江。那龙江 在河池州南百余里。源出马鞍山，东流入永顺土司界为刁江，又东南合乌泥江。又灵浅江，在州东南，源出镇南里。洪龙江，源出振人山。皆东流入永顺司界，入刁江。龙江 自贵州都匀府荔波县流入，经河池州东北，又东经府城北，入柳州府柳城县界。《寰宇记》："龙江在宜州北一百步，源从抚水等州，合流至城北。东流二十三里，至柳、象、浔、潭、龚、梧等州，归于南海。"《旧志》："龙江源出贵州都匀府，自独山州流入。经府西北诸蛮峒，会荔波、思恩诸水，东南流至宜山县北，折而东，入柳城县界，即右江之上源也。两岸石笋峭立，湍流迅急。在河池州者，别名金城江，以宋置金城州而名。"环江 在思恩县南六里。自荔波县流入，经县西门外。中有沙洲，唐环州以此名。又东南经宜山县界，入龙江。乌泥江 在那地州南。自泗城府流入，东南经东兰州东北界。又东南经思恩府都阳、安定诸土司，入忻城县南，又东入迁江县界。一名都泥江，又名隘洞江，今俗名红水江。水势汹涌，昏黑，直等黄河。巴罗江　在那地州西南，源出巴罗山。又平细江，源出翠灵山。俱东南流入乌泥江。龙泉江　在那地州北，源出州北八里龙泉峇，东南流入乌泥江。大江　在南丹州南二十里，源出都利山，亦名都利江。东北入河池州界，合金城江。红盆江　在南丹州南，源出秀陵山下。东北流二十里，入山而没。龙塘江　在忻城县西，源出永定土司，东南流入县界，合乌泥江。

思吾溪　在天河县南二里，源出县西北界，东南流入宜山县界，合小江水入龙江。古浪溪　在河池州东南二十五里，一名乾溪。源出罗山，东北流入金城江。带溪　在思恩县北四十里。源出贵州古州苗界，西南流经八万瑶中，二百余里入县界。旋折如围带，故名。又西南暗流山穴下，至县西北界，与荔波水合，为环江之上源。青云溪　在南丹州北。源出青云峰，绕流州北，又东南流入红盆水。

三潮水　在天河县西十里。源出北陵山，其水一日三潮，潮退则其流一线，可以溉田，土人谓之圣水。秀水　在河池州南一里。自州西南白崖，有泉自半岩挂下，形如匹练。东北流经州治南，又东流十余里，伏入高山下，至六甲里复涌出，入金城江。猫溪水　在河池州西南。源出高峰坑，东流入秀水。九曲水　在东兰州南四十里。源出九曲山，绕银海池，下合乌泥江。小水　在永定土司西南。源出永顺正土司界，流入司境。又东南入忻城界，入都泥江。又有小水在永顺副土司界，有二源：一自罗城县孟江口流入，经司西；一自柳城县流入，经司东。至司南合流，至宜山县界，入龙江。

饮军池　在宜山县南六里。宋景德间，曹利用讨宜州叛军陈进，尝饮军于此，因名。其上堰水分流，东西灌溉，名官陂。银海池　在东兰州南八十里。其水深阔，一日三潮。

龙泉　在宜山县南二里。泉涌出如勺，而灌田甚溥。其水重于他水。又南一里为龙塘，即龙泉所潜也。又百叶泉，在县东南三里。铜鼓庙泉，在县东南六里。黑龙头泉，在县西六里。皆可引以溉田。飞洞泉　在思恩县西十里，自洞中流出。又上善泉，在县南十里。俱可溉田。婆娑泉　在思恩县北四十里，暗岭山左。水不常出，遇行者渴时求饮，呼之即出。

思活源　在宜山县西南，源洪深而派延远。浸灌民田，其利甚溥。流入龙江。又怀丁水，在县西北河池所西，灌田数百顷。

中洲 在思恩县东北一百五十里，有水源出古州蛮界，南达怀远镇，合龙江。中有大沙洲，四面水绕，如海岛然，分上中下三里，皆瑶所居。明万历间，知府岳和声勒碑定赋，以羁縻之。过此即古州八万瑶之地。

古迹

龙水故城 唐置为州治，宋改曰宜山。《县志》："旧有土城，在今县北江北岸宜山下。"天河故城 在今天河县西南。《旧唐书·地理志》："粤州天河，与州同置。"《寰宇记》："宜州天河，贞观四年置。元在州西八十里。元和八年，移于龙水县古波里，在州北一百七十里。"《九域志》："县在州北一百里。"《旧志》："宋县治在县北思农镇江浒。嘉熙元年，迁于高砦。明洪武二年，迁于兰石村。正统七年，迁于甘场村。嘉靖十三年，又迁福禄镇。万历十九年，始迁今治。"河池故城 在今河池州治东，宋初置。《九域志》："治平二年，以羁縻智州河池县属宜州，在州西二百十五里。"《宋史·地理志》："大观元年，以宜州河池县置庭州，倚郭县曰怀德。四年，废庭州。又庆远府，南渡后增县一，河池。"《州志》："明洪武初，改为亭州，在今州东一里许。后倚屏风山，颓垣具存。永乐初，改为河池州。嘉靖间，始迁今治。又宋怀德故城，在今州治西，四围高冈，即其遗址。"按《寰宇记》，河池属金城州，与《九域志》异。盖河池先属金城，后属智州。至治平时，又改属宜州也。

思恩旧城 在今思恩县南。《寰宇记》："环州理思恩县，在宜州西一百里。"《九域志》："熙宁九年，以环州思恩县属宜州，徙治带溪岩。元丰六年，复还旧治，在州西一百三十四里。"《旧志》："元时旧治，在环江洲。明永乐二十二年，迁于县东都亮乡之清潭村。成化八年，迁于欧家山西，去环江洲旧址二里，屡议筑城不果。"本朝顺治九年，迁治于县北潭村。十五年，复还欧家山旧治。

故南丹州 在今南丹土州东北。《旧志》："唐为羁縻蛮峒地。宋开宝七年，土酋帅莫洪燕内附，置南丹州，管辖溪峒，以莫氏世其职。大观元年广，西经略使王祖道，欲急边功，诬南丹首莫公佞，阻大兰州不令纳土。发兵取其地，杀公佞，改南丹为观州。公佞弟公晟，密图报复，焚宝积监。绍兴四年废观州，仍以公晟知丹州。其后累世承袭。元至正末，莫国麟纳土，升为南丹州溪峒安抚司。大德元年，议者以南丹安抚司及庆远路相去为近，户口少，请并入庆远，改立庆远、南丹、溪峒等处军民安抚司。明洪武初，莫金以地内附，授南丹世袭知州，以流官吏目佐之。二十八年州废，设南丹卫。永乐二年，以其地多瘴，迁卫于宾州界，复置南丹州，以金子莫禄为知州，抚治之。"本朝因莫自乾归附，仍与旧职世袭。温泉废州　在宜山县东。《唐书·地理志》："温泉州领温泉、洛富二县，隶桂州都督府。"《宋史·地理志》："庆远府羁縻州，有温泉州，领县二。"《寰宇记》："温泉州，理温泉县，在宜州东六十里。洛富县，在宜州西二十二里。"《县志》有洛富里，在永定土司东五十里。

　归化废州　在宜山县东南。《唐书·地理志》："归化州，隶安南都护府。"《寰宇记》："归化州理归朝县，在宜州东一百六十五里。领洛回县，在州南四十步三乡；洛都县，在州东三十里；洛巍县，在州西二十五里。"废蕃州　在宜山县南。《唐书·地理志》："蕃隶桂州都督府。"《寰宇记》："蕃州，理蕃水县，在宜州南四十五里。领都伊县，在州西五十步；思察县，在州西下里。"归恩废州　在忻城土县东，唐置，属桂州都督府。《寰宇记》："归恩州，理履博县，在宜州南一百三十里。领罗遵县，在州西十五里；都恩县，在州北十五里；吉南县，在州西二十里；许水县，在州南十五里。"《九域志》："庆历三年，以羁縻归恩州地入忻城。"按《新唐志》，归恩作归思，所领县缺，而履博等五县，皆属思顺州，与《寰宇记》不同。废芝州　今忻城土县治，唐置。《寰宇记》："芝州，领忻城县，在宜州南八十五里。领平西县，在州南二十里；富录县，在州北三十里；思龙县，在州东二十五里；多灵县，在州东二十三里。"《九域志》："庆历三年，以羁縻芝、忻、归、思、纡五州地，为忻城县，属宜州，在州南一百十五里。"《旧志》："元置八仙屯千户，授土官莫保。明洪武初罢屯官，籍屯田兵为民。莫氏遂徙居忻城界。正统后，流官寓居府城。宏治中，抚臣邓廷瓒奏革流官，独任土官，故莫氏世居其职。"本朝顺治九年，莫猛归命，仍予旧职世袭。废纡州　在忻城土县东，唐置，属桂州都督府。《寰宇记》："纡州理东区县，在宜州南一百三十五里。领吉陵县，在州东一百二十里；宝安县，在州东三十里；南山县，在州西北十里；都邦县，在州南七十里；纡质县，在州西北十里。"《九域志》："庆历三年，以羁縻纡州地入忻城。"金城废州　在河池州东北。《寰宇记》："金州理金城县，在宜州西一百十里。领河池、宝安。"《旧志》："今州东北有金城堡。"废智州　在河池州东。《寰宇记》：

"智州理英罗县，在宜州西一百三十里。领富力县，在州西五十二里；智本县，在州东三十里；兰江县，在州西三里；平林县，在州东南十三里。"按《九域志》："治平二年，省富力县入河池，余县盖先废也。"今州有英罗、智本、兰江、平林诸村疃，皆以旧县名。废溪州 在思恩县北。《宋史·地理志》："大观元年，以宜州思恩县带溪砦，置溪州，四年废。"《通志》："废溪州，即今大溪里。"废兑州 在东兰州东南。《宋史·地理志》："政和四年，置兑州并万松县。宣和三年，废为靖远砦。"废隆州 在东兰州南。《宋史·地理志》："政和四年，置隆州并兴隆县。宣和三年，废为威远砦。"废孚州 在那地土州东。《宋史·地理志》："大观元年，以地州建隆县置孚州，倚郭县曰归仁。四年，废州及县为靖南砦。先于南丹州中平县置靖南砦，今移置此。政和七年，复置孚州及归仁县，仍移靖南砦归旧处。宣和三年，复废孚州及归仁县，置靖南砦。大观四年，隶观州。绍兴四年废。"废永州 在南丹州西北。元置永州、銮州、福州、延州四长官司，属思州安抚司。明洪武初，省四州入南丹州。盖皆宋、元时羁縻蛮州也。《旧志》："永州故址，在州西北一百二十里峎峨哨。蛮州故址，在州北二十里移州哨。福州故址，在州西南六十里罗富哨。"

思顺旧州 在宜山县东南。《唐书·地理志》："思顺州隶桂州都督府。"《寰宇记》："思顺州，理安宁县，在宜州东一百四十里。领钦化县，在州西八里；岩溪县，在州西三十五里。"《宋书·地理志》："思顺、归化二州，庆历四年，并入柳州马平县。"述昆旧州 在宜山县西南。《唐书·地理志》："述昆州隶桂州都督府。"《寰宇记》："述昆州，理夷蒙县，在宜州西八十里。领夷水县，在州南四十里；古桂县，在州西九十里；临山县，在州西二百里；都陇县，在州北一百里。"按《宋史·地理志》："熙宁八年，废述昆县为镇，入龙水。盖熙宁前改州为县，至熙宁时，又并县俱废也。"今县西南有述昆乡，分属永顺正长官司。旧琳州 在宜山县西。《唐书·地理志》："隶黔州都督府。"《寰宇记》："琳州治多梅县，在宜州西六十里。领古阳县，在州西十五里；歌良县，在州北十五里；多奉县，在州南二十里。"《宋史·地理志》："庆远府龙水县，熙宁八年，废古阳县为怀远砦入焉。"按《唐志》，歌良县为邕州都督府之环州所领，而琳州不领歌良。至宋时，乃割入琳州。镇宁旧州 在思恩县西，宋置。《寰宇记》："镇宁州，在宜州西北，山路三百里。领县二：福零县，在州东六十里；礼丹县，在州西三里。"《宋史·地理志》："庆远府思恩县，熙宁八年，省镇宁州及礼丹县入焉。”《旧志》：“今县西有镇宁乡，即旧州。”按：福零本隶环州，宋时割入镇宁州，不知何时并废。旧环州　在思恩县西北。《旧唐书·地理志》：“贞观十二年，李宏节开拓生蛮，置环州，治正平，领福零、龙源、饶勉、思恩、武石、歌良、都蒙八县，与州同置。”《寰宇记》：“环州理环洛峒，是诸峒要冲，故以环名州。在游卢水南，整水西。”《旧志》：“环州自徙治思恩，领都亮。而正平、龙源、武石、饶勉四县皆废。福零县割入镇宁州，歌良县割入琳州。”抚水旧州　在思恩县北。《唐书·地理志》：“抚水州，隶黔州都督府。”《寰宇记》：“抚水州在宜州西北一百八十里。领抚水县，在州南一百二十步；古劳县，在州东南二十里；多蓬县，在州西北三十里；京山县，在州西北七里。”《宋史·地理志》：“庆远府有羁縻安化州。”又《蛮夷传》：“抚水州在宜州南，其酋皆蒙姓。祥符九年，蛮人归附，诏以州为安化军，抚水县曰归顺县，京水县曰长宁县。”旧兰州　在东兰州东南。《寰宇记》：“羁縻兰州，在宜州西，山路六百五十里。领县三：都彝县，在州南一百八十步；阮平县，在州南六十里；如江县，在州东六十里。”《土夷考》：“宋时有韦君朝，居文兰峒，为土夷长，传子晏闹。崇宁五年内附，因置兰州，以晏闹知州事，俾世其官。元改为东兰州。明洪武十二年，以州隶庆远府，韦氏世袭如故。”本朝顺治九年，韦光祚归附，仍与旧职世袭。雍正七年，以东院内六哨改设流官知州，以土酋韦朝辅为州同，分辖凤山外六哨。旧文州　在东兰州西南。《寰宇记》：“羁縻文州，在宜州西，山路七百二十里。领县三：思阳县，在州南一百二十步；芝山县，在州北一百二十里；都黎县，在州东二里。”《宋史·地理志》：“文州，崇宁五年纳土。大观元年，置绥南砦。绍兴四年废。”《明统志》：“洪武十二年，省安习、忠、文三州，入东兰州。”《旧志》：“交州故址，在州西南二百四十里。兰阳哨，又有上芝山哨，在州西一百四十里；下芝山哨，在州西一百十里，即故芝山县。”旧地州　今那地土州治。《旧志》：“宋熙宁中，土酋罗世念归附。崇宁五年，诸蛮纳土。因置地、那二州，使罗氏世知地州事。明洪武元年，罗黄貌归附，省那州入之，因改为那地州，仍使罗氏世袭知州，佐以流官吏目。”本朝顺治九年，仍与旧职世袭。废那州，在今州南，唐置，属黔州都督府。明省。今有那周里。

　　洛曹废县　在宜山县东。《元和志》：“柳州洛封县，东南至州一百七十里，本乌蛮所住村名。乾封三年，招慰蛮户，因为县。”《寰宇记》：“洛曹，旧洛封县。元和十三年，观察使奏，洛封县元置在洛曹山，请改为洛曹县。诏从之。"《宋史·地理志》："庆远府龙水县，淳化五年，以柳州洛曹来隶。嘉祐七年，废入龙水。"《通志》："洛曹废县址，在大曹驿所。"崖山废县 在宜山县东南。《唐书·地理志·柳州》："贞观九年，置崖山县，后省。"《寰宇记》："崖山县，在宜州南二十里，唐贞观四年置。"《宋史·地理志》："景祐三年，废崖山县。"按《唐志》，柳州崖山县，贞观九年置，《寰宇记》作"贞观四年置"。疑柳州、宜州并有崖山，非以柳州崖山改属宜州也。东玺废县 在宜山县西。《旧唐书·地理志》："粤州东玺，与州同置。"《寰宇记》："在宜州西六十里。"《文献通考》："宜州，五代时为马氏所据，后入南汉，省东玺。"都亮废县 在思恩县东，宋置。《寰宇记》："都亮县，在环州东二十里。"《旧志》："县东有都亮乡，即故县，或曰即唐之都蒙县也。"中平废县 在南丹土州北。《宋史·地理志》："大观元年，于南丹州中平县置砦，曰靖南，寻拨隶庭州。大观四年，移靖南砦于孚州。"《旧志》："本州哨有中村，即故县。"

永定土司 今永定土司治，明置。《土夷考》："明正统六年，老人黄祖记，与思恩土官岑瑛通谋，议割地附于思恩。土人韦万秀，以复地为名倡乱。成化二十二年，南乡清潭等瑶贼复叛，愿取前地别立长官司。宏治五年，抚臣邓廷瓒奏割归、善、洛三乡，及都博、端简二里二十四村地，立永定司，以韦槐为正长官，韦朝和为副长官，世袭。"本朝顺治九年，韦盛春来归，世袭如故。永顺正土司 今永顺正土司治，明置。《土司志》："明宏治元年，全州人邓文茂以平大峒门瑶、僮功，授怀远镇世袭土巡检。二年，抚臣闵珪委文茂平宜山县述昆乡及七十二峒瑶、苗，因奏请分宜山西南境述昆乡绿河、吉利二里二十七村，及古阳乡永泰里地，立永顺司，以文茂为长官世袭。"本朝顺治九年，邓世广来归，世袭如故。永顺副土司 今永顺副司治，明置。《土司志》："明宏治初，益都人彭访为庆远卫指挥，协剿述昆及思农等处瑶贼有功。抚臣奏请分宜山东北境思农里十六村地，立永顺副土司，以访为土巡检世袭。"本朝顺治九年，彭熙圣来归，世袭如故。

庆远故卫 在府治东北。明洪武二十九年置。今废。

河池废所 在宜山县西六十五里，东去德胜镇五里。明洪武二十八年，置千户所，以扼七十二峒之冲，隶庆远卫，在河池州城内。永乐六年徙于此。城周四里，门四。今废。

富仁监 在河池州。《寰宇记》："富仁银监，在宜州西二百十里，属文州。"《九域志》："富仁监，宋乾德二年置，在宜州西二百九十三里。"富安监 在河池州。《寰宇记》："富安砂监。在宜州西一百三十里。"《九域志》："富安监，淳化二年置，在州西南一百五十七里。又有宝富一银场，不知何时废。"按：《寰宇记》与《九域志》二书，道里远近不同，未详孰是。

玉田场 在宜山县西南一百三十里，宋置。今废。

筹边楼 在府治后。旧名望仙。规模壮丽，甲于诸楼。南楼 在府南城上。有黄庭坚所书《范滂传》刻石其中。又慈惠楼，在府北城上。

御书阁《明统志》：在府城西二里，宋守张自明建。

庆远堂 在府治正厅之东。又宜山堂，在庆远堂后。四贤堂，在宜山堂后，因冯京、黄庭坚、赵抃、吕璹以名。瘿鹤堂 在府城南龙塘。

关隘

东关 在宜山县东。明成化三年，垒石为垣，以护民居。亦曰迎恩关。又西南二厢，亦各为关，皆设兵防守。其西关曰香山关。雷山关 在东兰州东北七十五里，与河池州三旺里接界。石门关 在那地土州东十里。盘利关 在那地州东北一里。大山关 在南丹土州东八十里，与河池州接界。罗侯关 在南丹土州南二十五里，与那地州接界。下域关 在南丹土州西南三十五里。甲界关 在南丹土州西二十五里。

都感隘 在天河县东南。《寰宇记》："有都感场，在宜山县北六十里。"老鼠隘 在思恩县东四十里米岭上。南接宜山县、河池州界，高五十丈，其路峻狭。

龙门巡司 在宜山县西南七十里。本朝雍正九年设。白土巡司 在宜山县西南一百四十里，居七十二峒之中，为西、南、北三巢之心腹。绵亘四十余里，实岩疆之要区。本朝乾隆六年设。

大曹镇 在宜山县东四十五里。旁有大曹渡，即龙江渡处也。旧设巡司及大曹驿于此，今皆裁。怀远镇 在宜山县西三十五里，即故怀远砦也。旧有巡司，又有土副巡司，今裁。德胜镇 在宜山县西六十里。旧名德胜寨。明万历六年，尝置戎政行馆于此。本朝雍正八年，移理苗同知驻守，兼辖两巡检。东江镇 在宜山县西一百二十里。旧有巡司，今裁。福禄镇 在天河县西南四十里。

又思农镇，在县北。古波里，在县北四十里。皆古县治处也。

思立砦 在宜山县北。《宋史》："淳熙十一年，安化蛮蒙光渐等犯宜州思立砦，广西将沙西坚讨平之。"《九域志》："县有怀远、思立二砦。"德谨砦 在天河县西四十里。《宋史·地理志》："大观元年，以天河县并德谨砦、堰江堡，隶融州。靖康元年，复故。"《旧志》："天河多夷种，散布四境。东为伶、僚，名曰仫佬；南则俍种，性稍淳朴；北则略与华同，呼为百姓。"安远砦 在河池州西北四十里，今为安远里。《宋史·地理志》："大观二年，庭州置安远砦。宣和五年，移砦于平安山。"普义砦 在思恩县西四十里，旧有巡司，今裁。《九域志》："思恩县有普义、带溪、永宁三砦。"思忠砦 在东兰州界。《宋史·地理志》："政和中，于隆、兑二州置思忠、安江、凤麟、金斗、朝天等五砦。宣和三年，并废。"《旧志》："又有绥南砦，在州东。宋大观初置，绍兴四年废。"罔兔砦 在东兰州西一百四十里。木门砦 在南丹土州东。《宋史·地理志》："绍兴四年，废观州为高峰砦，存留木门、马台、平洞、黄泥、中村等堡砦，今皆废。"罔峨砦 在南丹土州北一百二十里，与泗城府接界，为州要隘。

金城堡 在河池州东北，金城江北。旧置巡司。或曰即故州也。州界瑶、僮十居七八，其力作及走墟市，皆由妇人，谓之坐男使女。冷水堡 在思恩县东南四十里大路，为入县要冲，山径错杂。本朝康熙二年拨兵防守。蒙山堡 在思恩县南五十里。相近又有下利堡，系河池、宜山二州县大路，为县南要冲。本朝康熙六年拨兵驻守。《旧志》："思恩有五十二峒，及仪凤、茆滩、上中下疃等里，皆瑶、僮所居。"三寨堡 在忻城土县北。旧有巡司，今裁。武律堡 在永顺土司。《寰宇记》："琳州南至本州武律铺界三十里。"《司志》："武律村在司西吉利里，旧尝置堡于此。"

三旺里 在河池州南一百三十里。《元史·地理志》："思州军民安抚司三旺土州。"《旧志》："明洪武初省三旺州入河池，为三旺里。万历初，割东兰、那地二州各三里来属，是为三旺六里。"本朝设州同驻此。

楞村 在宜山县北。本朝雍正七年，移县丞驻此。

津梁

定远桥 在府城西门外。洛黄桥 在宜山县东十五里，平可方轨。延寿

桥 在宜山县东二十里。大通桥 在天河县南半里。广源桥 在天河县北二里。冷水桥 在河池州东七里。都黎桥 在思恩县西北二十里。

大曹渡 在宜山县东四十里。又怀远渡，在县西四十里。又龙江渡，在县北，下有太平石。江口渡 在天河县南二十五里，通道所经。又清潭渡，在县北三十里。环江渡 在思恩县西一里。罗墨渡 在忻城土县南三十里。一名罗脉渡。与宾州上林县接界，乌泥江渡处也。柳州八寨有罗墨渡，即此。金城渡 在河池州东五十里。

堤堰

官陂 在宜山县南六里。堰龙泉水分流，东西灌溉，汇于城，引入饮军池。又潭台陂，在城东八里。南陂，在城东南二里。白牛陂，在城东南六里。牛轨潭陂，在城南六里。西窑车江陂，在城西南三里。九龙江陂，在城西八里。皆利灌溉。怀德陂 在河池州西二里，水自西来，环绕陂下。又蒋村陂、罗家水陂，在州东。又官村陂，在州东北。俱可灌田。

陵墓

宋
冯京祖墓 在宜山县北，天门山麓。
明
高嵩墓 在宜山县北山麓。

祠庙

三元祠 在宜山县学左，祀宋冯京。山谷祠 在宜山县西关内西竺寺南，祀宋黄庭坚。本朝嘉庆六年修，以范信中配祀。忠孝祠 在宜山县城隍庙西，祀明同知叶祯，及义勇璩礼、周昌。遗烈祠 在宜山县西关外，祀唐刺史苏仕平及子日朝。大顺三年，尝讨文兰州叛蛮有功。其子日朝，光化三年复死黑苗之难，故祀之。

龙江庙 在天河县南门外，祀江神。

寺观

香山寺 在府城南关内。西竺寺 在府城西关内。

名宦

宋

张从吉 临朐人。太宗时，知宜州，屡破溪蛮。转运使陈尧叟上其状，迁殿内崇班。

冯伸己 河阳人。仁宗时，知宜州。乐善蛮寇武阳，伸己遣谕，悉还所掠。莫世堪负险强黠，为边患，伸己以计擒之，置于法。

吕璹 晋江人。景祐初，通判宜州。会侬智高入寇，转运使檄璹与兵会。或劝勿行，不听。将二千人蹑贼后，得首虏为多。

赵抃 兰溪人。庆历中，为宜州别驾。诚心爱民，尤加意士类，讲究身心性命之学，士习为之丕变。出入琴鹤相随，建放鹤亭于大号山岭。鹤死，瘗于龙塘之源。民思公德，即其地建瘗鹤堂云。

范祖禹 英宗时，为龙水令，惠爱宏深。

苏绅 晋江人。神宗时，为宜州推官。后宜州蛮叛，时绅己为三司盐铁判官，上言剿蛮事甚悉，朝廷施用其策。

谢麟 瓯宁人。元祐初，以西上阁门副使招捕辰溪瑶贼功，诏使经制宜州僚。降其种落四千八百人，纳思广峒民千四百室，得铠甲二万。褒赐甚渥。

俞若著 宜州通判。崇宁中，黄庭坚谪居是州。时党论甚严，士大夫削轨扫迹，惟若著为经理馆舍，敬礼不怠。又遣二子执诸生礼，人咸嘉之。

张自明 建昌人。嘉定间，以宜州教授摄州事，施政循良，甚重教化。以州用赢钱二十万，建龙溪书院，后授知宜州。

韩璧 淳熙间，知宜州，清俭恺悌，修建学宫，作兴士类。先是养士之租，岁入仅五十斛，璧增至二百斛，且月给公帑钱，以助供给。

明

王仕忠 武昌人。洪武中，知宜山县。慈祥恺悌，深得民心。甫三载，升知寿州，民不忍其去。

瞿迪 淄川人。永乐间，知庆远府，以宽简得人心。在郡九年，当报政之京。士民诣郡攀留，不得。相随入都者数百人，伏阙请还，报可。

杨禧 云南太和人。正统中，知庆远府，廉公仁恕，秩满民乞留，进秩视事，加至布政使。

叶祯 高要人。天顺初，为庆远府同知。时两广瑶贼蜂起，列郡咸被害。祯募健儿，日训练。峒酋韦最强，数败官兵，祯生系之，其党悉众攻城，旗山守将拥兵不救，祯率健儿赴战，贼却去，祯子公荣歼焉。顷之，贼复围鸡刺诸村，祯率三百人趋赴，战于人头山下，身被数创，手刃贼一人，与从子官庆及三百人，皆死。时三年正月晦日也，岭南素无雪，是夜大雷电，雪深尺许。贼惊异，释围去，诸村获全。事闻，赠右参议，守臣立庙祀之。

吴让 南海人。天顺三年，知庆远府。所辖东兰、南丹、那地三州土官，各馈白金三百两，悉却不受。南丹知州莫必善倍数力恳，让口占四句遗之曰："贪泉爽酌吾何敢，暮夜怀金岂不知。寄语南丹贤太守，原封回赠莫相疑。"居一年卒，民泣慕之。

周一清 临海人。天顺中，知庆远府。值瑶贼为乱，乃募壮士籍民兵，贼不敢犯。后征大藤峡有功。

姜琯 弋阳人。成化中，知庆远府。剧贼韦七旋、韦万妙等久拥众为乱，督抚不能平，琯先后讨斩之。诸蛮震惧，东兰等州咸归侵地。

王显高 绵州人。嘉靖初，知庆远府。刚介严明，尽除积弊，凡蠹役害人者悉绳以法。南丹等州瑶蛮桀骜，痛惩之而复其侵地。尤加意教化，新学宫，复书院，士习丕变。

秦柽 无锡人。嘉靖中，知庆远府。沉毅有谋。时永定土司韦启邦，屡劫官帑，有司畏其骁勇，不敢发。柽诱启邦至，斩之，苗民慑服。

戚秉忠 万历中，官指挥，署河池哨。会横岭贼蓝龙返焚劫，秉忠密赂其仆，动息皆知，斩其党蓝金、蓝本伟等。龙返，集众来攻，秉忠领兵潜伏洞口，伺间直入，杀龙返，横岭遂平。

本朝

白启明 奉天人。康熙二十一年，知庆远府。时初经兵燹，田亩蒿莱。启明竭力抚循，劝民垦辟，境内饶裕。复以时修举废坠，建学宫，葺城垣，皆捐俸成之，不以扰民。

王焜 会稽人。康熙间，知宜山县。会广藩变，殉难。诏赠按察司佥事，赐祭葬，荫一子。

吴正一 钱塘人。雍正五年，知天河县，戒蛮僚仇杀。逾年，治称最。蛮莫东旺屡犯法，正一亲入寨掩捕。古州苗乱，粤西兵进剿，饷恐不继。正一侦知怀远有小江道梅寨泝流，直达古州。正一乘舠犯险，曲折向前。苗人来役者，辄劳以烟、盐，皆踊跃愿为导。今古州接济兵米，水道便利乃，其创始功也。

人物

宋

冯京 龙水人。庆历中举进士，自乡举礼部至廷试皆第一。试知制诰，避妇翁富弼当国嫌，拜龙图待制，知扬州，改江宁府。召还，知开封府，出按抚陕西，请城古渭以断夏人右臂。除端明殿学士，知太原府。神宗即位，改御史中丞。王安石为政，京论其更张失当，进参知政事。数与安石论辩，为吕惠卿所谮，罢知亳州，徙成都。哲宗即位，范祖禹荐为宣徽南院使，拜太子少师。致仕卒。谥文简。

何旦 宜州人。神宗时，以边赏补三班崇职，官至武经郎。尝为海南、四川都巡检司。苏轼谪海外，旦与友善。及还家，无所有，惟多藏苏轼手书而已。

何浚 宜州人。宣和间，贡赴辟雍。帝幸学，问《春秋》疑难，对称旨，赐进士出身。

唐凤仪 宜州人。庆元间，以时科文学出身。初授宾州司理参军，后为化州路推官，所至以廉能称。

明

冯俊 宜山人。天顺进士。历刑部郎中，折狱明信。成化中，擢福建臬副。历广藩，不避强御，所至有声。升副都御史。巡抚四川，奏改马湖土知府为流。俊天性刚毅，遇事敢为，尤砥砺清节。

高嵩 宜山人。宏治中，举于乡，伴读兴府。世宗即位录功，拜太仆少卿，遣行视京营诸处操骑，及顺保和三郡马政。会议大礼，有上言乞迁显陵者，嵩极言不可，乃止。迁太仆卿。上言马政便宜数事，甚著剀切。

李文凤 宜山人。嘉靖进士，历官云南佥事，以疾归。性简亮，博识书传，更勤咨询。著有《月山丛谈》。

陈学夔　宜山人。嘉靖进士，知江夏县。以卓异，擢御史，甚著风采。巡按陕西，御贼有功。复按云南，以骨鲠廉直得罪，左迁。后复擢湖广常岳兵备。

本朝

高熊征　宜山人。顺治庚子副贡生。康熙十三年，吴逆构乱，孙延龄叛。时岑溪失守，伪总兵陈士龙据之。熊征与邑绅士募乡勇，斩士龙，复岑溪。十八年，授桂林教谕，兴学劝士，文风丕变。后升井陉知州。广西巡抚彭鹏廉知其实，特疏荐之，超擢两淮盐运使。在官多惠政。

璩之润　宜山人。性敏嗜学，少从父避兵于中里。父被获，润涕泣往救，兵怜之，释其父。与弟建醉真堂，读书其中。

周宗斌　宜山人。由外委随征安南，阵亡。又阙如成、邵永亮、李杰、黄飞骊，俱同时遇害。

流寓

宋

黄庭坚　分宁人。崇宁中，赵挺之执政，庭坚素与有隙，转运判官陈举承风旨，上庭坚所作《荆南承天院记》，指为幸灾，除名，羁管宜州。

列女

明

王尚忠妻彭氏　宜山人。姑耄而瞽，彭曲意承顺，以孝著。尚忠为都司差役，携彭偕往。舟经洛黄滩，僮寇遮劫，尚忠被害。贼逼彭登岸，彭乘间投水死。

彭谏妻刘氏　宜山人。谏遇贼害死，刘闻之，闭户自缢。众往救，气未绝，密护视之，氏乃不饮食。丧至，刘往迎，且行且哭，因啮舌死。

王凯妻汪氏　庆远人。年二十二，夫罹罪被箠，肉腐。氏朝夕侍汤药，不能疗。乃告公姑曰："夫死，妾不能独生。幼女幸善抚之。"扼吭而死。

甘诚妻宋氏　南丹卫人。生子霖甫晬，诚卒，家贫，织纴自给。母强之改嫁，氏哭曰："妇人之义，从一而终。况吾为世禄之家，适他姓，何以见先人？"誓死不二。抚霖成立，任柳庆参将。正德十三年旌。

本朝

陈氏 宜山人。遇暴不从，被害。雍正二年旌。

崔岠妻欧氏 思恩人。年二十三，夫死，舅姑议改适氏。潜闻，奔哭夫墓，饮食不入者三昼夜。姑慰解，誓不夺志。土俗男女生周岁，皆带银圈于项，名曰命圈，解辄有殃。姑病，氏祷于神，解圈为药饵资。或讽止之，氏曰："姑死，我独生何为？"姑愈，氏竟无恙。雍正五年旌。同县曾三省妻韦氏、陈雄妻莫氏，均雍正年间旌。

何依义妻莫氏 南丹土州人。雍正八年，土官莫我谦征古州改定旦寨被围，依义入围，救之出。苗追之，依义拒敌死。莫氏守节抚孤。义夫节妇，蛮中所仅见者。

李良正妻杨氏 天河人。夫亡守节。乾隆二年旌。

苏继洄妻谢氏 宜山人。夫亡守节。乾隆三年旌。

韦扶海女 僮人，有姿色，未嫁，守正捐躯。乾隆九年旌。

韦孝女 天河人。父母与兄食菌，中毒，同日死。女幼许字顾姓，愿终身奉其家祀，顾莫能强。抚一子继韦氏嗣，始终如一。

杨世国妻李氏 河池人。生一子甫周岁，世国死。氏年少家贫，尝抚子德明泣曰："吾所以不死者，以有尔在也。"后德明从征古州，殁于军。氏哭失明，终身茶苦。乾隆二年旌。同县刘士元妻王氏、莫逾纲妻陈氏、刘王氏、杨李氏，均乾隆年间旌。

陈国球妻覃氏 思恩人。夫亡守节。嘉庆八年旌。

仙释

陆禹臣 河东人。避乱入南岳，遇道士，授以仙术，且谓曰："汝得志，当在山穷水绝处。"乃跋涉隐宜之北山，居岩修炼，后仙去。

吴优 宜山人，为州吏。遇异人授一杖，欲有所往，携之，顷刻至家。去郡治三十里，每日昏暮归家，昧爽在郡，人咸异之。后卒，榇至桃源山，重不可举。俄顷，蝼蚁啣土盖棺，成一巨冢。乡人因立庙祀之。

罗仙 宜山人。尝牧牛于会仙山下。一日遇老翁，饮以水一勺，身遂轻，举步如飞。后仙去。

卢德洪 宜州人。幼栖南山广化寺，一旦失所在。郡守张自明寓京师，一僧来谒，曰："小僧宜州人，住广化寺，姓卢名德洪，闻君任吾州，故来谒。"遂留谈，出一履为符。自明至宜，游南山，问德洪所在，众僧愕然云："本僧别去久矣。"自明焚香祝曰："汝有灵，引我以香。"已而，香拂山左石室中，观之，有窍露光明，德洪坐化于内，一履在前，与昔所遗无二。

土产

银《宋史·地理志》："宜州贡银。又河池有银场。"《明统志》："南丹土州孟英山出。"

锡 河池、南丹、那地三州出。

丹砂《唐书·地理志》："宜州有丹砂。"《寰宇记》："宜山有富安砂监。又抚水州有固屑场，出砵砂。"

布《寰宇记》："宜州土产，都洛麻、狭幅布。"《府志》又有葛布、棉花、青麻。

楮皮纸 府境出。

药 府境出苣蔻、草果、马槟榔。

山羊《金志》："南丹那地土州出。常食三七叶，取其血佳。"

三七《金志》："南丹那地各土司俱出。"

千年健《府志》："各土司出，永顺颇佳。"

苗蛮

苗 在东兰州，习俗颇驯。

抚水蛮 在宜州南。有县四，曰抚水、京水、多逢、古劳。唐隶黔，其酋皆蒙姓，同出有上、中、下三房及北遐一镇。民则有区、廖、潘、吴四姓，亦种水田采鱼。其保聚山险者，虽有畲田，收谷粟甚少，但以药箭射生鸟兽。无牛羊桑柘地。椎髻跣足，走险如履平地。言语侏僇。畏鬼神，喜淫祀，刻木为契。

安化蛮 在宜州西，最鸷悍。官月给生料盐以拊之，犹日侵省地以耕，民不与争，官亦不能禁。

西南蕃 在宜州境。又有大小张、大小王、龙石、滕、谢诸蕃。地与牂柯接。人椎髻跣足，或著木履，衣青花斑布。以射猎仇杀为事。其南连邕州。南江之外者，罗殿、自杞等以国名，罗孔、特磨、白衣、九道等以道名。而峨州以西，别有酋长，无所统属者：苏绮、罗坐、夜面、计[利]、流求、万寿、多岭、阿误＜悞＞等蛮，谓之生蛮。

瑶　在天河县阿练里之山峒、念峒，有顶板、赤膊、过山诸种，男子蓄发挽髻，裹以花布；妇人以长带束额，耳带大圈。在河池，婚姻以牛为礼，嫁时不制衣被，女过宿即返，有越数年始回夫家者。在思恩居五十二峒，及仪凤、菁滩、上、中、下疃之间，男衣短狭青衣，妇女小袂长裙。岁首祭先祖，击铜鼓跳跃为乐。在东兰居四堡十三哨，言语鴃转，即僮人亦不能喻。在南丹，男女皆蓄发挽髻，负戴以额，不与他类通婚姻。在忻城，俗贫而陋。

僮　在宜山县，男薙发留辫，女未嫁者披发，已嫁者挽髻。在天河，有八千一百余户。居西乡者，出入佩环刀，持镖鎗，性顽难化，近颇畏法。在河池思恩，俗与瑶同。在东兰有僮女，能作花巾，以白布画花卉、人物于上，织成极工巧。

僚　今右江西南一带甚多。有飞头、凿齿、鼻饮、白衫、花面、赤裈之属，言语与汉迥别。性鄙吝。善耕作，尤好种棉。无年甲姓名，一村中推有事力者曰郎火，余但称火。岁首以土杯十二贮水，随辰位布列，郎火祷焉，经夕集众往观。若寅有水而卯涸，则知正月雨、二月旱，自以不差。

仡佬　即僚人。服色尚青。男衣短狭，老者衣细褐，女则短袂长裙。宜山、天河皆有之。

俍　在那地土州。衣服同汉民，耕田而食。征调则为狼兵，明沈希仪用以破贼。南丹、忻城，皆有土俍。

伶　详见《桂林府》。宜山、思恩亦有之。

㑩　即水苗瑶之别种，南丹及荔波境上有之。男女皆挽髻向前，项饰银圈。性凶暴，睚眦之仇必报，有事不讼官。

侬　在宜山县龙门，与㑩、僮杂居。在南丹种甚多，服饰略同僮。性特愚，为僮欺胁。

㹢　先自广东阳山县而来，语言百世不变。性好种畬，居无定所，土瘠即去。每岁孟春，男女上山斫柴，作歌为乐。宜山、永定、永顺多有之。

思恩府

　　在广西省治西南一千一百五十里。东西距九百九十五里，南北距三百七十里。东至柳州府来宾县界二百八十五里，西至云南广南府土富州界七百十里，南至南宁府宣化县界一百三十里，北至庆远府永定土司界二百四十里。东南至宣化县界二百四十里，西南至太平府龙英土州界六百二十五里，东北至庆远府宜山县界三百六十里，西北至庆远府东兰州界二百四十五里。本府境：东西距二百一十里，南北距三十五里。东至上林县界九十里，西至下旺土司界一百二十里，南至武缘县界十里，北至兴隆土司界二十五里。东南至宣化县界一百里，西南至南宁府归德土州界四十里，东北至白山土司界六十里，西北至定罗土司界五十里。自府治至京师八千六百十里。

分野

天文轸翼分野，鹑尾之次。

建置沿革

　　《禹贡》荆州南裔。周百越地。汉为郁林郡广郁、领方等县地。按：府境在郁江之北，南界南宁太平，俱为郁林故地。《明统志》作“交阯郡地”，误。晋宋以后，为晋兴郡地。唐置羁縻思恩州，隶邕州都督府。宋亦曰思恩州，属邕州右江道。见《宋史·地理志》。《寰宇记》《九域志》同，而《明统志》

作"属迁隆镇"。元属田州路。明初属田州府。永乐三年，直隶广西布政使司。正统五年，升为思恩府，寻改为军民府。宏治末，改设流官。

本朝因之，属广西省。领州一、县三、土州一、土县一、土州判一、土司九。

武缘县

在府南七十里。东西距二百七十七里，南北距一百三十八里。东至上林县界八十五里，西至南宁府归德土州界一百九十二里，南至南宁府宣化县界六十里，北至兴隆土司界七十八里。东南至宣化县界五十里，西南至南宁府隆安县界一百二十里，东北至上林县界一百八十里，西北至定罗土司界八十里。汉郁林郡，领方县地。隋析领方置，属郁林郡，寻省入岭山。唐武德五年复置，属邕州。宋因之。元属南宁路。明万历七年，改属思恩府。本朝因之。

宾州

在府东一百五十里。东西距一百五十里，南北距一百二十里。东至浔州府贵县界一百二十里，西至上林县界三十里，南至南宁府宣化县界九十里，北至迁江县界三十里。东南至宣化县界一百里，西南至武缘县界四十里，东北至浔州府武宣县界八十里，西北至迁江县界四十里。汉置领方县，属郁林郡，为都尉治。后汉因之。三国吴改曰临浦县。晋初复故。宋、齐因之。梁兼置领方郡。隋平陈，郡废，县仍属郁林郡。唐初属南方州。贞观五年，始于县置宾州。天宝初曰安城郡。至德二载，改领方郡。乾元初，复曰宾州，属岭南道。五代属南汉。宋开宝五年，州废，以县属邕州。六年复置，曰宾州安城郡，属广南西路。元曰宾州路。至元十六年，置下路总管府，属广西道。后降为州。明初以州治领方县省入，属柳州府。本朝雍正三年，升为直隶州，领迁江、上林、来宾、武宣四县。十二年，改属思恩府。

迁江县

在府东少北二百八十里。东西距六十五里，南北距二百十五里。东至柳州府来宾县界五里，西至上林县界六十里，南至宾州界六十里，北至柳州府马平县界一百五十五里。东南至浔州府贵县界六十里，西南至上林县界五十五里，东北至来宾县界四十里，西北至庆远府忻城土县界九十五里。汉领方县地。唐置羁縻思刚州，属邕州都督府。宋天禧四年，改置迁江县，属宾州。元、明因之。本朝初属柳州府。雍正三年，分属宾州。十二年，改属思恩府。

上林县

在府东一百八十里。东西距一百八十里，南北距二百五十里。东至宾州界六十里，西至古零土司界一百二十里，南至宾州界八十里，北至庆远府忻城土县界一百七十里。东南至宾州界七十里，西南至武缘县界九十里，东北至迁江县界九十里，西北至古零土司界六十里。汉领方县地。唐武德四年，析置上林县，又于县置南方州。贞观八年，改曰澄州。天宝初，改贺水郡。乾元初，复曰澄州，属岭南道。宋开宝五年，州废，县属邕州。端拱三年，改属宾州。元、明因之。本朝初属柳州府。雍正三年，分属宾州。十二年，改属思恩府。

田州土州

在府西四百五十里。东西距四百里，南北距三百五十里。东至下旺土司界一百六十里，西至云南广南府土富州界二百四十里，南至镇安府向武土州界一百六十里，北至庆远府东兰州界一百九十里。东南至上林土县界一百四十里，西南至镇安府奉议州界九里，东北至兴隆土司界二百二十里，西北至泗城府界一百十里。汉郁林郡地。唐开元中始置田州，治都救县。天宝初，曰横山郡。乾元初，复曰田州，属岭南道邕管。贞元二十一年废。后复置为羁縻州。宋亦曰田州，属邕州右江道。元升为田州路。明洪武初曰田州府。嘉靖七年，降府为州，复添设田宁府治焉。八年府废，复为田州，属广西布政使司。本朝康熙三年，改属思恩府。乾隆九年，析置阳万土州判。

上林土县

在府西南二百七十里。东西距三十里，南北距三十里。东至下旺土司界十里，西至镇安府向武土州界二十里，南至南宁府果化土州界二十里，北至土田州界十里。东南至白山土司界十五里，西南至太平府佶伦土州界三十里，东北至土田州界十里，西北至向武土州界三十里。宋置，属横山寨。元属田州路。明嘉靖初，改属思恩府。本朝因之。

白山土司

在府北八十里。东西距一百九十里，南北距五十五里。东至下旺土司界十里，西至南宁府果化土州界一百八十里，南至武缘县界四十里，北至兴隆土司界十五里。东南至武缘县界四十里，西南至南宁府归德土司界一百八十里，东北至安定土司界四十里，西北至上林土县界一百八十里。古百越蛮地。唐、宋以后为思恩州地。明嘉靖七年，分置白山土司，属思恩府。本朝因之。

兴隆土司

在府北七十里。东西距二百五十里，南北距一百六十里。东至白山土司界三十里，西至庆远府东兰州界二百二十里，南至武缘县界八十里，北至安定土司界八十里。东南至白山土司界三十里，西南至那马土司界三十里，东北至安定土司界三十五里，西北至土田州界二百四十里。唐、宋后为思恩州地。明嘉靖七年，分置兴隆土司，属思恩府。本朝因之。

定罗土司

在府西一百四十里。东西距四十里，南北距三十五里。东至白山土司界十里，西至武缘县界三十里，南至武缘县界十五里，北至旧城土司界二十里。东南至五武缘县界三十里，西南至武缘县界三十里，东北至那马土司界四十里，西北至旧城土司界三十里。唐、宋后为田州地。明嘉靖七年，分置定罗土司，属思恩府。本朝因之。

旧城土司

在府西北一百五十里。东西距七十里，南北距六十里。东至兴隆土司界五十里，西至都阳土司界二十里，南至那马土司界四十里，北至庆远府东兰州界二十里。东南至定罗土司界二十五里，西南至下旺土司界三十五里，东北至兴隆土司界六十里，西北至都阳土司界五十里。唐思恩州治。宋、元因之。明正统七年，徙废。嘉靖七年，分置旧城土司，属思恩府。本朝因之。

下旺土司

在府西二百十里。东西距五十五里，南北距三十三里。东至旧城土司界十五里，西至土田州界四十里，南至上林土县界三里，北至旧城土司界三十里。东南至白山土司界三十里，西南至土田州界三十里，东北至旧城土司界三十里，西北至土田州界十五里。唐、宋后为田州地。明嘉靖七年，分置下旺土司，属思恩府。本朝因之。

那马土司

在府西北九十五里。东西距五十里，南北距六十里。东至兴隆土司界三十五里，西至白山土司界十五里，南至武缘县界四十里，北至旧城土司界二十里。东南至武缘县界五十里，西南至武缘县界三十五里，东北至兴隆土司界三十五里，西北至定罗土司界三十五里。唐、宋后为思恩州地。明嘉靖七年，分置那马土司，属思恩府。本朝因之。

都阳土司

在府西北二百八十里。东西距一百十五里，南北距四十七里。东至旧城土司界二百里，西至土田州界三百里，南至南宁府归德土州界十里，北至兴隆土司界二百里。东南至兴隆、旧城二土司界二百三十里，西南至旧城土司界二十里，东北至土田州界四百里，西北至庆远府东兰州界五百里。唐、宋后为田州地。明嘉靖七年，分置都阳土司，属思恩府。本朝因之。

古零土司

在府东北八十里。东西距一百八十四里，南北距四十四里。东至上林县界四里，西至武缘县界一百八十里，南至上林县界四里，北至白山土司界四十里。东南至上林县界八十里，西南至上林县界二十五里，东北至上林县界一百里，西北至白山、下旺二土司界二十里。唐、宋后为思恩州地。明嘉靖七年，分置古零土司，属思恩府。本朝因之。

安定土司

在府东北一百六十五里。东西距二百三十里，南北距一百十里。东至庆远府忻城土县界一百八十里，西至土田州界五十里，南至兴隆土司界三十里，北至庆远府永定土司界八十里。东南至古零土司界一百五十里，西南至土田州界六十里，东北至庆远府宜山县界二百里，西北至都阳土司界一百里。唐、宋后为思恩州地。明嘉靖七年，分置安定土司，属思恩府。本朝因之。

形势

居西粤之极西，边徼之末。东络柳、桂，西跨滇、黔，南接邕州，北达庆远。襟牂牁而带红水，幅帽数千里。《府志》。

风俗

瑶、僮杂处，不事诗书。自明始建学，粗知礼义。《明统志》。土俗重财轻杀，出入以刀自卫。《府志》。居民力田，不事商贾。男裹青帻，女戴竹笠。

婚娶不避同姓。市廛多妇女贸易。疾病惟事巫觋。同上。

城池

思恩府城　周一里有奇。门三。两河汇于南门。北倚山麓旧治，在砦城山。明正统十年，迁乔利。嘉靖六年，迁今所，甃砖。万历十九年修。今闭西门，城属九土司承修。

武缘县城　周三里有奇。门四。池广一丈。明洪武二十四年建。本朝康熙三年修，乾隆三十一年重修。

宾州城　周二里有奇。门四。南倚江为濠。明初，因宋址重建。

迁江县城　周三里有奇。门三。东北临江，西南开濠，阔三丈。明初建。本朝康熙中修，乾隆九年重修。

上林县城　周二里有奇。门二。明成化中改建。本朝康熙二十一年修。

百色城　周三里有奇。门三。在田州西一百里。本朝雍正八年建。乾隆八年建月城，周一里有奇。三十年建护城三，各周六丈。

上林土县城　周一里有奇。门二。本朝顺治十八年建，有濠。

旧城土司　以山为城，东西径二里，南北径一里。凡四山口，皆有石墙。明永乐间筑，仍开四门，有濠堑。

下旺土司城　周三百步。门三。明正统间筑。

那马土司城　周一百四十步。门二。明正统间筑。

都阳土司城　土墙。周一百二十步，无濠堑。明末燬。

学校

思恩府学　在府治东。明万历六年建。本朝康熙十一年、雍正元年、乾隆六十年重修。入学额数二十名。

武缘县学　在县城南门外。明洪武二年建。本朝康熙三十九年、雍正元年重修。入学额数二十名。旧额十五名，乾隆三十年增五名。

宾州学　在州治东。本朝康熙四年重建，雍正元年、乾隆三十六年重修。入学额数工十名。

迁江县学　在县治西。本朝顺治九年建，雍正八年修。入学额数八名。

上林县学　在县治北。本朝康熙四十三年重建，雍正元年修。入学额数二十名。

宾阳书院　在宾州城内。本朝乾隆四十一年建。

化成书院　在田州。本朝乾隆二十年，即州署东义学改建。按《旧志》载："阳明书院，在府治西。修文书院，在武缘县。敷文书院，在宾州"。今并废，谨附记。

户口

原额人丁一万四千五百八十六，今滋生男妇大小共四十九万六千九百二十八名口。计八万四千四百四十一户。

田赋

田地八千八百九十二顷五十二亩七分有奇。额征地丁正杂银四万二千十三两六钱九厘，遇闰加征银一千二百一两三钱三分五厘。米三万八千二百七十八石二斗六勺。

山川

大名山　在府东三十里。一名大鸣山。与上林、武缘二县接界。高数百丈，延袤三百里。上有风穴。高秀为府境诸山之最。玉印山　在府东四十里。平地突起，石峰森列。其上方平如印，故名。鹰山　在府西北七十五里。临江屹立。又西有仙迹山，上有池。安山　在府北十里。为府治后屏。林木深邃，土人因讹为暗山。仙女山　在府北四十里旧府城中。前有大潭，水光如鉴。三台山　在府北四十二里。崇武山　在府北五十里。高峻为一方巨镇。起凤山　在武缘县东十里。平地突起两峰，轩笙秀丽，如双凤之腾霄，故名。思邻山　在武缘县东十五里。《明统志》："昔乡人何邻者，有道术，年百余岁，不知所适。人思之，因名。"武台山　在武缘县东二十里。形如半月。县境诸山，此最秀。伊岭山　在武缘县南三十里。上有望仙岩，极深邃。暗山　在武缘县南三十里。两山相夹，林木深阻。相传侬智高尝结垒于此。帽山　在武缘县西南十五里。

山形圆耸。都结山 在武缘县西南六十里。嶙峋高峻。相近又有房山。剑脊山 在武缘县西北六十里。状如剑脊，中有隘路，往来通行。又峥山，在县西北七十里，上有泉，甚清冽。南山 在武缘县西北一百二十里。三潮水出此。黄道山 在武缘县北二十里，有岩。铜泉山 在宾州东十七里。石壁山 在宾州东三十里。其并峙者，曰白羊山。旁有廖平岩，四围坚密如城郭，清胜奇绝。双山 在宾州东三十里。以两山相对而名。镇龙山 在宾州东南八十里。与浔州府贵县接界，亘百余里。马碑山 在宾州南二十里。上有遗迹。又南五里为杨山，下有川，入临浦江。领方山 在宾州南三十五里。古郡县皆以此名。南山 在宾州南四十里。连峰耸翠，为州前案。武禄山 在宾州南六十里。仙影山 在宾州西南二十里。相传有二仙女游此，因留影岩石间。宋陶弼有《诗》。古漏山 在宾州西南三十里。有泉如滴漏，四时不竭。宋咸平中，州守王举凿崖烧石，开辟关路，以通行旅，往来称便。登台山 在宾州西南八十里。极其危耸。接南宁、永、贵、武缘、上林诸山，迤逦二百余里。又名天柱山。马鞍山 在宾州西二十里。又金鸡山，亦在州西二十里。罗凤山 在宾州北十五里。蜿蜒横亘，为州后屏。挂榜山 在迁江县东半里。隔江延亘十里，为邑屏障。又莱山在县东五里。宝积山 在迁江县东南二里。叠石崔嵬，不通道路。山巅稍平可居。亦曰堡积山。鹧鸪山 在迁江县东南，隔清水江十里。岩谷险峻。亦名白鹤山。下有白龙洞。纱帽山 在迁江县东南，隔清水江八十里。以形似名。有岩可容百人，岩中有水不竭。双髻山 在迁江县南十里。两峰并峙。相近曰佛顶山。岜梧山 在迁江县西南五十里。印山 在迁江县西，隔红水江二里。中有八仙洞。山半有遇仙岩，岩内产鸳鸯石，亦曰鸳鸯窝。烟合山 在迁江县西三里。层峦叠嶂，岩壑深蔚，云常聚其上。古党山 在迁江县西十五里。瓦山 在迁江县西三十里。有岩，上层玲珑光彻，可容数百人，下层平坦，可居牛畜。朝山 在迁江县西四十里。武节水出此。泊舰山 在迁江县西北五里。下有岩，容数百人。有石笋甚奇，舟行经此多驻观，故名。永昌山 在迁江县北七里。又有甲山，在县东北十五里。马陵山 在上林县东四里。北江经其下，名马陵江。又双山，在县东二十五里。磨山，在县东四十里。罗密山 在上林县东五十里。岩洞幽胜。相近又有狮子山，对峙者曰螺山。皆平地突起。旁有狮螺江。云陵山 在上林县东南十五里。最高秀。罗艾山 在上林县东南十八里。《明统志》："昔有罗艾，隐居于此。"石蓬山 在上林县东南三十里。平地突起，中有岩洞，容数百人。下有小江，穿石缝中，水清碧多鱼。鸡笼山　在上林县东南三十里。中有洞，宏阔，可容百人。又金鸡山，在县东南六十里。镆鎁山　在上林县南三十二里。《方舆胜览》："昔有人得古剑于此，因名。"古渌山　在上林县西南三十五里。下有古渌水。又高眼山，在县西南四十里，其山最高，林木深郁。罗钩山　在上林县西六里。山势盘曲如钩。大明山　在上林县西四十余里，与思恩府武缘县接界。蜿蜒叠翠，中有五峰，直插霄汉。上有潭，深不可测。时吐异光，远烛数里，因名。南江出此。都茗山　在上林县西北六十里。其山产茶，又谓之茶山。北江出此。扶岚山　在上林县北五里。八峰分矗，若扶瑶霄汉之上。一名八角山。石光山　在上林县北十里。山石洁白，日照有光。岜野山　在土田州东三十里。巩山　在土田州东一百二十里。两峰对峙若门，土人呼门为巩。横山　在土田州东南十里。山势蜿蜒横列。唐郡名横山，因此。曼洞山　在土田州西南二百二十里，接镇安富州界。峰峦层峙，溪壑连络。怕武山　在土田州西十里。雪瓶山　在土田州西北八十里，接泗城府界。其形若瓶。岜马山　在土田州西北一百八十里，接东兰州界。八面山　在土田州北十五里。树木周围。详山　在土田州北。《明统志》："在上隆州南。"那造山　在上林土县南。山势峻削，人迹罕至。笔架山　在白山土司南乔利旧治东南十余里。起伏三峰，形如笔架。独秀山　在白山土司南乔利旧治东十五里。平地突起，其形如笏，亦名印笏山。九儿山　在白山土司西南二百里，丹良旧治西。山峰有九，远望如婴儿隐立。挂榜山　在兴隆土司东南二十里。平远苍翠，状如悬挂。旗山　在兴隆土司西南八里。高峰突起，溪流环绕。鸡笼山　在兴隆土司西南八十里。形极方广。七首山　在兴隆七司西六十里。山有七峰，形如人立。感土山　在定罗土司东二十里。秀丽清幽，中有岩穴。三架山　在定罗土司南二十里，与武缘县接界。三峰尖耸，形如笔架。独凤山　在定罗土司北三十里。形如独凤，峰峦稍平。将军山　在定罗土司东北二十里，与那马土司交界。峰高出。怪石巉岩。驮感山　在旧城土司西南三里。磊石巉岩，下有涌泉。八峰山　在旧城土司北。一名元武山。八峰高耸，四面略有畲田。上有泉，味极甘。又有岜砦岩，清幽可爱。崇嵝山　在旧城土司东北三里。层峰磊石。下有石池，水涌不竭。垒石山　在下旺土司东一里。山峰秀耸，石壁巉岩。蓬山　在下旺土司南，与司城相连。峰峦尖耸，为司治后屏。波岌山　在下旺土司西四里。乱石巉岩，有泉涌出，每日三潮三汐。鬼山　在下旺土司北六里。深林岑郁，其下有泉。苏纬山　在那马土司西南二十里。岜旦山　在那马土司西北十里。峭壁插天，中有石洞幽绝。峨山　在那马土司西北十五里。强山　一名顺山，在都阳土司南一百二十里。峰峦高耸，下有石岩。岜阜山　在都阳土司北三里，为司治后屏。峒层山　在都阳土司北十五里。山势高大，峰峦重叠，下有岩洞。旦山　在都阳土司东北十五里。其下有洞，虚敞清幽。怪石林立，状类人物。虎头山　在古零土司南三里。一峰高耸，俨若虎形。纱帽山　在古零土司北三里。独立无附，势干云霄，后高前低，以形似名。龙角双峰山　在古零土司东北二里。两山并峙，尖峰突兀，以形似名。砦油山　在安定土司西北二十五里。山势崔巍，四面峭壁屹立。旁有石磴，嵌崎可梯而上。其巅有署、宇、台、榭，相传为昔蛮王屯驻之所。

紫金岭　在武缘县南二十里。又南五里，有天井岭，顶有泉，故名。高峰岭　在武缘县南五十里。岭南为宣化县界，通南宁要道。山峰险峻，路迳崎岖。青岭　在宾州东南五里。圆珠岭　在宾州南门外。大江环流，如珠圆抱。铜鼓岭　在宾州南三里。人行岭上，逄逄有声。又南三十里为窨岭。争光岭　在上林县东七里。俗称岭夜有光，与大山相映，故名。一名章光岭。南北两江，合流其下。雷矮岭　在上林县西南三十里，与向武州接界。山峦高耸，东西穿径，皆黄茅青草，行人无所憩息。东岭　在白山土司东十五里。黄旛岭　在兴隆土司东南三十。岭势峻绝，一望黄色，如树帜然。闻标岭　在那马土司南四十里，接武缘县界。势极高峻。秾企岭　在那马土司西十五里。砦崇岭　在那马土司北二十里。岭势嵯峨，为司后屏。

靖远峰　在府东北四十里。明宏治中，官军讨岑濬，登峰顶以望贼氛，事平，因名曰靖远。

狮子岩　在府南十里，接武缘县界。山势蹲踞，俨如狮子。峰峦耸秀，东、西、南三面，悬崖绝壁。中有岩洞，玲珑深邃。白云岩　在府东北五十里。林壑甚胜，有泉自岩出，流成溪涧。韦公岩　在武缘县东北一百里。又狮子岩，在县北四十里。甘村岩　在宾州西南二十里。中极幽深，下有潭。又白村岩，在州西二十里。相近有葛仙岩。黑洞岩　在迁江县西南四十里。岩不甚高，有路可通往来。岩口有石壁障之，颇幽暗，然炬而入，内复光明。旁多竹树，中有池三道，产金鱼。暖岩　在土田州北。《明统志》："在思城土州南十五里。其岩深邃，可蔽风雨。"

七星坡　在武缘县西三十里。

仙女洞　在武缘县西南三十里。石岩深广，三面皆石壁。亦名朝天岩。智诚洞　在上林县东二十里。矗立千仞。《明统志》："唐韦厥隐居处。"白云洞　在上林县北二十里。常有白云覆其上。罗洪洞　在上林县东北五十里。《明统志》："宋韦旼隐此。"石洞　在土田州北。《明统志》："在上隆州治东。一名隐仙洞。"

彝江峒　在安定土司东一百五十里。峒势条直如巷，中泻小水，前横大江。大察峒　在安定土司北五十里。瑶蛮穴聚，其中最为险扼。

府江　在府南。其源有二：一曰东溪，在府东北一里，源出三台山；一曰西溪，在府西北二里，源出笔架山。夹城而南，至府南合流。又南入武缘县界，与西江合。驮蒙江　源出那马土司界阆标岭，东北流经鹰山下。至府北四十里，一曰清水江。又东北入红水江。南流江　在武缘县东南二里，源出上林县大明山，西南流至县西南合西江，又南至宣化县界入大江。《明统志》："灵犀水在郁江上流。"即此。那楞江　在武缘县南，源出葛墟隘，北流经紫金岭右，与紫金江合。又北流至县西南十里，入南流江。西江　在武缘县西门外，源出上林县大明山。一曰剑江。西南流至县北四十里，与府江合。又南合南流江。中有石鼓，相传击之则致风雨。李依江　在宾州东三十里，源出琅邪乡，北流入思览江。又龙巽江，在州东六十里，源出贵县界龙潭。鹰埠江，在州东四十里，源出鹰岊泉。武陵江，在州东南三十里，源出武禄山。皆流合思览江。又宝水，在州南三十里，源出州南上清里，北流经州东，入思览江。临浦江　在宾州西二十里，源出宣化县界，北流入思览江。又丁桥江，在州西二十五里。古漏水，源出古漏山。皆流合临浦江。思览江　在宾州东北，即古宾水也。《九域志》："宾州有宾水。"《旧志》："源出浔州府贵县，西北流近邹墟，下流合清水江。水涨可通小舟。"北三江　在迁江县东北五十里，有二源，合流东南下。居人多引以灌田。入红水江。南江　在上林县南四里，源出大明山。东至章光岭，与北江合流。《旧志》："有澄江，在县南二里，源出大明山，唐澄州以此名。又龙母江，一名龙马江，在县南三里，源出高眼山。化龙江，在县南八里，源出淡竹山，一名淡竹水，一名单竹江。周利江，在县南十五里，源出县西南界，与化龙江合。俱入马陂江。皆所谓南江也。又樊庙江，在县南十五里，源出古渌山，亦流合南江。"右江　自泗城府西林县，流入土田州南，又东南经上林土县东北，又东南入南宁府果化土州界。《寰宇记》："右水源出土田州，西北流入郁江。"《明统志》："源出云南土富州。历上林洞，经土田州，流入南宁府界。"《通志》："自土富州流入，至剥色埠，与西林县水合。绕州前东南流八十里，至上林县境，可通舟楫。"红水江　自庆远府东兰州流入，经旧城、兴隆、安定诸土司，入庆远府忻城土县界。又经迁江县北入来宾县界，一名鸣坭江。其下流又名都泥江，在止戈废县北一百九十里，去严州一里。《旧志》："水自东兰州界东南流入兴隆土司界，经上段、九成、头南。又经旧城土司东北，又东流经兴隆土司治北，入安定土司南。又东入忻城土县界，至迁江县东北隅，与清水江合流。其分界处谓之北府渊，夏秋水红黄而难饮，春冬水清浅而难行。中有险滩十五处，皆极高险，大小舟无敢进者，名曰消魂滩。"姑娘江　在白山土司东十里，源出东岭，北流入红水江。清水江　一名北江，源出古零土司界，东流入上林县，至章光岭与南江合。经县北又东入迁江县界，为清水江。经县南折北，流至县东北，入红水江。《旧志》："有里仁江，在上林县北十里。周江，在县北二十里。源俱出茶山，并流数里而合。又黄龙江，源出罗钩山，亦经县北流合焉。又东迳马陵山阴，为马陵江。皆所谓北江也。迁江县界有鱼梁滩，最险，仅容小舟，可达上林界邹墟埠。"彝江　在安定土司东一百五十里，源出东兰州界，东南流入红水江。

三潮水　在武缘县西一百三十里，源出南山，其水一日潮汐者三。布排水　在武缘县东北十五里，源出黄道山，南流出东门桥，合南流江。武节水　在迁江县西南八里，源出朝山，东流入红水江。《寰宇记》："上林县界，有武济水。"即此。贺水　在迁江县西南四十里，源出岜梧山。其北有武绳水，源出黑洞岩，一名龙降江，合流东入清水江。大罗溪水　在上林土县南二十五里，即向武州枯溶江。下流入右江。大含溪水　在上林土县北，即向武州泓浍江。下流入右江。七首水　在兴隆土司西南，源出七首山，北流入红水江。鸡笼水　在兴隆土以西，源出鸡笼山，东北流经旧司治东，北入红水江。又清水江，在司东北二十里，源出安定土司界，亦流入红水江。驮感水　在旧城土司西南，源出驮感山石穴。南流出都阳土司，入归德土州界。崇崚水　在旧城土司北，源出崇崚山石池。西南流绕城西，至驮感山穴，不知所之。相传潜通驮感水。陇嚣水　在下旺土司东南，源出山中，北流合波发水。又陇穰水，在司北五里，源出鬼山，东流合波发水。波发水　在下旺土司西南四里，源出波发山，环绕司治，东北流入旧城土司。苏纬水　在那马土司南，源出苏纬山，从坑堑涌出，东流合峨山水。又东经司城南，又东北入兴隆土司界，入红水江。峨山水　在那马土司西，源出峨山石穴，南流入苏纬水。稔企水　在那马土司西北，源出稔企岭，由石穴涌出，东北流入旧城土司石穴。司北田畦，多赖灌溉。峆岜水　在都阳土司西南一百二十里，源出平地。有穴阔数丈，初观澄清可鉴，移时混浊，色赤如血，久之复成米色，每日色凡三变。流不数武，汇入峆敬潭，其阔过于峆岜水，其深莫测。水从潭底涌出，流经顺山，东入武缘县界。河侧田畴，皆赖灌溉。司前水　在古零土司东，源出上林县山中。迂绕司左，由纱帽山后，达下远潭，入习律隘山根，莫测所之。溪涧水盈尺，亢旱则涸，土民常于司内掘地，取水饮之。韦大村水　在安定土司北五十里山隙下。清泉涌出，分为二派：一西经大寨峒口，迂回岭溪，自山缝泻出，南至习河隘西，入地，潜入于江。一东南流经地六村东，又南入小岭，达红水江。

万洞溪《明统志》："在土田州西二十里。其水深阔，居民常渔于此。"桥榜溪　在定罗土司东，自武缘县流入，北合架溪。产溪　在定罗土司西，源自旧城土司流入，经铁锁桥，折而北，合架溪。架溪　在定罗土司北二十里，自旧城土司流入，折而东，北经那马土司界，入红水江。

明镜湖《方舆胜览》："在宾州南三十五里，阔五顷。又有明镜湖，在上林县西南一里。"

罗坡潭　在武缘县东四十里，其深不测，相传中有龙窟。西合南流江。马潭《方舆胜览》："在宾州东七里。"《通志》："马潭塘，在州东二十里，旱祷于此。"下远潭　在古零土司治后，阔数丈，其水澄碧。

宝珠池　在府南二里。

布雍泉　在武缘县南莒溪北。又应众泉，在县西陆楚桥西。白鹤泉　在宾州南三十里，源出南山。东通鹰砦泉，合李依江。潮泉　在迁江县西八十里。泉水涌出，一日三潮。流至罗月镇，入红水江。那霸泉　在土田州西五十里。四时不竭。峆兰泉　在土田州北上隆故州东二里，源出州东北十三里四围山，南入右江。

黄牛滩　在迁江县东七里，红水江中。有石突出，形如黄牛。水势汹激，舟触辄坏。其尾曰铜鼓滩，尤险。白瀑滩 在迁江县东北八里，有水入红水江。江口瀑高丈许，水势下奔，形如瀑布。

涌泉井 在府北旧城东北三里，其水一日三涌。潭布井 在武缘县南，四时不涸，灌田数顷。

古迹

思恩故城 在府西北一百五十里。《唐书·地理志》："羁縻思恩州，隶邕州都督府。"《寰宇记》："唐景龙二年，属邕州，管县四。在州西陆路四百九十里。"《府志》："思恩旧州城，即今旧城土司也。明洪武初，土酋岑永昌归附，授知州世袭。正统五年，从安远侯柳溥议，升为府，寻改为军民府。七年，岑瑛以府治逼逊，迁于乔利，在今府北四十里白山土司界。宏治末，岑濬寇乱，改设流官。正德中，土酋王受，与田州土目卢苏合谋煽乱。嘉靖六年，督臣王守仁抚平之。七年，移府治于武缘县止戈里之荒田驿，即今府治。于故城置旧城土司，以黄集读为巡检，世袭。"琅邪故城 今宾州治。《元和志》："宾州琅邪县，西北至州二十五里。武德四年，析领方县置，属南方州。贞观五年，割属宾州。"《寰宇记》："宋开宝六年，省入宾州，废县在州东二十里。"《舆地纪胜》："开宝六年，移州及领方县，皆治于旧城北二十里废琅邪县。"即今治。领方故城 在宾州西，汉置。唐于县置宾州，宋移州及领方县，皆治于琅邪县，而故县遂废。安城故城 在宾州东。《元和郡县志》："宾州保城县，西至州五十里。梁置安城郡。隋改为县，属郁林郡。贞观中，割入宾州。至德中，改名保城。"《旧志》："宋开宝六年，废入领方。今安城镇。"迁江故城 在今迁江县北。《九域志》："县在宾州东北八十五里。"《通志》："旧城在今城北岸，宋嘉定三年建。明洪武二十三年，迁于南岸。即今城。"田州故城 在今土田州东南。《唐书·地理志》："田州，开元中开蛮洞置。"《寰宇记》："在邕州西北水路五百五十里，先属桂州。景云元年，割入邕州，属右江道。"《土夷考》："明洪武元年，土官岑伯颜归附，世袭知府。嘉靖五年，姚镆讨平岑猛之乱，改置流官。七年，王守仁以州境九目之乱，请仍置岑氏治田州，降府为州，分设土巡司以杀其势。添设田宁府，统以流官，俾总其权。明年，林富奏罢府治，惟分置十八土巡司。"本朝顺治初，岑汉贵归诚，仍于旧职。《通志》："故州治在州东南三十里，今名上下田州甲，有旧州墟。又有武龙甲，在州西一百八十里，即故武龙县也。"上林故城 在今上林土县东。《土夷考》："宋皇祐间置，属横山寨。明洪武二年，土官黄嵩内附，授世袭知县。"本朝顺治初，黄国安归诚，仍予旧职。《通志》："旧有土城在今县东十里余甲对岸，明末废。本朝顺治十八年迁于那料村，即今治。"乔利故城 在今白山土司西南三十里，四围皆山。明正统七年，岑瑛迁思恩府治于此。成化初，筑城。嘉靖七年，王守仁平思恩田州，又移府治于荒田驿，分府境置九土司，以此为白山司，常叙列九司之首，俗曰头司。以王受为巡检，世袭。明末，移治陇免村，在今司西五十七里。本朝顺治初，仍予世职。康熙十三年，又移治博结村，即今司治。

废澄州 今上林县治。《元和志》："澄州，汉郁林郡之领方县也。武德四年，置南方州。贞观八年，改为澄州。州南至宾州八十八里。又上林县，武德四年，分置于上林洞口，因以为名。"《文献通考》："开宝二年，废澄州，以止戈、无虞、贺水三县，并入上林。"婪凤废州 在土田州东。《宋史·地理志》："邕州婪凤州，属右江道。"《州志》："元废。明置巡司。今为婪凤塘，在州东九十里。"上隆废州 在土田州北。《明统志》："宋置，元属田州路，明初因之。"《土夷考》："洪武初，以上林知县岑永通管州事。成化三年，移治浔州界武靖州，而故州遂废。"《府志》："故州在州北八十里。"恩城废州 在土田州北二百五十里，唐置。《土夷考》："明初，岑氏世袭知州。宏治中，岑钦与田氏相攻，官军讨之，钦服罪。既而思恩岑濬作乱，钦孙桂佩党于濬，官兵讨濬，并诛桂佩，州由此遂废。"

凤化废县 在府境，明正德七年增置，属思恩府。无城郭廨宇，县令借居民村，迁徙无常。嘉靖七年，王守仁奏请割宾州上林县无虞乡三里地属之，移治三里，在府东北一百五十余里，并割上林县，亦属思恩为辅。明年，林富议以三里地迁置南丹卫。遂并凤化县裁之，上林亦还旧属。乐昌废县 在武缘县南。晋大与初，置晋兴县，属晋兴郡。《元和郡县志》："晋兴，本汉领方县地，晋于此置晋兴县。隋开皇十四年省。武德五年，复置。南至邕州一百里。"《寰宇记》："宋开宝五年，改为乐昌县，在邕州东北六十里。"《九域志》："景祐三年，并入武缘。"《通志》："故县在今县南三十里，今为乐昌乡。"思干废县 在宾州西南，唐武德四年置，属南方州。贞观十二年，省人领方。无

虞废县 在上林县东。《元和郡县志》："澄州无虞县，西南至州三十六里。武德四年，析领方县置。"《旧志》："宋开宝五年，省入上林。今有无虞乡。"止戈废县 在上林县西。《元和志》："澄州止戈县，东至州八十里。武德四年，析领方县置。"《宋史·地理志》："开宝五年，废止戈入上林。"贺水废县 在上林县东北。《元和郡县志》："澄州贺水县，西南至州一百六十里。武德四年，析柳州马平县置。"《唐书·地理志》："澄州贺水，本隶柳州，武德八年来属。"《宋史·地理志》："开宝五年，废贺水入上林。"

来安故路 在土田州西。《元史·地理志》："右江来安路军民总管府。"《土夷考》："宋皇祐间，岑翔以平侬智高功，驻守来安路，自是世为土官。明洪武初，岑伯颜以田州、来安二路来降，升为府。七年，来安酋岑即广叛，命讨平之。寻以来安省入田州。"

兴隆故司 在今兴隆土司西五里。明嘉靖七年，置于乔利，以韦贵为巡检，世袭。明末，移治剥何村，西去旧司五里。本朝顺治十七年，仍予世职。定罗故司 在今定罗土司治东。宋为田州武禺里。明嘉靖七年，徐吾随王守仁征剿有功，授土巡检，世袭，治木头城南。明末，移治旧司西侧。本朝仍予世职。下旺故司 在今下旺土司东北。宋为下旺原。明嘉靖七年，韦良保随征王受有功，授土巡检，世袭。本朝顺治五年，仍予世职，迁治那海堡石城东北，去旧治二百里。安定故司 在今安定土司东南，地名旧州。明嘉靖七年，潘良随征岑猛有功，授土巡检，世袭。明末移治地六村。本朝仍予世职。

周鹿城 今那马土司治，旧有石城。相传明正统间，土官岑瑛，尝围猎守鹿于此，因名守鹿城，后讹为周鹿城。嘉靖七年，于此置那马土司，以黄理为巡检，世袭。本朝因之。罗坡石城 在武缘县东四十里罗坡潭侧。又东二十里，有镆鄱金城。皆明正统中，土官岑瑛所筑。岑瑛城 在定罗土司东二十里。明正统间，土官岑瑛垒石所筑。

都阳十八砦 今都阳土司治。明宏治中，土酋岑濬作乱，甃都阳司砦石城十八所。嘉靖七年，置都阳土司于岜阜村，以黄留为巡检，世袭。司境所辖有上下二段：近治曰上段，孤立一掌之地。所领下段，皆迢递，在司西南百数十里之外，逾越邻境而遥辖之。本朝仍予世职。

古零堡 在古零土司治东一里下劳山下。明嘉靖七年，以覃益随征有功，移置今司，授土巡检，世袭。本朝仍予世职。

迁江屯田所　旧在迁江县治东。明洪武二十五年建，隶都司。嘉靖七年，迁置所于县东南境，接浔州府界。今废。

买马市　宋绍兴三年，置买马市于横山寨。或曰即今田州东平马塘之地。

翠中楼　在宾州城北墉。又有环山楼，旧名凌霄，又名观风。芙蓉楼　在宾州东城上。留哩楼　在故上隆州治东。明洪武十七年，知州岑永通建。

阅武堂　在宾州城中。宋陶弼有《诗》。

嘉乐亭　在府城西二十里。明正统十三年，知府岑绍建，为游观之所。

关隘

古漏关　在宾州西南四十五里，以古漏山名。宋置。镇鄜关　在上林县南二十里镇鄜山上。宋置。匹夫关　在安定土司东一百八十里红水江北。峭壁万仞，下临大江，鸟道一线而渡，极为险峻。

老村隘　在土田州东一百二十里。路通镇安府。又狼村隘，在州南三十里，接奉议州。那简隘，在州西南二百四十里，路通云南土富州。万山隘，在州西南二百八十里。壬村隘，在州北一百八十里，接东兰州。那林隘，在州北二百里，路通泗城府。皆属险要，设兵防守。工尧隘　在土田州东。明嘉靖初，官兵讨岑猛，猛以劲兵屯工尧隘。《新志》："巩山口，在州东一百二十里，为州险隘，有兵防汛。"即此。曼峒隘　在土田州西南一百二十里。明末置。下远隘　在白山土司北四十里，接安定土司彝江瑶界。岜关隘　在兴隆土司西八十里，与田州接界。瑶陇隘　在都阳土司东北十五里。山势嵯峨，茂林幽涧，多藏奸宄。清水隘　在古零土司东南三十里，路通上林土县。罗降隘　在古零土司南三十里，接武缘县界。有兵防守。刁律隘　在古零土司西北三十里。两峰夹道，斜径崎岖。接下旺土司界。彝江隘　在安定土司东一百八十里江北，彝江峒东。两山夹水，山左有径，达庆远府界。剑隘　在安定土司东南三十里江北。两山峙立，成一夹道，行人过比，每为股栗。刁房隘　在安定土司北五十里，接庆远府永顺司界。叠嶂密林，崎径邃壑。旁即大察峒。

高井寨巡司　在武缘县境，原驻土上林。本朝乾隆十九年，移驻罗墟。安城巡司　在宾州东六十里，即故安城县。平阳巡司　在迁江县东四十里。本朝乾隆八年置，由阳朔县伏荔市移驻。周安巡司　在上林县北一百七十里。本旧周安堡，即明迁安八寨之一。八寨者：思吉、周安、古卯、古蓬、古钵、都者、罗墨、剥丁。后又益龙哈、布哈，为十寨。其地东达柳州三都阜、岭北四诸峒，西连东兰等州及彝江诸峒，南连思恩及宾州上林、铜盘、渌毛诸峒，北连庆远忻城、东欧、八仙诸峒，周环五百里，瑶、僚占据。明嘉靖初，王守仁潜师破八寨，议移南丹卫于周安堡，抚臣林富又议移于三里，皆不果。万历七年，督臣刘尧诲请分设三镇，以周安、古卯为一镇，思吉、古钵、罗墨为一镇，古蓬、都者、剥丁为一镇，各置土巡司戍守，以思恩府参将辖之，隶于宾州，建参将署于三里；龙哈、布哈，各筑左右堡，募兵置戍，迁南丹卫八所，与参将同城而居。自是八砦帖服。本朝乾隆四十六年，置巡司，由思吉镇移驻。《旧志》："周安镇，在县北八十里。思吉镇，在县西北一百二十里。古蓬镇，在县东北一百里。" 思陇巡司 在上林县南境一百二十里。本朝乾隆四十三年置，由甘蔗园移驻。百色巡司 在土田州百色镇。本朝乾隆四年置，属百色同知。

都稜镇 在武缘县西，水路一百里。清水镇 在迁江县东南六十里。元置巡司。又旧有罗目、李广二镇巡司，久裁。罗白镇 在迁江县西。《九域志》："迁江县有罗白一镇。"《旧志》："县西有罗月镇，即罗白之误也。"三畔镇 在上林县西三十里。元置巡司。又旧有琴水桥巡司，在县东北，久裁。岜马镇 在土田州北岜马山下。明嘉靖七年，王守仁抚定田州土目卢苏等，因分州地置十八巡司。以卢苏为岜马甲司，余曰凌时、曰大田子甲、曰万冈甲、曰阳院、曰思郎、曰累彩、曰怕河、曰武隆、曰拱甲、曰状甲、曰娄凤、曰下隆、曰砦桑、曰思幼、曰侯周、曰县甲、曰篆甲，俱以土酋世袭。今皆废。

三里营 在上林县东北六十里，谓巡业、抚安、古城等里也。自砦瑶占据，改为陇哈、布哈二寨。明万历三年，抚臣郭应聘改设思恩参将，驻守于此，因筑三里城，又筑龙哈、布哈二堡。八年，督臣刘尧诲移宾州之南丹卫于三里，与思恩参将同城驻守。本朝改为三里营，设守备防守。旧分驻州同，乾隆三年，改设县丞。

博涩寨 在武缘县东六十里。明正统中置巡司，后裁。横山寨 在武缘县南四十里。明正统中置巡司，后裁。西舍寨 在武缘县西北一百里。元置巡司，后裁。

何旺堡 在府东四十里大名山下。明万历七年，知府侯国治平山贼置，有土兵防守。丹良堡　在白山土司西南二百二十里。相传宋皇祐中，有王清者，随平侬智高，授丹良堡土舍。明嘉靖中，其裔孙王受，以功授白山土司巡检，仍以堡地属之。《司志》："司境分为二段，附司治为下段，领六城头。丹良为上段，领十城头，在今司西南下旺司南境，中隔兴隆、那马、定罗三司。去今司治，远者至二百三四十里。"顺山堡　在都阳土司南一百二十里。明末，因归德、隆安土瑶为乱，设堡，以同知驻此。今废。

梁村墟　在宾州东一百二十里，与浔州府贵县接界。旧置巡司，后移于安城。邹墟　在上林县东北七十里，与宾州及迁江县接界。岜等墟　在旧城土司东北五十里，红水江南，与兴隆土司接界。

剥色市　在土田州西一百里。右江所经，有剥色渡，水陆交会，为滇黔来往之冲，府属襟喉之地。

津梁

南关桥　在府南，本朝康熙五年建。永济桥　在府南，明万历间建。隆兴桥　在府北四十里。东门桥　在武缘县东门外。邓桥　在武缘县西南十里。平武桥　在宾州东南五里。太平桥　在宾州南门外。附近有迎春桥。五星桥　在迁江县东南十里。龙降桥　在迁江县西南二十里。淡竹桥　在上林县东八里。相近有周利桥。镇武桥　在上林县北七十里。广济桥　在土田州东十里。武阳桥　在土田州北。《明统志》："在故上隆州北五十里。"乔利桥　在白山土司西南三十里。保合桥　在兴隆土司南三十里。乔阳桥　在兴隆土司南三十里。铁锁桥　在定罗土司西一里。古丽桥　在下旺土司东门外。周鹿桥　在那马土司东南数步。明正统间建，阔五丈，长四倍之。为四境通衢。那阳桥　在都阳土司东南一百五十里。

盘诘渡　在迁江县东门外清水河。又都历渡，在县西洪水河。清水渡　在安定土司西南四十里红水江渡处。其水上下皆赤，至此忽透出清流，四时不混。

堤堰

梁鸦塘　在宾州东四十里。州境陂塘得名凡十余处，俱有灌溉之利。

祠庙

报功祠 在宾州南二里，祀宋狄青、余靖、孙沔。

崔清献庙 在宾州学左，祀宋崔与之。梁太尉庙 在宾州南门内，祀宋梁仲保。博带庙 在宾州南二十里。汉马援裨将戴仁，南征时卒此，故祀之。韦侯庙 在宾州西门外，祀唐韦厥。厥，上林人，诛蛮有功，宋封侯，岁时祀之。黄旸庙 在那马土司西北岜旦山，祀明土司黄旸。岑公庙 在都阳土司治前，祀明思恩土知府岑瑛。

寺观

寿安寺 在宾州东，宋建。明初改名报恩。胜业寺 在上林县西南一里，中祀唐韦厥。

名宦

宋

蒙延永 长沙人。五代末，知宾州。宋初以捍贼死节。

杨居政 开宝中，知宾州。始创州治，建城卫民。

王举 咸平中，知宾州。开古漏关，凿崖烧石，旧时人迹不到，至是可通车马。

崔与之 广州人。宁宗时，擢发遣宾州军事，郡政清简。

明

蔡运 南康人。建文时，知宾州，有惠政。永乐初，以勤王论死。

吴孟球 定安人。成化中，知宾州。八寨蛮屡为寇乱，孟球单骑入寨抚谕，皆罗拜受约束。后以忧去，八寨峒夷，及南丹、宾州二卫所旗军，相率乞留，孝宗许之。

高友玑 乐清人。正德初，田州土知府岑猛以罪废，改置流官。命友玑以右参政知田州事。至则开示顺逆，待以至诚，为设科条，建学校，平瑶贼，四境静谧。会朝议复猛官，召咎。

张凤 宜春人。正德初，以左参政署思恩府事。时兵变后，土目纵横。凤抚辑流亡，修举废坠。在任六年，威惠翔洽。

张祐　广州人。嘉靖时，王守仁平田州寇，命祐部分其众，即请以副总兵镇之，屡破剧贼。

桂鳌　贵池人。嘉靖间，知思恩府，有文武才。王守仁奏迁府治于荒田驿，经营开创，半赖于鳌。在任数载，四境静谧。

侯国治　南海人。万历初，知思恩府。先是，学宫在郭外，草创简陋，每河涨，诸生病涉，国治为迁于府治东。

李应祥　九溪卫人。以武生从军，积功至思恩参将。万历七年，巡抚张任大征十寨，应祥与有功，即其地设三镇，筑城列戍。应祥方职营建，会擢松潘副总兵，当事者奏留之，以新秩莅旧任。时马平贼韦王明寇乱，力战破之，四境安辑。

朱国杞　严州人。崇祯末，知思恩府。值隆安县土贼马日仙挟妖术倡乱，犯思恩。国杞遣官兵一战擒之，余寇悉平。

本朝

刘日襄　武昌人。顺治初知宾州，土寇反，城陷，不屈死。事闻，赠广西参议。

庄振徽　福清人。康熙三年，知武缘县。民多以劫掠为事，告冤者月以百数。振徽莅任数月，亲擒渠魁十九人，毙于杖下，邑境以安。武缘无斥卤，人多淡食，乃招商运盐于广东。

张绥远　奉天人。康熙中，知思恩府，有惠政。郡治半属土司，广建义学，由是瑶俗渐知礼义。

人物

唐

韦厥　上林人。武德间，持节压服生蛮，开拓化外，诏领澄州刺史。

宋

梁仲保　宾州人。勇鸷出众，以三班奉职，充本州团练。宝元中，知州吴元球以仲保豫平安化蛮之劳，亲增给奖之。侬智高引众向宾，仲保迎战，势不敌，死之。

韦旼 上林人。元祐间，应举不第，遂隐于罗洪洞，据山林泉石之胜，聚书楼中，闭门诵读，学问淹通。

明

杨宗盛 宾州人。洪武中，以举人读书成均。学士宋讷试其文，称善，授编修。

岑瑛 思恩人，为本地土知州，谋略过人。正统中，尝奉征调，屡著功勋。遂晋州为府，秩加都指挥使。

宋迪 宾州人。性至孝。亲有不悦，肃衣冠待罪，必俟释乃退。天顺时，举于乡，授广南府通判，尽心民事。改补顺宁府判。称廉吏。

李璧 武缘人。宏治中，举于乡，任兰溪教谕。从章懋讲学，搜辑《三礼》经传，考订钟律，及乡射、冠、婚仪节。累官户部员外郎。所著有《名儒录》《明乐谱》诸书。

黄旸 那马土司目。嘉靖三十五年，以从征南赣功，升都司金书，加同知俸致仕。民被其泽，立像祠之。

甘用世 宾州人。家贫力学，事母孝。嘉靖中举于乡，知龙游县，甚得民心。以乞养归。亲殁，哀毁呕血卒。

蒙询 宾州人。嘉靖举人，任湖广承天府推官，迁知归州。申减茶税，楚人思之，立祠以祀。

宋琉 宾州人。嘉靖举人，知铜梁县，专尚德化，释李芳等九人之冤。酉阳、永顺十四司构怨，往招抚之，众皆辑化。迁儋州知州，锄豪强，宽徭役。弭昌江水患，复榕庄公田，化生黎为编氏，奏立顺黎、附黎二图，乡人安业。卒于官。后祀东坡祠。

潘仁晃 武缘人。任蕲州州判。天启初，以不立魏忠贤生祠，忤上官，去职。子玉达，以破土贼功，授世袭副巡检。

苏良桢 武缘人。以明经任山东滨州州判，迁卫经历，后家居。崇祯十七年，群盗入城，同弟良辅、良臣率乡勇拒战，被害。本朝乾隆四十一年，俱祀忠义祠。

骆士升 武缘人。崇祯末，贼入城，获士升，诱以利，不从，骂贼而死。本朝乾隆四十一年，祀忠义祠。

李弟 上林人。年十四，盗杀其父，弟奋身拔刀，连杀三贼，抱父尸，竟为贼害。诏旌其门。

本朝

黄埏　武缘人，岁贡生。康熙二十二年，由训导调河池州学正。州故多虎患，埏为文告神，患遂息。邑民集千人，以私仇相寻杀，埏单骑往谕，皆帖服散去。上官知其贤，交荐之。迁广东长乐知县，汰公费银二千余两。岁饥疫，设法赈之，制药给之，民用以苏。

王万化　白山土司巡检。事母至孝，修行恂谨。后以病乞休。子如纶袭职。

潘如禄　安定土司巡检。吴三贵叛，如禄忠节自矢。康熙十五年，将军傅宏烈兵出广肇，如禄率师先出迎，给总兵衔。激励各土属，合兵破贼，乘胜规取滇、黔。

岑宜栋　田州土知州，奉职以能敏称。乾隆三十八年，以军功赐四品顶带。五十三年征安南，宜栋率土兵与大兵合，屡战辄胜。逾年正月，于黎城击贼，阵亡。事闻，赐祭葬，荫云骑尉。弟宜桎，阳万土州判岑洁子，直隶试用布经历，以病归。至是亦率兵，与栋同殁于阵。

方云超　宾州人，由行伍荐升守备。嘉庆二年，随剿逆苗，以功赏戴蓝翎。七年，调征湖北邪匪，奋勇击贼，坠崖死之。又千总谭会龙、把总萧玉亮，随征黔楚逆苗阵亡。事闻，均荫云骑尉。

流寓

宋

王巩　莘县人，从苏轼游。绍圣间，轼得罪，巩亦窜宾州，数载始还。

列女

明

虞汴妻李氏　武缘人。少孀守节，家贫，事姑以孝闻。

王旒妻丰氏　武缘人。年二十二，夫死，守节养姑。有谋婚者，丰正色拒之。

梁容女　武缘人。年十七，八寨贼流劫犯其家，掳之行，至村前树下，抱木号呼。贼曰："尔不畏死乎？"梁曰："人谁无死？纵畏之，不能免也。"贼知不可夺，遂杀之。

舒锦妻陈氏　宾州人。夫亡子幼，孀居二十余年，邻人不识其面。子泰力学，以贡生任长乐训导，迎养。万历元年旌。

本朝

韦俊廉妻陆氏　武缘人。夫亡，姑年七十，氏纺绩以养。俊廉之从嫂苏氏，亦嫠居，贫不能自存，氏常周之，以坚其志。苦节六十五年。雍正六年旌。

陈所约妻吴氏　宾州人。夫亡守节，雍正十年旌。

黄玺妻莫氏　武缘人。夫殁守节，乾隆四年旌。同县蒙父离妻韦氏、阮生宝妻周氏、韦特奢妻韦氏、丰恒妻吴氏，均乾隆年间旌。

吴川妻黄氏　宾州人。夫亡守节，乾隆四十一年旌。

李进国妻翁氏　迁江人，捐躯明志。与同县萧廷敬妻黄氏，均乾隆年间旌。

杨思诚妻韦氏　上林人。夫殁守节，抚孤成立。乾隆十二年旌。同县李奇生妻谢氏、谭束妻张氏、周械材妻李氏，均乾隆年间旌。

仙释

明

姚清溪　宾州人。洪武十三年，学道于龙虎山，常骑虎。遇旱，祷雨如注。南宁孽龙为祟，清溪斩之。有蛇食人，又杀之。后白日飞升。

何璘　宾州人。恬澹轻名利，采药茹芝。至天顺中，年百三十余，飘然不知所适。人咸称为羽化。

卢六　上林人，性不食肉。一日往樵大冥山，见二童子衣白衣，异之。童子谓曰："更十日可来，授汝道。"如期而往，端坐石上而化，人以为尸解去。又有莫四者，亦生化于大冥山洞。

土产

金《宋史·地理志》："宾州、迁江、上林，贡银。"

铅　上林县出。

绵　布　麻　靛　草纸　旧城土司出。

藤器《唐书·地理志》:“宾州武仙贡。”

篾簟 九土司俱出。

金蛇 一名地鳝，出宾州。《本草纲目》:“大如中指，长尺许，常登木饮露，体作金色，照日有光。白者名银蛇，解中金毒药。”

苗蛮

苗 在兴隆土司者，与瑶杂居，风俗习尚亦略同。在古零上司者，性悍喜斗，出入佩刀。

瑶 在武缘县，居大鸣、黄道二山下。男子辫发作髻，服青短衫，胸系花布；妇人加摺裙，织花为饰。婚姻不避同姓。在宾州，好杀喜斗。春秋二社，男女以扇帕相博为戏，谓之博扇。在迁江，种畬为业，服青布，食野菜。属下里者，地平性淳。属山里者，地险性悍。在上林东北乡顺业里，习俗略似宾州。在田州，居思城深山中。男皆蓬首，女垂髻至额，席地饮食。以薯蓣为粮，出以鎗弩自随。在兴隆，锄畬种粟。每岁正月，男女聚墟市，联歌欢洽，各以槟榔致赠。在定罗，与蛮杂处。上元节，以杵舂槽成声为乐。在那马，婚娶最早。有子甫离襁褓，即为毕姻。视他瑶粗知礼法。

僮 宾州以南多有之，风俗似瑶，而性特犷悍。在上林，男衣长，女短衣长裙，戴竹笠，衣缀鹅毛为饰，着织花抹胸，彼此相呼曰呢哦。

僚 在宾州者，习俗与瑶相似。在上林者，凭依山险。昔常跳梁，今皆向化。

俍 在迁江者，与瑶、僮杂居，风俗亦略相似。在上林者，居秀马、清水、刁博、猪婆各隘，崇冈叠嶂，昔凭险滋乱，今皆畏法。

伱 在宾州，喜斗，习俗婚嫁与僚、瑶同。

犽 在宾州，俗与僚、瑶相似，不及武宣之驯。

纂修官（臣）李绍昉恭纂（臣）蒋立镛恭纂

提调官前总纂（臣）郑绍谦恭覆辑

校对官（臣）陶惟煇恭校

泗城府

在广西省治西南二千四十里。东西距六百五十里，南北距五百二十里。东至庆远府东兰州界二百里，西至贵州兴义府普安州界四百五十里，南至思恩府土田州界一百五十里，北至兴义府贞丰州界三百七十里。东南至土田州界一百四十里，西南至云南广南府界七百五十里，东北至东兰州界四百七十里，西北至贵州贞丰州界四百里。自府治至京师九千五百里。

分野

天文翼轸分野，鹑尾之次。

建置沿革

古百越蛮地。宋皇祐中置泗城州，属邕州横山寨。元属田州路。明属广西布政使司。本朝顺治十五年，升为泗城府。寻改为泗城军民府，隶思恩府。雍正四年，改设流官，属广西省。领州一，县二。

凌云县

附郭。东西距六百十里，南北距五百二十里。东至庆远府东兰州界三百里，西至西隆州界三百十里，南至土田州界一百五十里，北至贵州兴义府贞丰州界三百七十里。东南至土田州界一百四十里，西南至西林县界二百四十里，东北至东兰州界四百五十里，西北至贵州贞丰州界四百里。古百越蛮地。宋、元、明俱泗城州地。本朝顺治十五年，升泗城为军民府，设理苗同知分驻。乾隆三年，裁同知，置凌云县，为泗城府治。

西隆州

在府西北四百三十里。东西距六百七十里，南北距四百五十里。东至凌云县界一百二十里，西至云南广南府界五百五十里，南至西林县界一百七十里，北至贵州兴义府贞丰州界二百八十里。东南至西林县界八十里，西南至广南府界四百七十里，东北至贵州兴义府普安州界四百七十里，西北至广南府罗平州界四百九十里。古百越蛮地。元置安隆砦，属泗城州。明永乐元年，置安隆长官司，属广西布政使司。本朝康熙五年，改置西隆州，属思恩府。雍正十二年，升为直隶州。乾隆七年，改属泗城府。

西林县

在府西五百七十里。东西距三百四十里，南北距三百三十里。东至凌云县界二百四十里，西至云南广南府界一百里，南至云南广南府土富州界二百里，北至西隆州界一百十里。东南至土富州界一百八十里，西南至广南府界一百八十里，东北至凌云县界二百三十里，西北至西隆州界一百三十里。古百越蛮地。宋、元曰上林洞，属泗城州。明永乐七年，置上林长官司，属广西布政使司。万历中，并入泗城州。本朝康熙五年，始置西林县，属思城府。雍正十二年，改属西隆州。乾隆七年，改属泗城府。

形势

山明水秀，地僻林深。西南接云南，北抵贵州，当粤、滇、黔三省之总会。《府志》。

风俗

地生烟瘴，亦有霜雪。《府志》。民居架木为巢，或结茨山顶，依傍岩穴。同上。地鲜平畴，土人皆凿山以耕，导泉引涧，功劳而收薄。同上。

城池

泗城府城 旧无城郭，筑石墙周二里。门三。无濠。四面皆山。本朝雍正五年，改流。南北设上下两关。嘉庆二年，改建城门二，建营防守。凌云县附郭。

西隆州城　周一里有奇，门二。本朝雍正九年建，乾隆四年修。

西林县城　周一里有奇，门四。本朝康熙六年筑。

八达城　旧系土城。门四。本朝嘉庆三年，增建甃砖。西隆州同、隆林游击驻此。

学校

泗城府学　在府城隔江西岸。本朝康熙二十年建，雍正元年、乾隆五年重修。入学额数十名。旧额十二名，乾隆五十七年，减二名。凌云县学额在内。

西隆州学　在州治东关外，旧在扁牙山麓。本朝康熙十五年建，乾隆二年迁建，嘉庆四年修，入学额数四名。旧额六名，乾隆五十七年，减二名。嘉庆三年增设苗民学额二名。

西林县学　在县城。本朝雍正二年建。入学额数四名。

云峰书院　在凌云县治南。本朝乾隆十七年建。

安隆书院　在西隆州治西。

毓秀书院　在西林县治西。本朝乾隆四十一年建。按《旧志》载："三台书院，在西隆州。"今废，谨附记。

户口

额编人丁无，今滋生男妇大小共三十二万六千六百一十七名口。计六万五千一百七十四户。

田赋

田地二百九十二顷三十八亩八分有奇。又首报田二十二伯。额征地丁正杂银七千五两七钱七分二厘，遇闰加征银二百八十九两三钱三分七厘。米一千六百二十七石九斗八升六合三勺。

山川

凌霄山　在凌云县东半里，府治以此为障。迎晖山　在凌云县东一里。山势朝阳，故名。巴牙山　在凌云县西南，废利州西二里。又有白丽山，在废利州北。饯阳山　在凌云县西一百二十里。山林端雅，如饯纳日。凌云山　在凌云县北半里。极高峻。回顾山　在凌云县东北，废程县东五十里。砦凶山　在西隆州南，绵亘十余里。坝楼山　在西隆州西南一百二十里。高耸矗天，上下三十余里。坝达山　在西隆州西二百五十里。浑河绕其下。样山　在西林县东二百四十里，与凌云县接界。深林箐嶂，谷无居人。累峰山　在西林县东南二百里。峰峦层叠，迤逦平布二十余里。潺峀山　在西林县东南二百里。岩穴出泉，林麓葱蔚。夹山　在西林县东南二百四十里，与土田州及云南广德府接界。晚架山　在西林县南二十里。独旺山　在西林县南四十里。中峰尖耸，石壁峭立。木龙山　在西林县西南一百五十里，与广南府接界。界亭山　在西林县西北一百二十里，与西隆州接界。大山　在西林县东北二百三十里，与凌云县接界。峰峦绵亘。

莲花峰　在凌云县北五里。下有泉。

苍岭　在西林县东二百里。一名苍冒岭。数峰并峙，后一峰有土寨遗址。凿苗岭　在西林县西北八十里。层峦峭壁，行半日始抵其巅。高处一石穴出泉，居民赖以汲饮。

灵洞　在凌云县北半里。岩穴深广，石皆异形，有泉出洞中。

红水江　在凌云县北一百五十里。一名浑水河，源出云南陆凉州，由州西南坝达山入境，流经西隆州北，逶迤经凌云界而东，又东流经东兰州界。巨石横流，怒涛奔激，泥沙泛滥，浊如黄河。盘江　在凌云县东北一百四十里。自贵州永宁州流入，合红水江。驮娘江　在西林县东二十里。其上流为同舍河，源出云南广南府马别山，东流经西隆州西南，又东入县界，绕县东南，与渌驮河合流而东，至瓦村隘入土田州界。水色甚清。即右江之上源也。

清水河　在西隆州西，源出云南维摩州界，东流入州界。经坝达山北，入浑水河。渌驮河　在西林县西南，自云南广南府流入，与驮闷河合，绕县治南，又东合驮娘江。驮闷河在县西，亦自广南府流入。

陇高水　在西隆州西，源出州西南一百里，北流入浑水河。阪作水　在凌云县西南。《明统志》："在废利州南八十里，南流。又有蒙泓水，在废利州东一百三十里，东流。阪丽水，在废利州北二里。三水皆小溪，乱石嵯峨，不通舟楫。"澄碧水 在凌云县东北三里，源出灵洞。南流绕府城西，又东南合龙渊水，注分水洲桥，入都阳土司界。龙渊水，在凌云县南三里。布柳水 在凌云县东北。《旧志》："在废程县西，流入那地土州界，合都泥江。"

古迹

泗城故城 在府西南，宋皇祐间置。明洪武初移治古磠洞，即今府治。《土夷考》："宋皇祐间，余姚人岑仲淑从狄青平侬智高。青还，留仲淑镇邕州，都督三江诸州。子自亭袭为沿边安抚使、来安路都总管，遂世守边土。明洪武初，岑善忠归附。六年，改古磠洞为泗城土州，授土知州，世袭。"本朝顺治十五年，岑继禄以从征滇、黔功，升泗城军民府，授为知府。雍正五年，泗城府土官以罪参革，改流。

唐兴废州 元置，属来安路，明初废。《府志》："有唐兴甲，在府南一百里。"废利州 在府西南六十里。《明统志》："利州，古百越地，号阪丽庄，宋置，属邕州横山寨。"《土夷考》："洪武初，土官岑氏附，授知州，世袭。正统中，岑颜为岑豹所杀，乃以流官州判管州事。嘉靖初，以其地并入泗城。"

废程县 在府东北三百二十里，旧名程丑庄。明洪武二十一年置县，属泗城州。正统间，为岑豹窃据。后废。

安隆长官司 今西隆州治。明永乐初，以泗城土官岑善忠次子子德，平普安土酋功，置安隆司，以子德为长官，世袭。本朝康熙五年，改设流官。明年，知州石笃生建州治于扁牙寨之坝楼山，寻迁砦凶山，西去旧治一百二十里。

上林长官司 在西林县东南一百九十里。明永乐中，以岑善忠第三子子成世袭长官。嘉靖初，子成裔绝，因以流官吏目管司事。本朝康熙五年，置西林县，移治睑角村，而以故司为上林塘，仍拨百总驻防。

关隘

罗博关《明统志》："泗城州境有博罗关，置巡检。"今废。迎晖关 在凌云县北三里，明天启间置。北接贵州贞丰州界，东北接庆远府东兰州界。有兵防汛。朝阳关 去凌云县五里，接西隆州西林县界。有兵防汛。

相葛隘 在凌云县东二百八十里。骨遭隘 在凌云县东北三百里。麦林隘 在西隆州西南四百八十里，接云南师宗州界。又小古障寨，在州西二百五十里，接贵州龚鲊界。八卧寨，在州北二百里，接贵州兴义府界。皆有兵防汛。上林隘 在西林县东一百九十里。瓦村隘 在西林县东南一百九十里。江道所经，近接夹山，瑶人出没。那比隘 在西林县南一百六十里。又那腊隘，在县南一百七十里。两山夹径，必由谷口出入，俱有兵防汛。眥厚隘 在西林县南一百九十里。那佐隘 在西林县西南二百二十里，接富州界。万峰夹峙，中有小径，设百总驻防。皿铁隘 在西林县西一百里。路最险要，外通云南广南府。普驮隘 在西林县西北一百十里，本朝康熙六年建。路达西隆州，山径盘曲，最为险要。有兵防汛。

平乐巡司 在凌云县东二百里。本朝雍正十一年置，分驻平乐一甲。乾隆五年，归凌云县管辖。潞城巡司 在西林县二百里，本朝乾隆三十二年置。分驻潞城亭。

隆林营 在西隆州西南二百十里八达城，设游击驻此。上林营 在西林县城西，设都司驻此。

皈乐墟 在凌云县南一百四十里。本朝雍正五年，设右江镇驻此。七年，改驻百色。有左营守备防汛。八渡墟 在西林县。旧有主簿，本朝嘉庆二年裁。

天峨甲 在凌云县境。山高林密，蛮、僮错居。本朝乾隆四年，设县丞驻此。八达 在西隆州西南土黄甲，逼近滇、黔苗寨，最为扼要之地。本朝雍正七年，设州同驻此。

津梁

镇龙桥 在凌云县南。本朝康熙二十五年建。旧名锁龙桥。接龙桥 在凌云县北半里。本朝康熙二十二年建。瓦村桥 在凌云县北三里。本朝顺治十三年建。汾洲桥 在西隆州南三十里。

八渡 在西隆州北二十里。又坂坝渡，在州北一百二十里。北渡 在西林县南一百里。

堤堰

太平沟 在凌云县南，源出凌云山。田亩资以灌溉。站墟沟 在凌云县西南，源出唐兴、站墟、皈乐等处。灌田百余顷。沦伍沟 在凌云县西，源出布鳄泉。田亩资以灌溉。龙川沟 在凌云县北，源出平志山下。可灌龙川甲一带田亩。

祠庙

三界庙 在凌云县南。

寺观

大佛寺 在凌云县隔江对岸。明万历间建。本朝康熙五十六年修。万寿寺 在凌云县南屏藩山顶。

三清观 在凌云县南。明崇祯间建。

名宦

本朝

刘德健 锦州人。雍正五年知西隆州。苗、僮狡悍，称难治。德健每折狱，必示以曲直，不少贷，民渐受约束。请兵剿侬颜光色等，从督军务，以积劳卒于官。得旨赏归榇银五百两。

列女

明

岑瑄妻卢氏 瑄为泗城土知州，无嗣。土民推卢氏权摄州印。天顺六年，以征贵州苗功，封贞寿夫人。又沙定，卢氏女，卢故，众推沙定管理州事。天顺八年，亦征贵州苗功，封镇国夫人。

本朝

陈士奇妻张氏 凌云人。年二十一，夫亡。养舅姑，抚孤子，越五十余年。乾隆年间旌。

李文秀妻胡氏 西隆人。守节养姑，教子成立。与同州王抱浩妻韦氏，均乾隆年间旌。

卢卜意妻罗氏 西林人。遇暴捐躯。乾隆年间旌。

区殿选聘妻岑氏 凌云人。未婚守志。嘉庆二十四年旌。

土产

蜡 降香 雄黄 缩砂 草果 乌药 麖《明统志》："俱泗城州出。"

苗蛮

苗 西隆州接云贵界多有之。本朝嘉庆三年，设苗学额二名。

瑶 在泗城府，居深谷，耕山猎食。有酋长，每岁首以篠荷麋鹿、獐、狐、雉兔之类，率所部百数人，投献官府，曰拜年。见郡守，俯伏不敢仰视。其拜，袖长委地，拱而左；再拜，拱而右。如是拱伏八拜乃已。犒以肴酒及饆饼，跪饮尽酺，袖所余饼饵而去。在西林，散处林谷，所种山稻、粝子、野芋，终年一收，捕禽兽为食。男女衣、裈色青，领袖皆锦，男结发摇扇，女裹花帕，露胸疏足，习于背负。

僮 在西隆州。男衣带皆黑，妇女衣不掩膝，长裙细摺。呼父曰博，母曰迷。

㑰 在泗城府，与瑶错居。耕山猎兽，性顽悍。今则奉法惟谨。

侬 在西隆州。好居山巅，名曰寨。男女冬夏皆尺帛裹头，狭衣短裙。暑则妇女亦裸体跣足。宴会必歌唱，声音纡那不可晓。好疑尚鬼。

俍 在西隆州。男蓄发，以青布包首，颈插烟袋。出常携锄。能作僮语。妇人衣蓝，领、袖、裙脚，则以红、黑各色缘之。

仲 风俗与僮相类，西隆州有此种。

平乐府（一）

在广西省治南少东一百八十里。东西距一千四十里，南北距二百七十里。东至广东连州连山县界五百六十里，西至浔州府平南县界三百八十里，南至梧州府苍梧县界二百六十里，北至桂林府阳朔县界十里。东南至梧州府怀集县界二百里，西南至梧州府藤县界四百七十里，东北至湖南永州府永明县界一百里，西北至阳朔县界六十里。自府治至京师七千六百四十里。

分野

天文翼轸分野，鹑尾之次。

建置沿革

《禹贡》荆州之域。周为百越地。秦为桂林郡地。汉为苍梧郡荔浦、富川、冯乘、谢沐、临贺等县地。三国吴分置平乐县，属始安郡。晋因之。宋属始建国。齐仍属始安郡。梁、陈、隋因之。唐武德四年，于平乐县置乐州。贞观八年，改曰昭州。《元和郡县志》："取境内昭潭为名。"天宝初曰平乐郡。乾元初复曰昭州，属岭南道。五代初属楚。周广顺元年，属南汉。宋仍曰昭州平乐郡，属广南西路。元大德中改平乐府，属广西道。明属广西布政使司。

本朝因之，属广西省。领州一，县七。

平乐县

附郭。东西距八十里，南北距一百里。东至昭平县界七十里，西至桂林府阳朔县界十里，南至昭平县界七十里，北至阳朔县界三十里。东南至昭平县界一百十里，西南至荔浦县界五里，东北至恭城县界六十五里，西北至阳朔县界六十里。汉苍梧郡荔浦、富川二县地。三国吴甘露元年，分置平乐县，属始安郡。晋至随因之。唐武德四年，于县置乐州，后为昭州治。五代及宋因之。元、明为平乐府治。本朝因之。

恭城县

在府东北六十里。东西距一百七十里，南北距一百四十五里。东至富川县界一百二十里，西至桂林府阳朔县界五十里，南至平乐县界十五里，北至湖南永州府永明县界一百三十里。东南至平乐县界三十里，西南至平乐县界五里，东北至湖南永明县界六十里，西北至桂林府临桂县界一百四十里。汉富川县地。三国吴以后为平乐县地。唐武德四年，始析置恭城县，属乐州，后属昭州。五代及宋因之。元、明属平乐府。本朝因之。

富川县

在府东少北二百六十里。东西距六十三里，南北距一百七十里。东至湖南永州府江华县界六十二里，西至恭城县界一里，南至贺县界九十里，北至恭城县界八十里。东南至湖南江华县界五十里，西南至昭平县界一百三十里，东北至湖南永明县界七十里，西北至恭城县界八十里。汉置富川县，属苍梧郡。后汉因之。三国吴改属临贺郡。晋及宋、齐以后因之。隋初属贺州。大业初，改属始安郡。唐武德四年，仍属贺州。天宝初，改曰富水，寻复故。五代、宋、元因之。明洪武九年，改属平乐府。本朝因之。

贺县

在府东南三百七十里。东西距二百九十里，南北距一百八十里。东至广东连州连山县界一百九十里，西至昭平县界一百里，南至梧州府怀集县界一百十里，北至富川县界七十里。东南至广东肇庆府开建县界一百八十八里，西南至梧州府苍梧县界一百七十里，东北至湖南永州府江华县界二百四里，西北至昭平县界七十里。汉置临贺县，属苍梧郡，后汉因之。三国吴黄武五年置临贺郡。晋因之。宋泰始五年，改曰临庆国。齐复故。隋平陈，废郡，置贺州。大业初，州废，又废县入富川县。十二年，复置临贺县，仍属苍梧郡。唐武德四年，复于县置贺州。天宝初，改临贺郡。乾元初，复曰贺州，属岭南道。五代因之。宋亦曰贺州，初属广南东路，大观二年，割属广南西路。元曰贺州，属广西道。明洪武二年，省临贺县入州。十年，改州为贺县，属平乐府。本朝因之。

荔浦县

在府西少南七十五里。东西距九十里，南北距六十一里。东至平乐县界六十五里，西至修仁县界二十五里，南至永安州界十五里，北至桂林府阳朔县界四十六里。东南至平乐县界四十五里，西南至永安州界三十里，东北至平乐县界五十五里，西北至桂林府永福县界九十里。汉置荔浦县，属苍梧郡。三国吴改属始安郡。晋以后因之。唐武德四年，于县置荔州。贞观十二年州废，县属桂州。五代、宋、元因之。明宏治四年，改属平乐府。本朝因之。

修仁县

在府西少南一百二十里。东西距一百二十五里，南北距二十五里。东至荔浦县界十里，西至柳州府雒容县界一百十五里，南至大峒诸瑶界二十里，北至荔浦县界五里。东南至永安州瑶界七十五里，西南至柳州府象州界一百十里，东北至荔浦县界五里，西北至桂林府永福县界一百十里。汉荔浦县地。三国吴分置建陵县，属苍梧郡。晋因之。宋属始建国。齐曰建陵左县，属始安郡。梁置建陵县。隋因之。唐初属桂州。贞观元年，于县置宴州。十二年州废，还属桂州。长庆元年，改曰修仁。五代因之。宋熙宁四年，省为镇，入荔浦。元丰初复置，仍属桂州。元因之。明初属桂林府。宏治四年，改属平乐府。本朝因之。

昭平县

在府南一百二十里。东西距二百十里，南北距一百九十五里。东至贺县界一百八十里，西至永安州界三十里，南至梧州府苍梧县界一百四十里，北至平乐县界五十五里。东南至贺县界一百七十里，西南至梧州府藤县界一百八十里，东北至富川县界一百四十里，西北至永安州界九十里。汉临贺县地。梁分置龙平县，兼置静州及梁寿、静慰二郡。隋初，郡并废。大业初，州废，以县属始安郡。唐武德四年，复于县置静州。贞观八年，改曰富州。天宝初，改开江郡。乾元初，复曰富州，属岭南道。五代因之。宋开宝五年，州废，以县属昭州。熙宁八年，改属梧州。元丰八年，还属昭州。宣和中，改曰昭平。淳熙六年，复曰龙平。元属平乐府。明洪武十八年，省入平乐县。万历四年，复置昭平县，仍属平乐府。本朝因之。

永安州

在府西南一百八十里。东西距一百二十里，南北距一百八十八里。东至昭平县界三十里，西至修仁县界九十里，南至梧州府藤县界一百十里，北至荔浦县界七十八里。东南至昭平县界三十里，西南至浔州府平南县界二百里，东北至昭平县界六十里，西北至荔浦县界四十里。汉荔浦县地。隋开皇十年，分置隋化县，属始安郡。唐武德四年，改曰立山，于县置南恭州。贞观八年，改曰蒙州。天宝初，改蒙山郡。乾元初，复曰蒙州，属岭南道。五代因之。宋熙宁五年，州废，以立山县属昭州。元属平乐府，明洪武十八年，省入平乐县。成化十三年，复置，曰永安州，属桂林府。宏治四年，改属平乐府。本朝因之。

形势

清湘九疑，犬牙相入，居苍梧、始安之间。《昭潭志序》。滩泷至昭而中分。《方舆胜览》。乐川汇于前，仙岭拥于后，江山气象，变化无穷。《清华阁记》。环以萦密诸山，汇以漓、乐二水。胜概天出，岭表要领。《图经》。

风俗

风声气习，视沅、湘犹伯仲。《昭潭志》。民居多竹茨茅户。同上。气候不齐，一日数变。昔号瘴乡。《图经》。民、瑶杂居。《府志》。

城池

平乐府城 周二里有奇，门四。东北跨凤皇山岭。宋治平元年建。元至正间甃砖。明洪武十三年增筑，万历间建龙头几堤。本朝康熙六年，五十三年，五十七年重修。平乐县附郭。

恭城县城 周二里，门三。池广一丈。旧治在凤皇山下，唐武德八年建，明成化间迁今所。正德、万历间屡修。本朝康熙四年、九年重修。

富川县城 周三里有奇，门四。明洪武二十九年建。本朝康熙十一年修，乾隆八年重修。

贺县城　周三里有奇，门三。池广七丈。旧土筑，宋甃砖。明嘉靖十一年、隆庆四年屡修。本朝乾隆六年修。

荔浦县城　周一里有奇，门二。旧治在永苏里，明景泰七年迁今所，成化十四年甃砖。本朝康熙四十七年修。

修仁县城　周一里有奇，门三。旧土筑，明成化十四年甃砖。本朝康熙五年、雍正五年重修。今增北门。

昭平县城　周一里有奇，门三。明成化间筑，万历四年甃砖，四十一年修。

永安州城　周二里有奇，门三。明成化中筑。本朝顺治十八年、康熙五年、二十二年重修。

学校

平乐府学　在城西凤凰山麓，明嘉靖四年改建。本朝顺治十六年、康熙九年、五十年、乾隆二十一年重修。入学额数二十名。

平乐县学　在县治北，旧附府学。本朝康熙四十二年重建，雍正四年、乾隆四十二年重修。入学额数十五名。

恭城县学　在县治西，明嘉靖间迁建。本朝康熙九年、四十五年、乾隆五十六年重修。入学额数十二名。

富川县学　在县治北，明正德元年改建。本朝康熙四年、乾隆十二年重修。入学额数十五名。

贺县学　在县西南，明嘉靖二十三年迁建。本朝康熙九年、雍正七年重修。入学额数十五名。

荔浦县学　在县治西，明景泰七年迁建。本朝康熙中重修。入学额数八名。

修仁县学　在县治东南，明成化间迁建。本朝顺治十二年、康熙十一年、雍正七年重修。入学额数八名。

昭平县学　在县治西，本朝康熙元年建，五十六年迁建南关外。入学额数十二名。

永安州学　在州治南门外，明万历初迁建。本朝康熙五年重建，十八年、雍正三年重修。入学额数十五名。

道乡书院 在平乐县北关外，祀宋邹浩。本朝康熙六年，易名访贤书院。四十九年，别建道乡书院于北门内。雍正二年修。

凤岩书院 在恭城县，本朝嘉庆十一年建。

富川书院 在富川县东门内，本朝乾隆十六年建。

正谊书院 在荔浦县东南，本朝嘉庆五年建。

眉江书院 在永安州，本朝康熙二十年建。按《旧志》载："平乐县有明贤书院，富川县有江东书院，贺县有明阳书院。"今并废，谨附记。

户口

原额人丁一万一千九百三十三，今滋生男妇大小共八十五万八千二百三十八名口。计一十三万一百十八户。

田赋

田地七千三百九十二顷二十三亩二分有奇。额征地丁正杂银三万七千二百七两五分九厘，遇闰加征银一千六百五十一两六钱七分二厘。米三万五千六百二十石二斗七升八合五勺。

山川

凤凰山 在平乐县东北隅，城跨其上。东山 在平乐县东二里。又东为叠秀山，八峰挺峙，亦名八公山。团山 在平乐县东十五里，有堡。穿山 在平乐县东五十里。三峰并列，半壁开一窍，广数十丈，可通往来。眉山 在平乐县东南九里。耸翠如黛。又黑山，在县东南五里，矗立霄汉，一径中通，亦名岽崿山。云山 在平乐县东南四十里。九峰四垂如云。诞山 在平乐县东南八十里，一名圣山。巍峨插天，绝顶高平，下有泉。南山 在平乐县南二里，俗呼屏风山，下有岩曰双峰。又南为五马山，在府江南岸，突起五峰，中峰高耸，与郡治对。又独秀山在县南五里，高数十丈，峻峭特起。萦山《元和志》："在平乐县南十里。"《明统志》："在县东南九里。山势萦回曲折，上有九峰，曰高崖、羊栏、月岩、兜鍪、马鞍、跨镫、石旗、石剑、了髻，险不可涉。"华盖山 在平乐县西南十里。高万仞，尖峰峻削，无树木，四时苍翠。俗呼火焰山。昭山 在平乐县西，漓、乐二水合流处。一名西山。又名印山，有巨石屹立江中，方正如印。密山 在平乐县北十里。数峰回合，环拥郡治。目岩山《隋书·地理志》："平乐县有目山。"《元和志》："目岩山，在县北三十八里。岩内两孔，相对如人目，瞳子白黑分明，因号为目岩。"《通志》："在县北二十里。"洛山 在平乐县东北五十里，周四十余里，为富、贺往来要道。旧设三堡戍守。鲁溪山 在平乐县东北界。高数百丈，环跨平乐、恭城、富川、贺、永安五州县，及湖南永明县界。上有塘，方广数亩，名分水塘。塘水出平乐曰鲁溪江，出龙平巡司曰涝源，出恭城曰上平江，出富川曰白稿江。凤凰山 在恭城县东二里。两峰开豁，中峰昂耸，如凤飞翔。旧县城在山下。银殿山《元和志》："在恭城县东二十八里。其下有钟乳穴十二所。"《旧志》："一名兼山。常有白云缭绕，远视如宫殿，故名。"五马山 在恭城县南一里。五峰亭立，故名。又天马山，在县南八里。相近有高峰山。三台山 在恭城县南三十里，三峰耸峙。旁有马鞍山。晒袍山 在恭城县西南三里。云出即雨，土人视为占验。双童山 在恭城县西五里。石盆山 在恭城县西二十里。石骨峻嶒，约二三里。左有岩如盆，水色澄碧，夏秋不雨或涨。中产游风鱼，味甘滑，率以谷雨前后出岩口。金龙山 在恭城县西二十里。岛坪山 在恭城县西五十里，西水江出此。仙姑山 在恭城县北八十里。三峰并列，旁有小岩，清泉不竭。虎山 在富川县东二里许，有岩曰龙水。又穿山在县东十里，上有仙岩。石门山 在富川县东三十里。四围峭壁，有门仅容一人，其中平原旷野，居民百余家。又东南五里曰豹山，其阴有洞。穿光山 在富川县东四十里，有岩。一曰穿石山。隐山 在富川县东四十里。中有潜德岩。东山 在富川县东南九十里，多产乔木，俗呼姑婆山。横跨二广，凡富、贺诸贼，多倚此为逋薮。龙头山 在富川县南五里。碧溪水出焉。白马山 在富川县南二十里，下有白马泉。又五里曰文笔山。峡头山 在富川县南二十里，富川经此。又有峡口山，在县西七十里。皆以两山夹川而名。钟山 在富川县西南七十里。上有石，扣之如钟。又里许有碧云岩，宽厂深邃，奇异万状。宝剑山 在富川县西南八十里。有石如剑，故名。白云山 在富川县西南一百二十里。旁有丹灶山，下有灶溪水。屏山 在富川县西三里，形如屏障。西沟水出此。霭石山 在富川县北一里。山形高耸，四时常有烟霭冒于峰顶，因名。又二里为独秀岩。龙溪山　在富川县北五十里。龙溪水出此。郎山　在富川县东北五十里。中有穿石岩。禄山　在贺县东十里。又有郎江山，亦在县东十里。浮山　在贺县东南十里。挺出江中，障县水口。一名玉印山。长林山　在贺县东南。《寰宇记》："长林山在废封阳县东北三十五里，高五百丈，周回七百里。"海螺山　在贺县南十五里。山中石子如螺。有泉清澈，四时常滴，亦名滴水岩。一曰天堂岭。五指石山　在贺县南八十里，信都谷中。五峰并列如掌。尖峰山　在贺县西南十五里。峻峭孤高，挺出群峰之上。蚕山　在贺县西南。《寰宇记》："在荡山县南四十里，高一千余丈，周围三百里。其山春前花卉竞发，朝阳早见，俗呼为早山。"丹甑山　在贺县西十里，本名幽山。《寰宇记》："幽山南接苍梧，北通道州。"《府志》："山高千余丈。唐李邰为守，更名丹甑，亦曰甑山。宋守邓璧，见其山时有云气上浮，又名曰瑞云。泉流不竭，注为池，名曰仙池。"玉泉山　在贺县西北十里。其泉皎洁，与仙池水俱流入橘江。橘山《唐书·地理志》："临贺县东有铜冶，在橘山。"《旧志》："在贺县东北二十五里。上有七十二峰，攒奇竞秀。其中多橘，故名。旧尝产银，宋置银场于此。"银瓶山　在荔浦县东十里。相近有对鸡山，两山对立，宛如鸡形。延宾山　在荔浦县东二十里。下有土司城，城后二里许，有三奇山，山明水秀。有三天门，上至顶，有数井，极清冽，每日三潮。中有坪，可容万人。桂山　在荔浦县东三十里。有洞曰天豪，峭壁中悬，缒梯以上，洞内有石笋、莲塔诸胜。火焰山　在荔浦县东四十五里，峰峦叠出，亦名铜鼓岭。山顶有塘，宽数亩，深丈许，或曰即古之方山。《寰宇记》："荔浦县有方山，对九疑山，高下相类。"八仙山　在荔浦县东南丹竹江口，八山并列官道旁。又有笏山，在县东南五里，壁立如笏，顶宽百余丈。鹅翎山　在荔浦县东南六里。岩壑相承，虚明变幻，下有鹅翎岩。宋时尝更为娥英山。圣山　在荔浦县南一里。上有岩，云合则雨，中有石乳。又独秀山，在县南三里。又古架山，在县南八里，山后有洞，极宽广，山半有泉清冽。青山　在荔浦县南二十里。林木葱翠，隆冬不凋，故名。上有双鱼石，下有洞，洞中有桥尺许，水深无底。瑶、僮杂处。荔江绕其后。又有小青山，穹窿百尺，有五岩。大杭山　在荔浦县西南二十五里。两山夹峙，有二泉不竭。与永安州接界。镆铘山　在荔浦县北三十五里，险峻如刃。昔人置阁于上。土人谓之界牌峡。山后为北塞山，下有洞，可入。又北山，在镆铘西，高千寻，顶有坪，阔数百丈，有二泉，寒冽，冬夏不涸。罗仁山 在修仁县东三里，一名独山。高千丈，巍然突立，四围悬崖峭壁，惟南一穴可通山顶，容四五百人。稍南，水绕其下。又二里为太平岩，深邃而险。崇仁山 在修仁县南五里。高数百丈，云兴即雨。亦曰崇仁岩。因古崇仁县为名。文笔山 在修仁县南二十里，为县学对山。黄峒山 在修仁县南二十里，地极深险。又南十里为龙冈山。又德峰山，在县南三十里。大瑶山 在修仁县南黄峒山后。丛山叠箐，路险难行，宽袤六七十里。修水自此发源。内有六噶、六定、三片、六段等瑶。大峒山 在修仁县南百里。山岭层叠，绵亘数百里，达浔州府平南县界。皆诸瑶所居，不通行旅。骆驼山 在修仁县西十五里。修仁山 在修仁县西二十八里，县因以名。德峰山 在修仁县西三十里，高出众山，可以望远。松明山 在修仁县北一里。山多松，人采之以代炬。苏山 在修仁县北十里。高千丈。前一石壁，有泉下滴。宋皇祐间，知县狄遵诲讨山寇于此，梦苏武神，因祷焉。师捷，请于朝建庙祀武，因名。仙会山 在昭平县东八十里。山顶有平石，似棋枰，俗名神仙聚会山。其西有双皇岭。相近又有玉坡山，高数十丈，岩内有石乳下垂，下有坡，石如白玉，故名。望高山 在昭平县东昭平里。高峻可远眺。葫芦山 在昭平县东二五都潘家寨南。高五里，甚险峻。匍匐而上，其顶宽平，约数亩余，突生一石，石旁有台。莲花山 在昭平县东二五都。形如莲瓣，环麓有水，俗呼出水莲花。相近有苏石山，平原突起，高百丈，旧名梭石山，上有泉曰燕泉。明嘉靖八年瑶乱，乡人避居于此，被围七日，富川知县金杰来援得免。以其垂死得苏，因更今名。北陀山 在昭平县东南九十里。高峻难登陟。后有天池，一名峡口塘，其源不竭。旧为瑶、僮出没处。《里道记》："北陀山有水路，自峡口至大江一百五十里，有六十五滩。万历三十七年，郡守陈启孙开凿，遂通舟楫。"天门山 在昭平县东南一百四十里，接贺县界。上有石门插天，曰天门岭。五指山 在昭平县东南一百八十里。众山中五峰特出，岩内空广，可容万人。有江水穿流，岩口仅一道可容出入，四壁陡绝。明万历初建立营堡，拨兵戍守。五将山 在昭平县南六十里。又有古袍山，在县南一百里。黄京山 在昭平县南一百五十里。上滩水经此入江。金田脑山 在昭平县西八里。其东有明源洞，明源水出焉。铜鼓山 在昭平县西二十里。峰峦岩壑，次第相望。又富玉山在县西四十五里，亦高广。《图经》云："东列天门，西环富玉。"五峰山 在昭平县北五里，五峰并峙，亦名五指山。为县主山。独山　在昭平县东北一百二十里。巍然特立，周围皆峭壁，不可攀跻。其南一穴，广二十六步，深三十步，高千寻，可通山巅。寇起，居民缘梯而上，寇不可犯。印冈山　在昭平县东北。《元和志》："在思勤县北四十五里。"三昧山　在永安州东五十里。一名平峒，峒口河出此。古眉山　在永安州南三十里。明成化三年，韩雍讨藤峡贼，令别将夏正越古眉、双髻诸山伏林峒，扼其东奔。即此。有古眉营，在东麓。蒙山　在永安州西南五里。《唐书·地理志》："蒙州，取州东蒙山为名，下有蒙水。"力山　在永安州西南三十里。岩谷深险，旧为贼巢。《旧志》："藤峡、府江之间，有力山，险于藤峡数倍，其地僮人，善傅毒弩矢，中人则立毙。明正德五年，王守仁讨藤峡贼，贼走保永安力山后，进兵捣平之。"莲花山　在永安州西五里。诸山联络，状若莲花。茶山　在永安州西四十里。绵亘深远，林箐丛郁。迤西皆瑶人盘踞。西江水源出此。三石山　在永安州西北十五里。天堂山　在永安州西北五十里。崎岖百里，始至其顶。群峰山　在永安州北四十里。群峰环聚，岩隩深阻。旧置巡司于此。石鼓山　在永安州东北十二里。顶有大石如鼓，遇寇变则自鸣。银山　在永安州东北十五里。有石如银，光耀夺目，故名。银江流绕其下。

天门岭　在平乐与贺县接界。上有石门。仙宫岭　在平乐县北二里。宋邹浩谪官时僦居处。高百余尺，四望形如金字，一名金字岭。下有感应泉，浩有《诗》并序。冬热岭　在恭城县西五里，高峻难行，严冬过岭，亦汗流浃背。麦岭　在富川县东北六十里，与湖南永明、江华诸县交界。桂岭　在富川县东南一百二十里，贺县东北百里，与湖南江华县、广东连山县接界，即古临贺岭也，一名萌渚峤。裴渊《广州记》："五岭，一曰临贺。"邓德明《南康记》："五岭第四曰临贺萌渚岭。"《水经注》："萌渚之峤，五岭之第四岭也。"《元和志》："萌渚峤，在冯乘县北一百三十里。桂岭在桂岭县东十五里。"《寰宇记》："岭高三千余丈，东接连州，北接通州。"《名胜志》："萌渚峤，废冯县基在焉。晋陶侃之击杜宏，宋潘美之击刘鋹，岳飞之击曹成，俱由于此。"长标岭　在富川县北六十五里。相传李靖讨萧铣，尝驻师植标于此。马鬃岭　在荔浦县东四十里，与火焰山隔江相对。上有石如鸡冠，一名鸡冠岭。天井岭　在修仁县南十五里。上有一壑，宽丈许，深数丈。接米岭　在昭平县东百余里。高数千仞，石峰巉岩，鸟道如线。其尤险者，曰马颈，曰石磴，为僮、瑶渊薮。本朝雍正三年开凿，跨岭除道，阔五六尺，上下四十里，行旅便之。白

坑岭 在昭平县北。《寰宇记》："白土坑在废富州城北隅。其土白腻，又名铅粉。郡人取以为货，终古不竭。"摩天岭 在永安州东十里许。又州北三十里，有通天岭，岃崭嵯峨，势若插天。

龙岳峰 在平乐县东五里，一名龙跃峰，下有考槃涧水。秀峰 在富川县西北七十里。平地突起数十仞，秀甲云表。

昭潭冈 在平乐县东二里，考槃涧口，下有十六滩。一名昭潭洞。漓、乐二水汇而为潭，冈在其北，亦曰昭冈潭。朝冈 在贺县东北。《元和志》："朝冈在桂岭县东北四十五里。"又有程冈，在县东南一百二十里。并有铁铆，自隋至唐采取。

滴珠岩 在平乐县东三里。东岩水从石岩而下，旧名滴水岩。又有珠岩，在县东十五里。玲珑曲折，有石如珠。亦名迎仙洞。白云岩 在平乐县东八里。丛林蓊郁，洞门中开。其外百余步，涧水潺湲。两岸陡绝，人迹罕至。瑞山岩 在平乐县东三十里。四岩相连，曰高岩、下岩、癸水岩、大口岩。罗山岩 在平乐县东北八十里。水环岩外，乘筏而入，秉炬行百余步，缘梯而上，可达山巅。金芝岩 在恭城县东五里。上有石乳，垂结如芝。穿岩 在恭城县西十五里，一名太极岩。有水从岩中流出，山石峻笋玲珑，洞口阔二丈余，高亦如之。旁有石柱围数尺，高与岩齐。鱼田岩 在恭城县西三十里。从岩口泛舟入，凡数折，沙平水曲，树断云连，最称幽胜。甑头岩 在恭城县北八十里。高险难登。宋宝祐初，邑人周元鹗刊文石壁。又有佛岩，在县北六十里，宋田开读书处。相近有峻岩，宋周述读书处。桃母岩 在富川县西北八十里，地多桃。观音岩 在贺县北二十五里。岩洞深窗笋翠，乳窦天成。麒麟岩 在荔浦县东十里。两山对峙，岩口有潭，水由丹竹江出荔河。蓝村岩 在荔浦县东南四十里。景物幽奇，洞口深黑，游者必须燃炬而入。天门岩 在荔浦县东南蓝村岩南五里，旧名黄姜岩。其中又有太极、拱辰、广寒诸岩，云壑深邃。官岩 在修仁县东以弄村后，一名以弄岩。悬崖壁立，岩在山半。岩口高丈许，可容数百人，有水滴下不绝。相近又有凉洞岩，石山高笋，岩在其下，口高二丈许，内可容数十人。岩尽处有深潭，避寇者多居于此。象鼻岩 在修仁县东南半里。下临水际，碧潭滢洄，内深数丈，名象鼻潭。佛子岩 在昭平县东昭平里。岩口高十丈，阔如之，内可容十榻。旁穿一穴，容数十人，积乳下垂，巧逾雕画。相近又有仙岩，偻身而入，中有深潭、沙洲。

羊角岩 在昭平县东二五都。双峰插汉，山半有岩，内分二道。其右较宽，可容百人。相近又有穿岩，其岩穿山二面，光明轩敞，可容百人。干城岩 在永安州西一百六十里，杜莫寨旁二里。万窍玲珑，特辟洞天，若堂奥然。

仙回洞 在昭平县西北七十里，接永安州界。明万历中置堡于此。官岩洞 在永安州北六十里，杜莫寨山中。高丈许。有石室，极光明，风雨不能侵，常以此作公馆。相近又有仙女洞，去杜莫寨三里。又榕洞，在州北六十里。

鼓锣峡 在平乐县东南三十二里，龙头几下。有石如鼓锣，水涨则洄洑旋转，舟不敢行。又龙门峡，在县东南一百十里府江中，一名松林峡，冬月水小极险恶。明万历中，加开凿，渐为坦道。

阳里穴《元和志》：“平乐县东三十一里，有阳里穴、那溪穴、新穴，皆出钟乳。”

漓江 亦名桂江。自桂林府阳朔县流经府城南，名府江。又南经昭平县东，又南入梧州府苍梧县界。《史记·南越列传》：“戈船将军下漓水。”《水经注》：“漓水自熙平，又南迳平乐县界，左合平乐溪口，又合濑水，上有漓水关。又南左合灵溪水，又南至广信。”《元和志》：“漓水东去龙平县二十一步，又桂江在开江县西二里。”《方舆胜览》：“漓水合乐川以至梧，滩泷三百六十，至昭而中分：自昭而上至静江，不甚险恶；自昭而下至梧，多锐石，滩高而水湍急。”《经略志》：“府江东岸，有葛家、石狗等冲，接恭城之站面。西岸有铜亮、铜镜等冲，接荔浦之三峒。山势陡绝，道里辽阔。”《旧志》：“漓江自平乐县界，历滑石滩、鳜鱼滩，又历更鼓滩，与荔浦江合。又东汇乐川水为昭潭。又东历韭菜滩、三门滩、足滩、远近群滩，参差环汇。夹江两岸，皆高山盘束，朦胧阴翳，长六七百里，瑶、僮多窟穴于此。明万历十四年，抚臣吴文华命工并力疏凿，遂成坦途。”沙江 在平乐县东，源出县东北洛山，西流合鲁溪江，至榕津与诞山江合，流入乐川。鲁溪江 源出鲁溪山之分水塘。诞山江 在平乐县东南一百里，源出诞山，西流合沙江入乐川。平乐江 自湖南永明县流经恭城县南，又西南经府城东北，又西南入漓江。《水经注》：“平乐溪水，出临贺郡之谢沐县南历山，西北流迳谢沐县西南，又西南流至平乐县东南。左会谢沐众溪，派流凑合。西迳平乐县南，又西南流注于漓水，谓之平水。”《元和志》：“平乐水西去恭城县二百步。又平乐溪在平乐县南三里。水之西岸有昭潭，周回一里，其深不测。”《寰宇记》：“平乐江，在平乐县东八十里。江中有悬藤滩、黎壁滩。"《旧志》："今名乐川水，由恭城至平乐，合诞山、沙江诸水入漓。又有名川江，一名上平江，源出恭城县九十里，灌阳县界平川。南流过县北六十里，入乐川。又有南平江，在县东南六十里，其上源为白水淘江，西流入乐川。"势江 在恭城县东四十里，源出仲家瑶峒中，流合乐川。又北洞水，在县东十五里，源出银殿山，西流入乐川，一名葛家溪。又下山水，在县东五里，亦入乐川。西水江 在恭城县西，源出县西北黄山，南流至平乐界入乐川。又有高桥溪，源出县西高堆岭，东流合西水。又有苏陂水，在县西四十里，亦流入乐川。富江 在富川县西，又南经昭平县东北，谓之思勤江，即古灵溪水也。《水经注》："灵溪水，出临贺富川县北符灵冈，南流迳其县东，又南注于漓水。"《元和志》："灵溪水，今名富水，去富川县西二里。又富川水，在思勤县东五十步，南流经龙平县南入漓水。"《寰宇记》："富水在富川县西四十里，源出浮盖山下，南流入富川思勤废县。其水灌注田畴，居民丰赡，故名。"《旧志》："有白菓涧，在富川县西南百里，源出瑶中沙坪村，亦谓之沙江。南流经白霞寨，又南至思勤废县，与韦峒浊水江合。又西南一百二十里，至昭平县东北入滩江，盖即富江也。"贺江 自富川县发源，南流经县东，又南至贺县东与临水合，又南入广东开建县界。本古临水也。《水经注》："封水，出冯乘县西、谢沐县东界牛屯山，谓之临水。东南流迳萌渚峤西，又东南左合峤水，迳临贺县东，左会贺水。又西南流至郡南，又西南迳封阳县东为封溪水。又西南流入广信。"《元和志》："临水东去临贺县十步，又有贺水合，更名临贺水。又临贺水东去封阳县百步。"《寰宇记》："临水源出冯乘县西北临山下，南流至临贺县界。"《明统志》谓之贺水，云"源出富川县灵亭乡，东流合临水"。《旧志》："贺江源出富川县石鼓山之巅，迤逦而南，合神源、大源诸水，经县城东南，合西沟、芦溪、将军诸水。又过峡头、钟山，经贺县城东，合临水。又东合橘江，至县东南八里，有龙溪水注之。湍流奔激，亦谓之龙门滩。"按《水经注》，临水大于贺水，其发源之冯乘县与经流之萌渚峤，并在今富川界。而贺水别出兴安，在今贺县东北界。《元和志》《寰宇记》皆与《水经注》合。是今贺水之实为临水，临水之当为贺水无疑。自《明统志》以"出富川者为贺水，出桂岭者为临水"，诸志从之，其名遂舛。《明统志》又云"富江在富川县东，源出灵亭乡桃母岩"，则又误以临水为富江矣。橘江 在贺县东二里，源出橘山，南流入贺江。荔江 自桂林府永福县流经修仁县北，又东经荔浦县南，又东至平乐县西南，合漓江，即古濑水也。《水经注》："濑水出荔浦县西北鲁山之东，迳其县西，与濡水合，又东注于漓。"《元和志》："荔江水在荔浦县南一里。"《寰宇记》："荔江源出崇仁县西北荔山，其源多桂，樵采无杂木。"《旧志》："源出永福县西南界废理定县，流经修仁县北十里，有东陂、朝阳诸水注之。经荔浦县，有山月、丹竹、延宾诸水注之。又有东江，源出永安州，亦北流入焉。荔水至平乐县西五里合漓江，谓之荔浦江口。又湖塘江，亦源出永安州，流入平乐县界，合荔水入漓江。"延宾江 在荔浦县东三十五里，源出上洞，流合荔水。丹竹江 在荔浦县东南，源出峰门砦，北流过独秀山，入荔水。山月江 在荔浦县北，即古濡水也。《水经注》："濡水出永丰县西北濡山，东南迳其县西，又东南流入荔浦县，注于濑溪，又注于漓水。"《旧志》："山月江，一名沙月江，在县北二十里钟山下。源出县西北鸡笼瑶南源，东南流经山月岭，入荔水。"修江 在修仁县南，源有二：一出大瑶山六定、六噶诸瑶峒，一出永安州之滴水瑶界，东流与黄峒水合。又东北经县东南，至荔浦县界合荔江。向可通小舟，今沙石壅塞。又有横墙江，发源崇仁山，流入沉沙口，至县东南一里。按《元和志》："有骆驼水，在建陵县西七里。又有建水，出县北建山，南流经县东。"《寰宇记》："骆驼水源出庞山，西南注建水。"骆驼水盖即今修江，建水今无可考。富郡江 在昭平县东南，源出贺县界。西流经马江废县，亦名马江。又西流入漓江。又有招贤河，在县东南一百九十里，通马江。明源江 在昭平县西五里，源出金田脑山，流经练滩，入漓江。归化江 在昭平县北八十里，源出永安州界仙回洞，流经废归化县，因名。又东南入漓江。浊水江 在昭平县东北，源出贺县界棋盘石。二水分流：东流为沙田江，入贺水。西流为浊水江，会白菓水入思勤江。银江 在永安州东十二里，源出平峒，流经银山。又南会西江，又南流入眉江。眉江 在永安州南，又南入梧州府藤县界，即银、西二江之下流，古蒙水也。《元和志》："蒙水，旧名泾水，在立山县北二里。又曰蒙水，在正义县南四里。又曰泾水，西北去东区县三十五里。"《寰宇记》："州东蒙山下有泉源，流为蒙水。"《州志》："蒙江，一名眉江，在州南二十里，以湾曲宛若眉状而名。又蒙江口，在州南五十里，下达五屯所。又激江，在州南，源出古眉山，与蒙水合流入漓。"西江 在永安州西，源出茶山，东流过六峒，会银江。《州志》："有峒口河，在州东北五里，源出三昧山，西流至州城。又古阜河，在州西北三十里，由石牛潭东流至州城，二水夹合。盖峒口即银江，古阜即西江也。"

西沟水　在富川县南，源出屏山。又卢溪水，在县南三里，一名桥头江，源出县西十里黑石源。又碧溪水，在县南五里，源出龙头山。并东流入富江。蒲源水　在富川县北二十里，源出瑶中塘背村，北流入湖南永明县界。临水　在贺县东南。自县东北流合贺江，本古贺水也。《水经注》："贺水出兴安县西北，迳罗山东南流迳兴安县，又西南流至临贺郡东，右注临水。"《元和志》："贺水出贺州东北界，西流注临水。"《明统志》谓之临水，云"源出桂岭，南流至贺县东，与贺川合流而下"。《旧志》："临水在县东南一里，源出桂岭，一名桂岭江。"崇仁水　在修仁县北。《寰宇记》："崇仁水，源出谢山，东流合曰石水。"上滩水　在昭平县南，源出县西南之盐峒，东流经黄京山，入漓江。六樟水　在永安州西南二十里，自浔州府武宣县流入，东入眉江。金斗水　源出永安州北七十里金斗崖，流合古东、古爽诸川。又东北至平乐县界，入荔江。又有金麻江，源出榕洞。

平溪　在平乐县南三里，北流注于昭潭。又考槃洞，在县东二里，西南流注于昭潭。灶溪　在富川县西南，源出丹灶山，西南流入漓江。《方舆胜览》："水在县西五十里。"秀溪　在富川县西七十里，源出秀峰，一名秀峰洞，南流入漓江。锡溪《寰宇记》："在临贺县东北四十五里，源出锡山。其水清冷，人久饮则损腰脚，今土人多患跛躄。"

官潭　在恭城县东，源出湖南永明县。东南流九十里过县南，又西入乐川。又有白面潭，在县东二里。牛尪潭，在县东五里。五海潭，在县东二十五里。犀牛潭，在县西二十里。

金沙泉　在府治东南，即李商隐诗所谓"绳烂金沙井"是也，遗迹犹存。沸水泉　在贺县西二十里。泉涌如沸，灌溉甚溥。又有玉山泉，在县西北。温泉《寰宇记》："在临贺县东北四十五里，源出劣下山半岩。石壁中出泉三道，一热、一冷、一温，各有眼，五十步作二舍，西流入锡溪。"《通志》："今温泉有二处：一在南乡洞，一在里松乡。又有温泉，在昭平县东南马江里。"古碧泉　在永安州南十里。又有甘露泉，在州北七十里，官道旁。行人掬饮，云可避疫。

梅公井　在府东，宋守梅挚所凿。七分水井　在贺县南五十里。从平地涌出，四时不涸，灌田甚广。

古迹

平乐故城　在今平乐县西南。《元和志》："吴甘露元年，分富川县置平乐县，属始安郡。"《宋史·地理志》："昭州平乐，大中祥符元年，移治州城东。"《旧志》："故城在县西南三里，荔浦江口，亦名乐州城。"恭城故城　在今恭城县东。《唐书·地理志》："昭州恭城，萧铣置。"《元和志》："县西南至昭州九十里。"《宋史·地理志》："太平兴国元年，徙治于北乡龙渚市，景定五年复旧。"《县志》："县旧治在县东凤凰山下，明成化十三年，以水患，始移于黄牛冈之原，即今治。"富川故城　在今富川县西南。《元和志》："富川县东南至贺州一百四十五里，本汉旧县。"《旧志》："故城在钟山下，自汉至元皆因之。明洪武初，置守御千户所于蔼石山南，相距七十里。二十八年，并迁县于此，即今治也。"临贺故城　今贺县治，汉置县。三国吴置郡。《吴志》："赤乌二年，都督廖式杀临贺太守严纲，自称平南将军，攻零陵、桂阳诸郡。遣吕岱讨平之。"《水经注》："郡对临、贺二水之交会，故取名焉。"荔浦故城　在今荔浦县治西。《元和志》："荔浦县，北至桂州二百四十七里。本汉旧县，因荔水为名。"《县志》："旧县治在今县西荔江之滨，后迁今县之南，滨江。明洪武元年，始筑土城。景泰七年，移于后山，即今治。"《通志》："又有荔州故城，在县西四十里。"建陵故城　在修仁县南。《元和志》："建陵县，北至桂州三百四十里，吴孙氏置。"《九域志》："县在桂州西南二百六十七里。"《县志》："旧县治马良坪，在县西三里。或曰治南临口。明永乐初，为贼所陷。景泰初，迁坝寨村，在县南二里。天顺中，复陷于贼。成化十五年，迁于五福岭，即今治。"龙平故城　今昭平县治，梁置龙平县，唐为富州治。《元和志》："富州西北，至昭州一百六十里。东北至贺州二百十里，西至蒙州九十里。"《寰宇记》："龙平县，乾元元年移于古武城郡，为理所。"《旧志》："县旧治太平岭，在府江西岸，有城，明初废。成化中置昭平堡，寻陷于寇。正德三年，迁堡城于府江东岸，置守备司。万历四年，复置县。六年，移还江西岸旧址，即今治。"蒙州旧城　在永安州治南。《元和志》："蒙州，东至富州九十里，西北至荔浦县八十里。本汉苍梧郡荔浦县地。隋开皇十年，分置隋化县，属桂州。唐武德四年，于此置南恭州。贞观八年，改为蒙州，因蒙水以为名。领立山、正义、东区三县。又立山县郭下，本隋化县，武德四年，改置立山县，属荔州，改属蒙州。"《宋史·地理志》："昭州立山县，熙宁五年，废蒙州入焉。"《旧志》："明洪武中废立山县，置古眉寨巡司，在今州南二十里。古眉，盖即古蒙之讹也。成化十三年，以地处万山之中，民少瑶多，难以控御，因复置州，移于今治。立山旧址，今在州治东。"

沙亭废县　在平乐县西。《唐书·地理志》："昭州平乐，武德四年，析置沙亭县。贞观七年省。"《寰宇记》："废沙亭县，在昭州西三十五里，唐证圣元年置，圣历二年废。有沙亭水，在旧县西北。"永平废县　在平乐县东北。《元和志》："昭州永平县，西南至州九十里。证圣元年，割平乐县永平乡置，因乡为名。县南临永平水，西流入平乐县界。"《寰宇记》："开宝五年，并入平乐。"《县志》："故址，在县东北历塘村。"绥越废县　在富川县南。《隋书·地理志》："始安郡富川县，大业初省绥越县入焉。"《唐书·地理志》："梧州苍梧县，贞观八年以贺州之绥越来属。十二年省绥越。"《旧志》："废县在荡山县南百里。按绥越凡再置，俱不知在何时。"今考《唐志》，贺州本绥越郡。《隋志》"永平郡贺州，陈置绥越郡"，则县之始置，疑在陈时，其重置当与沙亭等县，同在武德四年。冯乘废县　在富川县东北。《元和志》："冯乘县，东南至贺州一百八十里，界内有冯溪，因以为名。本汉旧县，属苍梧郡。吴属临贺郡。隋大业三年，改属零陵郡。唐武德四年，属贺州。"《寰宇记》："废冯乘县，在贺州北一百二十里，开宝四年省入富川。"《旧志》："在今县北七十里灵亭乡。"封阳废县　在贺县南。《元和志》："封阳县，北至贺州一百四十五里。本汉旧县，属苍梧郡，在封水之阳，故名。吴属临贺郡。隋属苍梧郡。武德中，属贺州。"《唐书·地理志》："封阳，贞观元年省，九年复置。"《寰宇记》："开宝四年，省入临贺县为信都乡。"《县志》："今有信都镇，在县南百里，即封阳墟也。"荡山废县　在贺县西。《元和志》："荡山县，东至贺州一百七十二里，萧梁立。隋大业二年省。唐武德四年复置。有荡山，在县西七里。"《唐书·地理志》："贺州荡山县，天宝后置。"《寰宇记》："开宝四年，废荡山入临贺县为招贤乡。"《县志》："招贤乡，今属昭平县。"桂岭废县　在贺县东北。《元和志》："桂岭县，本汉临贺县之地，吴分置建兴县，属临贺郡。晋改兴安县。隋开皇十八年，改为桂岭，属熙平郡。因界内桂岭为名。唐武德四年，改属贺州。西南至州八十二里。"《明统志》："废桂岭县，在贺县境，元末省。"《县志》："在县东北一百里桂岭下。"崇仁废县　在荔浦县西南。《唐书·地理志》："武德四年，析荔浦县，置崇仁县，属荔州。贞观十二年，改属桂州。后省。"武龙废县　在修仁县西北。《唐书·地理志》："桂州修仁，贞观元年置。武龙县，十二年省。"归化废县　在昭平县西。《宋书·州郡志》："郁林郡归化县，疑是江左所立。"《隋书·地理志》："始安郡龙平县，平陈后，又置归化县。大业初，废归化、安乐、博劳三县入焉。"《唐书·地理志》："富川龙平县，武德四年析置归化、安乐、博劳。九年，俱省。"《寰宇记》："归化废县，在龙平县西北三十里。安乐废县，在县东北五里。博劳废县，在县北三十二里。"马江废县　在昭平县东南。《元和志》："开江县，北至富州一百里。本汉猛陵县地，梁于此置开江郡。隋开皇十年，罢郡为县，属静州。大业二年废。唐武德五年，复置，属梧州。"《唐书·地理志》："富州马江，本开江，后隶梧州，又复隶柳州。长庆三年，更名。"《寰宇记》："时桂管观察使殷侑，以开州有开江县，名同，因按《图经》，云其江是汉马援所开，请改马江县。从之。开宝五年，并入龙平。"《县志》："废县，今为马江里。"豪静废县　在昭平县南。《隋书·地理志》："始安郡豪静县，梁置开江、武城二郡，陈置逍遥郡。隋平陈，郡并废。"《唐书·地理志》："武德时，以豪静隶梧州。贞观十二年省入苍梧县。"《县志》："废县在县南百余里。"思勤废县　在昭平县东北。《元和志》："思勤县，南至富州一百四十里。圣历元年，分龙平县置。二年，于县置武安州。开元二年废，以县属富州。"《宋史·地理志》："开宝五年，以思勤入龙平。"《县志》："废县在县东北陶唐村之东南。《唐志》作天宝后置，与《元和志》不合。"钦政废县　在永安州。《唐书·地理志》："蒙州立山，武德五年析置钦政县，贞观十二年省。"《旧唐志》："武德四年，置南恭州，割荔州之立山、东区、纯义三县，置岭政县"，即"钦政"之讹。又《州志》有常安废县，在今州西北三十里，唐初置，寻废。考新、旧《志》俱无，不知何据。

永宁旧县　在荔浦县西北，本三国吴永丰县也。《元和志》："永丰县，北至桂州二百一十里。吴甘露元年，析汉荔浦县之永丰乡置。隋开皇十年，省入阳朔县。唐武德四年，复置。"《唐书·地理志》："桂州丰水县，本永丰县，隶昭州。武德四年，析阳朔县置。后来属。长庆三年更名。"《文献通考》：

"静江府永宁，唐丰水县，梁改。"《宋史·地理志》："熙宁四年，废为镇，入荔浦，元祐元年复置。南渡后，无永宁县。"《九域志》："荔浦县有永宁镇。"《县志》："永宁镇，在县之西北五十里。" **东区旧县** 在永安州东南。唐武德五年，分立山县置，属荔州，寻属南恭州。贞观六年，隶燕州。十年，还属蒙州。《元和志》："县西北至蒙州八十里。"《寰宇记》："熙宁五年，省入立山。" **正义旧县** 在永安州西北。唐武德五年，分荔浦置纯义县，属荔州，寻属南恭州。贞观六年，改属燕州。十年，还属蒙州。永贞元年，避讳改曰正义。《元和志》："县东南至蒙州三十里。"《寰宇记》："在州西北二十三里。宋熙宁五年，省入立山。"

孤州废城 在平乐县。《舆地纪胜》："在平乐县东南四十里。唐天册万岁元年所筑，光大元年废。"《名胜志》："古州城，今讹为孤州。"《旧志》："相近又有崑仑城，建置未详。"

银场 在贺县。《九域志》："临贺县，有太平银场，又有宝场，开宝四年省。"《寰宇记》："宝城场，即古岁下场，废入县为温泉乡。"《旧志》："太平银场，在贺县之东北橘山，久废。" **锡场** 在贺县。《元和志》："临贺县北四十里，有大山。山有东游、龙中二冶，百姓采沙烧锡以取利焉。"《县志》："锡矿有六，皆在县北。"

政平楼 在府治前，今改安定门楼。**书云楼** 在府治南。**三瑞楼** 在府治西城上，又名七松楼。**筹边楼** 在府城东南。

御史堂 在恭城县东五里。宋御史周渭读书处。**十箴堂** 在贺县治内，刻宋周必大《十箴》于石。**中和堂** 在贺县旧州治中，久废。

拱北轩 在府城北，仙宫岭下。又得志轩，皆宋邹浩所构。有《记》。

双榕阁 在府治东二里江边。居两榕之间，故名。今废。**天绘阁** 在府城北，宋邹浩尝居此三年。**清音阁** 在贺县西五里，宋守谭良佐建。以旁有瀑布，故名。

明秀亭 在府城南门外。**翱风亭** 在府城北仙宫岭，宋邹浩建，以为避暑之所。有《记》。**梅公亭** 在府治东北凤凰山，宋梅挚建，以昭州所为诗及《五瘴说》，刻石嵌于壁。又有十爱亭，在府治西北，亦挚建。十爱者：月、士、寺、观、角、水、路、乐、酒、果也，各有诗。

关隘

南关　在平乐县东南昭潭冈下。又北关，在县北镇夷门外。旧皆设官榷税。龙虎关　在恭城县东北七十里。《九域志》："恭城县有荆峡、松门、永安三镇。"《旧志》："今龙虎关，即荆峡镇也。关南属恭城，北属湖南永明县。"虎口关　在恭城县西十里，接平乐县界，明末曹志建，据县所立。荔平关《汉书·地理志》："荔浦县，有荔平关。"《元和志》："关在县南，盖在荔水之上，久废。"镇鏀关　在荔浦县北三十五里，镇鏀山上。南隘关　在修仁县西南四十里，亦曰南隘口。《九域志》："修仁县有南隘镇，即此。"《旧志》："内分十排，东界石墙堡，南、北界雒容、象州、永福，皆瑶、僮所居。"

马骝隘　在平乐县东南五里，一名马鹿巷，为往粤东陆路要扼。牛岩隘　在富川县东。民、瑶杂居，与湖南江华县山界相连，设兵防守。古苏堡隘　在永安州东南，接昭平县界。又有马鬃岭隘，在州北，接荔浦县界。平坦堡隘，在州西北，接修仁县界。皆瑶、僮杂居。本朝康熙六十年，设兵防守。

镇峡寨巡司　在恭城县北六十里，与湖南永明县接界。倚山临江，实为险要。明万历初置巡司，今因之。又旧有白面寨巡司、西岭寨巡司，今俱裁。白霞寨巡司　在富川县西南一百五十里，有巡司，司前有白霞渡。又旧有寨下巡司，在县西北秀峰村，今裁。信都镇巡司　在贺县南一百里，即古南乡镇也。宋潘美围贺州，南汉将伍彦柔赴援，美潜以奇兵伏南乡岸，擒彦柔。即此。旧有巡司，今因之。里松乡巡司　在贺县东北。本朝嘉庆二十年，移会宁墟巡司，驻此。马江塘巡司　在昭平县一百三十里。本朝嘉庆四年设。

钟山镇　在富川县东南钟山下，即古县治也。县徙后，因置镇。有土城，周不及二里，门二。旧移边蓬巡司于此，今废。平旦镇　在永安州西南。《九域志》："立山县有桂峡、平旦、万峨、利来四镇。"《旧志》："有平坦堡，在州西南五十里。疑即'平旦'之讹。"

水滩营　在平乐县东一百八十里。明万历二年筑城，设土巡司，防御南村、义水、仙家、西水、鱼狗、兖峒、糯峒、葛峒、石峒、金井、横溪、东岸、峨峒、高砦、卢家、粟峒诸堡，瑶、僮冲口。麦岭营　在富川县东北。本朝移同知住此，兼设都司防守。石牛营　在贺县西南百里。明万历八年筑土城，置兵戍守。桂岭营　在贺县东北。明万历间于桂岭适中要地，建立大营，设守备驻守，分防十三营。今于桂岭、赖村、停歇、龙水、大浀、黄峒、牛瑞、石牛等八营，分兵防守，余废。九冲营 在昭平县东。倚山为险，瑶、僮尝屯聚于此。明万历中，设营戍守。北陀营 在昭平县东南一百三十里，北陀山前。明万历二十八年，总督戴辉筑城，设抚夷同知于此，天启初革。其两旁有镇夷左右二营。本朝设兵戍守。仙回营 在昭平县西北七十里仙回洞。明万历十三年，土舍黄仲拙筑城，兼领古眉寨巡司。今废。韦峒营 在昭平县东北九十里。明万历八年，黄仲拙筑城，有兵戍守。华盖营 在荔浦县东五里，为瑶、僮出没之所，旧设把总防汛。《经略志》："县南接府江，西通修仁，西北连永福之黄磊，北达阳朔之金宝顶，皆称阻隘，而东面尤险。华盖营镇压诸巢，最为重地。"古眉营 在永安州南三十里古眉山下，州境要害。旧置巡司，明万历七年改置土巡司。今废。群峰营 在永安州北群峰山下。明洪武中，置群峰土巡司于峡口堡北，后迁于杜莫寨。万历中又迁于猫儿堡，在今州北五十里。

站面砦 在恭城县东南。其北为淘江砦。《县志》："势江源，在县东，与站面、淘江相匹，旧设势江土司。"上中峒砦 在荔浦县东南十五里。又东有下峒砦、旧日、朦胧三峒，皆诸蛮所据。明隆庆六年，巡抚郭应聘讨平之，设土司世守。万历十年，又移下峒司于延宾江，在县东三十里。峰门砦 在荔浦县东南二十五里。又南源砦，在县西北三十五里。皆有城，明万历中筑，设土司戍守。后移峰门司于中峒，南源司于下峒。今皆裁。

开建寨 在平乐县东。南宋潘美讨南汉，进次昭州，破开建砦，即此。又白田寨，在县东南，宋皇祐中，张忠邀击侬智高于白田，即此。大安寨 在贺县东北，桂岭营西南，明置巡司。又沙田寨巡司，在县北晏城乡，后迁于县西点灯寨，俱万历八年裁。又有白花洞口土巡司，久废。杜莫寨 在永安州西北七十里，瑶、僮出没处。万历二年，筑城置戍。

大会墟 在贺县东北一百五十里，与大宁寨近，五方杂处。本朝嘉庆二十年，设县丞驻此。

广运堡 在平乐县东南六十里府江东岸，即旧广运驿也。明宏治中筑城。又足滩堡，在县东南九十里，漓江东岸，明正德初筑城。凤凰堡 在恭城县东六十里，有屯兵防守。又有永镇堡，在县北八十里，即宋之永安镇也。今废。东厢堡 在富川县东。明筑十七堡，后并废。本朝康熙十一年，以黄沙岭、柳水营、仙姑塘岩口、平石源牛岩四处，与湖南接壤，设兵防汛。王瑶堡 在荔浦县西北，迤东又有夹版、都凤、红头、以墩、板干、朝天，共七堡，皆本朝所立，拨兵戍守，横亘一百二十里。山川崎岖，道路迂曲。石墙堡 在修仁县西三十里。明万历间剿平僮盗，因立石墙于隘口，为提调司。本朝设把总防汛。

　　昭潭驿 在平乐县西，水驿也。其东为递运所，西北至桂林府阳朔县古祚驿一百里，东南至昭平县龙门驿二百里。龙门驿 在昭平县南九十五里，水驿也。北至平乐县昭潭驿二百里，东南至梧州府苍梧县府门驿二百里。

　　　　　　　　　　　纂修官（臣）李绍昉恭纂（臣）蒋立镛恭纂
　　　　　　　　　　　提调官前总纂（臣）郑绍谦恭覆辑
　　　　　　　　　　　前校对官（臣）奚先凯恭校

平乐府（二）

津梁

儒林桥 在府学西，旁有龙池。东安桥 在府城南关内，俗呼通济桥。浮桥 在平乐县汇塘湾。本朝康熙五十六年，造船五十只，贯以大鍊，并设桥夫二十名。雍正十年修。大通桥 在平乐县东。一名揽胜桥，跨考槃涧水。桂岭桥 在平乐县东滴水岩左。团山桥 在平乐县东团山堡东。通津桥 在平乐县西门外，俗呼铁炉桥。接龙桥 在平乐县北涧之北一里。桥止一拱，高可数丈，阔亦如之。本朝雍正十年修。石面桥 在平乐县东北十二里，石面山前。盘龙桥 在平乐县东北沙亭之右。高桥 在恭城县西二十里。通仙桥 在富川县南八十里。登瀛桥 在富川县西北秀峰。东江浮桥 在贺县东门外，一曰大桥关，明宏治中建，为榷税之所。本朝康熙九年、雍正二年重修。设船二十四只，桥夫四名。照壁桥 在贺县南门外。桂花桥 在贺县治西。登仙桥 在贺县西北。利涉桥 在荔浦县北二里。龙脊桥 在昭平县东南。金带桥 在永安州治前二十步。水由东关直达西关。接龙桥 在永安州北一里。

榕津渡 在平乐县东四十里官渡，旧置榕津巡司于此。今裁。南门渡 在平乐县东，通荔浦、修仁、永安诸境官渡。驿前渡 在平乐县东昭潭西，俗呼令公渡，又名西山渡。野鸭渡 在贺县西二里，一名大江坪渡。芳林渡 在贺县北。《旧志》："有芳林镇在其上。宋潘美伐南汉，兵至芳林，即此。又有林峒渡，在县东，俱官渡。"越王渡 在贺县东北。《寰宇记》："在桂岭县南二十七里贺水边。相传越王常渡于此，石栉、石屦犹存。"排河渡 在永安州西，旧为镇龙桥，后圮。本朝康熙十二年设官渡。又龙渡，在州西北峡口石。牛渡，在州北十里。

堤堰

龙头堤　在平乐县西北。明万历间，御史佴祺筑。

千家堰　在恭城县北六十里。长五十余丈，溉田甚广。一名千金堰。又北十里，有石牛堰。河头堰　在恭城县东北隅。民资灌溉。

东陂坝　在修仁县东五里。由修江至濑滩，堰水入沟，灌东乡田。又榕水坝，在县南八里，堰水入大圳，灌县前大洞田。大坝，在县南十里，由马蹄江堰水入大圳，灌县西南诸田。

周塘　在平乐县东。积水灌田，四时不涸。木良塘　在平乐东北仙宫岭，源出山谷间，一名回龙津。

陵墓

明

三烈墓　在昭平县东。贞女刘辰秀与庶母张氏、郭氏葬此，有祠。

祠庙

五贤祠　在府学东，宋郡守王光祖建，祀梅挚、邹浩、孙武德、徐正、柴肃。邹侍郎祠　在府学后，祀宋邹浩。七贤祠　在府城北。旧为道乡书院，祀宋邹浩，明嘉靖时建。后又增祀范祖禹、胡铨，后为三贤祠。万历间郡守周祈，又增祀唐韩思彦、韦陟，宋黄葆光、洪兴祖，改今名。春秋二仲，守令致祭。周王祠　在恭城县治东，祀宋周渭。

李王庙　在富川县北长标岭，祀唐李靖。太尉庙　在富川县北秀峰，祀宋毛炳。忠祐庙　在贺县治东南，宋乾道中建，祀唐陈侯，逸其名。《明统志》："忠祐显应侯，姓陈氏。乾道中，郴寇欲犯境，十里外，望见城上执兵者甚众，遂遁。淳熙中，陈峒贼入境，亦震慴而退。事闻，赐庙额，累封惠灵公。"天后庙　在昭平县城外江浒。本朝康熙三十七年建。

寺观

东山寺 在平乐县东二里下关，一名光孝寺。本朝康熙三十二年修。资寿寺 在平乐县南二里南山下，一名南山寺，又名资圣寺。沸水寺 在贺县甑山麓，上有瀑布泉。回龙寺 在修仁县南。本朝康熙五年修。泗州寺 在永安州治南。本朝康熙六年修。

丹霞观 在富川县西三十里。相传张道陵于此上升。玉虚观 在贺县，宋建。又有贤天观，在桂岭江口，宋邹浩有《诗》。

佛慧庵 在府治东。前有金沙池，一名金沙禅林。本朝康熙四年修。紫微庵 在恭城县城外，江口黄牛石下。本朝康熙十二年建，扼县城水口。

玉枢宫 在昭平县南门外。本朝顺治十八年修。

名宦

唐

敬超先 代宗时，为昭州刺史，有善政。杜甫《题高适诗序》云："今海内忘形故人，独汉中王瑀，昭州敬使君超先在。"

李邰 延唐人。太和中为贺州刺史，有惠政。

宋

周辅成 道州人。大中祥符间，为贺州桂岭令，有惠政。即周子之父也。

梅挚 新繁人。景和间知昭州。时官岭南者，多惮瘴疠，不愿往。挚作《仕有五瘴说》镌于石。

高登 漳浦人。绍兴二年，授富川县主簿。董弅闻其名，檄谳六郡狱，复命兼贺州学事。学故有田舍，时已罢归买马司，登请复旧，守不能夺，卒从之。

俞献卿 歙人。为昭州军事推官。会宜州陈进乱，象州守不任事，转运使檄献卿往佐之。及至，守谋弃城，献卿曰："临难苟免，可乎？贼至，当力击，奈何弃去？"初，昭州积缗钱巨万，献卿尽用平籴，至积谷数万。及大兵至，赖以馈军。

柴中行 余干人。宁宗时广西转运使，辟为干官，摄昭州郡事。蠲丁钱，减苗斛，赈饥赢。转运司委中行代行部，由桂林属邑，历柳、象、宾入邕管，问民疾苦，先行而后闻，捐盐息以惠远民。

元

余永　至正间，以湖广宣慰使权知平乐。先是，学宫在考槃涧西，燬于兵。拓拔元善摄郡，监斆学租，捐俸募民新之。永受规画，程功之力居多。

明

张信　河南人。洪武初，平乐府同知。政务大体，尤属意农桑、学校。后以课最擢知府。

马宥　山东人。洪武初，知荔浦县。加意新附之众，经制立法，建学校，立城社，置四乡、八都、十七里，百废具举。

张昊　海康人。永乐中，知平乐县。奏复军营侵地，建堂宇学舍。

伍绘　四会人。景泰间，知荔浦县，改迁城邑，建文庙、学舍，民得安堵，盗贼屏迹。

尹浦　山阴人。成化中，由通判擢平乐同知。府境皆巉山深菁，瑶凭险出没剽掠。浦纵火悉焚林薄，瑶溃散。规筑城堡，据守要害，自是平乐遂为安土。

余玉　内江人。宏治中，知平乐府。草寇为患，玉增凿后山为二堑，以严外卫，于城下辟为路，令军士更番巡警。贼闻，不敢近。

梁鱼　顺德人。宏治间，知平乐县。先是，瑶蛮梗化，军旅数兴，田野半芜。鱼奏蠲乐山、津平二里浮粮五百余石，间有不能输者，复移商税助之。

张祐　铅山人。正德间，任府江兵备副使。会荔浦寇起，亲率兵督战，破之。修恭城县城，建富川守御所，筑钟山镇城，葺广运、足滩二堡，饬边固围。

金杰　汤溪人。嘉靖中，知富川县。会涝溪寇起，杰定计剿之，贼大挫而遁。嗣是，诸峒巢不敢动。

方思贤　顺德人。万历中，知昭平县。北陀僮黄琏宝等，负险不服征输，监司议征剿。思贤直抵其巢，宣布威德，瑶、僮皆帖服。

欧阳东凤　潜江人。万历中，迁平乐知府。抚谕生瑶，皆相亲如子弟。因白督学监司，择其俊秀者入学，瑶渐知礼义。税使横行，东凤力抗之。

唐梦鲲　番禺人。崇祯中，知富川县。有抚瑶功。

本朝

尹明廷　吴县人。顺治中，知平乐府，有惠政。李定国陷城，执之去，明廷不为屈，潜逸归。后贼败，巡抚陈维新仍令守平乐。明廷星夜驰至，赈恤贫乏之被难者。定国复来攻，遂死之。诏赠太仆卿，荫一子入监。

周永绪 盱眙人。顺治中，以按察副使分守平乐。时疆域新附，永绪拊循备至，民赖安辑。李定国陷城，被执，不屈，死之。

涂起鹏 潜江人。顺治八年，知平乐县。会贼众犯城，起鹏冲锋力战，被执，不屈死。诏赠按察佥事，予祭，荫一子入监。

杨荣荫 阳城人。康熙七年，知平乐府。先是，奸猾辈利瑶、僮所有，多借人命奸盗罗织，致瑶、僮走险，激成大狱。荣荫廉其情，力杜积弊，一时豪健股栗，囹圄空虚。

唐凤 潮阳人。康熙七年，以都司佥书守贺县。军法严明，桂岭诸瑶、僮惮之。孙延龄附吴三桂叛，凤诣督府陈破贼方略，以援剿游击镇岑溪，时土镇蜂起，凤破斩伪总兵林万胜、孙云客于藤县义昌乡，王邦相、张宏等于容县坡里，民赖以安。

刘钦邻 仪征人。康熙十三年，知富川县。孙延龄附吴三桂，钦邻募义勇为战守具。会守防把总杨虎、奸民蒋吉士等，私受伪札，执钦邻送桂林，啗以高爵，不为屈，囚之，自缢死。赠太仆少卿，谥忠节。

吴锡绶 山阴人。康熙十七年，为罗定都司。平乐久为贼据，锡绶率所部从抚蛮将军傅宏烈，集兵恢复。贼将吴世琮拥众猝至，锡绶同千总谢得功、谭瑛，把总翟应麟、白队、雷震、何华、杨昌、梁大等出战，力尽，并死之。

陈大辇 黄冈人。康熙四十五年进士，授永安知州。永安处万山中，皆瑶僮，风俗最乖。大辇为定婚嫁丧葬之制，俾习而行之。建学以兴文教，俗用丕变。

胡醇仁 山阳人。雍正二年，知平乐府。时修仁十排僮贼，负固为暴。甫视事，即讨平之。在郡五载，正己率属，兴利除弊，士民爱戴。六年，征八达寨侬贼，奉檄监纪军务，以瘴卒于行营。

人物

汉

徐征 荔浦人。延禧中五年，由中郎为苍梧郡督邮。时中常侍唐衡，遣客至苍梧买珍奇。客怙衡阶，多减所直，又滛凶过甚，征收客郡市，髡笞已，乃白太守。太守大怒，收征付狱，主簿力请乃释，郡中称其敢决。

宋

周渭　恭城人。建隆初，刘银据五岭，渭脱身北走，上书言时务。太祖召试称旨，累官至殿中侍御史，改两浙、益州转运使，赐金紫。真宗嘉其清节。

陶绍宗　平乐人。开宝间，从潘美擒刘银，以功授龙平县令。除银苛政，境内大治。太祖闻其贤，擢光禄卿。

林通　富川人。仁宗时为御史，弃官归。素工诗，隐居豹山。邑人名其山曰隐山，岩曰潜德。

韩迥　昭州人。仕至太子中舍。嘉祐中，引疾归。转运使李师中，高其气概，以诗赠之。

元光　昭平人。隐居乐道，不求仕进。崇宁中，邹浩谪居昭州，与光游，有赠诗。

林勋　贺州人。政和进士，为广州教授。建炎三年，献《本政书》十三篇，大要因古井田，约税钱米，及赋兵马更番之数；妇贡绢绵，非蚕乡者，以布麻代。书奏，擢桂州节度掌书记。又上《比校书》二篇，历指桂地当垦田出谷之数。张栻得其书，寄朱子，谓勋一生用功于此。所至有惠政，乃广中人材之卓然者。

陶致完　平乐人。绍兴进士，拜监察御史。立朝方正，为秦桧所忌，解绶归。

毛士毅　富川人。高宗时，知石城县。贼李接攻城，士毅与尉曰："当以死卫百姓。"遂纠合义丁，与贼战。众寡不敌，被执，骂贼死。赠承事郎。

毛炳　富川人，性偶傥不羁。乾道中，以平寇功，授横、贵、廉三州都巡检使。后交寇犯境，死难。赠太尉。

毛温　富川人，为钦州灵山簿。时交阯寇陷钦、廉、白三州，守吏皆望风遁。温纠合土豪，与战辄胜，贼势遂挫而遁。事闻，召对加职。

明

陶秀　昭平人。事亲孝，尽以家产付弟。知会昌县，有以贿入者，辄峻却。决狱无留滞。

李时敏　平乐人。成化时，知信宜县。以材武称，尝与孔镛共平瑶贼，以功迁知化州。粤人并称"孔李"。

蒋玑　恭城人。宏治举人，知连城县。县初无城，玑筑城凿濠。工甫就，而武平贼刘隆乡乱，邻县多被剽掠，惟连城得全。后檄捣它贼，轻入被执，不屈遇害。赠府同知。

莫骏 平乐人。正德举人，累官南京户部员外郎。以廉介称。为诸生时，瑶贼掠其村，母齐氏遇害。骏请兵深入，俘其贼首以献。仍上兵食戍守之宜，为久远计。昭人诵其功。

李安 富川人。常熟主簿，李昭宗养子。嘉靖中，倭航海来犯，安从昭宗为前锋，屡杀贼。后以力寡不支，遇害。

唐世尧 平乐人。万历进士，授宁波推官，擢吏部主事。佐冢宰陆光祖推举万国钦、饶坤，皆以国本建言得罪者，随镌秩归。中人有采权于昭者，官吏莫敢谁何。世尧以大义力折之，诸珰侧目。世尧亦不复出仕，居家以孝友称。

萧日高 平乐人。崇祯中，任峨嵋县主簿。流贼张献忠围城，日高悉力拒守，城破，殉难死。本朝乾隆四十一年，赐谥节愍。

唐钟祚 平乐人。流寇肆虐，钟祚募团练仙回。广东陈恩兵突入仙回剽掠，钟祚佩剑，率二仆往谕之。被执，骂不绝，主仆皆罹害。本朝乾隆四十一年，入祀忠义祠。

本朝

张宗璠 恭城生员，事亲以孝闻。父没未葬，值伪兵至，乡人逃匿，璠守父丧不去。兵欲毁棺，璠以身蔽之，刀刃交加，几死不避。贼为感动。康熙二十年旌。

甘受调 平乐人。家颇饶，悉以与兄弟。甲寅吴三桂之乱，晦迹瑶山。有捧伪檄招之者，峻拒之。乱平，筑别业于桃竹山池，名曰宛在，从游者皆绕池而舍。父疾，清夜默祷，乞以身代。里有贫而病者，割馆谷以助。

骆之埙 恭城人。同母莫氏避难北流，母为兵所执，埙哀恳救母，兵露刃胁之，再四不免，母子俱被害。

袁启翼 平乐人。居昭平铜鼓峡，闭户读书。著《隐居志恒言》五卷，《诗论序记》二卷，《葩经约旨歌》一卷。子景星。官翰林，提督四译馆，太常少卿。赠启翼如其官。

欧日荣 平乐人。幼失父兄，无赖子夺其产。及长，贫甚，母死不能厚葬。每过墓，哀号不忍去。虽当燕会，一念及亲，辄复流涕。抚其幼弟倍至。尝著《勉学》三十余则，以垂为家训。

欧阳榛 平乐廪生。乡人有逋赋鬻其妻子者，榛代赎之。又捐金以助婚，备棺以恤死，饥年则倾资以赈，无所惜。病笃时，焚凤遗旧券而没。

毛上习　贺县人。康熙二十九年，知诸暨县。捐俸赈饥，断事无苛，征粮有法。立义学，邑中寒士，若坐春风。一时号为清白慈祥。在任三年，疾卒，奠送者塞道。

吴元琪　其先云南昆明人。父澂，官平乐府经历。父卒，遂籍平乐。中乾隆辛卯进士，由郎中除归德知府，治河有能声。寻降同知，简发福建。会林爽文乱，元琪护军饷，助台湾城守，招降庄锡世，升浙江知府。元琪少孤，其友关上达恒周之。后官归，馈上达金，上达为买田而籍其岁所入之数。元琪卒，悉以畀其子。上达笃于信义，附载。

黄启宗　富川人。年二十，偕其父拾成，锄地山中。虎突出噬拾成，启宗执锄奋击，虎逡巡，舍其父去。

流寓

唐

陶英　青州人，累官太尉。天祐初，上书指斥时政，忤朱全忠。以太尉拜征南将军，领兵出镇昭州。盖远之也。明年，全忠篡位。英惧，解兵柄，隐于诞山，家焉。同时有李尉者，以避地来，世为婚姻，门阀相高，居东乐仁里。人称其居为陶李洞。

宋

范祖禹　华阳人。哲宗时，贬昭州别驾。安置贺州。

邹浩　晋陵人。徽宗时，窜昭州，僦居仙宫岭下。所居有清华阁，得志、拱北二轩。五年始得归。

黄葆光　黟人。蔡京使言官论其附会、交结、泄漏密语，诏以章揭示朝堂，安置昭州。

洪兴祖　丹阳人。秦桧当国，坐尝作《程瑀＜论语解＞序》，语涉怨望，编管昭州。

胡铨　卢陵人。绍兴八年，上书力排和议，编管昭州。

周宏易　崇宁间，佐武郎，擢武德大夫。由遂宁徙居恭城，见县西平坡中，一山亭亭直上，遂卜居读《易》，名曰翠微峰。即今之西岭寨也。

明

钟行旦　筠连人。崇祯间，知荔浦县。流寇猖獗，募丁壮守御，民赖全活。会亲卒，遂卜居荔浦之笔村，人号笔山先生。

列女

隋

钟骞妻蒋氏　临贺人。归钟，生二子士雄、士略。士雄仕陈，持节帅岭南。陈主虑其反复，执蒋氏于都。隋平陈，遣归临贺。既而虞子茂作乱，遣人召士雄。蒋谓之曰："汝若背德忘义，我当自杀。"士雄不敢从乱。隋主闻而异之，封安乐县君。

宋

周渭妻莫氏　恭城人，名荃。渭北走时，荃尚少，父母欲改嫁之。荃立誓曰："渭非久困者，避难远适，必能自奋。"于是亲蚕绩碓舂以给朝夕，二子皆毕婚娶。凡二十六年，太平兴国初，乃复见渭。朱昂作《莫节妇传》。

明

周祐妻黄氏　恭城人。祐任龙门教谕，令氏归侍养老姑。舟至曰沙冲口，遇寇，欲污之。不从。与妾李氏，仆妇阿会，俱骂贼被杀。

林栋女　富川人，名闺善。为贼所劫，欲污之。不从，被害。

陈仲鉴妻雷氏　贺县人。正德间，上下峒瑶贼肆行，见雷，拥之行，欲污之。雷骂不绝口，贼以刃胁之，骂愈厉，被杀。

唐钟祚妻孙氏　平乐人。钟祚团练仙回。崇祯末，广东流贼突入剽掠，钟祚率二仆往谕之，皆遇害。孙氏偕妾马氏往收尸，为贼所执，欲污之，并骂贼死。

刘鸾妻黄氏　荔浦人。鸾早卒，氏抚孤矢志，以寿终。按《旧志》载："刘辰秀，铜仁人。正德中，父仁官梧州通判，卒。辰秀偕庶母张氏、郭氏，及从兄时复等，奉枢过昭平堡。值瑶贼聚众劫掠，辰秀指江曰：'万一不免，死此而已。'贼至，辰秀乘间投水死。张抱幼女祁秀继之，郭复继之。辰秀时年十六，张年二十，郭年二十八。贼去，家人索其尸，藁葬昭平江上。嘉靖间旌表，立祠曰三烈。"

本朝

平乐妇　不详姓氏。顺治七年，官军下平乐，妇被执，欲污之。妇指所携二子，绐之曰："此累我，不便。"次第投二子城下，随以身堕，母子俱毙。土人即其地瘗之，表曰贞节烈妇。

祝绍煐妻陈氏　平乐人。夫亡，子宏坛甫六月，陈抚养成立。娶李氏，逾年殁。殁三日，生子华。李氏矢志抚孤，邑令黄大成旌其门曰"双节存孤"。后其孤又夭，双嫠冻馁。黄给租养之终身焉。

陈廷礼妻诸氏　平乐人，事姑以孝闻。廷礼早亡，抚遗腹子齐孟。齐孟又早卒。聘贡生林荣女，年二十，往哭奠，执妇礼。事嫡姑，亦以孝闻。

陈诗妻欧阳氏　恭城人。值吴逆乱，避难山林。未几，诗卒。诗父及弟亦相继殁。氏年二十三，子甫三月，又数遭兵火，室庐荡然。事病姑，抚弱息及遗侄，皆成立。康熙五十九年旌。

王文曦妻杨氏　富川人。夫亡守节。与同县王廷瑄妻熊氏，均康熙年间旌。

陈圣敬妻罗氏　贺县人。夫亡守节，抚子成立，训孙成名。康熙五十九年旌。

陆九姑　荔浦人。字刘未婚。刘死，守志不嫁，年至耄耋。

雷万春妻黄氏　荔浦人。年十九，守节。同县文凤奇妻徐氏，何龙先之母莫氏，蒋暎璧之母向氏、妻曹氏，叶惠元妻邱氏，姚舜裔妻胡氏，朱锦菲妻徐氏，皆抚孤守节。

何氏女　昭平人。顺治十一年，避兵至思庇冲。有卒见女少艾，追之，几及，女即赴水死。

黄九英妻李氏　昭平人。吴逆之变，氏避乱至淮滩石碛。兵至，欲污之。氏襁负幼女，绐之曰："莫惊吾女。"因解襁，乘间投石碛死。

董永煌妻徐氏　昭平人。夫早亡，氏年二十一，苦志抚孤。同县王大楷妻宋氏、王仕煃妻黄氏，皆夫亡守节。

龙腾云妻莫氏　永安人。夫早亡，携孤避乱山中，备尝艰苦。寇平而归，教子成立。同州姚承业妻莫氏、妾陆氏，同居守节抚孤，二子俱列宫墙。

周氏女　富川人，马平教谕何铃妻。未嫁时，值兵乱，父老母病，族人皆逃。氏侍父母，守志勿去。兵感其孝，相戒勿惊。雍正三年旌。

熊梦弼妻唐氏　富川人。年二十，夫亡，鬻奁敛葬，后遂自经，以救免。雍正八年旌。

唐美烜妻蓝氏　永安人。姑病笃，氏年十九，割股作羹以进，姑得愈。雍正三年旌。

林鹏云妻王氏　平乐人。夫亡守节。乾隆二年旌。同县卢瀛妻容氏、陈之屏妻闰氏、萧上玉妻袁氏、萧露湛妻闰氏、林焯妻吴氏、莫联升妻廖氏、王士达妻徐氏、陈齐遵妻胡氏、莫大组妻李氏，均乾隆年间旌。

傅肇序妻周氏　恭城人。夫亡守节。乾隆二年旌。同县傅肇元妻张氏，张淮南妻周氏，容而泰妻龙氏，常礼端妻莫氏，蒋佐妻叶氏，烈妇、周奇章妻李氏，均乾隆年间旌。

王廷表聘妻汪氏　名粹玉，富川人。幼读书，喜忠孝节烈事。字廷表，表年十八卒。氏临尸哀哭，纳发棺中曰："他日黄泉以相质也。"终身足不履庭，年七十二卒。同县莫尚信聘妻钟氏、王世泽妻义氏、汪本淮妻李氏、周吉士妻陈氏，均乾隆年间旌。

李挺三妻伍氏　荔浦人。夫亡守节。与同县蒋增兰妻杨氏，均乾隆二十九年旌。

僮妇罗氏　荔浦人。早丧夫，誓不易志。僮俗少闺范，尚声歌，人或以歌诱之，正色不为动。事姑尽孝，抚子成立，苦节五十余年。

潘士成妻潘氏　荔浦人。守志捐躯。与同县徐呈裴妻诸葛氏，均乾隆年间旌。

吴维南妻陶氏　昭平人。夫亡守节，乾隆六年旌。同县黎文第妻莫氏、廖存美妻钟氏、黎接三之母董氏，均乾隆年间旌。

冯殿魁妻金氏　永安人。夫亡守节，乾隆四年旌。同州陈诗妻伍氏，乾隆二十一年旌。

莫大玑妻萧氏　恭城人。夫亡守节，嘉庆二十五年旌。

伍伦修妻梁氏　修仁人。夫亡守节，嘉庆十年旌。

陈本善妻莫氏　永安人。夫亡守节。同州陈本直妻覃氏、陈光典妻阳氏、杨遂荣妻黄氏、蒋抢达妻杜氏，均嘉庆年间旌。

仙释

宋

安昌期　恭城人。皇祐间举进士，官永淳县尉。解印后，即弃家，纵游山水。善歌。治平间携一童往峡山广庆寺，入不复返。后见石壁题诗，有"丹灶非无药，青云别有梯"之句。人传为羽化云。

明

姚二仔　平乐人，生不茹荤。年十五，登火焰山中峰顶，立片篷为起居。山顶有池，产金丝大鲤二尾。池南有桃一枝，结实，取啖之。时岁旱祷雨，司理唐邦教闻其有道行，请之，果得雨。反山后访之，惟余片篷而已。

土产

金《元和志》："蒙州贡麸金。"《宋史》："孝宗时，广西提点刑狱李椿，奏罢昭州金坑。"

银《元和志》："昭州、贺州、富州，俱贡银。"《九域志》："临贺县，有太平银场。"

铜《唐书·地理志》："临贺县有铜冶，在橘山。"

铁《元和志》："贺州桂岭县东南、程岗北、朝岗，并有铁铆。"

锡《唐书·地理志》："贺州冯乘县有锡冶三，富川县有锡。"《元和志》："临贺县北，有东游、龙中二冶，百姓采沙烧锡以取利。"

钟乳《元和志》："平乐县东有阳里穴、那溪穴，皆出钟乳。又恭城县东银殿山，下有钟乳穴十二所。"

蕉布《寰宇记》："昭州产红蕉。"《明统志》："平乐县有红蕉布。"

竹布《元和志》："贺州贡竹布，富州贡班布。"《寰宇记》："昭州产寿竹。"《明统志》："平乐恭城出筋竹，县妇能以竹作衫，充暑服。"

花簟《寰宇记》："贺州贡龙凤花纹簟。"

弓《元和志》："贺州贡班竹弹弓面。"

千金藤《元和志》："贺州贡。"

蚰蛇胆《元和志》："贺州贡。"

石斛《元和志》："贺州贡。"

白蜡《寰宇记》："贺州宝城场出。"

黎母汁《寰宇记》："贺州贡。"

蚺蟝《寰宇记》："贺州大障山都贵源出，夷人取其血以解毒。"

铅粉 《寰宇记》："出富州城北白土坑。"

降香 平乐县出。

苗蛮

瑶 在平乐府，散处林麓，贮粟岩窦。男女服饰与桂林僮同。性耐饥，日啖盐数颗，草木皆可食。在恭城，有三十有五村，习俗与平乐略同。在富川，有四种，曰七都、上九都、一六都、畸零，皆来自黔中五溪，散处三十六源。赋而不役。种棉花、豆、苎，烧木炭以市利。在贺县，巢居山坳水涌间，冬无布絮，爇木枝御寒，故多黧黑。在荔浦，居山谷中，疾病惟事巫觋，吹牛角。丧葬用长鼓，以手击之。在修仁境，东自晓村而南，皆瑶所居。又有秀里、金峒诸瑶，不与民通。在昭平，东北有南峒瑶，西北有古阜、岭阻、立龙、花州等瑶，皆以山寨命名。男女花布裹头，女以花布缘领，束花带，着花裈。在永安，有剃头、长发、过山三种。

僮 恭城附县八村，民僮杂处。在贺县，就编户者为熟僮，性驯；远者为生僮，性悍。在荔浦者，来自柳庆古田，散居咸亨通津四里。状貌服俗，颇与瑶同。修仁正西老县村至寨堡为石墙汛，去汛五里曰头排，至五排、十排。自石墙西而南，曰九排、七排、八排、六排，皆僮人。性愚悍，类北僮，服饰亦略同。昭平恩来里之北陀，九冲盐山，僮人聚处其中，俗淳朴。在永安，与民杂处，男女歌唱，昏聘用槟榔，病则屠牛赛鬼。

伶 荔浦溪峒中有之，俗与瑶异，而性凶很。

纂修官（臣）李绍昉恭纂（臣）蒋立镛恭纂
提调官前总纂（臣）郑绍谦恭覆辑
前校对官（臣）奚光凯恭校

梧州府

在广西省治东南八百里。东西距二百三十里，南北距六百三十五里。东至广东肇庆府封川县界四十里，西至浔州府平南县界一百九十里，南至广东高州府信宜县界四百二十里，北至平乐府贺县界二百十五里。东南至广东罗定州西宁县界二百六十里，西南至郁林州北流县界三百九十八里，东北至广东连州阳山县界四百八十里，西北至平乐府昭平县界一百五十里。自府治至京师八千三百六十里。

分野

天文翼轸分野，鹑尾之次。

建置沿革

《禹贡》荆州徼外地。周为百越地，后为楚地。《战国策》：苏秦说威王曰"南有苍梧"，即此。秦属桂林郡。汉初属南越。赵陀封其族赵光为苍梧王。即此。元鼎六年，置苍梧郡。元封五年，为交阯刺史治。后汉建安末，属交州。《交广春秋》："建安十五年，交州移治番禺。"三国吴分属广州。晋及宋、齐因之。隋平陈，罢郡为苍梧县，属苍梧郡。 时郡治封川。唐武德四年，始置梧州。天宝初，曰苍梧郡。乾元初复曰梧州，属岭南道。五代初属楚。周广顺元年，属南汉。宋亦曰梧州苍梧郡，属广南西路。元至元十四年，置安抚司。十六年，改梧州路，属广西道。明曰梧州府，属广西布政使司。

本朝因之，属广西省。旧领州一，县九。雍正三年，升郁林为直隶州，以博白、北流、陆川、兴业四县属之。今领县五。

苍梧县

附郭。东西距六十五里，南北距三百十里。东至广东肇庆府封川县界四十里，西至藤县界二十五里，南至岑溪县界九十五里，北至平乐府贺县界二百十五里。东南至广东罗定州西宁县界七十五里，西南至藤县界五十四里，东北至广东肇庆府开建县界一百九十五里，西北至平乐府昭平县界一百八十里。汉置广信县，为苍梧郡治。后汉至陈因之。隋开皇中，郡废，改县曰苍梧。大业初，属苍梧郡。唐武德四年，于县置梧州。五代及宋因之。元为梧州路治。明为梧州府治。本朝因之。

藤县

在府西六十里。东西距一百六十五里，南北距四百四十里。东至苍梧县界三十五里，西至浔州府平南县界一百三十里，南至容县界一百七十里，北至平乐府昭平县界二百七十里。东南至岑溪县界一百九十里，西南至平南县界一百二十里，东北至苍梧县界六十里，西北至平乐府永安州界一百四十里。汉猛陵县地。晋升平五年，置永平郡，治安沂县，领夫宁县。刘、宋因之。南齐徙郡治夫宁。梁兼置石州。隋平陈，郡废，改州曰藤州，县曰永平。大业初，改州曰永平郡。唐武德四年，复于永平县置藤州。贞观初，改县曰镡津。天宝初，改藤州曰感义郡。乾元初，复曰藤州，属岭南道。五代属南汉。宋亦曰藤州感义郡，属广南西路。元曰藤州，属广西道。明洪武五年，省镡津县入州。十一年，改州为藤县，属梧州府。本朝因之。

容县

在府西南三百二十里。东西距九十里，南北距一百七十里。东至藤县界六十里，西至郁林州北流县界三十里，南至广东高州府信宜县界一百里，北至浔州府桂平县界七十里。东南至岑溪县界六十里，西南至北流县界七十八里，东北至浔州府平南县界一百二十里，西北至浔州府桂平县界七十里。汉合浦郡、合浦县地。晋武帝析置荡昌县，属合浦郡。宋、齐因之。梁改置阴石县，并置阴石郡。隋平陈，郡废，改县曰奉化。开皇十九年，又改曰普宁，属永平郡。唐初改属铜州，寻属容州。元和中，移州来治，属岭南道。乾宁四年，升宁远军节度使。五代属南汉。宋仍曰容州普宁郡，属广南西路。元为容州路，寻降为州，属广西两江道。明洪武十年，省普宁县入州，复改州为容县，属梧州府。本朝因之。

岑溪县

在府西南一百八十里。东西距一百八十里，南北距一百二十五里。东至广东罗定州西宁县界一百二十里，西至容县界六十里，南至广东高州府信宜县界一百十里，北至藤县界十五里。东南至西宁县界八十里，西南至容县界六十里，东北至苍梧县界一百二十里，西北至藤县界二十五里。汉猛陵县地。梁置永业郡，寻改为县，后省。隋开皇十六年，复置永业县，属永熙郡。唐武德四年，析置龙城县，兼置南义州。贞观元年，州废，县属南建州。二年，复置义州。五年，州废，县仍属南建州。六年，复于县置义州。天宝初，改州曰连城郡。至德二载，改龙城县曰岑溪。乾元初，复曰义州，属岭南道。五代属南汉。宋太平兴国初，改曰南仪州。熙宁四年，州废，以县属藤州。元因之。明洪武十一年，改属梧州府。本朝因之。

怀集县

在府东三百六十里。东西距一百七十里，南北距一百九十里。东至广东肇庆府广宁县界一百里，西至肇庆府开建县界七十里，南至肇庆府德庆州界七十里，北至广东连州连山县界一百二十里。东南至广宁县界六十里，西南至肇庆府封川县界一百三十里，东北至连州阳山县界一百二十里，西北至平乐府贺县界九十里。汉南海郡四会县地。晋元熙中，析置怀化县，属新会郡。刘宋元嘉中，改置怀集县，属绥建郡。齐以后因之。隋改属广州。唐武德五年，于县置威州。贞观初，州废，属南绥州。十三年，属广州。五代及宋因之。元至元十五年，属贺州。明洪武九年，改属梧州府。本朝因之。

形势

地总百越，山连五岭。《史通》。居百越五岭之中，连九疑七泽之胜。《方舆胜览》。唇齿湖湘，襟喉五羊。宋邱翔《苍梧郡赋》。南控容邕，西顾桂柳，东应广肇，于以坐制诸蛮。明制府厅壁记。

风俗

人性轻悍，俚人质直尚信。诸蛮勇敢自立，重贿轻死。《隋书·地理志》。新宁多俚僚，善为犀渠。藤州俗以青石为刀剑，如铜铁法，妇人亦为环以代珠玉。南仪州俗不知岁，唯用八月酉日为腊，长幼相贺，以为年初。《寰宇记》。

城池

梧州府城　周四里有奇，门五。三面环濠，北倚山险。宋开宝元年建，明代屡修。本朝顺治十五年修，康熙六年、雍正十年重修。苍梧县附郭。

藤县城　周二里有奇，门四。东北临江，西南以塘为池。明成化二年建。本朝康熙三十八年修。雍正元年、乾隆六十年重修。

容县城　周二里有奇，门三，池广五丈。唐旧址。明成化四年改建，嘉靖万历间修。

岑溪县城　周二里，门二。明成化十年筑，万历二十六年重建。本朝康熙二十五年修。

怀集县城　周五里有奇，门四，池广三丈。明成化四年甃砖。本朝顺治十六年修，康熙四年、雍正二年重修。

学校

梧州府学　在府城东门外，宋绍兴二十二年建。本朝顺治十三年重建，康熙二年修。三十五年、乾隆三十四年重修。入学额数二十三名。旧额十八名，乾隆三十年增五名。

苍梧县学　旧在府学右，后圮。明成化间，迁建于府学内。本朝康熙三十九年，复迁建于城东门内旧址。五十八年重建，乾隆二十五年修。入学额数二十名。

藤县学　在县南学岭之麓，元至顺三年建。本朝康熙二十五年修，雍正八年、乾隆三十一年重修。入学额数十二名。

容县学　在县治西南，明初因元故址建。本朝康熙五十四年修，乾隆二十年、六十年重修。入学额数八名。

岑溪县学　在县治北，明天启元年改建。本朝顺治十五年修，康熙八年、雍正四年、乾隆二十八年重修。入学额数八名。

怀集县学　在县治东，明初因宋故址建。本朝顺治十四年修，康熙十八年、雍正三年、乾隆二十八年重修。入学额数二十名。

回澜书院　在府治东，本朝康熙三十五年建。旧名回澜，改名茶山。雍正三年重建，更题曰传经。十二年，仍更今名。乾隆三十四年修。

鼓岩书院　在府城北。本朝乾隆二十五年建，三十四年修。

绣江书院　在容县治西。本朝康熙二十九年重建。

藜经书院　在岑溪县治内。按《旧志》载："梧州府有梧山书院、东湖书院，容县有勾漏书院，藤县有三元书院，岑溪县有文昌书院，怀集县有文昌书院。"今并废。谨附记。

户口

原额人丁二万六千二百五十五。今滋生男妇大小共六十八万七千三百八名口。计一十二万六千三百二户。

田赋

田地一万一千七百五十九顷三十六亩二分有奇。额征地丁正杂银五万三千七十五两二钱六分八厘，遇闰加征银一千四百二十八两二钱五分二厘。米五万五千一百六十五石七斗五升九合五勺。

山川

大云山　在苍梧县东三里。自桂林来，蜿蜒高耸，郡之主山也。有旗、鼓二山，夹峙左右。上有扶虎岩，亦名大虫山。《搜神》谓"扶南王范寻养虎于此"。有犯罪者，投与虎，不噬，乃赦之，故名。又云盖山，在县东二里，即大云分支。金石山　在苍梧县东三里。相近为阜民山，下有嘉鱼池。冲霄山　在苍梧县南，隔江二里，旧名火山。《寰宇记》："火山直对州城，隔桂江水。"《岭表录》云："火每三五夜一见于山顶，如野烧，广十丈余，食顷而息。

或言其下水中有宝珠，光照于山如火。上有荔枝，四月先熟。以其地热，故谓火山。"《方舆胜览》："或言越王尉陀，藏神剑于山阿，故深夜腾光。其下水深无际，有兽名云貔，三足，郡有灾祥则先鸣。" 苏山 在苍梧县南八里。宋苏轼南谪，尝泊舟山下，因名。铜镂山 在苍梧县南一百里，与广东西宁县接壤。石壁嶙峋，四面陡绝，路通一线，山顶平旷。有池水。石英山 在苍梧县西桂江上，屹峙水滨。地产石英，宋时充贡。下有灵泉，明正德间立关其上，名石背。立山 在苍梧县西十五里。东临大江，山坂平衍。西极险阻，有径通藤县。山下有三公坡。明成化初，督臣韩雍讲武于此。印山 在苍梧县西北三十里。其形如印，特立水塘中，塘曰大印塘。通星山 在苍梧县北六十里。《元和志》："汉刘曜为太守，尝登此山，仰观星象，因号通星山。" 东山 在藤县东绣江隔岸。蜿蜒秀丽，翼拱城邑。旧传唐李靖南征，尝驻师于此。上有卫公祠。南山 在藤县南二里绣江南岸。山势耸秀，顶平如底。上有杏坛、松崖、竹坞、芹涧，皆具胜概。相接者曰石壁山，崖峦相倚，下瞰绣江，石色皆赤，亦名赤壁。石人山 在藤县南三里。峭绝临渊，下有龙窟。山半巨石屹立，远望如人。龙骧山 在藤县南六里。数峰耸列，下临清流。相传晋龙骧将军陈隐，尝驻兵其下。白藤山 在藤县南百里。峭拔崎岖，路通容县。多产白藤，县因以名。灵山 在藤县南百余里。崖石险峻，路径悬绝，中为瑶蛮巢穴，设兵戍守。勾刀山 在藤县西南一百里寰家寨北。岧峣峻绝，猿猱不能逾。明万历初，划石为磴，南通容县，取径甚捷。登屿山 在藤县西十五里。二峰对峙江中，苍翠相望，刑若螺髻。又大燕山，在县西三十里，临绣江。六爻山 在藤县西八十里，临江。山形六叠，宛如卦爻。山足有十二几，络绎相属，与白马堡对峙。谷山 在藤县西北五里，隔江，一名西山。高冠诸峰，状如列屏。诰轴山 在容县东十里，与挂榜山连峙，锁绣江下口。天塘山 在容县东南一百二十里，周二百余里，南接广东高州府信宜县界。上有塘，旱潦不增减。又有石窍出泉，下潴为池，分九派汇于渭龙江。都峤山 在容县南二十里，高三百余丈。上有八峰，曰兜子、马鞍、八叠、云盖、香炉、仙人、中峰、丹灶。中峰有崖曰中宫。而八叠视诸峰最高秀。有南北两洞，南洞宽坦，北洞差狭，皆虚爽。道书以为第二十洞天。石梯山 在容县南一百三十里。路出高州，磴道险狭，如梯上下。大容山 在容县西北二十五里，高五百余丈，周千余里。其山回阔，无所不容，故名。盛夏有霜。分九十九洞。凡藤、容、北流、兴业、郁林、高、浔诸州县，皆分据其麓。凌云山　在容县东北十五里。山产斑竹。丁郎山　在岑溪县东三十里，以汉孝子丁密而名。下有孝感泉。或讹为丁兰山。一名蝴蝶山。黄陵山　在岑溪县东一百里，路接广东西宁县界。皇华山　在岑溪县南一里。大瓮山　在岑溪县南十里。高耸峻特，云迷必雨。都盘山　在岑溪县南二十里。层岚叠嶂。一名马岭山，又名罗山。《寰宇记》："山有冷泉，饮者愈热病。"天堂山　在岑溪县南四十里。旧置营于此。又将军山，在县南六十里，亦有营壁故址。凤凰山　在岑溪县南一百三十里。形势绝高。邓公山　在岑溪县西南十里。稍西为云松山。冷水山　在岑溪县西南二十里，与佛子山相拱峙。势如张翼，环护县治。西泷山　在岑溪县西七里。下临清流，上有石穴，居民每避寇于此。峭壁数千寻，下为石几，波涛澎湃，水声如雷，为岑水口。乌峡山　在岑溪县西北十里。壁立万仞，为岑之门户。白石山　在岑溪县北十里，山多白石。东连乌峡，西接石人。石泷山　在岑溪县北十五里。大石连江，至此不通舟楫。高城山　在岑溪县北二十二里。蟠结高远，有巨石屹立如人。又名石城岭，《明统志》作"高城岭"。又有马头、大富、登高三岭，皆极险峻。周公山　在岑溪县东北七十里，与周婆山相对。崎岖险恶，瑶、僮所居。要峨山　在岑溪县东北一百里，水流为义昌江。戴帽山　在怀集县东百里。烟岚日覆其顶，状如冠缨。相近者曰梅子山，壁立如削，梅树丛生，与广东广宁县分界。天马山　在怀集县南五里。石出涌泉。明万历十年，凿石开圳，引水灌田。笔架山　在怀集县南一百二十里。三峰并峙，高插云汉。又十里，为登仙山。云头山　在怀集县南一百四十里。两峰相并，常有云气出没其间。白鹤山　在怀集县西南五十里。时有白鹤栖止。哆啰山　在怀集县西南六十里，哆啰水出其下。白厓山　在怀集县西南八十里。险峻盘曲，山多白石。一名蓬厓山。忠说山　在怀集县西六十里。灵异耸拔。山麓有三潮崖。清水山　在怀集县西六十里，泉流清澈。又十里为花石山，峰峦错立，石多五采。金鹅山　在怀集县西七十里。群峦叠翠，下有流水，河中有金。兰峒山　在怀集县西北八十里，抚瑶所居。松柏山　在怀集县西北八十五里。山多松柏，四时耸翠。旧有营垒，驻兵防守。牛栏山　在怀集县西北九十里。山顶路通贺县。黄姜山　在怀集县北七十里。明末，设营山口防守。亚帅山　在怀集县北九十里。齐岳山　在怀集县北一百十里。高出众山，上有龙潭，久旱不涸。山腰有铜钟一、铁钟一，刘宋时所铸。山麓出温泉，

冬日可浴。将军山 在怀集县北一百二十里，两峰峭拔。又十里为满洞山，高
亘平衍，顶有天池。

天堂岭 在藤县东南百余里。高数百仞，上有天池。罗幔岭 在藤县西
三十里，高四五里。周围如列帐。岭巅广袤十里，有陂塘、村落，土地沃
饶。都榜、慕寮二水，皆发源于此。真武岭 在容县北二里，又名北灵山。金
牛岭 在容县北二十里。雄峻秀拔，为邑后镇。通天岭 在岑溪县东南三十里。
蜿蜒高峻，路通广东西宁县界。又白象岩，在县东二十里，石穴巉岩，扣之
有声。登云岭 在怀集县北八十里。岭头云雾，常凝结不散。又黄茆岭，在县
北百里，黄甲水出其下。

鹤飞冈 在苍梧县西，石英山左。《寰宇记》作"鹤奔冈"。朝台冈 在苍
梧县西北六里。相传刘宋时郡守筑台山上，每朔望，率僚佐望阙而拜。

金鸡岩 在苍梧县东四里。石壁峭拔，泉出峡中，甚清冽。为游观之地。
大燕岩 在藤县西三十里。雄伟秀丽，下瞰大江。四门岩 在怀集县西五十里。
平地突起，高数百丈，状如覆钟。四面有门，高一丈，中容百人。石乳下垂，
凝为石柱者八，为莲花者一，亦名花石寨。岩之东为冲天岩，又东与望岳、
游仙二岩相连。岩之北为莲花、道士、云女、天马诸岩，皆高插云汉，宏敞
玲珑，各得其胜。朝岩 在怀集县西八十里。岩口幽窄，中甚明敞。其西南三
里曰燕岩，石峰峭拔，洞口高敞，容数百人，中多燕巢，故名。

赤水峡 在藤县东六十里。峡南有岩，高五十余丈。相传李白过此，谓之
李白岩。峡与岩相对壁立，一水中流，林木蔚然，岚气朝夕不散。中有金环
滩。大庙峡 在怀集县东南百二十里，接广东广宁县界。怀溪、永固二水合流
于此，名广宁水口。

大江 自浔州府平南县流经藤县北，又东经府城西南隅，与桂江合。又东
入广东封川县界。在藤县名藤江，在府南名大江，即古郁水也。《水经注》：
"郁水东迳猛陵县，泿水于县左合郁溪乱流，迳广信县。"《元和志》："郁水南
去苍梧县八里。"《寰宇记》："镡郁江口，在藤州城下，出辰州镡岭，流经是
郡。"《旧志》："江自平南县白马塘，入藤县境为藤江。至县西六十五里合蒙
江，复东流经县城北，过龙潭湾，绕城东与绣江合。又东南入苍梧境，汇诸
小水，流至城西南隅，合桂江，水势愈盛，故曰大江。东流达封川界。又都
榜岭水，在藤县西六十里。慕寮江，在县西十里。四培江，在县东北七里。

白石江，在县东十七里。皆流入藤江。安平江，在苍梧县西七十里。须罗江，在县西南六十里。长行江，在县西南一百二十里。皆流入大江。"桂江 在苍梧县西北，自平乐府昭平县流迳县境，入大江，即古漓水也。《汉书·地理志》："零陵县漓水，东南至广信入郁。"《九域志》："苍梧县有桂江。"《旧志》："桂江一名府江，至府城西南入大江。又龙江，在县西北三十里。峡山水，在县北二十里。俱南流入桂江。"思良江 在苍梧县北二十里，源出大逕山，西南流入桂江。《寰宇记》："思良江，一名多贤水，中有鳄鱼。"义昌江 在藤县南一百二十里，源出岑溪县东北要峨山，西流经县界，入绣江。蒙江 在藤县西北五十里。其上流有二：一出浔州府平南县，一出平乐府永安州。二水合注于五屯所之东，又名五屯江，东南流入藤江。又有牛皮江，在县北九十里，源出苍梧县界，西南流入蒙江。绣江 自郁林州北流县流经容县南，名容江。又东北逕藤县东南，为绣江。《旧志》："江源出广东高凉峨石山，经北流县绿蓝山，东南流入容县境。至县西接思贺江，流迳县西南，接渭龙江。绕城渐折而北接思登江，汇波罗江，北流入藤县境。经窦家寨接思罗江水，复北流，汇潘洞、皇华、义昌诸水，直入藤江。"波罗江 在容县东南三十里，源出天塘山，西北流入容江。渭龙江 在容县西南七里，源出天塘山，流至龙分山，支分为九：一向罗龙，一向古邓，一向庆峒，一向都代，一向偃仪，一向六霍，自东而西，合流为一，名渭龙，入于容江。其三别出。思登江 在容县北五里，源出大容山，东南流入容江。思罗江 在容县北四十里，源出大容山，流入藤县界，经窦家寨入绣江。南渡江 在岑溪县南，源出广东信宜县之木岭峡，流入县东南境，经平河南渡司，又西北入绣江。泷底江 在岑溪县南，源出县东南凤凰、黄陵二山，及西宁县排埠。西流名竹子河，又西合大峒水、乌峡水，绕城南经皇华山麓，为皇华江。至县西北石泷山，水行石隙中，舟不能下。陆行里许，复可行舟，故曰泷底。又西北至藤县界，入绣江。又大峒水，源出大峒镇。乌峡水，源出乌峡山。俱入泷底江。潘洞江 在岑溪县西南二十里，源出县西凤凰山，西流入藤县界，合绣江。

东安水 在苍梧县东北四十里，源出上水瑶，绕县境东北。又南逕封川县界，入大江。甘峒水 在怀集县南十里，源出登仙山，北流数十里。歧为二：一北流入怀溪，一为菩提水，回流出僮家陵，又北入怀溪。怀溪水 在怀集县西南，源出齐岳山，合黄甲、佛灯二水，南流经县西，汇马宁、西庙、石龙诸水，复南流绕县西南，接宿泅、下湖二水，东流至城南，汇甘峒、菩提诸水。又东合桃花水，又经县东南大庙峡，合永固水，入广东广宁县界。黄甲水，在县北三十里，源出黄茅岭。佛灯水，在县北七里，源出登云岭。皆西南流入怀溪。马宁水，在县西五十里，源出齐岳山，东南流入怀溪。西庙水，在县西五十里，源出清水山。石龙水，在县西四十里，源出金鹅山。皆东流入怀溪。宿泅水，在县西南五里，源出忠谠山，东北流入怀溪。下湖水，在县西南二十里，源出登仙山，北流入怀溪。哆啰水 在怀集县西六十里，源出忠谠山。自哆啰山，由石壁深潭流经朝岩、燕岩，南流入广东开建县界，合金庄水。桃花水 在怀集县东北五十里，源出戴帽山。西流至县东三十里，汇象角水，西南流入怀溪。又永固水，在县南八十里，源出蓬崖山，至大庙峡入怀溪，曰广宁江口。

龙潭湾 在藤县北江中，亦曰镡津。潭深无际，传有龙潜其下。稍西有龙巷石，垒壁峻嶒，巨者纵广数丈，参差不一。中若永巷，平滑如砥。亦传为龙游处。

系龙洲 在苍梧县东七里大江中，亦名七里洲。一峰卓立，林木深秀。江涨时洲独不没，亦曰浮洲。长洲 在苍梧县西南七里大江中，纵三十里，横三里。上有山林池泽，居民颇繁。自此而上，有思化洲、思恩洲，俱在大江中，居民差少于长洲。褐洲 在藤县东十五里，又东三十里为托洲，皆在江中。纵横各数里，有陂池、田舍，居民稠密。党洲 在藤县西二十里。中流一峰屹峙，高数百丈。又有思礼、黄陀等洲，居民勤力树畜，生产颇繁。

鳄鱼池 在府城东。《搜神记》云："扶南王范寻养鳄鱼十头，犯罪者投之不噬，则赦之。"即此。明时韩雍改名嘉鱼池。放生池 在府城东南。由大江横流潴为池，入回澜堤，递流绕城南，而西北注于桂江。

温泉 在容县南五十里。石开二窍：东窍寒日可浴，西如沸汤。又有温泉，在怀集县东二十里，路旁有泉，宽五尺许，四时不竭，冬日可浴。

冰井 在苍梧县东。《寰宇记》："冰泉在城，一郡人民皆饮此水。唐大历三年，容城经略使元结撰《冰泉铭》，云'与火山相对，故命之曰冰泉'。"

古迹

猛陵废县 在苍梧县西北。汉置，属苍梧郡。晋、宋、齐因之。隋省入豪静县，唐复置，改曰孟陵。《元和志》："县南至梧州水路九十里。武德四年，复置，属藤州。贞观八年，改属梧州。"《寰宇记》："萧铣僭号于此，改置孟陵县。宋开宝四年，并入苍梧县。"感义废县　在藤县西。《隋书·地理志》："永平郡淳民县，开皇十九年置。"《唐书·地理志》："藤州感义县，本淳民县，武德七年改名。"《寰宇记》："开宝初，并入镡津，废县在藤州南九十里。"镡津废县　在藤县北。隋曰永平，唐曰镡津。《旧唐书·地理志》："藤州镡津，汉猛陵县地。"《唐书·地理志》："藤州初治永平，无镡津，贞观后更置。"《寰宇记》："开宝六年，移藤州于大江西岸，理镡津县。"《城邑考》："旧城在大江之南，绣江之北。"《县志》："城东隔江，有古藤州，在胜概坊。又有废燕州，在县东五里，今遗址犹存。"宕昌废县　在容县西。晋武帝析合浦置荡昌县，宋、齐因之，后废。唐武德四年，复置曰宕昌，属容州。建中三年，改属禺州，唐末废。又新安废县，在县西北，唐武德四年置，属铜州，寻属容州，贞观十一年省。永业废县　在岑溪县东。梁置永业郡，寻改为县，后省。隋开皇十六年复置，属永熙郡。唐初改曰安义，至德中复改曰永业。宋废入岑溪。今县东三十里，有永业乡。龙城废县　在岑溪县东二十里。唐初置。后改曰岑溪。宋初迁县于今治。连城废县　在岑溪县东南。唐武德五年，析龙州之正义县置，属南义州。宋开宝六年，省入岑溪。又义城废县，亦在县东南，唐武德五年置，乾元中废。怀化废县　在怀集县东。《宋书·郡志》："南海郡领怀化县，晋安帝立。又绥建郡领怀集县，本四会之银屯乡。元嘉十三年，分为县。"《旧唐书·地理志》："晋怀化县，隋为怀集。"《唐书·地理志》："广州怀集，武德五年置威州，并析置兴平、霍清、威成三县。贞观元年，州废，省三县入怀集。"《旧志》："怀化废县，在今县东二十里。今名古城营。"按《宋书志》怀化、怀集二县分见，《隋志》无怀化，似宋时即改怀化置怀集，不自隋始也。荐水废县　在怀集县西，本南齐荐安县，唐改名。《旧唐书·地理志》："广州荐水，汉封阳县，南齐改为荐安。武德五年，于县置齐州，领荐安、宣乐、宋昌三县。贞观元年，省齐州及安乐、宋昌二县，以荐安属绥州。八年，改绥州为贞州，县仍属。十三年，贞州废，属广州。至德二载，改为荐水。"《元和志》："荐水县东南至广东七百二十里。"《寰宇记》："开宝五年，并入怀集县。"《名胜志》："今县西斤水渡头里许，即荐水城旧址。"永固废县　在怀集县北。《宋书·州郡志》："文帝分封阳立永固县。孝武大明元年，省入开建。"唐初复置，属广州。开元二年，省入怀集。《名胜志》："今县北务本里，有永固峒，城基尚存，疑即故县。"

宁新旧县 在苍梧县东南。《宋书·州郡志》："苍梧郡，永初郡国有宁新县，吴立，曰新宁。晋太康元年，改曰宁新。未几废。"《南齐志》："复有宁新县，隋废。"《寰宇记》："新宁县，西接临贺、富川二县。"或曰县在广东封川县境内，今县南十五里，即封川县界。戎城旧县 在苍梧县西南。《元和志》："戎城县东北至梧州二十里，汉广信县地，晋置遂城县。隋开皇十一年，虞庆则南征，顿兵于此，改曰戎城县。北临西江水。"《旧唐书·地理志》："梧州戎城，隋县。旧属藤州，今来属。"《宋史·地理志》："熙宁四年，省戎城县入苍梧。"《旧志》："废县今为戎墟镇，在府西南二十里。有戎墟渡，当大江南岸，上通长洲。"义昌旧县 在藤县南。东晋置安沂县，为永平郡治。齐移郡治夫宁，县仍属焉。梁更名安基县，兼置建陵郡。隋废郡，以县属永平郡。唐初属藤州，贞观七年，改属泰州。明年，为泰州治，又改州曰燕州。十八年，州废，仍属藤州。二十三年，县废，寻改置安昌县。至德二载，改曰义昌。宋开宝三年，省入镡津。明正统十二年，置义昌巡司，成化八年裁。《旧志》："在县南一百二十里。又隋安废县，在县南。贺川废县，在县东南。俱隋开皇十九年置，属藤州。唐贞观末并废。"宁风旧县 在藤县西。《唐书·地理志》："武德五年，置燕州。贞观二年，增领长恭、泰川、池阳、龙阳四县，治长恭。五年，置新乐、宁风、梁石、罗风四县。七年，更名泰州，徙治宁风，省长恭。更池阳曰承恩，复以藤州之安基隶之。八年，徙治安基，复为燕州。十二年，省龙阳、承恩。十八年，州废，以宁风属藤州。后省新乐、安基、梁石、罗风。"《宋史·地理志》："开宝三年，省宁风县。"《旧志》："宁风旧县，在县一百里。长恭废县，在县西七十里。"渭龙旧县 在容县西南。《唐书·地理志》："容州渭龙，武德四年，析普宁置。"《寰宇记》："开宝五年，并渭龙入普宁县，废城在容州东十里。"欣道旧县 在容县东北，即隋安人县也。《隋书·地理志》："永平郡宁人县，开皇十五年置，曰安人。十八年，改名焉。"《唐书·地理志》："容州欣道，本宁人县，隶藤州。贞观二十三年，更名来属。"《寰宇记》："开宝五年，并欣道入普宁，其废县在容州东六十里。"

大云楼 在梧州东城上。白鹤楼 在梧州西城上。又有独秀楼，在州子城上。郁秀楼 在藤县治东。《明统志》："以郁、绣二江合流于此，因名。"环翠

楼 在藤县治南，明洪武五年建。江月楼 在藤县治北，宋苏轼南迁过此，有《江月》诗，后人建楼因名。远意楼 在容县治南。又逍遥楼，在城正南。俱宋时建。

野望阁 在容县旧城东北隅。

爱民堂 在梧州东园。又有乐山堂，在郡圃。六贤堂 在府城东北，宋元祐间建。六贤：汉陈钦，钦子元，元子坚卿，与士燮，及其弟壹，子廞，皆梧人。浮金堂 在藤县衙东山。光华堂 在藤县北。《舆地纪胜》："在州城外北隅，建秦观祠堂，刻其画像，并其文于石。"清心堂 在容县旧州治。又有思元堂，亦在州治，宋守王庆曾立。

漾月亭《舆地纪胜》："在梧州城东。负东山，跨鳄池，水光山色，照映左右。"朗吟亭 在苍梧县东。《明统志》："中有吕岩像，取其朗吟'飞过洞庭湖'之句为名。"嘉鱼亭 在梧州子城西。又有凤栖亭，在嘉鱼亭西。四望亭 在府城东北。又览胜亭，在府城东南，明正统初建。南浦亭 在藤县城外东隅，临江。绣江亭 在容县城外西南隅。《舆地纪胜》："江流横陈，前罗都峤诸峰，为登览之胜。"迎富亭 在容县城西。《舆地纪胜》："与沧浪亭相对。容俗以二月二日为迎富节，因以名其亭。"万松亭 在容县城西北。《明统志》："唐刘禹锡诗'池北含烟瑶草短，万松亭下清风满'，即此。"面面亭 在容县。《明统志》："唐元结为容管经略使，植莲于廨后池，因构此亭。"

读书台 在梧州西五十里。《舆地纪胜》："与赤溪山广岩寺相对，其上有石如砥，俗呼为李白读书台。"又容县东十五里，江南岸，亦有读书台，两峰峭立，拥溪东下，旧传渔者夜闻山巅琅琅有弦诵声，因名。龙华台 在藤县东南六十里。经略台 在容县南门外。《明统志》："唐经略使元结尝游玩于此，因名。"今为元武祠焉。钓鱼台 在容县西三里。《明统志》："唐刺史韦丹政暇尝钓于此。"

关隘

镇南关 在苍梧县南火山上。又县东二里，有大云关。县西二里，有扫云关。西二十里，有下岸关。关北十里，有扬威关。县西南二十里，有耀武关。共为六关，俱明督臣韩雍筑，以控扼要冲。水关 在苍梧县南大江中，明成化六年，督臣韩雍请立关，榷盐木诸货，以充军实。旧在驿馆东南，后移扼大江之要。连舟为台，随江消长，盘诘往来。本朝另设盘盐厂，关在税关左。马鞍关 在藤县南二里，平南、岑溪、容县舟道所经之处，山径险隘。明正统初设门栅，嘉靖末圮。

洞口六湖隘 在容县南一百里罗面里。又有永丰隘、松岭隘，俱与广东信宜县交界，山僻小径险要。本朝顺治二年设，有兵汛守。黄陵隘 在岑溪县东一百二十里。又县东有风雷隘、腰鹅隘、铁根隘、藤田隘、竹兰隘，俱路通广东西宁，有兵汛守。

长行巡司 在苍梧县东南七里，旧置巡司，在长行乡。明洪武二年，移置于此。今因之。又罗粒巡司，在苍梧县西南八十里，明初置，今裁。安平巡司 在苍梧县西八十里安平乡，明初置，今因之。 东安巡司 在苍梧县北一百四十里东安乡沙村，明正德六年置，今因之。窦家寨巡司 在藤县南一百二十里，旧为窦姓土司，今更置流官。白石寨巡司 在藤县西五十里。旧为覃姓土司，今有巡司。藤境瑶僮，在永顺、永化二乡及大黎、阳峒、大任诸里，明成化十三年间就抚输编户。波罗里大峒巡司 在容县东南五十里，明洪武十六年置，今因之。容境瑶僮杂处，所居曰陆便、陆青，及龙坟、鸡笼、东叶、东瓜、石羊、横山诸山，而石羊最蕃盛。俱明万历六年招服。粉壁寨巡司 在容县西南四十里，明洪武三年置，今因之。上里平河巡司 在岑溪县东南平河村，旧置镇乌峡山下，今移于此。又县西南有南渡巡司，今废。武城巡司 在怀集县东三十里，明洪武三年置，兼有土副巡司。今因之。慈乐寨巡司 在怀集县西六十里，明初置，兼设土副巡司。万历十三年，移治金鹅，在县西八十里。今仍徙此。

戎墟镇 即故戎城县治，距县十五里。宋熙宁四年省入苍梧，即今地。本朝嘉庆十三年，移同知驻此。赤水镇 在藤县东南六十里，旧有巡司，今裁。又旧有禧洲巡司，在县东十五里。周村巡司，在县南五十里。驿面巡司，在县西南六十里。俱明正统中置，成化间废。又思罗巡司，在县南一百三十里，明洪武中置，寻废。大峒镇 在岑溪县东南五十里。又东十余里，有北科镇、岑境、下河、大峒、佛子等村，皆瑶人所居。又六十三山，诸瑶蟠踞，幽僻阻险。明万历中，督臣凌云翼于大峒镇设参将，筑城驻守，募兵耕屯其地。又设连城、北科等营镇户。

七山大营　在苍梧县南。东连下城，西接岑、藤。旧为七山等瑶所居，故名。今于长行、须罗乡诸瑶，设七山大营镇之。又石砚、九山、十二峒、老君峒、六寨诸瑶，设大塘营镇之。而北陀东岸、西岸，皆僮人所居，近皆归化。

兰峒寨　在怀集县西北五十里。明正统中，置巡司，今裁。县境铜钟、古城、金鹅、松柏诸山，为僮之门户。三山、石田，为诸山适中，各巢穴出没之所。明万历十二年，讨平瑶寇，设兵耕守。

五屯所　在藤县西北九十里。当大藤峡、风门、佛子瑶僮巢穴之所。明成化二年，都御史韩雍建屯田千户所。本朝为白石寨巡检驻札。

府门驿　在苍梧县西南门外。又有龙江驿，在西北三十里龙江口。皆水驿。旧有驿丞，后并裁。藤江驿　在藤县南门外，本水驿。有驿丞，后裁。又双竞驿、金鸡驿、黄甲驿，俱久废。绣江驿　在容县西门外。又县东北有自良驿。皆久裁。

津梁

太平桥　在苍梧县东。旧名飞仙。明嘉靖时重建，覆亭于上，改今名。浮桥　旧有二：一在苍梧县东七里系龙洲上，跨大江；一在府西南，跨桂江。俱明韩雍建。今惟铁柱尚存。平定桥　在苍梧县东南，一名回龙桥，明韩雍建。通泰桥　在苍梧县西北。旧名力木桥。放生池及濠水，俱从此泄入桂江。流杯桥　在藤县东，跨绣江，明成化中建。旧传苏轼及弟辙游宴于此。岳步桥　在藤县东五里，跨黄埇江。永安桥　在藤县西，旧名西桥。又太和桥，在县西三十里。骆驼桥　在容县绣江上，当学宫之右。亦名龙骧。唐刺史韦丹筑。久废。思登桥　在容县北五里。又县东北有杨湾桥，跨思登江。杨柳桥　在岑溪县北五里。泰来浮桥　在怀集县南，跨溪。明末连舟为桥，上覆以板，系以铁索。后废。本朝乾隆十一年修复。登云桥　在怀集县西一里。

五两渡　在苍梧县东二十里。戎墟渡　在苍梧县南二十里大江。上通长洲，即宋戎墟镇。武灶渡　在苍梧县西南递运所前桂江上。

堤堰

回澜堤　在苍梧县南。明万历中，郡守陈鉴筑，以障放生池水。周二里余，绕城如带。

大埔陂　在藤县南三十里。又法冲陂，在县西南二十里。莲塘陂，在县西四十里。合水陂，在县北四十里。水源陂　在容县东五里。又莲陂，在县南二里。石陂，在县西二里。李家陂，在县西北五里。思登陂，在县北五里。仲塘陂　在岑溪县东二里。又大塘陂，在县东十五里。赤水陂，在县东二十里。断河陂，在县东三十里。僮家陂　在怀集县南十里，堰菩提水灌田。又斥水陂，在县西四十里。金鹅陂，在县西五十里。官陂，在县西六十里。东林陂，在县西北四十里。皆资灌溉。

陵墓

汉
丁密墓　在岑溪县东丁郎山。

三国·吴
士燮墓　在苍梧县西北四里。

唐
李尧臣墓　在藤县南一里葛陂岭。

宋
李用谦墓　在藤县东白石江口。

明
吴廷举墓　在苍梧县东七里。

祠庙

韩公祠　在府治东，明宏治时敕建，祀都御史韩雍。八贤祠　在藤县仁寿坊，祀唐李靖、李白、宋之问，宋苏轼、苏辙、秦观、黄庭坚、李光。伏波祠　在藤县东门外，祀汉马援，唐武德间建。元使君祠　在容县治南，祀唐元结。以韦丹、戴叔伦、杜祐、王栩配。孝感祠　在岑溪县城东，祀汉孝子丁密。卫公祠　在岑溪县治西，祀唐李靖。

虞帝庙　在梧州府大云山麓锦鸡岩西。本朝乾隆三十五年重建，春秋致祭。金牙庙 在苍梧县东城外，祀唐尉迟敬德。云赞庙 在藤县西城外，祀唐李世 。

寺观

冰井寺 在苍梧县东，冰井侧，明建。光孝寺 在苍梧县东二里，云盖山麓。广法寺 在藤县流杯桥右，大燕洲旧址。

白鹤观 在苍梧县桂江西岸。《寰宇记》："在梧州，西隔江，唐开元中置。郑畋以翰林承旨学士，谪苍梧太守，增修观宇，临江建书阁。"

名宦

汉

何敞 九江人。元始中为交阯刺史。苍梧广信县寡妇苏娥，将所有杂缯百二十匹，欲往旁县卖之，赁牛车载缯其上，暮止鹄奔亭，为亭长龚寿所杀，逾年未发。敞行部宿亭中，夜未半，娥出告。敞遣使捕寿，考问具服。下广信县验问，与娥语同。收寿父母兄弟皆系狱，请并斩以助阴诛。报曰可。

喻猛 豫章人。和帝时为苍梧太守，以清白为治。

陈稚升 东汉时为苍梧太守，治尚清静，民化之，囹圄恒空。

陈临 南海人。东汉时官苍梧太守。民有遗腹子，为父报怨杀人，法当死。临知其无嗣，令其妻侍狱中，后产一男。郡人歌之。

隋

裴肃 闻喜人。炀帝时为永平县丞，甚得夷人心。岁余卒。夷僚思之，为立庙于漳江之浦。

唐

元结 汝州人。肃宗时，为容管经略使。身谕蛮豪，绥定八州，民乐其教，立石颂德。

王翃 晋阳人。大历中，为容管经略使。初，蛮僚梁崇牵等据容州，前经略使侨治藤梧。翃曰："我容州刺史，安可客治他所？必得容乃止。"出私财募士，有功者许署吏。于是人自奋，不数月，斩贼帅欧阳珪，因至广州，请节度使李勉出兵并力。勉不许，翙曰："愿下书州县，阳言以兵为助，冀藉此声，成万一功。"勉许诺。翙乃移书义、藤二州，约皆进讨。卒破贼，擒崇牵等，悉复故地。

李晓庭 藤州刺史。大历四年，与容州刺史王翙相结讨贼，引兵克复容州。

戴叔伦 金坛人。贞元初，为容管经略使。绥来夷落，咸名流闻。其治清明仁恕，多方略，所至称最。

韦丹 万年人。元和初，为容州刺史。教民耕织，止惰游，兴学校。民贫自鬻者，赎归之，禁吏不得掠为隶。始城州周十三里，屯田二十四所，教种茶麦，仁化大行。

崔方实 元和十年，容州兵马使，破蛮贼黄探，平其窟穴，献俘以闻。宪宗嘉之。

蔡少卿 容管经略左押衙兵马使，破黄贼，堕折妖巢，收复故地。

谢肇 广明元年，容管经略使，讨平叛卒，诏书嘉之。

郑畋 荥阳人。咸通中为梧州刺史。交、广、邕南兵，旧取岭北五道米往饷之，船多败没。畋请以岭南盐铁，委广州节度使韦荷，岁煮海取盐，直四十万缗。市虔、吉米以赡安南，罢荆、洪等漕役，军食遂饶。

李复 为容州刺史兼本管招讨使。先是，西原乱，吏获反者没为奴婢，长役之。复至，使访亲戚，一皆原纵。

宋

田守素 龙门人。太祖时，知容州，兼本管诸州水陆转运使。先是，部民有逋赋者，或县吏代输，或于兼并之家假贷，则皆纳其妻女以为质。守素表其事，即日降诏禁止。

洪湛 上元人。端拱初，知容州。容有戍卒谋窃发者，湛侦知，丞收斩之。

陈执中 南昌人。咸平中知梧州，上《复古要道》三篇，真宗异而召之。

郎简 临安人。真宗时知藤州，兴学养士，一变其俗，藤自是始有举进士者。

梁适 东平人。康定中知梧州。五岭自南汉时，民间折税已重，转运使以调不足，复欲折之，适为奏免。

李亨伯 龙溪人。绍圣二年知梧州，兴学劝士，有政声。

萧盘 宣和间权知梧州军事，课农桑，兴学校，百废具举。暇则引诸儒饮射读法，有古循吏风。

陈宇　莆田人。绍兴间知梧州，岁旱，手写救荒十余事，行之属县，商米四集，人以不饥，郡留六万余斛。建炎盗起，增额且半，宇累疏得仍旧。流亡来归，瑶僮帖然。

蒋南金　吴郡人。嘉定中知容州，兴学校，立贡院。在任三年，日以教养为事，未尝有逸游之举。

谭惟寅　高要人。淳祐中知容州，建思贤堂，纪元结等五贤善政，效其行事。

赵若铣　咸淳中知容州，叛贼杨先攻城，若铣与战，力屈死之。

元

朱国宝　宝坻人。至元间，以管军万户镇守梧州路安抚司事，开诚示义，招降黎民蛮峒。

文魁　衡阳人。至顺中知藤州，时经寇乱，城邑荡然。魁始立州治，修城隍，建学校，政化大行。

冯思贤　乐城人。至正间知藤州，律身廉洁，御下宽简，民为立德政碑。

明

王清　洪武初，容州同知。时经寇乱，民不聊生。清缮城隍，立学校，劝农桑，升本州知州。

何源　吴江人。洪武十年，知梧州府。岁饥，僚属议请赈。源曰："自梧达京师八千里，待请，民死久矣。"即发廪赈济，全活者众。

龙韬　曲江人。成化间知容县。容自洪、永间，屡经寇变，民病额输。得韬奏请，蠲旧额五之三，民困稍苏。

翁万达　揭阳人。嘉靖中知梧州府。时咸宁侯仇鸾镇两广，纵部卒为虐，万达缚其尤横者杖系之。阅四年，声绩大著。

陈鉴　石屏人。万历四十五年，知梧州府。梧城大火，公私俱烬，民皆露处。鉴徒步赈恤，申法令以戢奸宄，民得复所。修龙堤，浚鳄鱼池潴水以便民。

李邦才　鹤庆人。万历中任怀集县。值瑶寇谢龙崖作乱，邦才单骑入嘉峒营，以计擒斩之。

本朝

沈伦　景陵人。顺治八年，知梧州府。时梧疆初辟，伦招徕安集，大兵经由郡邑，悉心经理，纤毫不扰民间。后值李定国寇梧，力竭城陷，不屈而死。

张继曾　贵州人。顺治十三年以仪制司郎中，为梧州府知府，摈绝馈献。

时兵戈未靖，事日殷繁，继曾请免杂派，减差役，民困得苏。三年，卒于官。仆从仅二人，囊箧萧然。

阎玫 正定人。顺治十四年，任梧州推官。巡按田升龙行部知玫刚正，檄与相随。按逮积蠹，论如律。时镇标占据城中民屋，玫言之升龙，疏请给还，民得复业。

刘广国 潜江人。顺治十四年，知岑溪县。地经土镇残害，频年不耕，民采蕨充食。广国为给牛种，俾垦荒田，县粮不满五百石，而逋者皆穷民。广国不忍催科，遣家人归取金代偿之。

陈纬 临朐人。顺治十八年，知苍梧县。慈惠廉洁，精敏敢为。有巨豪以奸事行，毒杀一儒生，纬鞫得其实，狱具。寻为有力者贿释之。纬立取置之法，人皆称快。再期卒于任，箧笥萧然。

杨廷耀 辽东人。康熙四年，任梧州通判。土贼唐三蛮等屡劫官饷，廷耀捕斩之，盗患遂息。分榷梧关，刊定税货则例，按往来船户，人给一纸，吏役乃不敢苛索。署容县事，李定国余党窜踞大荣山，连接瑶僮。廷耀以计擒逐，远近帖然。

罗文举 永定人，梧州守备。康熙十四年，寇犯藤县，奉调应接，奋勇杀贼，陷阵死。事闻，诏赠官，予祭葬。

余镶 绍兴人，任容县大峒司巡检。康熙丁丑，广东贼禾仓二、乌肉蛇，啸聚岑溪六垢山，甫约期会剿，而贼劫古例村。镶率兵追至六垢，杀四贼。贼设伏山间，镶力战，死之。

张义 新兴人。康熙四十三年，知岑溪县。廉介自持，革排门月夫诸例，以除民累。讼者即日剖断，胥役无能为弊。

张若霈 桐城人。康熙六十年，由同知治中迁梧州府知府。团练乡勇，严饬保甲，盗贼屏迹。梧州有榷税之厂，往往因缘为奸，若霈处膏不润，商贾称便。雍正十年，祀名宦。

人物

汉

陈元 苍梧广信人。父钦，习《左氏春秋》。元少传父业，为之训诂。建武初，与桓谭、杜林、郑兴，俱为学者所宗。时议欲立《左氏传》博士，范升以为《左氏》浅末，不宜立。元诣阙上疏，与升相辨难，凡十余上，卒立《左氏》学。元以才高著名，辟司空李通府。时大司农江冯上言，宜命司隶校尉督察三公。事下三府。元上疏，言不宜使有司有察公辅之名，帝从之。通罢，元复辟司徒欧阳歙府，数陈当世便事，及郊庙之礼。以病去。子坚卿，有文章。

丁密 岑溪人。性清介，非家织布不衣，非己耕种不食，毫发之馈不受于人。父丧庐墓，有双兔游庐旁小池，见人驯伏。后遭母丧，复庐墓三年，双兔复至。人以为孝感。

顿琦 苍梧人。居母丧，独身筑坟，历年乃成。手植松柏成行，哀毁逾制，有飞兔、白鸠栖息于庐间。

申朔 苍梧人。性廉慎，终身不绮纨。举孝廉，为九真都尉。后击贼有功。

邓盛 苍梧人。为秭归令，闻母病，解印绶决去。及归，母卒，居丧尽礼。太尉马日䃅嘉其孝行，寻为太尉诸曹掾。时彭城相左尚以赃获罪，三府掾属考验，逾年不竟，更选盛覆考。盛至狱，沐尚，解械赐席。尚感盛至意，即引笔具对。时人语曰："淑问得竟，皋陶邓盛。"

衡毅 苍梧人。少负勇略，与同郡钱博，皆为太守吴巨所信用。建安末，巨为步骘所杀，毅念部曲旧恩，且骘之来非汉命，乃兴军逆骘于苍梧高要峡口，与战，骘几败。会毅少却，骘乘之，遂溃。毅与众千余人，皆投水死。

三国·吴

士燮 苍梧广信人。父赐，桓帝时为日南太守。燮少游学京师，事颍川刘子奇治《左氏春秋》。察孝廉，历迁交阯太守。献帝赐燮玺书，进绥南中郎将，督七郡，领守如故。时道路断绝，而燮不废职贡。诏拜安远将军，封龙度亭侯。建安十五年，孙权遣步骘为交州刺史，加燮左将军。复迁卫将军，封龙编侯。燮体气宽厚，谦虚下士，中国士人，往依避难者以百数。耽玩《春秋》，为之注解。在郡四十余年，卒。

士壹 燮弟。初为郡督邮，辟司徒府，黄琬为司徒，甚礼遇。董卓作乱，壹亡归乡里，燮表壹领合浦太守，次弟黈九真太守，弟武海南太守。兄弟并为列郡，当时贵重，百蛮震服。

唐

李尧臣 镡津人，贞观中进士。累官至交州刺史。赐其里门曰登俊。

宋

陈坦然 苍梧人。景德中，宜州兵杀守将，胁判官卢成均以叛，攻象州。坦然以成均同郡，单骑射书贼围，为陈祸福。贼分党南掠，趋容县境，坦然复抵贼垒谕降之。后佐桂州幕，仕至殿中丞。

潘盎 苍梧人。皇祐中，侬智高陷邕，乘胜至苍梧，召盎问曰："吾欲奄有岭南为王，何如？"曰："殄灭不久，何王之有？"智高大怒，遂害之，盎容色不改。

李用谦 藤县人。绍兴初，历侍御史司谏，著直声。上时政十六事，切中利病。后官国子祭酒，诸生服其学行。从子奉政知和州，论割弃唐、邓、海、泗四州与金人和不可。累官翰林学士。

元

封履孙 容县人。天历间进士，为藤州学正，迁知邕州，以廉明著。子盛甫，善古文词，著有《容州人物记》。

熊天锡 岑溪人。博学多才，以贾似道当国，不应试。

明

李观智 苍梧人。永乐中，由举人累官至广东岭西道。景泰中，蛮寇起，巡抚王翱以观智谙土俗，委之抚谕。大藤诸寇悉降。

宋钦 苍梧人。永乐间，由举人累官至湖广参议。正统十四年，麓州乱，尚书王骥西征，钦督饷不避艰险，历官湖广布政，致仕。天顺六年，寇陷梧州，钦骂贼遇害。

吴廷举 苍梧人，成化进士。正德初，历广东副使，条奏太监潘忠二十事，语侵刘瑾。诏下狱，几死。戍雁门，瑾诛，复官，擢副都御史。时宁王宸濠蓄异志，廷举陈江西军政六事，为豫防计。世宗初，累升南京工部尚书。卒谥清惠。弟廷弼，宏治举人。廷举下狱，瑾禁勿通饮食，廷弼窃馈饷之。廷举荷校吏部前，廷弼卧其械下，刑部主事宿进为奏记张彩，乃得释。

甘思忠　苍梧人。性至孝，母卒，庐墓三年。闻陈献章讲学，往从游。都御史林廷选荐授藤县丞。

余全　藤人。性至孝。成化间，贼陷城，执其母去，全持金赎之。贼索无厌，全乞以身代母，遂被杀，而母得脱。

霍荣　藤人。正德间举于乡。庐墓尽礼。娶瞽妇，终身不置妾。置义田以恤宗族。知阳江县，以礼义谕贼，贼为解散。

本朝

曾士扬　苍梧人。性聪颖。少举于乡。潜心程朱之学，训迪后进，肃然有规矩。虽燕居，必盛服端坐。隆冬酷暑，手不停披，郡邑乘多其手辑。

张尔修　苍梧人。性至孝。父早卒，以力养母。折节读书，固穷不赈。康熙十三年，吴三桂叛，伪镇蜂起。其壻高熊征，屡以乡兵破贼，贼恨之。岑溪陷，尔修绝粒死。

高熊征　岑溪人，顺治副贡。康熙十三年，吴三桂构乱，孙延龄叛据广西，远近震詟。熊征为平滇三策，并讨贼檄，献总督金光祖。伪总兵陈士龙据岑，熊征集乡勇斩之。游击唐凤来镇守，请熊征共商机宜，屡破贼兵，擒斩伪总兵林万胜、孙容客等。又随凤赴肇，破贼于封川，擒伪总兵吴天伟。大将军傅宏烈复梧州，署熊征团练同知，寻补授桂林府教授，继调思明。后擢知井陉县。会广西巡抚彭鹏至，廉知熊征守城破贼事，特疏荐之，授两浙盐运使。

李茂　岑溪人。康熙十三年，吴逆叛乱。茂鼓励乡勇，杀伪总兵陈士龙，民赖以安。后贼踞岑溪，茂被执，奋恨而死。

覃石长　怀集人。康熙时，其母被虎攫去，石长奋击虎，虎弃去，复回顾。以身当之，母子得全。

钟大器　怀集人。庠生。父早故，母李氏多疾，躬事汤药，不假手僮婢，三十余年如一日。及母卒，建祠屋测，肖父母像祀之。

廖标　岑溪人。举于乡，有孝行。居丧三年，不饮酒食肉。时郁北遭兵后，难民无所归，标辄收食之，并赎还子女之被掠者。

流寓

宋

秦观 高邮人。徽宗立，由雷州放还至藤州。出游华光寺，为客道梦中长短句。索水欲饮，水至，笑视之而卒。

高登 漳浦人。以忤秦桧编管容州，谪居授徒，家事不以介意。

列女

明

廖绍禄妻阮氏 苍梧人。少寡，家贫，纺绩抚孤。邻舍火起，延烧及夫枢，氏恸哭，愿与俱焚。天忽反风，火至门而灭。

高翀妾覃氏 岑溪人。崇祯末从翀避寇岑溪。翀与妻相继卒，遗孤幼弱。覃子身守志，纺绩课读，子得成立。乡里称其志节。

潘聪妻傅氏 怀集人。夫客死，氏誓曰："吾必从地下。"遗骸归，潜缢于寝。邑人为建节妇祠。

谭氏女 怀集人，名显姑。山寇劫其家，见显姑有殊色，掠之去。投石桥下死。

李洪嗣妻梁氏 怀集人。崇祯末，贼破寨，氏被掠，引颈就刃，不受污。时称其烈。

本朝

陈齐孟妻诸氏 苍梧人。未嫁而夫卒，氏奔丧，誓死不再字。一日，迎其母至家，曰："儿死在旦夕，恨未遂孝养之志耳。"言毕入室，端坐而逝，距其夫死八年。及葬，椟至夫墓，忽自坠，遂合窆。

罗文灿妻冯氏 名秀琼，苍梧人。幼喜读书。未嫁，夫卒。琼易服求奔丧，父不许。琼退泣，私语婢曰："我志已决，湘君招我矣。"是夕出门，投大江死。

苏祚灏妻甘氏 苍梧人。夫亡守节，康熙二十一年旌。

谭清祥妻吴氏 藤县人。夫亡守节，与同县苏嗣陆妻胡氏，均雍正十三年旌。

罗二酉妻苏氏 岑溪人。夫卒，无子。氏勤织纴养舅姑，虽菜羹疏食，每旦必携至夫墓所。同县李蕃春妻高氏、廖言恒妻李氏，均雍正年间旌。

谭现茂妻李氏　苍梧人。年二十四，守正捐躯。乾隆三十一年旌。同县梁豆祚妻易氏、苏汝梗妻覃氏、黄赞妻黎氏，均乾隆年间旌。

黄懋文妻陆氏　藤县人。守正捐躯，乾隆五十五年旌。同县陈汝瑾妻苏氏、陈嗣实妻唐氏，均乾隆年间旌。

陈成宇妻黄氏　容县人。守正捐躯，乾隆五十七年旌。

梁上珍妻罗氏　岑溪人。夫亡守节，乾隆十九年旌。同县高若攀妻苏氏、李章妻钟氏、周尚显妻张氏、钟连振妻冯氏、冯天位妻林氏、高若廉妻李氏、凌厉恭妻高氏、廖凤林妻吴氏、曾作志妻雷氏、李秀春妻廖氏，均乾隆年间旌。

黄文朝妻韦氏　藤县人。夫亡守节，嘉庆六年旌。

车惠文妻祝氏　容县人。守正捐躯，与同县节妇陈宏庠妻周氏，均嘉庆年间旌。

土产

桄榔木《岭表录异》："如竹，紫墨色，皮中有屑如麫，可为饼食。"

龙眼　荔枝　婆罗蜜　白石英《元和志》："梧州贡。"

蚺蛇　长十丈，以妇人衣投之则蟠互。

嘉鱼《峤南琐记》："出苍梧火山下丙穴。杜甫诗'鱼知丙穴由来美'，即此。体圆小多脂，十月间始出。又藤江出鲭鱼胆。"

石羊血　桑寄生《金志》："出苍梧长洲者佳。"

金桔榄《府志》："出藤县。"

苗蛮

瑶　府境皆有之。在苍梧，居大山中，居止无常，伐木为业，性淳朴。在藤县，居永顺、永化二乡，耕作采樵，性悍嗜利。在容县，椎髻短襦，穿耳炙跖，性好迁徙，家无盖藏。在岑溪，言语坳僻，山栖露宿，畏痘疹，中者辄徙家避去。在怀集，皆盘姓，刊木畬禾。居高山者，生不蕃而性稍淳。居牛栏、古城、铜铲、金鹅、湖必诸山者，其性悍，无礼而易乱。

僮　在苍梧县，俗轻悍，椎髻炙跖，刻木以契，男女裙衫以绒绣。在藤县，居大黎里、杨峒里、大任里，习俗与瑶同。在容县，与瑶杂处，风俗服饰亦同。在怀集，素狞悍，明万历十二年始知畏法。

黎 本出广东，苍梧、郁林诸郡间亦有之。俗贪愚而悍，不爱骨月。重牛，不尽耕作，常屠食之。求人贷牛，以妻为质，或易其子。又一种性，俗颇与僮同，而重信约。商人出入贸易，与之无欺，则款如至戚。有所称贷，亦不吝。

蜑 其种未详何出。以船为家，以鱼为业。性粗蠢，不谙礼数。入水不没，每为客泅取遗物。性耐寒，隆冬单衣跣足，畏见官府。有讼之者，即飘窜不出。在苍梧县计二百九十八户，有蜑头二名领之。

篡修官（臣）李绍昉恭篡（臣）蒋立镛恭篡
提调官前总篡（臣）郑绍谦恭覆辑
校对官（臣）吴廷珠恭校

浔州府

在广西省治西南九百五十里。东西距四百十里，南北距五百二十里。东至梧州府藤县界一百九十里，西至南宁府横州界二百二十里，南至郁林州界一百九十里，北至柳州府象州界三百三十里。东南至郁林州北流县界二百八十里，西南至郁林州兴业县界二百二十里，东北至平乐府永安州界二百六十里，西北至柳州府来宾县界二百八十里。自府治至京师八千四百十里。

分野

天文翼轸分野，鹑尾之次。

建置沿革

《禹贡》荆州南裔。周百越地。秦为桂林郡地。汉为郁林郡地。郡治，在今府境。晋及宋、齐因之。梁分置桂平郡。隋平陈，郡废，仍属郁林郡。唐武德四年，属南尹州。五年，属燕州。七年，分置浔州，治大宾县，见《元和志》。寻废。贞观七年，始于桂平县置浔州。《元和志》："取浔江为名。"十二年，省入龚州。长寿元年复置。见《元和志》。天宝初，改浔江郡。乾元初，复曰浔州，属岭南道邕管。五代属南汉。宋开宝五年，废入贵州。六年复置，仍曰浔州浔江郡，属岭南西道。元至元十六年，置浔州路总管府，属广西道。明洪武三年，改浔州府，属广西布政使司。

本朝因之，属广西省。领县四。

桂平县

附郭。东西距一百五十里，南北距三百七十里。东至平南县界七十里，西至贵县界八十里，南至郁林州界一百九十里，北至武宣县界一百八十里。东南至梧州府容县界一百八十八里，西南至贵县界一百二十里，东北至平南县界七十五里，西北至贵县界八十里。汉郁林郡布山、阿林二县地。梁分置桂平郡。隋平陈，郡废为桂平县，属郁林郡。唐贞观七年，为浔川治。五代、宋因之。元为浔州路治。明为浔州府治，本朝因之。

平南县

在府东一百里。东西距一百二十里，南北距二百八十里。东至梧州府藤县界六十里，西至桂平县界六十里，南至梧州府容县界一百五十里，北至平乐府永安州界一百三十里。东南至容县界一百五十里，西南至桂平县界一百四十里，东北至藤县界六十里，西北至柳州府象州界一百三十里。汉苍梧郡猛陵县地。晋初分置武城县，属郁林郡。后省。宋元嘉二年，改武林县，属永平郡。齐以后因之。唐初属藤州。贞观三年，于县置燕州。七年，改置龚州都督府。又分置平南县，寻移州治之。天宝初，改临江郡。乾元初，复曰龚州，属岭南道。五代属南汉。宋开宝五年，省武林县入平南。政和元年，州废，属浔州。三年，复置。绍兴六年复废，属浔州。元属浔州路。明属浔州府，本朝因之。

贵县

在府西南一百四十里。东西距一百四十里，南北距二百二十里。东至桂平县界六十里，西至南宁府横州界八十里，南至郁林州兴业县界八十里，北至柳州府来宾县界一百四十里。东南至郁林州界八十里，西南至广东廉州府合浦县界一百三十里，东北至桂平县界八十里，西北至思恩府宾州界一百二十里。古西瓯、骆越之地。汉置郁林郡，治布山县。后汉及晋、宋、齐皆因之。梁普通四年，于郡置南定州。隋平陈，废郡，置郁林县，改州曰尹州。大业初，省布山入郁林县，又改州曰郁州。寻复为郁林郡。唐武德四年，曰南尹州。贞观八年，改贵州。天宝初，改怀泽郡。乾元元年，复曰贵州，属岭南道。五代属南汉。宋亦曰贵州怀泽郡，属广南西路。元曰贵州，属广西道。大德九年，以州治郁林县省入。明洪武三年，降州为县，属浔州府。本朝因之。

武宣县

在府西北二百里。东西距一百十五里，南北距一百八十里。东至桂平县界九十里，西至柳州府来宾县界二十五里，南至贵县界九十里，北至柳州府象州界九十里。东南至桂平县界一百八十里，西南至贵县界八十里，东北至平乐府荔浦县界八十里，西北至来宾县界四十里。汉郁林郡中留县地。后汉曰中溜。隋为桂林县地。唐武德四年，析置武仙县，属象州。五代、宋、元因之。明宣德六年，始改为武宣县，仍属象州。本朝雍正三年，分属宾州。八年，改属浔州府。

形势

封域广袤，实有三州之地。《方舆胜览》。左黔右郁，限以二江，山水奇秀。《郡志》。

风俗

僻处山间，地瘠民贫。宋赵善奏状。力耕为业，不产蚕丝。人物淳和，不事诡诈。《风土记》。

城池

浔州府城　周七里有奇，门六。东西开濠，南北际江。宋嘉祐间，土筑。明洪武二十九年增建。成化三年，甃砖。本朝乾隆二十七年修。桂平县附郭。

平南县城　周一里有奇，门二。南临大江，池广二丈。明初土筑。天顺间甃砖。

贵县城　周三里有奇，门五。元至正间因唐址建，明万历间增建。本朝康熙二十五年、五十九年重修。

武宣县城　周二里有奇，门四，池广一丈五尺。明宣德间土筑，成化间甃砖。本朝乾隆三十一年修。

学校

浔州府学　在府城西隅。明正统三年迁建。本朝顺治十五年重建，康熙二年、雍正二年、乾隆四十六年重修。入学额数二十名。

桂平县学　在县治西。本朝康熙六年迁建，雍正三年、乾隆九年重修。入学额数十五名。

平南县学　在县治东。本朝康熙初重建，雍正十一年、乾隆五十八年修。入学额数十二名。

贵县学　在县东门外。本朝康熙五十六年重建，雍正八年、乾隆四十五年重修。入学额数十五名。

武宣县学　在县治东。明洪武中建。本朝康熙七年、五十年、雍正七年、嘉庆三年重修。入学额数八名。

浔江书院　在府学左。明万历间，以分守别署改建。本朝乾隆七年，易名浔阳书院。三十九年，增修，复旧名。

思灵书院　在桂平县学左。本朝乾隆三十八年，因桂邑书院改建。

武城书院　在平南县，本朝乾隆十三年建。

怀城书院　在贵县。本朝乾隆二十四年，因学宫旧址修建。四十四年，改建学宫旁。

仙城书院　在武宣县。本朝乾隆三十四年建。

户口

原额人丁一万六千九百五十五。今滋生男妇大小共六十四万七百五十四名口。计九万七百二户。

田赋

田地九千三百二顷三十亩一分有奇。额征地丁正杂银三万二千七百十八两八钱六分六厘，遇闰加征银九百九十九两五钱九分一厘。米四万七百七十四石三斗四升六合六勺。

山川

白石山 在桂平县南。《寰宇记》："阿林县有白石山，色洁白，四面悬绝，上有飞泉瀑布。"《方舆胜览》："在浔州南六十里，下有白石洞天，可达容州勾漏洞天。世传葛仙翁往来其间。"《明统志》："两峰并列，下有岩洞，即道书第二十一洞天。洞之上有会仙岩、炼丹灶、八仙石。"《府志》："攀藤搭梯而上，约十里方至。岩前有炼丹、漱玉二泉，左有元珠池，右有三清岩，旁有鹅颈峰。"大容山 在桂平县南一百九十里，广阔数百里，通郁林、容县、岑溪、博白、北流、陆川等县。山形四面相似，入者迷出。树木丛茂，洞水屈曲，分为九十九派。凤巢山 在桂平县西南五十里。下有龙潭。罗丛山 在桂平县西南六十里，即罗丛岩。岩中明敞，可容数百人。东有碧虚洞，西有灵源洞。其最深者曰水月岩。又有鲤鱼岩，水通郁江。思灵山 在桂平县西五里。王存《九域志》："浔州有思灵山。"《旧志》："一作思陵山，又名西山。秀峰穹窿，映带府治。上有三清岩，宋淳化初，州守姚坦尝游此，亦曰姚翁岩。有泉曰乳泉，即思陵水源也。旁有吏隐洞。"石梯山 在桂平县西八十里。削直如梯，路通容县。又罗影山，在县西北七十里，亦高耸。阆石山 在桂平县西北七十五里。《方舆胜览》："在浔州北，有梁嵩读书岩。"《明统志》："在府城北一百六十里，峰峦竞秀，如列旌旗。"《旧志》："一名基石山，平畴突起，高峻插天，周围峭壁，惟一道可达山巅。中有石岩、石梯，流水扃若堂奥。"石鹿山 在桂平县北五十里。《九域志》："浔州有石鹿山，上有石如鹿。"紫荆山 在桂平县北五十里。自山而北，岩壑深广，为瑶、僮门户。五指山 在桂平县北一百十里。五峰罗列，迢递巉岩。中有石穴，上通山峰，下达龙潭。凤凰山 在平南县东四十里。冈峦挺秀，形如飞凤。右有古井，其深无底，相传有龙藏此。燕石山 在平南县东南十二里。《隋书·地理志》："武林有燕石山。"《明统志》："山有石燕，唐置燕州以此。"《县志》："每春夏，群燕巢于岩顶，故名。"大水山 在平南县东南六十里，与梧州府藤县交界。其山绵延百余里，密林深菁，重岩邃谷，为邑要害。思岩山 在平南县南四十余里。连亘四十里，峰峦峻伟，树木森蔚，顶有石室。蓝峒山 在平南县南六十里。山多窍穴，上有石脚岩，相传中通勾漏。摩云山 在平南县南一百里。山顶切云。麒麟山 在平南县西七十里。以形似名。千峰屯绕，秀杰殊常。又有幞头山，在县南四十里。大峡山 在平南县北十五里。又古仑山，在县北四十里，相近有天井山。罗运山 在平南县北七十里，瑶、僮巢穴。东山 在贵县东十五里。峰峦秀峙。西北有妇人岩。龙岩山 在贵县东五十里。上有七岩，一岩最大，有东西二门，虚明爽垲。南山 在贵县南十里。有二十四峰，峭拔秀异，甲于一邑。上有岩洞三门，旁多石窦。绝顶有宜仙洞，石室尤奇胜。对峙者为文笔山。西山 在贵县西三十里。峰峦奇特，石笋插天。上有七星岩、仙女寨。产方竹。马岭山 在贵县西北七十里。一名龙马山，又名马度山。唐以前县名马岭、马度，皆以此。《明统志》："山多虺，其毒杀人，惟冷石可以解之。屑著疮内即活。"北山 在贵县北二十里，又名宜贵山。上有瀑布千仞。其北为登仙岩，路通仙女岭。龙山 在贵县北五十里。山势险峻，延袤数百里。《唐书·地理志》："贵州有龙山府，盖府兵防戍于此，为藤峡之右臂。其山产茶。沙江出焉。"上龙岩山 在贵县北八十里，中多奇石。银山 在贵县东北十里。有石函，望之如银，俗呼为仙人函。鸦笑山 在贵县东北六十里。东接石梯，西连北揽，亦瑶、僮出没处。一名鸡笑山。马鞍山 在武宣县东一里。两山相连。一名双狮山。中有深岩，岩口有石钟悬壁，扣之有声，又名钟岩。金龙山 在武宣县东七十里。对峙者曰双髻山，有水入东乡江。勒马山 在武宣县东南五十里江滨。罗渌山 在武宣县东南一百五十里。明正德十七年，督臣蔡经讨大藤峡瑶，使王俊由武宣逾山而东，攻罗渌上峒，戚振攻罗渌中峒，吴同章攻罗渌下峒。即此。仙岩山 在武宣县南四十里，岩中可容数百人。仙人山 在武宣县西十里。《寰宇记》："旧有仙人羽驾集此，又有仙人换骨函存。"铜鼓山 在武宣县西十里。《寰宇记》："象州有铜鼓山，下有铜鼓滩。"石羊山 在武宣县西六十里，峭壁上有石如羊，俯临大江。大禄山 在武宣县西北十五里，有水东入潭江。高立山 在武宣县北十里。一名独秀山。为县主山。

三鼎岭 在桂平县东三十里。又含珠岭，在县东五十五里。横岭，在县南五十里。云合岭 在桂平县南八十里。耸秀插天，云合即雨。又南顶岭，在县南一百二十里。峻增岭，在县西南七十五里，路极险峻。高振岭 在桂平县北百余里。明成化二年，韩雍讨大藤贼，尝登此督战。蛇黄岭 在平南县北一里。岭势盘纡，出蛇黄，每岁九月，土人掘地求之，磨清水可以愈毒。一名蛇黄冈。铜鼓岭 在贵县南五十里。平地突起，层冈环列。仙女岭 在贵县北七十里。旁有登仙岊。明嘉靖初，藤峡贼据此，谓之仙女砦。又东北即油醡、石壁、大陂等巢，皆王守仁所讨平处。

独秀峰　在桂平县南七十里。《明统志》："在白石山之侧，孤翠飞骞，百里所瞻。"

狮子冈　在桂平县西五十里。又崑仑冈，在县西北七十里，一名崑山。显朝冈　在贵县北二十里。《元和郡县志》："在郁林县北。陆绩为太守，每登此冈，制《浑天图》。"

畅岩　在平南县西北三十里。宋郡守姚嗣宗尝游此，号曰姚公岩。又传程珦守龚、明道伊川随父任读书于此。相接者曰思鹅岩，一曰思鹅石，又谓之鹅山，状若八角楼。高阳岩　在平南县西南九十里。高爽明豁，前瞰平野。

仙台峒　在平南县北百余里。相近有花相、白竹、古陶、罗凤等峒，回环相属。明嘉靖时，王守仁剿仙台、花相诸贼，皆平之。即此。

大藤峡　在桂平县西北六十里，红石几之下，弩滩之上。地介武宣、象州、永安、桂平、平南、藤县之间，四山环绕，延亘数百里，最为险恶。峡迤南旧有牛赐、大岵诸村瑶寨，北通罗渌三峒、紫荆、罗运等三十六巢。岩洞以百计，中有七层楼，下有三昧洞。峡口有大藤、大逾斗，长数丈，横生跨江，日沉水底，夜浮水面，瑶人借以渡峡，以通龙山八寨。明成化初，督臣韩雍讨平瑶贼，斩其藤，易名断藤峡，置武靖州及东乡、龙山等巡司。嘉靖初，峡中瑶贼流劫浔梧上下。七年，督臣王守仁讨平之。后峡贼侯胜海等复为乱，督臣蔡经讨平之。凡三兴大役，而后底定。金鸡峡　在贵县西六十里。连山延亘，直至宾州。

郁江　自南宁府横州流入，经贵县南，又东经府城南，至城东与黔江合。又东经平南县南，名龚江。又东入梧州府藤县界。《汉书·地理志》："母㯟县桥水，首受桥山，东至中留入潭。"《水经注》："牂柯水，经郁林广郁县，为郁水。又东迳领方县北，又东迳布山县北，又迳中留县南，与温水合。又东入阿林县，潭水注之。诊其川流，更无殊津，正是桥温乱流，故兼通称也。"《元和郡县志》："郁江水，南去郁林县十五步。又龚江，一名浔江，在阳川县南，去县三十五里。又在平南县南五十步，又东南去武林县五十步。"《方舆胜览》："郁林县郁江中有紫水，两派流出，即有异应。上有牛皮滩，下有白雀滩。"黔江　自柳州府象州流入，经武宣县西，名曰潭江。又东南经府城东北，亦曰北江。至城东与郁江合为浔江，即古潭水也。《汉书·地理志》：'镡城县潭水，东至阿林入郁水。'《水经注》：'潭水自潭中县又东南与刚水合，又迳中留县东、阿林县西，右入郁水。'《寰宇记》：'浔江，在桂平县北二十步，过州东五里，合郁江。'"《名胜志》："浔江，在府城东，黔水自城北，郁水自城南，至北合流，东下苍梧入海。"按：此水今名黔江，既合郁水之后，故《明统志》分而为三，《元和郡县志》《寰宇记》即以此为浔江也。相思江 在桂平县东六十五里，与平南县接界，源出平南麒麟山。自官塘堡分港而入，直通朋化内瑶，流入浔江。绣江 在桂平县西南五十里，即罗越水也。《寰宇记》："绣州有罗越水，一名灵溪水。"《旧志》："绣江湛碧如绣，即唐置绣州处。又有官江，在县西南三十里，皆北入郁江。又蓬浪江，在县西南二十七里，南入郁江。"武林江 在平南县东二十五里。上流出容县界，曰白沙江。北流入龚江。又白马江，在县东六十里，南流入江。乌江 在平南县西。《寰宇记》："平南县有大乌江。"《旧志》："在县西半里，小舟沂流，可三四十里，至古城。其源直透县西北瑶山地界，下流入龚江。春夏此河水清，则大江水浊。秋冬大江水清，则此水浊。"大同江 在平南县北八十里，源出瑶地，东南流至藤县界蒙江口入江。滩高水涌，石齿峻嶒，不通舟楫。《元和郡县志》："大同县有花怜水，在县东北二十步。"疑即此。沙江 在贵县东七里，源出谢井。又东津江，在县东二十里，源出龙山。皆南入郁江。横眉江 在贵县东六十里。自郁林州大容山发源，北流入郁江，与桂平县分界。汎江 在贵县南三里，一名道冲江，近州城旧址。又思缴江，在县南三十里，源出兴业县，即西江下流也。皆北入郁江。宝江 在贵县西二里，一名浮江，自宾州来入于郁江。武思江 在贵县西六十里，自合浦县流入郁江。马来江 在武宣县东。源出贵县界上龙岩，东北入潭江。古豪江 在武宣县西南。源出县西二十里古豪里，东南流入潭江。又有武赖水，源出县西南六十里武赖里，东流合焉。都泥江 在武宣县西北。自来宾县流入，合潭江。即古刚水也。《汉书·地理志》："牂柯母钦县刚水，东至潭中入潭。"《旧志》："都泥江口，在县西北五十里。"新江 在武宣县东北，源出北乡。又阴江、东乡江，源出东乡，皆南流入潭江。又有桂村水，在县北二十里，源出县东北桂村，西入潭江。

　　布历水 在桂平县东十五里。又有伏化水，在县东南二十里。皆流入浔江。罗叶水 在桂平县南十里，源出南顿岭。又有绿水，在县南十五里旷野中，水泉深碧，旁皆怪石，北入郁江。木赖水 在桂平县西北九十里。源出武宣县，经贵县界，南流入郁江。大隍水　在桂平县东北五十里。源出武宣县界，东流合浔江。又都耶水，在县北三十里，源出罗渌三峒。思陵水，在县西北十里，源出思陵山。俱流合大隍水。《通志》："大黄江从弩滩分流，由武靖州至此江而下藤、梧。"

秦川河　在平南县东二十里。源出凤凰山，南流入江。又绿水河，在县东二十里，源出龙潭，方圆十余丈，其底全石，北流入江。干河　在贵县北四十里，源出北山。春夏汎滥，秋冬则涸，下流合郁江。

大藤溪《九域志》："象州有大藤溪。"《方舆胜览》："在武宣县东南，源出浔州大立山。"《旧志》："今武宣县延宾驿前溪是也。"

南湖　在桂平县南，俗名结塘湖。广三里许，中有洲，今渐湮塞为民塘。灵湖　在武宣县东灵阿村。水由大河伏流地中，混出不绝。

铜鼓滩　在桂平县东一里，当黔、郁二水合流处。多巨石，春夏水涨，其声如鼓。《明统志》："浔江中有碧滩、弩滩、思傍滩、斫石滩，并铜鼓为五，水石俱险隘。"弩滩　在桂平县西北五十里，当大藤峡口。水涌而迅，势如发弩。又碧滩，在县西北八十里。浪滩，在县西北碧滩之上。

谢公池　在贵县北城下。唐刺史谢雕凿池种莲。今名井塘。

潮水泉　在贵县西六十里。盈涸不时，日或三四潮，唐潮水县以此名。《元和志》："潮水县有浮溪水，在县南三十步。"即此。

陆公井　在贵县城内，吴郡守陆绩所凿。南汉乾和中，刺史刘博古种橘井旁，又名橘井。东井　在贵县东一里。水从怪石涌出，流入石底。宋苏轼书"东潮"二字，刻石其旁。瑞松井　在贵县东一里，宋孝子梁诏所居。旁有甘露，著松树上。苏轼为署其亭曰"甘露"，林曰"瑞松"。连理石井　在贵县南一里。两穴相连，不竭不溢。南涧井　在贵县西门外，井东石刻苏轼大书"南涧"二字。龙腹井　在贵县北二十里。水色似浊，汲之则清。井旁有石洲，盘亘如龙，一名龙床井。石井　在贵县西北半里，潜通大江。《元和志》："亦名司命井，在县北二里。竭则人疾疫，岁不登。"谷永井　在贵县旧州治东北，相传汉谷永所凿。又有嘉鱼井，在旧州西，井泉通于江。

古迹

桂平故城　在今桂平县西，隋置。《县志》："旧治在思陵山之半，崎岖险阻。宋嘉祐间，始移县于平地，即今治。"郁林故城 在贵县南，隋开皇十年置，为郁林郡治。唐为贵州治。元大德九年省。《旧志》："有故城，在县南郁江南三里，吴陆绩筑，遗址犹存，宋时移今治。"武仙故城 在今武宣县东。《元和志》："象州武仙县，西北至州一百二十里，武德四年，析桂州建陵县南置。"《寰宇记》："在州东南九十九里。"《旧志》："故县治，在县东下水二十里。明洪武三年筑土城。上有小溪，名阴江。下近峡江，瑶、僚出没之所。宣德六年，改名武宣，始移今治。"

武靖废州 在桂平县东北三十里。《旧志》："本桂平县地。明成化三年，督臣韩雍平藤峡贼，以碧滩地为峡要害，奏置武靖州。寻移蓼水北岸，筑城周二里，使上隆州土酋岑铎，迁步兵世掌州事，设流官吏目佐之。铎死无嗣，正德十六年，以田州岑猛次子邦佐继之。嘉靖中，邦佐嗣亦绝，以浔州府通判权知州事。万历末，废州为武靖镇，仍置兵戍守。"废绣州 在桂平县西南。《旧唐书·地理志》："绣州，唐常林郡之阿林县，武德四年置林州，六年改为绣州。天宝元年，改为常林郡。乾元元年，复为绣州。南至党州五十里，西北至贵州一百里。领县三：常林、阿林、罗绣。又常林县，武德四年析贵州之郁平县置。贞观六年，省归诚县入之，移治废归诚县故城。"《文献通考》："绣州，宋开宝六年废入容州普宁县。"《旧志》："在今县西南一百五十里常林乡，遗址南存。"废龚州 今平南县治。《元和志》："龚州，本汉猛陵县地。贞观三年于此置燕州。七年，移燕州于今州东六十五里，于燕州旧治置龚州，因龚江以为名。东至藤州一百四十里，西南至浔州沂流一百三十里。"《宋史·地理志》："政和元年州废，隶浔州。三年复置。绍兴六年复废。"

阿林废县 在桂平县东，汉置，属郁林郡。唐属绣州，宋开宝五年省。《寰宇记》："废阿林县，在废绣州东北五十里。"皇化废县 在桂平县东。《元和志》："浔州皇化县，西至州三十里，隋开皇十一年置，因县东一里皇化水为名。大业二年废。贞观七年复立。"《宋史·地理志》："开宝五年，废皇化入桂平。"大宾废县 在桂平县东南。《元和志》："浔州大宾县，西至州四十里。隋开皇十五年，分桂平县置，以县西北宾水为名。武德七年，曾于县置浔州，后移于桂平。"《寰宇记》："开宝五年，并入桂平。"卢越废县 在桂平县南。《旧唐书·地理志》："武德四年置林州，领卢越县。贞观六年省。"《新唐书》："省入罗绣。"武林废县 在平南县东南。《晋书·地理志》："郁林郡统武城县。"《宋书·州郡志》："永平郡领武林县，文帝立。"《旧唐书·地理志》："武林，晋武城县。"《元和志》："龚州武林县，西北至州二十五里。宋元嘉二年，置武林县，属永平郡。隋属藤州。贞观七年割属龚州。"《寰宇记》："开宝五年，废武林入平南。"归政废县　在平南县西。《旧唐书·地理志》："贞观七年置归政县，属龚州。十二年，省入西平。"《旧志》："今有归政里，即故县。"阳川废县　在平南县西北。《元和志》："龚州阳川县，东南至州四十里。本汉布山县地。贞观七年，于此置西平县，属龚州。天宝元年，改为阳川。"《寰宇记》："开宝五年，省入平南。"平原废县　在平南县西北。《元和志》："思唐州管平原县，东至思唐州八十里，与州同时置，前临思洪江。"《唐书·地理志》："思唐州思和，本平原，长庆三年更名。"《寰宇记》："开宝五年，并入武郎。"武郎废县　在平南县北。《元和志》："桂管有思唐州。永隆二年，前桂州司马夏侯处廉奏割龚、蒙、象三州置。开元二十四年，奏为羁縻州。建中元年，升为正州。南至龚州一百四十里，北至蒙州一百六十里。治武郎县，与州同时置，前临驰礼江。"《寰宇记》："思唐州武郎郡，宋开宝四年，改曰思明州。五年州废，以武郎县属龚州。"《九域志》："嘉祐二年，省武郎入平南。"隋建废县　在平南县东北。《元和志》："龚州隋建县，西北至州八十里。隋开皇十九年，分武林县置，初属藤州。贞观七年，割属龚州。"《寰宇记》："开宝五年，并入平南。"大同废县　在平南县东北。《元和志》："龚州大同县，南至州七十五里。本汉郁林郡布山县地。贞观七年，于此置大同县，属龚州。"《寰宇记》："开宝五年，废入平南。"《旧志》："在县东北五十里，今为大同乡。"泰川废县　在平南县东北。《旧唐书·地理志》："贞观初置，属燕州。七年，属龚州。十二年，省入平南。"布山废县　在贵县东，汉置，为郁林郡治。隋大业初，省入郁林县。《旧志》："废县在府西五十里。"怀泽废县　在贵县南，梁、陈时置。隋省入郁林。唐武德四年，复置，属南尹州。贞观初，属贵州。宋开宝五年省。《元和志》："县北至贵州一百里。"按：《明统志》作"刘、宋置"。考宋、齐《志》有怀安而无怀泽，《隋志》无怀安，而郁林以怀泽并入。疑怀泽或即怀安也。潮水废县　在贵县西。《元和志》："贵州潮水县，东至州五十里，武德四年分置。"《寰宇记》："开宝五年，省入郁林。"义山废县　在贵县西北。《元和志》："贵州义山县，东北至州八十里。隋开皇十一年，置马度县，因县南三十里马度山为名。武德四年，改为马岭。天宝元年，改为义山。"《寰宇记》："开宝五年，省入郁林。"龙山废县 在贵县北。《隋书·地理志》："郁林郡郁林，大业初，废龙山县入。"按：宋、齐《志》俱无龙山，疑梁、陈时置，以近龙山故名也。中留废县 在武宣县西南，汉置，属郁林郡。后汉曰中溜。晋省，后复置。刘、宋为桂林郡治。萧、齐属桂林郡。隋开皇十一年，省入桂林。

罗绣旧县 在桂平县南。《旧唐书·地理志》："绣州领罗绣县，武德四年析阿林置。"《寰宇记》："开宝五年省入普宁县。旧县在废绣州东六十里。"《通志》："今为罗绣里，在县南八十里。"

浔州故卫 在府治东北。明洪武八年建。久废。奉议故卫 在贵县西北。明正统十一年，自奉议州移置。今废。

向武废所 在贵县北门外。明正统十一年，自向武州移置于此，属奉议卫。万历二十三年，移于谢村镇。今废。

马平场 在桂平县西七十里，昔时土人采砂炼铅处。东津场《九域志》："郁林县，有易令、穿山、康牡、大利、都禄、平悦、怀泽、都零、东津、含山、龙山，共十一场。"《旧志》："东津村，在贵县东南六十里。又有都六村，在县西水南乡，近横州界，盖即'都禄'之讹也。怀泽、龙山，皆以故县为名。余无考。"

思古楼 在府城东门上。又南门上有观风楼，西门上有卷雨楼，北门上有平远楼。怀泽楼 在贵县城北。

澄霁阁 在府城平远楼东。又净练阁，在平远楼西。爱莲阁 在贵县治清燕堂后。双清阁 在贵县学宫南，宋傅汶有《诗》。

吏隐堂 在府署。又平政堂，在吏隐堂东。清心堂，在平政堂东。景陆堂 在贵县旧州署西，堂后有清燕堂。

涵碧亭 在府城东三江口。今废。涌金亭 在府城南江岸。寒亭 在府城西五里。亭下有泉，自石罅流出，清冷异常，冬夏不涸。南涧亭 在贵县西二里。又有紫江亭，在县西二里石洲上。今废。莲巢亭 在贵县治莲池北，有苏轼书帖石刻。

龙街里 在平南县南。五代南汉时，梁嵩廷试第一，因改乡曰鹏化，里曰龙街。

龙田《明统志》："在贵县南山之阳。"《旧志》："在县南十里。"

关隘

东乐关　在桂平县城东。又县南有南济关，西有西靖关，北有北定关，皆近郊之卫也。又有归化、镇远二关，皆在城旁。太和关　在平南县西二里。又永安关，在县西北二里。东安关　在贵县东。又有常平关，在县西一里。北靖关，在县北三十一里。

大黄江口巡司　在桂平县东五十里。穆乐墟巡司　在桂平县东南一百八十里。本朝乾隆四十六年设。大乌墟巡司　在平南县东南五十里。旧有大同乡巡司，在平南县东北八十里，本朝雍正十二年裁改。秦川乡巡司　在平南县西三十里。五山汛巡司　在贵县西北五山镇地。旧有新安寨巡司，在贵县东南四十里，本朝雍正十二年裁改。县廓镇巡司　在武宣县西南六十里。旧有永安镇巡司，在武宣县北六十里，本朝雍正十二年裁改。

静安镇　在桂平县北三十里。明成化中，韩雍议移靖安乡巡司于献俘滩。即此。武靖镇　在桂平县东北三十里。三江镇　在贵县西五十里，江岸诸水所汇。明万历中置镇，筑城，设同知驻此。本朝设百总分防。五山镇　在贵县西北一百三十里，一名谢村镇。《通志》："贵县五山、九怀很僮，性淳顽不一。而五山之地，周数百里，界宾州、迁江、武宣、来宾间，背倚龙山，明代所称藤峡右臂。后筑土城，设守备防守。前哨北霸，后哨马鞍，左哨大器，右哨大村，与七里、桐岭、黄梁、窟笁各堡，皆有队兵防汛。"

勒马寨　在桂平县北一百里。明成化中，韩雍议移周冲巡司于此。县境很、瑶杂处，多狡悍。又一种号为山子，皆姓槃，辟山种植，捃取禽兽而食。尝其土淡，则迁去之。北山寨　在贵县北龙山中，旧有巡司。又桥头墟，在县南五十里。瓦塘渡，在县西三十里。又五州砦、东瞿渡、郭东里，皆设巡司。后并裁。

东乡堡　在武宣县东，藤峡之北户也。明万历三十二年置堡。县境东乡为瑶，西乡为犵，南乡、北乡为僮。惟犵最朴谨，僮、瑶颇轻悍。

罗秀墟　在桂平县南一百五十里，接郁林州界。旧有土巡检世袭。又常林乡司，在县西南。靖安乡司，在县北。大宣乡司，在县东北。及思隆乡司、木盘浦司，共有七巡司。今皆裁。木梓墟　在贵县一百二十里。本朝嘉庆十六年，移通判住此。

武林阜　在平南县东南四十里。又三堆司，在县东南五十里。峒心司，在县南一百里。平岭司，在县西北。大峡司，在县东北。旧皆有土巡检世袭，今裁。

津梁

迎恩桥　在桂平县南门外，一名接龙桥。驷马桥　在桂平县南七里。绿塘桥　在桂平县西南十五里。长庚桥　在桂平县西三里。罗冲桥　在平南县东一里，跨罗冲塘。板冲桥　在贵县西三十里。棉村桥　在贵县北十里。枫林桥　在武宣县南二十里。

苏湾渡　在贵县东十里，一作思湾渡。

堤堰

董村龙塘坝　在武宣县西三十里，古豪里田亩，资以灌溉。又庚村潭、大定塘，在县北四十里。

陵墓

明

沈希仪墓　在贵县北一里北山庙前。

朱烈妇墓　在贵县北二里。

祠庙

三先生祠　旧在府学内，祀宋周子、二程子，廖德明作《记》。后移于书院，并祀王守仁。四公祠　在府城内，祀明韩雍、毛伯温、蔡经、翁万达。刘公祠　在府城内，祀明御史刘台。忠义祠　在府治南，报国寺左。祀本朝死事郡守刘浩，暨浩四子，平南县令周岱生，典史武佐鼎。讲院祠　在府治南门外，祀本朝知府孙明忠。山公祠　在武宣县东门内，祀明怀远伯山云。以平瑶贼迁县治有功，民祀之。

广祐庙《明统志》："在府城西思灵山，其神唐御史李姓，忘其名。郡尝患虎，守祷于神，信宿，虎死庙树间。宋守姚嗣宗有记。"李迪公庙 在平南县东，祀明县丞李复原。白马庙 在平南县东六十里。五代时梁嵩省亲归，乘白马，至东濠墟渡没于水。乡人祀之。灵源庙 在平南县南武林乡，宋崇宁间建，祀龙神。石牛庙 在贵县北十里龙山口。《寰宇记》："贵州有洞池周数十丈，下有石牛，时出泥间。旱岁，祷之辄应。"

寺观

景祐寺 在贵县南南山。宋咸平初，尝赐太宗、真宗御书二百二十四轴藏于此。

清真观 在桂平县白石山。一名阳明观。有宋太宗御书。

名宦

汉

唐颂 番禺人。为布山县令，县境民夷杂居，号难治。颂宽和为理，不事威誉。民感其政，无梗化者。

谷永 灵帝时，为郁林太守，以恩信招降乌浒蛮十余万内属。皆受冠带，开置七县。

三国·吴

陆绩 吴郡人。出为郁林太守，加偏将军，给兵二千人。绩意在儒雅，虽有军事，著述不废。归无装，取石以重其船，人号郁林石。

晋

毛炅 建宁人。泰始七年，守郁林郡，壮勇慷慨，为吴将陶璜所执，不屈而死。

南北朝·宋

俞括 为郁林守。政尚安静，郡人悦服。

刘勔 彭城人。郁林太守。先是，费沈伐陈檀，不克。勔既至，随宜翦定。

宋

姚坦 济阴人。太宗时知浔州，有异政，盗息氏安。

梁頵　高要人。祥符中，任武仙主簿，劝善惩恶，民多德之。

程珦　开封人。皇祐间，知龚州。区布范既诛，乡人或传其神降，言"当为我南海立祠"，于是迎其神至龚，珦诘之，投之江中，其妄乃息。

孙抗　黟县人。天圣间，知浔州。浔人未知学，乃改作庙学，召吏民子弟之秀者，亲为讲说。南方学者遂盛。

卢革　德清人。庆历中，知龚州。蛮入寇，桂管骚动。革经画军需，先事而集，移书安抚使杜杞，请治诸郡城，及易长吏之不才者。又言岭外小郡，合四五不当中州一大县，无城池甲兵之备，将为贼困，宜度远近并省之。后侬智高叛，九郡相继不守，皆如革虑。

范直方　吴县人。绍兴间，知浔州，政尚宽简。

杜天举　绍兴间，知浔州。入对言土官教谕，未足为后进模范，乞见任有出身，或特奏名兼摄。诏从之。

冯源　建炎间，以武仙主簿署县事，以安静见称。

廖德明　南剑人。孝宗时，任浔州教授，为学者讲明圣贤心学。手植三柏于学宫，浔士爱敬之如甘棠。累官知浔州，皆有声。

崔与之　广州人。绍熙间，授浔州司法参军。常平仓久弗葺，虑雨坏米，撤居廨瓦覆之。郡守欲移兑常平之积，坚不可，守敬服，更荐之。后判邕州。

元

祝蕃　至正间，为浔州经历。一夕课子读书，忽旋风灭烛，户外若有人称黄氏诉冤者。诘旦鞫狱，果得黄姓冤状，遂为辨释。

陈本道　至正间，知贵州。时峒贼围州城，本道率兵出战，贼遁去。

侯元采　贵州吏目。至正间，署州事。时城池颓废，捐家财佣民筑濬。一日，峒贼出掠，元采偕弟信卿帅兵逆战，生擒贼首，斩获无数。

明

李复原　零都人。洪武中，平南县主簿。招还流民数百户，度荒田，教之垦艺。迁县丞。蛮寇起，集民壮战于蛇岗，为流矢所中，死。

胡济　南海人。正统初，调知平南县。藤峡瑶、僮，屡出侵掠，济筑城卫之。总兵韩观征剿蛮平，民多就俘，济力为辨释，全活甚众。

本朝

车君乘　德清人。顺治六年，由岁贡选武宣知县。时草寇未平，县治残毁，君乘赴任甫两月，率弟君稷捍御。城陷被执，骂贼不屈，死。弟、妾陆氏、幼子，俱遇害。雍正六年旌。

刘浩　辽东人。康熙时，为浔州守。孙延龄以桂林叛附吴三桂，徇诸郡县，浩婴城拒战。伪总兵侯成德陷平南，复助兵攻浔，势炽甚。副将蒋秉鉴为内应，执浩父子五人送贼营。暴烈日中，抗节不屈，同时殒命。家口百余，悉被害。事闻，赠太仆寺卿。

周岱生　德化人。康熙时，知平南县。闻孙延龄附叛，党众四出侵掠，岱生亟修城堞，缮兵器以备。贼趋平南，岱生偕典史武佐鼎迎战于大峡石，斩贼将殴伦等数十人。又战于武令峡，复斩贼千总吴飞龙等。伪总兵侯成德忿甚，麾贼拥火器来攻。众溃，岱生被执，死之。妻杨氏自刭，子儒亦遇害。事闻，赠按察司佥事。佐鼎亦被执，贼欲降之，七日不食，骂不绝，亦死之。

陈尧贤　仁和人。雍正间，知浔州府，有惠政。置府义仓，修建府学，立前守刘浩父子忠义祠，以平南知县周岱生，典史武佐鼎配祀。捐赀修城垣。先是，郡境患虎，尧贤悬重赏募勇士，缚杀两虎，害遂止。

人物

汉

养奋　郁林人。和帝时，举方正，诏问"阴阳不和，或水或旱"。奋对"以长吏多不奉行时令，干逆天气，百姓困乏，众怨郁积，故阴阳不和，风雨不时也"。及和帝永元中，颍川大水；桓帝延熹初，京都蝗；献帝初平中，六月寒风如冬。俱以奋对为证。

五代·南汉

梁嵩　平南人。白龙元年进士，历官翰林学士。见时多苛政，乞归养母，因献《倚门望子赋》。高祖怜之，听其去。锡赍有加，辞不受，但请蠲本郡丁赋，从之。

周邦　平南人。官御史大夫，以直节著。

宋

粟大用　武宣人。年九岁，大中祥符间，以通五经应童子科。至汴京入见，真宗奇之，特补登仕郎。仕至南雄太守。

谢洪　武宣人。与弟泽，皆以文学名，时号"二凤"。

梁诏　贵县人。少孤，奉母以孝著。母卒，结茅墓所，有甘露、芝草之异。后为广东提刑司干官。苏轼南迁，见而重之，署其亭曰"甘露"，林曰"瑞松"。

施才　贵县人。仕宜郡倅。宣和间，莫往峒蛮叛，才平贼有功。仕终永州太守。

明

宾继学　平南人。正统举人，历文选司主事。廉介不阿，铨法一清。尚书王鏊器重之。

甘泉　桂平人。成化举人，授常州府推官，以忧去。后补苏州，从征崇明海寇有功。值刘瑾用事，免官归。著有《东津稿》。

沈希仪　贵县人。嗣世职，为奉仪卫指挥使。正德中，屡破义宁、荔浦、临桂、灌阳、古田等贼，进署都指挥同知。嘉靖时，田州屡叛，总督姚镆、王守仁，多用布仪计，遂平之。以参将驻柳州，诸瑶畏威。积功至都督同知，改贵州总兵官。希仪为人坦率，居恒谈笑，洞见肺腑。及临敌，应变出奇，人莫能测。尤善抚士卒，尝得危疾，部兵多自戕以祷于神。与四川何卿、贵州石邦宪，并称一时名将。

岑孝子　贵县人。逸其名。家贫甚，佣工邻家，日三省其亲。及亲丧，乡里敛资助葬，日至墓下哭拜。有司月给禄米，旌其门。

本朝

黄毓奇　桂平人。生员。明季盗起，捍御一方，颇有力。康熙八年，邑人杨其清作乱，郡守刘浩谋于毓奇，率乡勇拒守，城赖以全。后土寇易天章领贼千人，掠下都里，毓奇豫为备，大败之。

谢天祜　桂平人。康熙十五年，马雄猖獗，据掠至崇姜里甘村，天祜挺身见贼，锐以利害，贼遂止。尝修大黄河以通舟楫，由良四埠至崖龙，长一百余里，无担负之劳且可资灌溉，乡里赖之。

麦琯　平南人。康熙岁贡。年十四，应童子试，邑令键城门考佼，琯闻父溘逝，坠城出，宰异之。吴逆变，伪总兵某闻其名，屈致之，避居藤县。后官岑溪训导，迁知福安县，皆有贤声。

李彬　贵县人。康熙进士。土寇杨奇清乱，彬活千余人，却吴逆币。性嗜学，著有《愚石居集》。

杨永清 平南人。康熙间，值兵变，负母避乱，拾野蕨以奉餐。母为虎所攫，力击得脱。又为贼所掳，将刃之，永清号泣请免，以水跪进母，贼怜而释之。

蒋学成 桂平人，知桂阳州，政尚平恕。尝刻《小学日记》《省心格言》。又于南北门外，立社学，以教民。卒，官民为流涕，肖其像，祀之于鹿峰。

李成 桂平人，浔州协右营守备。嘉庆二年，随征湖北教匪，击贼于蜈蚣山，阵亡。事闻，加等议恤，荫云骑尉。

流寓

宋

周敦颐 道州人，称濂溪先生。庆历中，游西粤，寓于浔。二程子从父珦在龚州，因受学焉。

赵子崧 宋宗室。建炎初，贬龚州。未几放令自便，道梗未能归，寓居于浔。

本朝

严涤 广东人。康熙初，游平南。有文学，工诗，性倜傥不羁，邑子弟多出其门。岁得脩脯，辄以周贫。及卒，友人并其诗稿瘗之，表其石曰"严公诗冢"。

列女

隋

胡氏 尹州人。夫失姓名。有志节，为邦族所推重。江南之乱，讽谕族党，据险而守。封密陵郡君。

元

桑固逊妻 延祐间，浔州路守臣巴噶纳谔德女，名托克托沁。夫桑固逊知贵州，未几死。沁尽斥匲具，买棺以殓。嘱僮仆曰："如我死，开棺同葬。"绝食而死。奏闻旌表。桑固逊，旧作"相兀孙"；巴噶纳谔德，旧作"八哈纳武德"；托克托沁，旧作"脱脱真"。今俱改正。

明

陆氏女 桂平人。许字未嫁，夫卒，父母欲别议昏，陆守志不夺。年八十卒，世号曰"贞姑"。

朱澄妾 贵县人，名茉莉。嘉靖中，澄死，有邑豪欲娶之。度不能免，遂自缢。郡守王贞吉为文表其墓。

本朝

黄毓英妻谢氏 桂平人。年二十一而寡，无子。守节，孝事翁姑。雍正六年旌。

何灶荣妻梁氏 桂平人。守正捐躯。乾隆年间旌。

覃恺聘妻辛氏 桂平人。未昏而恺卒，奔丧守节。乾隆三年旌。同县李参桂妻覃氏、黄梦熊妻杨氏、李天兰妻黄氏、蔡云龙妻钟氏、罗正洪妻麦氏、辛英耀妻陈氏、岑仕广妻陈氏、徐敏妻程氏、秦秀锦妻赵氏、黄阳晟妻叶氏、罗敏妻马氏、黄瑶妻甘氏、刘业纯妻谢氏、覃王谕妻曹氏，又寿妇李绳唐妻万氏、李上梅妻秦氏，均乾隆年间旌。

梁汉清聘妻董氏 桂平人。未嫁，闻夫卒，绝食七日，一恸而绝。

韦金德妻宾氏 平南人。年十九，遇暴不辱。乾隆元年旌。同县节妇梁垣妻朱氏、杨晟妻梁氏、韦茂基妻冯氏、梁楸妻黄氏、郭上沛妻麦氏、冯廷栋妻麦氏、胡立琮妻黎氏、郭榛妻黄氏、熊绍宗妻蒙氏、甘文忻妻韦氏、麦苋妻罗氏、罗声扬妻陈氏、袁韦统妻黎氏、许汝荣妻常氏，均乾隆年间旌。

盛氏 贵县人。夫黄某染恶疾，医不能愈。姑与母劝之别居，或任他适，皆不从。服事终身。

黄宏绰妻李氏 贵县人。夫亡守节。乾隆十七年旌。同县宋经济妻梁氏，均乾隆年间旌。

钟妹 武宣人。钟廷修女，年甫十四，守正捐躯。乾隆十四年旌。同县黄老恳女太双，节妇、张子秀妻黄氏，陈王政妻曾氏，陈旭妻黄氏，陈舜位妻黎氏，陈治妻杨氏，均乾隆年间旌。

陈之瑞妻黄氏 桂平人。夫亡守节。嘉庆十二年旌。同县陈守谦妻刘氏、陈永妻傅氏、蔡中杰继妻黄氏，均嘉庆年间旌。

廖宠琳妻谢氏 平南人。夫亡守节。与同县袁纬纹妻甘氏，均嘉庆年间旌。

陈绥祖妻高氏 武宣人。夫亡守节。嘉庆二十五年旌。

仙释

明

欧阳碧潭　平南人。永乐初，入江西，得张真人术，能役使鬼神风雷。岁旱，县尹命潭至，澍雨大沛。遇事能先知，后仙去。有庙祀。

冯克利　贵县人。尝往北山采香，遇仙人奕，赐以衣一袭，无缝纫痕。及归，则子孙易世矣。后遂羽化。

土产

金银《唐书·地理志》："浔州、贵州土贡。"

铅《明统志》："贵县出。"

纻布《元和志》："贵州贡。"《明统志》："古具布，一名郁林布，比蜀黄润，古云'筩中黄润'。一端数金。《淮南子》曰：'弱緆细布也'，《汉书》'白越'，即此。"

桂《明统志》："皮可为药，中有蠹，可食。汉文帝时，赵佗尝献之。"

铁力木　府境俱有。

葵　叶可为笠，亦可为扇。贵县出。

钓丝竹　府境俱有。

糖牛《明统志》："桂平县山有糖牛，与蛇同穴，嗜盐。里人以皮裹手，涂盐入穴探之。其角如玉，取以为器。"

苗蛮

瑶　府境皆有之。在桂平，言语赽舌，衣青蓝短衣，蓬头跣足，妇人则以红绿两截作裙；男女喜歌唱，好戏谑。在平南，有平地、盘古、外瑶三种。在贵县，男女俱短衣大领；居深山，不赋不役；善射猎，伏弩搏虎，得虎则输之官。在武宣，居东乡之峡江、花灵、花周、花樊诸村，斑衣鸟言，导淫尚鬼。

僮　在平南县大同里，风尚似民；贫者衣青布，富者服饰亦丽，惟衣皆大领。妇不系裙，与民异。在贵县，男子椎髻箕踞，出入佩刀；女不髻不履，短衣绣裙；昏姻多索肉为聘。在武宣，居南乡之分岭、桐岭诸村，接贵县界；北乡之盘古、牛栏诸村，接来宾界。性颇轻悍。

佷　在平南县者，力耕节用，无冻馁之家。在贵县者，男著袜履，女梳螺蚌髻，短衣绣裙，与民通昏姻。近有列青衿者。

犽　在武宣县，居金鸡等村。性最朴谨，班衣鸟言，与瑶、僮相似。

黎　详见《梧州府》。

山子　即夷僚之属。在桂平县者，皆槃姓；辟山种植，捃取禽兽为食，地尽则迁去之。在贵县者，居深山，不赋不役，芟草刊木；善射猎、搏虎。亦称瑶人。

篡修官（臣）李绍昉恭篡（臣）蒋立镛恭篡
提调官前总篡（臣）郑绍谦恭覆辑
校对官（臣）邓遇辰恭校

南宁府

在广西省治西南一千七百六十里。东西距四百三十里，南北距三百三十五里。东至浔州府贵县界三百四十里，西至太平府罗阳土县界九十里，南至广东廉州府钦州界二百七十里，北至思恩府武缘县界六十五里。东南至廉州府灵山县界五十里，西南至越南界三百六十里，东北至思恩府宾州界一百二十里，西北至思恩府白山土司界三百十里。自府治至京师九千二百二十里。

分野

天文翼轸分野，鹑尾之次。

建置沿革

《禹贡》荆州南裔。周百越地。秦为桂林郡地。汉为郁林郡领方、广、郁等县地。三国属吴。晋太兴元年，分置晋兴郡，治晋兴县。宋、齐以后因之。隋平陈，郡废，县仍属郁林郡。《宋书·州郡志》："晋元帝置晋兴郡，治晋兴县。"《隋书·地理志》："开皇十八年，改晋兴县为宣化，属郁林郡。"《元和志》作"开皇十四年，废郡为晋兴县，属简州。大业初，始属郁林郡"，与《宋》《隋》二志不同。唐武德四年，分置南晋州。贞观六年，改曰邕州。《元和志》："因州西南邕溪水为名。"乾封元年，置都督府。《元和志》："后为夷僚所陷，移府于贵州。景云二年，州界平定，复置都督府。"天宝元年，改曰朗宁郡。十四年，置邕管经略使。乾元初，复曰邕州，属岭南道。《唐书方镇表》："乾元二年，升经略为节度使。上元元年，废为都防御经略使。广德二年，废，属桂管。大历五年，复置都防御使，元和十五年废，长庆二年复置。"咸通三年，于州置岭南西道节度。五代属南汉，改建武军节度。晋天福七年，改曰诚州。汉初复故。见《太平寰宇记》。宋曰邕州永宁郡，建武军节度，仍置都督府，属广南西路。元至元十六年，置邕州路总管府兼左右两江镇抚。泰定元年，改南宁路，属广西道。明洪武初，改南宁府，属广西布政使司。

本朝因之，属广西省。领州三、县三、土州三。

宣化县

附郭。东西距二百七十里，南北距一百六十五里。东至永淳县界一百三十里，西至隆安县界一百四十里，南至土忠州界一百里，北至思恩府武缘县界六十五里。东南至广东廉州府灵山县界五十里，西南至新宁州界七十里，东北至思恩府宾州界一百二十里，西北至武缘县界一百里。汉郁林郡领方县地。晋元帝分置晋兴县，为晋兴郡治。隋开皇十八年，改县曰宣化，属郁林郡。唐为邕州治。五代及宋因之。元为南宁路治。明为南宁府治。本朝因之。

新宁州

在府西七十里。东西距一百八十里，南北距六十里。东至宣化县界六十里，西至太平府崇善县界一百二十里，南至土忠州界四十里，北至太平府罗阳土县界二十里。东南至宣化县界六十里，西南至崇善县界一百三十里，东北至罗阳土县界三十五里，西北至崇善县界二十里。汉郁林郡地。晋以后为晋兴郡地。唐武德五年析置如和县，属钦州。景云二年，改属邕州。五代因之。宋景祐二年，省入宣化县，复置羁縻武黎州，属邕州左江道。元废。明隆庆六年，始分宣化及忠州、江州地，置新宁州，属南宁府。本朝因之。

隆安县

在府西北二百四十里。东西距一百六十里，南北距一百五十五里。东至宣化县界一百里，西至果化土州界六十里，南至太平府永康州界七十五里，北至思恩府武缘县界八十里。东南至太平府万承土州界一百十四里，西南至太平府都结土州界八十里，东北至武缘县界七十里，西北至归德土州界六十里。汉郁林郡地。晋以后为晋兴郡地。隋为宣化县地。唐乾元后分置思笼县，属邕州。宋开宝五年，废入宣化。明嘉靖七年，始分置隆安县，属南宁府。本朝因之。

横州

在府东南二百四十里。东西距一百十里，南北距一百三十里。东至浔州府贵县界六十里，西至永淳县界五十里，南至广东廉州府灵山县界四十里，北至永淳县界九十里。东南至廉州府合浦县界四十里，西南至灵山县界一百里，东北至贵县界九十里，西北至思恩府宾州界一百二十里。汉郁林、合浦二郡地。三国吴永安三年，分置宁浦县，又于县置合浦北部都尉。晋太康七年，改置宁浦郡。宋、齐因之。梁增置简阳郡。隋开皇中，二郡俱废，改置简州。十八年，改曰缘州。大业二年，州废，属郁林郡。唐武德四年，复置简州。六年，曰南简州。贞观八年，改曰横州。天宝初，复曰宁浦郡。乾元初，仍为横州，属岭南道。五代属南汉。宋属广南西路。元至元十六年，置横州路总管府。元贞初，复降为州，属广西道。明洪武初，以州治宁浦县省入，改属浔州府。十年，降为县，属南宁府。十四年，复为州。本朝因之。

永淳县

在府东二百里。东西距九十五里，南北距一百四十二里。东至横州界二十里，西至宣化县界七十五里，南至横州界三十五里，北至思恩府宾州界一百七里。东南至横州界五十里，西南至广东廉州府灵山县界八十五里，东北至宾州界一百七里，西北至宣化县界五十里。汉领方县地。唐贞观末置永定县，又于县置峦州。后废。开元十五年，复置。天宝初曰永定郡。乾元初复曰峦州，属岭南道。五代属南汉。宋开宝五年，州废，以县属横州。熙宁四年，省县入宁浦。元祐三年复置，更名永淳，仍属横州。元因之。明洪武十年，并州改隶南宁府。本朝因之。

上思州

在府西南二百里。东西距一百里，南北距一百四十里。东至永淳县界五十里，西至迁隆峒界五十里，南至广东廉州府钦州界七十里，北至宣化县界七十里。东南至钦州界七十里，西南至越南界八十里，东北至宣化县界七十里，西北至土忠州界三十里。汉郁林、合浦二郡地。晋后没于蛮。唐置羁縻上思州，属邕州都督府。宋属左江道。元属思明路。明宏治十八年，改属南宁府。本朝因之。

归德土州

在府西北二百六十里。东西距一百二里，南北距六十里。东至思恩府武缘县界十五里，西至思恩府上林土县界八十七里，南至隆安县界三十里，北至思恩府都阳土司界三十里。东南至武缘县界二十里，西南至隆安县界三里，东北至都阳土司界十五里，西北至思恩府白山土司界五十里。古槃瓠百蛮地。汉为郁林郡地。宋熙宁中置归德州，隶邕州横山寨。元属田州路。明初因之，后属广西布政使司。宏治十八年，改属南宁府。本朝因之。

果化土州

在府西北四百二十里。东西距七十五里，南北距五十一里。东至隆安县界四十五里，西至思恩府上林土县界三十里，南至太平府佶伦土州界五十里，北至思恩府白山土司界一里。东南至太平府都结土州界四十里，西南至佶伦土州界三十里，东北至隆安县界五十五里，西北至上林土县界三十里。古槃瓠百蛮地。汉为郁林郡地。宋置果化州，属邕州横山寨。元属田州路。明初因之，后属广西布政使司。宏治十八年，改属南宁府。本朝因之。

忠州土州

在府西南一百九十里。东西距一百十里，南北距四十里。东至宣化县界五十里，西至太平府土思州界六十里，南至上思州界二十里，北至新宁州界二十里。东南至上思州界二十五里，西南至迁隆峒界二十里，东北至新宁州界二十里，西北至太平府土江州界三十里。古槃瓠百蛮地。汉为郁林郡地。宋置羁縻忠州，属邕州左江道。元属思明路。明初属思明府，隆庆三年，改属南宁府。本朝因之。

形势

西接南蛮，深据黄峒，控两江之犷俗，居数道之游民。唐咸通三年敕。内制广源，外控交阯。宋杜杞《邕管议》。金城之固，铜柱之封。宋狄青《贺捷表》。九洞襟带，列城唇齿。宋余靖《平蛮颂》。

风俗

地隘民瘠，俗唯种田，服用唯蕉葛。《图经》。俗尚鸡卜，轻医药，重鬼神。《宋史·范贵参传》。

城池

南宁府城　周十一里有奇，门六。宋皇祐间筑，如蛇形，有濠。明万历三十年增修。本朝康熙十年、二十五年，雍正九年、乾隆五十五年重修。宣化县附郭。

新宁州城　周四里有奇，门四。明隆庆中土筑，万历五年甃砖。本朝雍正四年修。

隆安县城　周一里有奇，门四，池广三丈八尺。明嘉靖十四年筑。本朝康熙九年修。

横州城　周三里有奇，门五，池广一丈二尺。旧土筑。元至正间甃砖。明嘉靖三十八年修。本朝康熙六十一年修。

永淳县城　周二里有奇，门四，有濠。明正统间土筑，成化八年甃砖。本朝康熙五十七年、雍正七年重修。

上思州城　周二里有奇，门四，池广一丈。明宏治中筑。本朝康熙三年、二十三年重修。

归德土州城　土垣。

果化土州城　土垣。

土忠州城　土垣。

学校

南宁府学　在府治北。宋宝庆中建。本朝康熙四年、雍正二年、乾隆四十年重修。入学额数二十名。

宣化县学　在府学旁。本朝顺治初重建，康熙四十年、雍正八年、乾隆三十六年重修。入学额数二十名。

新宁州学　在州治东。明隆庆六年建。本朝顺治年间修，康熙五十九年、嘉庆四年重修。入学额数二十名。

隆安县学 在县治东。明嘉靖中建。本朝康熙中屡修，雍正六年、乾隆二十四年重修。入学额数十五名。

横州学 在州西门外。元时建。本朝顺治十四年、雍正二年重修。入学额数二十名。

永淳县学 在县治西。本朝康熙二十一年建，雍正七年修。入学额数十五名。

上思州学 在州治东。明嘉靖中建。本朝顺治十六年、康熙五十六年重修。入学额数十五名。

敷文书院 在府治北。明嘉靖七年王守仁建，明末燬。本朝康熙九年重建。后屡修。

广学书院 在宣化县东。又右文书院，在县南。本朝乾隆十四年建。

吉阳书院 在新宁州。本朝乾隆二十一年改建，嘉庆四年修。

榜山书院 在隆安县。本朝乾隆五十七年建。

秀林书院 在横州。本朝乾隆十一年即义学修。嘉庆六年，易名淮海书院。

三台书院 在上思州。本朝乾隆三十八年，因旧日新义学重修更名。按《旧志》载："郡治有东泉、东郭、西郭、中郭四书院。横州有淮南书院、悟斋书院。永淳县有腾蛟书院、大同书院。"今俱废，谨附记。

户口

原额人丁二万三千三百二十五，今滋生男妇大小共七十九万五千二百十四名口。计一十二万三千九百六十五户。

田赋

田地一万一千四十二顷二十六亩三分有奇。额征地丁正杂银五万二千一百二十六两五钱三厘，遇闰加征银一千二百九十一两三钱二分三厘。米四万三千七百八十四石六斗二升一勺。

山川

青秀山 在宣化县东二十里。一名泰青峰。嵯岈秀拔，障邕水之口。道人山 在宣化县东六十里。都茗山 在宣化县东六十里。《寰宇记》："在封陵县西六十里。其山出茶，土人食之，因呼为都茗山。"《旧志》："又有都石山，满山皆石，不产竹木。"横山 在宣化县东八十里。其山高险，横截江流。宋置横山寨于此，为市马之所。石燕山 在宣化县东九十里。上有石燕，天将雨则飞。石鱼山 在宣化县东南六十里，濒江滩下，有石壁如鱼形。武号山 在宣化县南十里。山势雄峻，拱向城郭，为邕江之砥障。一名五象山。铙钹山 在宣化县西二十五里。下有龙潭，流入大江。圣岭山 在宣化县西三十里。峰峦秀拔，云生则雨。都龙山 在宣化县西北六十里。《寰宇记》作："都笼山，在府西北九十里，周二百四十里。山石壁立，内平外险。"《旧志》："都龙山蜿蜒起伏，势若游龙。远近诸山，皆相映带。"马退山 在宣化县北十五里。柳宗元《记》："是山崒然，起于芥苍之中，蛇奔云蠢，亘数十百里。尾盘荒陬，首枕大溪，诸山来朝，势若星拱。苍秀诡状，绮绣错杂。"罗秀山 在宣化县北二十里。其山高峻，俯瞰北湖。上有罗潭，亦曰罗山。苦竹山 在宣化县北三十里。产苦竹。思玉山 在宣化县东北六十里。《寰宇记》："其山有石似玉，因名。"《旧志》："山跨宾州界，险峻难越。"崑仑山 在宣化县东北一百二十里。巉嵓峻拔，高出群山，有道极险隘，古设关于此。斗鸡山 在新宁州东五里。有二山隔江对峙，如鸡斗舞。其右者一名飞凤，山中有小峰。平列为印山，下有渠乐川。岜旺山 在新宁州东十里。竦峭蹲踞，绝顶平坦。有泉曰普望圣泉，郁水出此。又东为玉屏山、六合山。金印山 在新宁州南四十里。高广秀丽，顶有方石如印。乌凤山 在新宁州西南七十里。有岩高大，可藏千人。相近曰四柱山，下有洞。又广寨山，在州西南七十五里，山秀丽，中有泉。聚霞山 在新宁州西七里，周广十余里。日夕有霞气幂其顶。芭蕉山 在新宁州西四十五里，濒江。绝顶嵯峨，不可攀陟。又五里为播笏山。青云山 在新宁州西北三里隔江，周四十余里，高可三百仞，壁立嵯峨，为州巨镇。群峰联络，其最胜者：笔架峰，金鸡岩。三台山 在隆安县东二里，大江之东。脉自归德九峰山逶迤而来，历百余里。三峰耸起，江水流绕其下。旧名岜横山。金榜山 在隆安县东十里。俗名挂榜山，又名野岜山。峭壁耸拔，有三层岩，可容千人。顶有天然石池，其南麓一谷尤奇绝。从麓拾级而升，中有玉女井，上有明和洞，洞三层，极深邃。再上为雷坛，雷坛深处为飞云谷、白猿崖、横烟障、香炉峰，皆名胜。**逍遥山** 在隆安县东四十里。四面皆大山旋绕，此山特立其中，上有灵池。**陇雅山** 在隆安县东六十里。有石岩高十丈，周阔二十余丈。其中石如人物形，怪异迭出，不可名状。**盖桥山** 在隆安县南三十里。其上一岩，有古木横架，相传自古迄今不朽。**白马山** 在隆安县西南八里。三面峭壁，下有泉曰"唏刀"。**岜仆山** 在隆安县西南四十里。旁有大岩，可容千人。明初为峒瑶巢穴。《郡志》作："岜幞山，上一石突出，似幞头，故名。"**火焰山** 在隆安县东北三十里。高出归德、武缘诸山之上。每二三月及六七月中，山有火光自发，故名。一名夜光岭。其上有泉。**空笼山** 在横州东二十里。山半有窍，东西通明。**天窟山** 在横州东三十里。一名月林山。山有二岩，岩有怪石钟乳，有窟通天日光。洞口有潭，冬月出嘉鱼。又母株山，在州东四十里，有十二灵泉。**乌蛮山** 在横州东八十里。《寰宇记》："乌蛮所居，故名。"《旧志》："在今州东六十里，江北古江口。下有乌蛮滩，其隔江对峙者，为青旗山。"**巽山** 在横州东南十里，鹿江水合于此。俗名大岭。**洪崖山** 在横州东南五十里。东麓接广东灵山县界，置堡其上。**东山** 在横州东南八十里。东、西、南三面皆接灵山县界。盘纡几百里，高数千丈，多樟、枬之木。武流水出焉。**宝华山** 在横州南二十里。树色葱蒨，形如翠屏。**秀林山** 在横州西南十里，以林木郁秀而名。一名盛山。并峙者曰笔架山。**逗口山** 在横州西南一百里，与灵山县接界。两崖逗合，中通一路，仅容一人行，故名。山产豆蔻，又名豆蔻山。**鸣石山** 在横州西五里。《山海经》："长石之山，山多鸣石。"即此。**大路山** 在横州西二十里。盘郁万丈，多竹木。路通永淳。一名大麓山。**绿矾山** 在横州西六十里，下有绿矾泉。**圣山** 在横州西北四十里。一名大瓠山。其旁为仙女山，盘郁数百丈。**古钵山** 在横州北七里，一名古钵岭。山形圆耸，为州镇山。左曰九珠山，右曰九凤山。**震龙山** 在横州北一百里。嶒峚入云，为横、淳、宾、贵诸山之祖。其顶有潭，相传蛟龙所居，下注山腰，分为三溜，至于山麓，散为九溪。禄蓝东班之水出焉。**罗蚕山** 在横州东北二十里。石峰拥簇，其形如蚕。**挂榜山** 在永淳县西北隅。城环其上，石壁临江，亦名屏风山。下有珠岩，俯临水涯。**鱼流山** 在永淳县西六十里。中有溪，每水潦泛涨，辄有鱼自溪顺流而下。**龙章山** 在永淳县北四十里。相传昔有龙见此山，文彩焕然。东晓山 在上思州东十里。又十里为蕾西山。十万山 在上思州南八十里，接广东钦州界。群峰巑岏，百溪分注。明江源出此。凤凰山 在上思州西十里，形如翔凤。又弄朴山，在州西三十五里。思山 在上思州北二里，州以之名。一作狮山，以蹲踞若狮也。并峙者曰文岭，亦名三台山。山阴五里，有布透温泉，泉冬温夏寒。望州山 在上思州北十里，官路所经。俯瞰州治。东香山 在上思州北四十里。山高险。下有弄怀岩，怪石层叠。归峰山 在归德州西北三十里。《明统志》："在归德州治西，有奔趋归向之状，故名。"独秀山 在果化州西八里。又州南一里，有青秀山。马鞍山 在忠州治西。

高峰岭 在宣化县北三十里。长十五里，高二百余丈。北接武缘县界。五花岭 在宣化县东北里许。脉发自望仙坡，分为五支，蜿蜒入城，如五花然。梅龟岭 在隆安县东南五十里，居九曲上流。广三十里。树木丛蔚，旧尝设堡。那龙岭 在隆安县南半里。岩嶂层叠。下有泉，味甘而冬温。登高岭 在横州西北隅，州城跨其上。明景泰二年，建敌台于此。大人岭 在永淳县北五十里。形势高耸。上有古寨，旧为避兵之所。回车岭 在上思州东十二里。上有土城。恃武岭 在上思州东南十里，与回车岭对峙。其东峰高百丈，有土城，相传马援所筑。又东为湖恃岭，亦有土城。四方岭 在上思州西三十里。岭势陡拔。上有天池，溉田甚广。

回龙岩 在宣化县南一百里。岩中有水澄澈，相传有龙蛰此。聚乐岩 在新宁州南五十里。光明平正，中可张筵四五席。土名芭容山。又鸳鸯岩，在州南六十里，上有石笋奇峭，又名天仙胜岩。邓近岩 在新宁州西三十里。山围如屏，岩方一丈，有泉不竭，下入大江。狮子岩 在新宁州北三里。岩半有洞，洞口宽数丈，平坦如砌；稍入则幽邃，有隙透天光；下有钓鱼台，潴水一泓，其深莫测。亦名元天洞。龙床岩 在隆安县东二十五里滨江，直对渌水江口。岩内有石如床，石壁上有痕如龙。下有潭，产蓝鱼。空洞岩 在横州东三十里，俗呼淜塘岩。石洞玲珑，上下凡五重。明嘉靖中知州曾储以其五窍如星，更名五星岩。《郡志》作"崆峒岩"。凤凰岩 在横州东四十里大江之南。石壁临江，洞门瞰水，棹舟始通。攀缘而上，轩豁森幽，别一天地。岩半复有一穴，入仅容身，内始宽敞。复一穴直通岩顶，人称为迎仙洞。龙隐岩 在永淳县西十五里。一名聚仙岩。岩壑甚胜。岜仙岩 在忠州北三里。

犀牛洞 在新宁州西三十里。诸峰环立，洞最虚明，可列数十榻。有池一泓，自石滴下，清冷不竭。阳明洞 在隆安县西北三十里，大江崖上，可容数百人。明王守仁征田州时，尝泊舟题字于此，因名。

望仙坡 在宣化县东北一里，与青、罗二山相对。宋狄青破侬智高时驻师于此。下有白龙塘。

万家源 在隆安县东南六十里。一名大山。延袤一百余里。层冈叠阜，林木森邃，中多小涧清流。四面土田，咸资灌溉。

大江 在府城西南。上流为左、右二江。右江自思恩府上林土县，流经果化、归德二土州，隆安、宣化二县界。左江自太平府左州，流经新宁州，至宣化县，与右江合。又东经永淳县、横州，入浔州府贵县界，即古郁水也。《水经注》："温水东迳增食县，有文象水注之。又东至领方县东，与斤南水合，东北入于郁。"《旧唐书·地理志》："骕水，在宣化县北，本牂牁河，俗呼郁林江，即骆越水也。亦名温水。"《唐书·地理志》："郁水自蛮境七源州流出，州民尝苦之。景云中，司马吕仁引渠分流以杀水势，自是无没溺之害。"《元和志》："郁江水，经宣化县南二十步。又经武缘县南，去县三十步。又郁江水，俗名蛮江，北去横州岭山县五步，去宁浦县十步，南去乐山县七步。"《寰宇记》："郁江在府西，源从左、右江入郁水，流百里入府城。又一百四十二里，入峦、横、贵、袭等州。"《明统志》："左江源出广源州，右江源出茭利州，至合江镇合为一江，流入横州，号为郁江。"《旧志》："左江自太平府崇善县左州，流经新宁州城北。土名定禄江，以其回旋萦绕，又谓之文字水。东北入宣化县界。右江自上林县东南流经果化土州北、归德土州南，又经隆安县北，至县东湾成九曲，合武缘可泸江，至宣化县西合江镇，与左江合，绕府城西南。又东经永淳县北，又东经横州南，东北入贵县界中。又牛练滩，在永淳县南十七里。乌蛮滩，在横州东六十里。皆极险。"可泸江 在府西，自思恩府武缘县，流经隆安县东六十里。又南经宣化县西北界，入右江。《寰宇记》："有渭龙水，在府西一百五十里，源出澄州止戈县，南入右江。"即此。八尺江 在宣化县东南六十里，源出广东钦州界，北流入大江。邕江 在宣化县西南六十里，源出如禾山，又名如禾水。北流入大江。禄旺江 在新宁州南七里。又旺钟江，在州南二十里。高屯江，在州东二十里。那摸水，在州东三十里。咘哓江，在州西南三十里。下流皆入左江。绿水江 在隆安县东南二十五里。其水深绿，直注龙床岩，亦名龙床江。又北入大江。清江　在横州东十五里。源出从化乡合槎江，有嘉鱼穴。《旧志》："源出州北七十里汪泽，初名曰龙江。东南流，名曰方水。又东与小溜江合。又东名曰清江，入郁江。"武流江　在横州东南二十里。源出广东灵山县石塘营，北流入郁江。横槎江　在横州西南五十里。中有横槎滩，又名槎浦。《通志》："其源出诸山谷，北入郁江。"陈埠江　在横州西南六十里。又平南江，在州西南四十五里。源俱出灵山县界，北入郁江。鳄江　在横州东北。《元和志》："鳄江水，经淳风县西，去县百步。"《明统志》："在州东八十里。旁有鳄鱼穴，俗因立鳄鱼庙。"《郡志》："源出震龙山，历渌蓝村，至乌蛮滩，入郁江。又西竺水，在州西南五里。鹿江，在州南五里。曹村湾水，在州东五里。怀西江，在州东南一百十里。皆入郁江。"古江　在横州东北六十里。源出震龙山，历鸦波村，至米埠村，与鳄江合。永东江　在永淳县东一里。有二源：左源出梁鸡村，流经滑石。右源出石恢村，至青滩，合流入郁江。秋风江　在永淳县西南三十里。源出灵山县界，一名马卯江。又有别源出宣化县界，合流入郁江。东班江　在永淳县西北五里。源出横州震龙山，东南流入郁江。又蓼江溪，在县北五十里，源亦出震龙山下，入郁江。小江　在上思州东南。源出钦州界，北流入明江。又上鱼江，亦名上愚江，源出十万山。淦况溪，源出蕾西山。皆东流入小江。明江　在上思州西南。《寰宇记》："有武离水，在府西。源出上思州，西流五百八十里入左江。"《明统志》："有上思江在州治西，源出十万山。"皆即此。《旧志》："明江在州南一里，自十万山东北流，至州西南，分为二派：一西流，经迁隆峒南入思明府界。一东流，经州南，又东至古万寨，与小江合，亦名上思江。"

　　伶俐水　在宣化县东八十里。源出崑仑山，流经永淳县界，合大江；金城诸山竹木，皆自此出。又太冲江，在县东六十里，亦流入大江；宝盖诸山材木，多出于此。响水　在新宁州西八十里。源出江州界。江滨有石嵯岈，水出石镈，其响如雷，北流入左江。

　　邕溪　在宣化县北十里，源出马退山。又有龙溪，源出县北铜鼓陂，汇北湖诸水，皆南流夹府治，入大江。驮良溪　在隆安县西二里，源出太平府万承土州界。又驮鼋溪，在县西北十里，源出都结土州界。皆北入大江。投玉溪　在隆安县北二十里。又驮甘溪，在县东二里。皆出武缘县界，南入大江。

又梅龟溪，在县东南五十里，源出永康州界，北入大江。香稻溪 在横州西二里。源出州北，西南流经古钵山，入郁江。驮槐溪 在上思州西。相近又有淰弄、淰圭二溪，皆源出凤凰山。又剥邓溪，源出弄朴山，皆流合明江。驮龙溪 在上思州北十五里。源出北梯岭，南流绕狮山，合渌盎溪，环州北入明江。驮桃溪 在上思州北二十里。一名驮白溪。源出东香山，西南流入明江。又驮造溪，在州东南，源出东晓山，流入明江。又那板溪，在州西南，与渌浪、渌郁等溪，俱出十万山，流合明江。

北湖 在宣化县北十里。又北十五里，有铜鼓陂，陂水南溢，汇而为湖，中有洲曰五花洲。

垒楞池 在隆安县东南四十里，宽数顷，春水涨时，村田多遭淹没。或十年，或数十年一干，干时池底裂开一孔，水皆注入，人误入者，即陷死。龙池 在横州北门外，唐贞观中所陷。莲陂池 在上思州东郭。又东陂池，在城外，皆可溉田。

天窟潭 在横州东三十里。天窟山南岩洞口，罗蚕之地，多演泉，行于地中，总会于此，伏行洞底，至岩尽处，从石罅而出于郁江。《旧志》谓之神江。《郡志》："一名石泉。"震龙潭 在横州北震龙山顶，下分为九溪：一溪东南出本州，四溪西南出永淳县灵竹乡界，二溪北出宾州界，二溪东出贵县界。平旺潭 在永淳县北六十里。明时尝筑坝运谷于此，为军兴之资。

马跑泉 在宣化县东十里。宋狄青征侬智高，驻师于此，马跑地泉涌，故名。甘井泉 在宣化县北。水味甘，宋陶弼题曰"思泉"。瀑布泉 在横州南宝华山背，自山顶石槽中直泻而下，长数十丈，形如挂练。古辣泉 在横州北八十里古辣垆。以之酿酒，色浅红，味甘而致远。宋守徐安国诗有"古辣觞客醉"之句。龙泉 在永淳县西十五里石洞中，洞有石窦，潜通大江。又牛涧泉，在县南五里。

石龙洲 在新宁州西半里，连亘千余丈，横截江流，三面皆水，中一白石，长数十丈，出地尺许。

六嘉井 在横州东南，阔二尺，深三尺。濆出沙泥中，色味清冽。绕村数百家，随取随足。酿酒尤佳，乡人珍为酒泉。

古迹

晋兴故城 在宣化县北，晋太兴初置。隋改曰宣化。唐置邕州治此。咸通二年，尝为南诏所陷。《明统志》："邕州故城，在今府城南二里。"《旧志》："宋皇祐中，平侬智高，始移治江北。"峦州故城 在永淳县北。《元和志》："峦州西沂流至邕州，一百五十里。东沿流至横州，一百三十里。本汉领方县地。贞观末，永徽初置。后以蛮俚背叛废，于其城置驿。开元十五年，李商隐重奏置，治永定县。"《寰宇记》："峦州以境内多山峦为名。在横州西七十里。"《旧志》："本治江北，元至正十二年，以峒贼乱迁三洲村，在县西南十里。明洪武三十一年，复迁于江南，即今治。"上思州故城 在今上思州南。《明统志》："在府南一百八十里。"《土夷考》："明洪武初，土官黄英杰归附。永乐二年，授知州世袭，治于州南隔江胡恃岭下。成化末，其孙瑛以倡乱死于狱。宏治二年，瑛子侄争袭，纠迁隆峒族党为乱，太平知府谢湖讨平之。十六年，始移治江北，改设流官。"

故忠州 今土忠州。《土夷考》："土官黄姓。明洪武初，江州酋黄咸庆率子忠谨归附，授忠谨忠州知州世袭。隆庆中，知州黄贤相，与思明土官黄承祖，争四都地，擅命侵据。官兵讨擒之，仍以贤相子有翰，知忠州世袭。"

废瀼州 在上思州南。杜佑《通典》："瀼州在邕州南二百八十里。隋大将刘方始开此路，置镇守。寻废不通。唐贞观十二年，清平公李宏节，遣钦州首岭宁师京，寻方故道，开置瀼州以达交阯，以州界有瀼水为名。天宝初改临潭郡。乾元初复曰瀼州，治临江，领波零、鹄山、宏远，共县四。"《寰宇记》："属邕州管，寻废。"

归德旧州 今归德土州治。《土夷考》："明洪武二年，土首黄隍城归附，授知州世袭，设流官吏目佐之。宏治中，为田州所侵掠，改属南宁。"本朝裁吏目，而黄氏世袭如故。果化旧州 今果化土州治。《土夷考》："果化州，始自宋博兴人赵勉，以随狄青征蛮有功，予土职。明洪武二年，土官赵荣归附，授知州世袭，设流官吏目佐之。宏治中，为田州所侵掠，改属南宁。"西原旧州 在新宁州西南。《唐书·地理志》："羁縻西原州，领罗和、古林、罗淡三县，隶安南都护府。"《府志》："西原蛮居广容之南，邕桂之西，依阻峒穴，绵地数千里，有宁氏相承为豪。又有黄氏居黄橙峒，其属也。天宝初，黄氏强，与韦氏、周氏、侬氏相唇齿，为寇害，据十余州，既又逐韦、周于海滨而夺其地。今州境诸豪，大抵皆黄氏之裔。"

武缘废县 在宣化县东，本隋唐所置县。《元和志》："武缘县西至邕州一百里，本汉领方县地。开皇十一年置，属缘州。大业三年废。武德五年复置，属邕州。宋景祐中，始移治乐昌县界，故城遂废。"封陵废县 在宣化县东。《元和志》："县西南至邕州一百里，景云后置。"《唐书·地理志》："乾元后开山峒置。"《寰宇记》："开宝五年废入武缘。"横山废县 在宣化县东。《唐书·地理志》："武德五年，析宣化置，属邕州。乾元后省。"思笼废县 在隆安县南。《元和志》："县东至邕州三百里。"《唐书·地理志》："乾元后开山峒置。"《寰宇记》："关宝五年废入宣化。"《明统志》："废县在府境思龙乡。"乐山废县 在横州东南。《隋书·地理志》："郁林郡乐山，梁置乐阳郡。隋平陈，改为县。十八年，改名乐山。"《元和志》："县西至横州一百二十里。本汉广郁县地，陈于此置乐阳郡。隋开皇十年，废郡为县，仍为乐山，属缘州。大业初，属郁林郡。贞观中，改属横州。"《旧志》："宋开宝五年废乐山，故城在州东南五里乐山乡。"武罗废县 在永淳县北八十里。《旧唐书·地理志》："峦州武罗，与州同置。"《元和志》："县南至州七十里。"《寰宇记》："开宝五年，废入永定。"《旧志》："今为武罗乡。"灵竹废县 在永淳县东北八十里，唐置，属峦州。《旧唐书·地理志》："峦州灵竹，与州同置。"《元和志》："县西至州九十里。"《寰宇记》："开宝五年，废入永定。"《旧志》："今为灵竹乡。"

朗宁旧县 在宣化县西北。《元和志》："县南至邕州一百八十里。本汉增食县地。武德五年，分置。"《寰宇记》："开宝五年，废入宣化。在州西北八十里。"如和旧县 在新宁州东。《元和志》："县东北至邕州九十里。武德五年，析钦州南宾、安京二县地置。因县西南四十里如和山为名，属钦州。景云二年，割属邕州。"《九域志》："宋景祐二年，省入宣化。"《旧志》："今曰如和都，在州东境，明隆庆六年割属。"安广旧县 在横州境，汉置，属郁林郡。宋永初《志》："宁浦郡有安广县，后省。"南齐复置为宁浦郡治，梁陈时省。兴道旧县 在横州东南一百里。《晋书·地理志》："宁浦郡领连道县。"《宋书·州郡志》："宁浦郡兴道，晋太康元年，以合浦北部之连道立。"梁、陈时省。宁浦旧县 在横州西南。《元和志》："横州宁浦县郭下，本汉高凉县地。吴分置宁浦县。开皇属郁林郡。贞观属横州。至德中，移于旧州东七里郁江

265

北岸，东北至贵州，水路一百七十五里。"简阳旧县　在横州西南六十里。《晋书》："阮放为交州刺史，行达宁浦，败走，保简阳城。"《宋书·州郡志》作"涧阳"，"晋太康七年，立为宁浦郡治"。又曰："永初郡国作简阳。"《齐志》亦作"简阳"，"属宁浦郡"。《隋志》云："梁分宁浦置简阳郡，盖治于此。隋平陈，郡县俱废。"《府志》："古城在陈埠江口，城基尚存。"岭山旧县　在横州西。《隋书·地理志》："郁林郡岭山，梁置岭山郡。隋平陈，改为岭县。十八年，改为岭山。"《元和志》："县东至横州一百里。"《寰宇记》："开宝五年，省入宁浦。"蒙泽旧县　在横州西四十里。《唐书·地理志》："武德四年，析宁浦置蒙泽县。贞观十二年，仍省入。"平山旧县　在横州北。《宋书·州郡志》引《广州记》云："汉献帝建安二十二年，吴分郁林立合浦北部都尉，治平山。晋属宁浦郡，梁、陈时省。"《旧志》："今州北从化乡，有平山村，盖因旧县得名。"从化旧县　在横州东北。《元和志》："淳风县西南至横州九十里。武德四年，析宁浦之北界置。"《寰宇记》："唐永贞元年，避宪宗讳，改曰从化。开宝五年省入宁浦。"《州志》："今有从化乡在州东北七十里，即故址。"

凤凰城　在新宁州西，周半里许。四围壁立，前后有二山，门中有泉水，长流如带。又有王巢城，在州东陇拱山，四面皆山，中有一岩，横直穿过。

那九村　今隆安县治。旧为宣化县地。明嘉靖七年，王守仁征田州，经过其地，见其去县辽远，难供输税，因奏请割宣化县思隆十里，置县于那九村。即今治。

武黎峒　在新宁州西。《九域志》："左江道有羁縻武黎州。"《旧志》："元改置华阳县。明初县废为武黎、沙水、华阳、吴从四峒，峒各有长。其后武黎、华阳，皆以功授县，即以沙、吴二峒领焉。未几，华阳氏绝，统属于武黎。其后忠、江二州数相争夺。嘉靖十年，武黎峒民黄纲请内属，因改四峒为四都，设四都营，属南宁府。隆庆中，忠州土酋黄贤相构乱，当事乃议设州以镇之。六年，因以四都及宣化县如和都地，置新宁州，治于沙水都之渌冈。即今治。"《新志》："华阳都在州西南，武黎都在州西。"黄峒　在新宁州西，一名黄橙峒，即西原蛮巢穴也。唐大历以后，黄峒蛮屡为乱。元和末，裴行立攻破之。又申峒在州南，宋嘉祐五年，交阯与申峒蛮寇邕州，广西经制使余靖讨平之。

南宁旧卫　在府治西，明洪武二年建。后废。驯象旧卫　在横州治东北，明洪武十九年，置于思明府凤凰山。二十年，迁南宁府。二十二年，又迁于此。后废。

归仁铺 在宣化县东北三十里。宋皇祐中，狄青讨侬智高，陈于归仁铺，大败贼兵，智高遁去，筑京观于铺侧。

筹边楼 在府治子城上。旧名荷恩堂，宋安抚任忠易今名。矗云楼 在府城西北隅。又平楚楼，在城东隅。横浦楼 在横州旧城上，又名月江楼。宋守陈大纪建。清华楼 在横州旧城上，又名瑞锦楼。

梯云阁《舆地胜纪》："在府治子城东隅，逾街而过五花洲。"《府志》："明改建为最高台。"昭回阁 在横州学。宋靖康初，州守曹衮建。天机阁 在横州城西南隅。

清风堂 在府治，宋安抚任忠建，为避暑之所。《郡志》作"台"。瑞文堂 在清风堂后。堂前有池，岁生并头莲，故名。双梅堂 在府治。旧有梅二株，枝生连理。安政堂 在府城东。宋安抚颜敏德建。

云锦亭 在府城上。三公亭《舆地纪胜》："在府东望仙坡上。皇祐间，狄青、余靖、孙沔平侬贼，营于坡上。后知州陶弼即其地建亭。"春野亭 在宣化县东二里，宋陶弼有《诗》。明嘉靖中重建。后又易名迎春亭。连理亭 在横州江南岸，宋梁世基旧宅。亭旁有连理荔枝木一株，宋仁宗御赐《诗》。海棠亭 在横州西海棠桥畔，宋守向友夔建。又有淮海堂在亭后，宋秦观建。仙槎亭 在横州西登高岭。相传晋元帝时，隐士董京遇一仙，秋夜横槎于浦，宋绍定中郡守张垓因构亭。绮川亭 在横州前，临郁水。

月台 在府治宅堂后。旧有忠节堂，宋颜继敏建。又南城台，在府城南。崑仑台，在府东北崑仑山。宋陶弼俱有《诗》。

浮槎馆 在横州西南十里。有枯槎浮于滩上，枝叶扶疏，其色如漆，光莹照人。秦观尝寓此，有《横槎馆书事诗》。

铜柱 在宣化县，左、右江各有其一。《明统志》："汉伏波将军马援征蛮，立柱界上。又唐马总为安南都护，建二铜柱于汉故处，故今左、右江各有其一。又其一在钦州蛮界，刻云：'铜柱折，交人灭。'至今交人往来，垒碎石于下不绝。"按《水经注》《林邑记》皆言铜柱在林邑界，唐马总所立，亦在安南。盖非援故迹也。

铜鼓《明统志》："铜鼓，左右溪峒时得之。相传为汉马援所制，形如坐墩而空其下，满腹皆细花文，极工致，四角有小蟾蜍。两人舁行，拊之声如鞞鼓。"

关隘

崑仑关　在宣化县东北一百二十里，崑仑山上。宋皇祐四年，狄青讨侬智高，勒兵宾州。别将陈曙擅引步兵击贼，溃于崑仑关，青斩之，旋引军次于崑仑关。元夜于军中会饮，引军潜渡关，大败贼兵。《旧志》："关阨宾、邕两界，旁多岐岭，与诸夷通，为府境冲要。"太平关　在横州南隔江二里，明成化四年置。又义勇关，旧名狼家营，在州东一里，今迁于城东南隅。

金城寨巡司　在宣化县东九十里，本宋金城驿。皇祐四年，广南西路将陈曙击侬智高于邕州，败于金城驿，即此。明洪武四年改为寨，并置巡司。今因之。八尺寨巡司　在宣化县南六十里，以近八尺江为名。明洪武四年置巡司，今因之。地最险要，设官兵防守。又那龙寨，在县西七十里，旧置巡司，本朝雍正七年裁。三官堡巡司　在宣化县西南一百八十里。明嘉靖三十年，置堡设巡司，今因之。迁隆寨巡司　在宣化县西八十里，因宋故寨为名。旧置巡司，今因之。墰落墟巡司　在宣化县西北一百二十里，本朝乾隆四十六年置。大滩巡司　在横州东五十里，本朝雍正七年置。南里乡巡司　在永淳县南七十里。旧驻孙岭村，本朝乾隆十九年，移驻小黎墟。武罗乡巡司　在永淳县北八十里，故武罗县地。旧驻巩昌村，本朝乾隆十九年，移驻甘棠墟。又旧有武德乡巡司，在县东北六十里。明景泰间，迁于县西。今裁。迁隆峒土巡司　在府西南二百四十里。东西距五十里，南北距一百四十里。东至上思州界三十里，西至土忠州界二十里，南至越南界一百二十里，北至土忠州界二十里。东南至上思州界三十里，西南至太平府土思州界十五里，东北至上思州界三十里，西北至土忠州界二十里。古交阯地。宋始开置州，以土官黄胜奇世袭。明初废州为峒，降为土巡司。本朝顺治初，黄元吉归诚，仍与世职。

合江镇　在宣化县西五十里，左、右二江合流处也。《九域志》："宣化有禹步、合江、左江、右江四镇。"

那南寨　在宣化县西六十里。旧置巡司，本朝乾隆三十一年，移驻镇安府归顺州湖润寨。横山寨　在宣化县东横山上。唐尝置横山县。宋置寨。绍兴三年，诏市马于此，置博马场。渠乐寨　在新宁州东南八里，亦名三河堡。明洪武初置巡司，后裁。古万寨　在新宁州北，宋置，五寨之一。《明统志》："左江自交阯流五百八十里，至古万寨，下流九十里，至合江镇。"那楼寨　在隆安县西南二十五里。又驮演寨，在县西北三十里。旧俱置巡司，后裁。

古北口 在横州东六十里，旧有巡司。又西乡巡司在州西六十里。今皆废。

丹良堡 在归德土州北三十里，与思恩府白山土司接界。

津梁

西平桥 在宣化县西一里，旧名龙溪桥。又东平桥、南平桥，并明建。北平桥 在宣化县北一里。明天启五年改建，更名镇北桥。第一桥 在隆安县东一里，本朝康熙四十八年建。海棠桥 在横州西一里，跨香稻溪之上，以宋秦观祠而名。旧多树海棠。翔云桥 在横州北十里，跨方水。三索桥 在归德土州治西南。

堤堰

赵公堰 在新宁州。明万历间，赵宗凤筑。又有陈公堰，万历间陈跃潜筑。铜鼓陂 在府城北二十五里。宋皇祐间开，明嘉靖十五年修筑。取水北湖，苏卢二村，赖以溉田。罗赖陂 在府城北三十里。

陵墓

宋

李师颜墓 在横州东北二十里金龟岭。师颜为金判，卒，葬于此。其子会龙，元进士，墓在州东四里。

祠庙

孔中允祠 在府城内，祀宋司户孔宗旦。陶开使祠 在府城内，祀宋知州陶弼。崇德祠 在宣化县城内。本朝康熙四年郡人建，祀左江道张道澄。怀忠祠 在宣化县望仙坡下，祀宋苏缄。吴侯祠 在宣化县城西，祀宋永宁守吴，佚其名。三公祠 在宣化县东北望仙坡下，祀宋狄青、孙沔、余靖。后增苏缄、王守仁、莽吉图，名六公祠。海棠祠 在横州城西，祀宋秦观。

伏波庙　在宣化县西一里。唐初建，祀汉马援。本朝康熙间，郡人以莽吉图并祀。一在横州东八十里乌蛮滩上，马援驻兵于此，后人立庙祀之。明王守仁增新之，有《题梦中绝句》诗。令公庙　在横州城外，祀宋李师中。慈感庙　在横州古钵山。唐贞观中，有妇陈氏殁，屡著灵异，乡人立庙祀之，祈雨辄应。宋绍兴间，赐额"慈感"。绍熙初，封淑惠。本朝春秋致祭。

名宦

唐

吕仁　景云中，为邕州司马。郁水自蛮境七源州流出，民苦横溢，仁引渠分流，用泄水势，自是无没溺之患。

徐申　京兆人，为邕管经略使。宣明恩信，风行犷俗，黄峒蛮纳质，自愿供赋归款。是时黄、侬、韦、周四姓，并为西京部首领，而侬、黄最强，黄既纳质，三部蛮皆定。

辛谠　金城人，为邕管节度。时管内蛮侬峒最强，与黄峒皆结南诏为助。谠察邕虚耗，方当息战，用固根本。会南诏遣使请和，谠奏可，遣从事徐云虔往报，遂和南诏。复招抚二峒首领侬金勒等，与之通欢，持牛酒音乐赉之，并遗其母衣服。金勒感悟，始罢兵。

宋

范贵参　宗城人。太宗时知邕州。俗轻医药，重鬼神，贵参禁止，割己俸市药以给病者。复以方书刻石，置厅壁。南汉攻州城七十余日，贵参拒却之。

侯仁宝　平遥人，知邕州。州之右江，生毒药树，宣化县人尝采货之，仁宝尽伐去，其患遂息。

曹克明　百丈人。景德中知邕州，抚谕左、右江蛮，甚有恩信。是岁，承天节率其党来集，克明慰抚，出衣服遗之，感泣而去。独如洪峒恃险不至，克明谕两江防遏使黄众盈引兵攻之，斩其首领陆木前，枭于市。

冯伸己　河阳人。天圣中知邕州。治舍有井，相传饮辄死。伸己日汲自供，终更无恙。傍城数里有金花木，俗言花开即瘴起，人不敢近。伸己酣宴其下，亦复无害。

杜杞　无锡人。宝元间知横州。安化蛮寇边，杀知宜州王永清，杞出兵讨平之。上言："岭南诸郡，无城郭甲兵之备，横为邕、钦、廉三郡咽喉，地势险阻，可屯兵为援；邕管内制广源，外控交阯，愿择文臣识权变、练达岭外事者为牧守，使经制边事。"从之。

孔宗旦 鲁人，为邕州司户参军。侬智高未反时，州有白气出庭中，江水溢。宗旦以为兵象，度智高必反，以书告知州陈珙，珙不听。后智高破横州，即载其亲往桂州。曰："吾有官守不得去，毋为俱死也。"既而邕州破，宗旦被执，贼欲任以事。宗旦叱贼，且大骂，遂被害。事闻，赠太子中允。

张日新 安仁人，横江寨守将。皇祐元年，侬智高寇邕州，知州陈珙不设备，遂率众沿江东下，日新战死。

孙节 开封人。狄青讨侬贼，辟置麾下为前锋。至归仁铺，直前搏战，贼锐甚。鏖战山下，俄中鎗而殁。赠忠武军留后。

杨文广 太原人。狄青征南时，为广西钤辖知邕州，抚御有方，士卒乐为效死。

萧注 新喻人，知邕州。智高走大理国，母与二弟寓特磨道，注帅师往讨，获一禅将，引致卧内与之语，俱得贼情，悉擒送阙下。募死士使入大理取智高，至则已为其国所杀，函首归献。

陶弼 永州人。至和二年，知邕州。邕经侬寇，井隧荡然，弼绥辑惠养，至忘其勤，诸峒皆感悦，无犯边者。邕地卑下，会大雨弥月，弼巫窒垠江三门，为土囊千余置道上，水从窦入，即塞之。城虽不坏，而人皆乏食，为发廪以赈。水退，公私一无所失。

苏缄 晋江人。熙宁中，知邕州。闻交阯谋入寇，两以书抵桂州守沈起、刘奂，皆不听。蛮遂入寇，破邕四砦，缄勒部队拒守，杀贼甚众。蛮知无外援，力攻之，城遂陷。缄率其家三十六人，阖门焚死。赠奉国军节度使。子元，后知横州，恩信及民，成颂有父风。

谭必 江西人。元祐间为邕州推官，摄郡事。会交人复寇邕，必辑兵抗御，力战不克，交人执之，欲诱以利。必坚不可夺，自缢死。

梁顺孙 高要人。宣和间，以桂州监察判官，监邕州、横州、田州诸峒金坑。旧制输金，监官多所需，峒丁苦之。顺孙抚诸峒以恩信，不较其金，诸蛮畏服。

邓廉 曲江人。以朝散郎倅邕，摄郡事。邕岁市马界上，吏多侵盗，马不时至，廉尽革其弊。岁饥，发廪赈之，全活甚众。《郡志》作"邓孝廉"。

陈大纪 永嘉人。嘉泰间，知横州，以仁惠为吏民所爱。秩满，适妖贼侯广、李蓝六作乱，大纪节制飞虎、摧锋两军，亲冒矢石，与士卒同甘苦，开诚谕贼，擒其渠魁。

崔与之 广州人。开禧时通判邕州。守武人苛刻，衣赐不时给，诸卒大閧。漕司檄与之摄守，叛者怗然，乃密访首事一人，斩之。

张垓 绍定中知横州。以横土瘠民贫，家无余藏，为置米千石立社食，民赖之。

马墍 宕昌人。咸淳中，知邕州。邕地接六诏、安南，旁通诸溪峒。墍镇抚诸蛮，及置关隘，皆有条理。大理不敢越善阐，安南不敢入永平，诸峒皆上帐册，边陲晏然。后以功加阁门宣赞舍人。宋亡，守靖江，战死。

娄钤辖 前为马墍部将，邕守马成旺以城降，娄犹以二百五十人守月城不下。阿尔哈雅遗之牛数头，米数斛，兵皆分米，炊未熟，生胾牛，啖立尽。娄乃命所部人拥一火砲然之，声如雷霆，城皆崩。火息视之，灰烬无遗。"阿尔哈雅"旧作"阿里海牙"，今改正。

元

任珪 至元间，横州路总管。人不敢干以私，惟以忠民为务。

刘国杰 其先女直人，以湖广右丞，征广右贼。时上思州黄胜许恃其险远，与交阯寇边。国杰身率士力战，贼走象山。乃列栅围之，伐山通道拔其砦，胜许挺身走交阯，尽取贼巢地屯田，以为两江蔽障。

明

蔡蒙 吴县人。成化中，知南宁府。田州土知府岑浦，骄悖不法，与其族争袭，弄兵相攻。蒙自至其地，以理晓谕，皆感服释仇。

罗环 新喻人。宏治中，知上思州。时州始改土为流，环以四事建议：一曰易风俗，教士子。二曰苏民困，革土兵。三曰通传递，设铺舍。四曰别土流，革土吏。夷俗为之丕变。

曾曷 南海人。宏治中，为上思州同知。先是，州以世袭构兵，曷请改土为流，迁城江北，建立州治。筑土城，立木栅，招遗民，给以田种，皆得服业。

蒋山卿 仪真人。正德中，知南宁府。会征思田，山卿约束转输，军需克济，居民无扰。

王济 乌程人。嘉靖中，为横州判，摄州事。访问俗尚利弊，召父老庭下，集议可否而从革之。于是民知向方，盗亦潜弭。

霍与瑕 南海人。隆庆中，驻节左江。土酋黄金彪背逆，督抚方议进剿，与瑕翦其羽翼，一矢不遗，缚致之，遂定。以四都叛服不常，致南、太二府道路阻绝，请于朝，开建新宁州治。

本朝

刘天福 顺治初，知永淳县。浔州土贼陈邦赋围县城，天福率众拒守，城陷被害。

莽吉图 满洲人。康熙中，以镇南将军率师度岭，克复南雄，还复韶州。叛将张星耀不战而窜，所至秋毫无犯。及抵南宁，击贼帅吴世琮，尽歼其众，军威益振。以疾卒于南宁，百姓肖像以祀。

梁凤翔 咸宁人。康熙四十二年，知上思州。手书训语四条，正男女内外之别，严师巫邪术之禁。广辟荒田，重禁私贩，风俗一改。时有禾生两歧之瑞。

凌森美 定远人，拔贡生。康熙五十二年，知永淳县。邑地高水下，民不知灌溉。森美教以种旱稻，遂为永利。编保甲，严窝主，而奸息。十三屯征粮，旧无额册，吏得增敛欺民。森美创图册，详书其民户实征之数，及期榜示之。尤加意学校。署有柳园，暇则退处。考文献，辑为《永淳志》。乾隆六年，祀名宦。

人物

宋

石鉴 宣化人，举进士，有文武才。皇祐中，挟策干余靖，以平傜贼功，授大理寺丞，升忠州刺史。寻知桂州，充本路经略安抚使。官至尚书。

梁世基 横州人。由摄官补登仕郎，历浔州司户参军。熙宁中，特授大理寺丞，用法平允。

元

邓祖胜 宣化人，以右丞守永州。闻杨璟师至，约全、桂守者互相应援。全、桂援绝，璟督师四面攻之，祖胜仰药死。

明

杨名 横州人。永乐中，举于乡。性至孝。父丧，京毁逾礼。既葬，庐墓侧三年，有白龟出于庐次，人咸以为孝感。

任谷　横州人。成化进士，授南京户部主事，历福建参议。奏罢银矿之役，为同官所忌。调广东，屡著声绩。

张翱　宣化人。成化中，举于乡。性刚直。知龙门县，有声绩。刘瑾遣使至县索金，翱廉贫无以应。有富民愿贷出金，翱坚拒之，遂罢归。

黄窦　上思州人，与弟绩一乳而生。正德八年，黄镠攻州城，兄弟勇敢赴敌，同日死。时同州凌安，亦拒敌死。

陈琚　宣化人。嘉靖中，任德庆州判。时罗旁寇炽，流毒郡县。众推琚材武，提偏师抚剿，遂歼渠降服，为分什伍，定约束，俾与州人互市。时有橐寇者嫉琚，密摄琚于寇，衷甲害之。后王守仁擒寇魁杀之，祭告其墓。

邓洪震　宣化人，嘉靖进士。隆庆初，历兵部郎中。疏请减田租之半，俾苏民困，帝嘉纳之。寻以疾归。神宗立，屡荐不起。

萧云举　宣化人，万历进士，历官礼部尚书。人谓其甘陵之党，不附君子，逆珰之祸，不附小人。平居嗜古著书，有《青萝集》行世，卒谥文端。

杨汝名　永淳人。父病目，以舌舐之，目疾复明。父卒，庐墓三年。由岁贡任陆川训导，历署太平邑篆，称廉吏。《郡志》作"汝明"。

陈文灿　永淳人，与弟文炳皆补邑弟子员。有武略。渌里寇发，部兵征逐。军北，兄弟为殿，灿马陷于淖，炳不忍去，皆遇害。

田镈　永淳人，嘉靖举人。杜门养母，足不履公庭。遭岁歉，灵竹聚众三百人剽掠，时议剿之。镈急白县令，请无用兵，单骑往谕，皆诣县谢罪。倅岳州，洞庭湖寇出没，以计擒渠魁，余党解散。

林青阳　新宁人，事桂王，官员外郎。时孙可望谋禅代，青阳与胡士瑞等发其奸，王议密敕李定国统兵入卫。青阳请行，佯乞假归葬，由间道驰至定国所，许以奉迎。青阳至南宁，为守将常荣所留，密遣刘吉告王。王喜，改青阳给事中，再撰敕，令吉还付青阳。赐李定国，事泄被杀。本朝乾隆四十一年，赐谥烈愍。

本朝

刘履吉　宣化人。顺治五年，伪帅陈邦传遣子会禹，统宾、迁、思明兵数千，攻南宁，久不破。纵兵大掠，履吉居城外遇害，妻亦死。

李寿椿　宣化人。顺治七年，土贼李哑滋扰，寿椿被掳，不屈，死。

刘章 宣化人。母赖氏守节，育且教，中康熙癸卯乡试，痛父早亡，已不及事。事母，以孝闻。

黄起忠 宣化人。乾隆五十三年，由外委千总随征安南，于黎城击贼，阵亡。同时遇害者：千总张坤，把总赖起胜、李如栋，额外外委黄起智、卢崇耀、杨辅恒、杨振德，均赐恤如例。

倪联清 宣化人，由行伍荐升守备。嘉庆二年，随剿黔苗，论功赏戴蓝翎。七年，随征湖北邪匪，坠崖而死。又平乐协守备陆世元，击贼于雾渡河，阵亡；梧州协千总王胜龙，击贼于竹叶坡，阵亡。均荫云骑尉。

邓金保 上思州人。嘉庆二年，由把总随剿黔苗，与外委徐明同遇害，均荫云骑尉。

流寓

宋

秦观 高邮人。绍兴初，编管横州，多所题咏。

列女

唐

衡方厚妻程氏 宣化人。方厚为邕州录事参军，招讨使董昌龄治无状，方厚数争事，昌龄怒，害之。程惧并死，不敢哭。徒行至阙下陈冤，下御史鞫实，昌龄乃得罪。诏封程武昌县君。

明

程清妻刘氏 宣化人。夫亡守节，教子琚，以贡仕广东德庆判官，死于寇难。时称"忠臣节母"。

萧相妻李氏 宣化人。相官贵州，卒于任，氏引刀自刎死。事闻，旌表。

陈萧氏 南宁卫人。夫亡守节，坐卧一楼，足不履地者数十年。事闻，旌表。

邓遵素妻朱氏 新宁人。值莫逆之乱，遵素先出城。贼势渐逼，氏度不免，投水死。

杨端妻萧氏 横州人。于归未期而寡，姑欲嫁之。萧曰："若再醮，以遗不孝不义之名，非人类也。"守节五十余年。事闻，旌表。

徐铨妻杨氏　横州人。归铨三载，生子潆，方五月而铨卒，杨年十九，抚孤守节以终。子潆哀毁逾礼，人称其能报焉。

龙居德妻罗氏　永淳人。景德中，为盗所掠，罗投崖下不死，贼驱之行，不从，遇害。

黄敏妻刘氏　上思州人。敏以州兵从征古田，死军中。刘闻之，哀不自胜，恪守妇道，操履冰霜，训二子勤学。后相继殁，复教其孙。正德间旌表。

本朝

马之驹妻萧氏　隆安人，尚书萧云举女。夫死无子，自制棺衾，绝食七日死。顺治三年旌。

颜于彝妻覃氏　永淳人。于彝早卒，氏孝养翁姑，抚遗腹子食廪饩。后子卒，晚节愈苦，邑人哀之。康熙五十七年旌。

黄亚儿妻李氏　宣化人。归自母家，遇暴不辱，堕水死。雍正五年旌。

钟士璠妻杨氏　横州人。士璠早卒，氏孝事翁姑，抚两子成名。雍正三年旌。同州叶煜妻陈氏、杨镂妻李氏，均雍正年间旌。

何庭桂妻钱氏　宣化人。年十六，于归逾年，夫卒，孝养抚孤。乾隆元年旌。同县冯朝臣继妻李氏、徐淑衡妻邓氏、邓王臣妻谢氏、黄绍达妻雷氏、李元和妻卢氏，均乾隆年间旌。

李廷鼐妻莫氏　新宁人。夫亡守节，乾隆九年旌。同州廖俊妻黄氏、卢全忠妻王氏、谭应秋妻李氏，均乾隆年间旌。

陆祖尚妻陈氏　隆安人。夫亡守节，乾隆二十八年旌。

蒙殷赉妻吴氏　横州人。年二十三而寡。赉棺尝被火，吴以身殉，天忽雨，人以为苦节所感。与同州邓蕃妻吴氏、陈任干妻黄氏、侯铭鼎妻翁氏、吴若纯妻黄氏、黄梦龙妻陈氏、陈翙妻吴氏，均乾隆年间旌。

卢象煌妻谭氏　永淳人。夫亡守节，乾隆五年旌。

陈尧英妻赵氏　上思人。年二十二而寡，孝养，抚孤甲生。甲生生二子卒，与媳林氏，抚孤孙成立。年七十余卒。与同州黄洵妻林氏，均乾隆年间旌。

韦氏　僮人。夫姓名失传。守正不污，为强暴所杀。乾隆年间旌。

陈廷甫妻刘氏　宣化人。捐躯明志，嘉庆三年旌。

仙释

晋

董京　元帝时，避居横州。登高岭，秋夜泛舟于江浒，一仙乘槎而来，枝干扶疏，光采照人。京谒之，赐以食。宋绍定间，郡守张垓构仙槎亭于上。

罗秀　不知何许人。闻万洪寓罗浮山，弃家往。久之，慨丹不成，复于宣化青山洞岩中修炼。一日，危坐尸解去。

土产

金《唐书·地理志》："邕州、横州，皆土贡金，邕州有金坑。"《九域志》："有慎乃金场，在邕州西北四百里。"

银《唐书·地理志》："邕州、横州皆土贡银。"

苎麻　荔枝　桄榔　橄榄《寰宇记》："皆邕州土产，又有木威。"

象《明统志》："近交阯界山谷间出。"

马《明统志》："宋时置司，市马于横山寨。今诸土州，皆贡马。"

貆猪《明统志》："宣化县出。身有棘刺，能振以御人。常百十为群，以伤苗稼。"

豰公《寰宇记》："邕州土产，大如犬而色白黑。"《明统志》："府产蛮犬，性警而猯，蛮人携以自防，盗莫敢近。"

越鸟《寰宇记》："邕州产越鸟。又有飞生鸟。又有青鹊如鸡，名鹊姑。"《明统志》："府产孔雀。又有秦吉了，形如鸲鹆，教之能言。又有倒挂绿毛，尝倒挂于树，故名。又有锦鸡，能吐锦，久复收之。皆宣化、武缘县出。"

蚺蛇胆《寰宇记》："邕州土产。"

虫丝《明统志》："横州出。枫始生，多有食叶之虫，似蚕而赤黑，四月熟，如蚕之将丝。州人擘取其丝为琴弦，其声清越。海滨蜑人鬻之，作钓缗。"

蛤蚧《金志》："出横州，里人采之为药，能治肺疾。"

苗蛮

苗　在新宁州。语言侏离。男括发以布，女椎髻垂额，俱跣足。饮食屈膝就地，啜冷咽生。疾病，歌舞禳鬼，屠狗，罄食而散。

广源蛮　在邕州郁江之源，地产黄金、丹砂。俗椎髻左衽，轻生好乱。其先首领韦、黄、周、侬四姓相劫杀，唐邕管经略使徐申厚抚之。黄氏纳质，三部蛮皆定。

西原蛮　在广、容之南，邕、桂之西，依阻峒穴，绵地数千里，有宁氏相承为豪。又有黄氏居黄橙峒，其属也。地产金、银、铜、铅、丝、丹砂、翠羽、峒緂、练布、茴香、草果、诸药，各逐其利，不困乏。酋长或娶数妻，皆曰媚娘。

马人　相传汉伏波将军马援，征蛮北还，留十余户于铜柱处，至隋有三百余户，悉姓马。土人以为流寓，号曰马流。

崀客　在宣化县。有槃、蓝、雷、钟四姓，自谓狗王后。男女椎髻跣足，结茆而居，刀耕火种，不供赋役。

瑶　在隆安县，无版籍，穴处岩窦，耕樵猎兽而食，性愿谨，风俗与民无异。在上思州，居那懒墟，及那标上下洒三村，好剽窃。在归德土州，有陇板瑶，耕山种畲；男女喜歌唱，无乐器，以巾帕蹁跹而舞。在果化土州，架木为屋曰栏房，男耕女樵，言语不可辨。在土忠州，居剥咘、渌燕、郝章、郝佐诸村，习俗与果化同。

僮　在宣化县，男子髡发，留大髻，以笠空其中，覆于顶；男女衣皆青，或以薯染红，盛服则锦兜花裙，缀以古铜钱，丁当自喜；富女以银作大圈围领上，长裙细摺，缀五色绒于襟、袂间。在横州，佃田，与民杂处。在永淳，饮食不择毛腥。在上思，与瑶杂居，风俗习尚略同。

山子　在上思州十万山中，不入版籍。男衣青，首着线网；女长裙，结五采于帽。出入佩刀，必系纲囊，便携贮也。

蜑　在宣化县。有麦、濮、吴、苏、何五姓。详见《梧州府》。

纂修官（臣）李绍昉恭纂（臣）蒋立镛恭纂
提调官前总纂（臣）郑绍谦恭覆辑
前校对官（臣）彭作　恭校

太平府

在广西省冶西南二千五十里。东西距四百八十里，南北距二百八十五里。东至南宁府宣化县界二百三十里，西至越南界二百五十里，南至南宁府土忠州界七十里，北至南宁府归德土州界二百十五里。东南至南宁府迁隆峒界二百里，西南至越南界二百七十五里，东北至南宁府隆安县界二百六十里，西北至镇安府都康土州界二百二十五里。自府治至京师九千五百十里。

分野

天文翼轸分野，鹑尾之次。

建置沿革

《禹贡》荆州南裔。周百越地。汉郁林郡临尘、雍鸡等县地。晋以后为蛮僚所居。唐置羁縻州，属邕州都督府。宋初分为左江道，后析置太平砦，仍属邕州。《九域志》止有太平砦。《明统志》又有古万、迁隆、永平、横山，共为五砦，各领州、县、峒。元置太平路，仍属左江道。明洪武二年，改为太平府，属广西布政使司。

本朝因之，属广西省。领厅二、州四、县一、土州十六、旧设十八员。雍正七年，裁上石西一员。十一年，裁思诚一员。土县二、土司一。

崇善县

附郭。东西距一百五里，南北距七十八里。东至左州界四十五里，西至上龙土司界六十里，南至土江州界八里，北至太平土州界七十里。东南至土江州界五里，西南至上龙土司界五十里，东北至左州界五十里，西北至太平土州界七十里。宋置太平砦，又分置崇善县属之。元属太平路。明初属太平府。嘉靖十七年，始移县入府郭，为府治。本朝因之。

左州

在府北一百里。东西距七十五里，南北距五十九里。东至永康州界四十里，西至太平土州界三十五里，南至崇善县界四十四里，北至永康州界十五里。东南至崇善县界五十里，西南至太平土州界四十里，东北至永康州界五十里，西北至太平土州界二十里。唐置羁縻左州，属邕州都督府。宋属左江道。元属太平路。明属太平府。本朝因之。

养利州

在府北一百五十里。东西距七十里，南北距四十五里。东至万承土州界十五里，西至龙英土州界二里，南至太平土州界三十里，北至茗盈土州界十五里。东南至永康州界六十里，西南至崇善县思诚界二十里。东北至茗盈土州界十里，西北至龙英土州界五里。宋置养利州，属太平砦。元属太平路。明属太平府。宣德七年，改同正州。本朝因之。

永康州

在府东北一百八十五里。东西距六十五里，南北距九十五里。东至罗阳土县界五里，西至万承土州界六十里，南至崇善县界八十里，北至南宁府宣化县界十五里。东南至罗阳土县界八里，西南至崇善县界八十里，东北至罗阳土县界十里，西北至南宁府隆安县界八十里。宋置永康县，属迁隆砦。元属太平路。明属太平府。成化八年，改同正县。万历二十七年，升为永康州。本朝因之。

宁明州

在府西南一百二十里。东西距九十里，南北距一百十五里。东至土思州界四十五里，西至下石西土州界四十五里，南至越南界七十里，北至上龙土司界四十五里。东南至土思州界二十五里，西南至越南文渊州界一百五里，东北至土思州界二十五里，西北至龙州厅界五十里。唐、宋羁縻思明州地。

元别置思明州，属思明路。明属思明府。万历十年，改属太平府。本朝康熙五十八年，改设流官。雍正五年，罢知州，以思明府同知管州事。十一年，改为宁明州，仍设知州，属太平府。

太平土州

在府西北一百十里。东西距七十里，南北距六十里。东至左州界四十里，西至安平土州界三十里，南至崇善县界二十里，北至养利州界四十里。东南至崇善县界三十里，西南至上龙土州界三十里，东北至左州界六十里，西北至崇善县思诚界十五里。宋置太平州，属太平砦。元属太平路。明属太平府。本朝因之。

安平土州

在府西北一百三十七里。东西距六十一里，南北距五十里。东至崇善县思诚界一里，西至越南界六十里，南至上龙土司界二十五里，北至镇安府下雷土州界二十五里。东南至太平土州界七里，西南至上龙土司界三十里，东北至崇善县思诚界五里，西北至下雷土州界六十里。唐置羁縻波州，属邕州都督府。宋皇祐元年，改曰安平州，属左江道。元属太平路。明属太平府。本朝因之。

万承土州

在府东北一百五十里。东西距四十里，南北距五十五里。东至永康州界二十里，西至养利州界二十里，南至永康州界四十里，北至全茗土州界十五里。东南至永康州界八十里，西南至养利州界十五里，东北至都结土州界八十里，西北至茗盈土州界四十里。唐置羁縻万承州，属邕州都督府。宋属左江道。元属太平路。明属太平府。本朝因之。

茗盈土州

在府东北一百七十里。东西距十六里，南北距十二里。东至万承土州界十五里，西至全茗土州界一里，南至养利州界七里，北至全茗土州界五里。东南至养利州界十五里，西南至全茗州界一里，东北至全茗土州界十一里，西北至全茗土州界五里。宋置茗盈州，属邕州。元属太平路。明属太平府。本朝因之。

全茗土州

在府北少东一百六十里。东西距二十里，南北距二十三里。东至茗盈土州界一里，西至龙英土州界十九里，南至茗盈土州界三里，北至龙英土州界二十里。东南至茗盈土州界三里，西南至茗盈土州界十八里，东北至茗盈土州界十五里，西北至龙英土州界十六里。宋置全茗州，属邕州。元属太平路。明属太平府。本朝因之。

龙英土州

在府西北二百里。东西距八十五里，南北距九十里。东至养利州界七十里，西至镇安府上映土州界十五里，南至崇善县思诚界四十里，北至结安土州界五十里。东南至养利州界四十里，西南至镇安府下雷土州界五十里，东北至全茗土州界三十里，西北至镇安府都康土州界二十五里。宋为龙英峒，属太平砦。元置龙英州，属太平路。明属太平府。本朝因之。

佶伦土州

在府东北二百三十里。东西距七十五里，南北距二十五里。东至南宁府果化土州界六十里，西至镇远土州界十五里，南至都结土州界五里，北至南宁府归德土州界二十里。东南至果化土州界四十里，西南至结安土州界十五里，东北至果化土州界五十里，西北至思恩府上林土县界十四里。宋为佶伦峒，属太平砦。元升为佶伦州，属太平路。明属太平府。本朝因之。

结安土州

在府西北二百二十里。东西距三十五里，南北距二十里。东至佶伦土州界五里，西至龙英土州界三十里，南至都结土州界五里，北至镇远土州界十五里。东南至佶伦土州界五里，西南至龙英土州界四十里，东北至镇远土州界十五里，西北至镇远土州界四十里。宋为结安峒，属太平砦。元升为结安州，属太平路。明属太平府。本朝因之。

镇远土州

在府西北三百二十里。东西距三十五里，南北距二十二里。东至佶伦土州界十里，西至镇安府向武土州界二十五里，南至结安土州界十五里，北至思恩府上林土县界八里。东南至结安土州界十五里，西南至向武土州界二十里，东北至佶伦土州界十五里，西北至向武土州界十里。宋置镇远州，属邕州。元属太平路。明属太平府。本朝因之。

都结土州

在府东北三百八十里。东西距一百四十里，南北距二百里。东至南宁府隆安县界四十里，西至偌伦土州界一百里，南至万承土州界一百二十里，北至南宁府果化土州界八十里。东南至隆安县界五十里，西南至结安土州界一百二十里，东北至隆安县界八十里，西北至偌伦土州界五十里。宋为都结峒，属太平砦。元升为都结州，属太平路。明属太平府。本朝因之。

思陵土州

在府南二百四十里。东西距一百二十里，南北距七十四里。东至土思州界八十里，西至越南界四十里，南至越南界三十里，北至土思州界四十四里。东南至越南界五十里，西南至越南界三十五里，东北至土思州界六十里，西北至土思州界三十里。唐置羁縻思陵州，属安南都护府。宋属左江道。元属思明路。明洪武初，省入思明府。二十一年复置，直隶广西布政使司。本朝改属太平府。

江州土州

在府南二十五里。东西距二百十里，南北距一百二十五里。东至南宁府土思州界一百二十里，西至龙州厅界九十里，南至土思州界一百里，北至崇善县界二十五里。东南至土思州界四十里，西南至龙州厅界九十里，东北至南宁府新宁州界六十里，西北至崇善县界三十里。宋置羁縻江州，属邕州左江道。元属思明路。明洪武初，属思明府。二十年，直隶广西布政使司。后改属太平府。本朝因之。

思州土州

在府南一百二里。东西距一百十里，南北距九十里。东至南宁府迁隆峒界八十里，西至宁明州界三十里，南至思陵土州界五十里，北至土江州界四十里。东南至越南界一百八十里，西南至越南界一百里，东北至南宁府土忠州界四十里，西北至上龙土司界一百里。唐置羁縻思明州，属邕州都督府。宋属左江道。元至元二十四年，改置思明路，属广西道。明洪武元年，改思明府，属广西布政使司。本朝改属太平府。雍正元年，改为思州土州。

下石西土州

在府西南一百六十里。东西距四十三里，南北距十八里。东至宁明州界五里，西至明江厅界五里，南至明江厅界七里，北至龙州厅界八里。东南至宁明州界六里，西南至明江厅界五里，东北至宁明州界七里，西北至龙州厅界二十里。唐羁縻石西州地。宋元丰后，分置下石西州，属永平砦。元属思明路。明属思明府，后改属太平府。本朝因之。

上下冻土州

在府西二百二十里。东西距三十里，南北距十九里。东至上龙土司界八里，西至越南界二十二里，南至龙州厅界五里，北至上龙土司界十四里。东南至龙州厅界六里，西南至龙州厅界二十里，东北至上龙土司界十七里，西北至越南界三十里。宋置羁縻冻州，属左江道。元分为上冻、下冻二州，属太平路，寻复合为上下冻州，属龙州。明属太平府。本朝因之。

凭祥土州

在府西南二百三十里。东西距二十七里，南北距三十三里。东至明江厅界七里，西至越南界二十里，南至越南界三十里，北至明江厅界三里。东南至越南文渊州界十二里，西南至越南界八里，东北至明江厅界十里，西北至越南界十五里。宋为凭祥峒，属邕州左江道。元属思明路。明洪武十八年，置凭祥镇。永乐二年，升为凭祥县。嘉靖十八年，又升为州，属思明府。本朝改属太平府。

罗白土县

在府东南五十里。东西距四十五里，南北距四十五里。东至南宁府新宁州界三十里，西至土江州界十五里，南至南宁府土忠州界二十里，北至土江州界二十五里。东南至土忠州界二十里，西南至土思州界五十里，东北至南宁府新宁州界三十里，西北至土江州界十五里。宋置罗白县，属迁隆峒。元属江州。明初因之，后改属太平府。本朝因之。

罗阳土县

在府东北二百里。东西距六十五里，南北距三十五里。东至南宁府宣化县界三十里，西至永康州界三十五里，南至南宁府新宁州界二十五里，北至永康州界十里。东南至新宁州界三十里，西南至崇善县界三十二里，东北至宣化县界三十里，西北至永康州界三十里。宋置罗阳县，属迁隆峒。元属太平路。明属太平府。本朝因之。

上龙土司

在府西一百八十里。东西距二百五里，南北距九十里。东至崇善县界一百三十里，西至越南界七十五里，南至龙州厅界十里，北至安平土州界八十里。东南至土思州界八十里，西南至上下冻土州界五十里，东北至太平土州界八十里，西北至越南界六十里。本朝雍正三年置。

明江厅

旧为上石西土州，在府西南一百七十里。东西距三十三里，南北距二十五里。东至下石西土州界三里，西至越南文渊州界三十里，南至凭祥土州界五里，北至龙州厅界二十里。东南至凭祥土州界四里，西南至凭祥土州界十二里，东北至下石西土州界三里，西北至越南文渊州界二十五里。唐置羁縻石西州，属邕州都督府。宋属左江道，后曰上石西州，属永平砦。元属思明路。明属思明府。万历三十八年，改属太平府。本朝改流，设同知。雍正七年，改思明为宁明州，以同知兼管州事。十一年，设宁明州知州，改思明同知为太平府明江理土督捕同知，兼管上石西州事，驻思明旧城。乾隆元年，移驻宁明州旧治。

龙州厅

旧为下龙司，在府西一百八十里。东西距一百里，南北距八十里。东至上龙土司界二十里，西至越南界八十里，南至下石西土州界七十里，北至上龙土司界十里。东南至宁明州界七十里，西南至明江厅界六十五里，东北至上龙土司界三十里，西北至越南界一百里。唐置羁縻龙州，属安南都护府。宋属左江道。元大德中，升为万户府。明洪武初，复为龙州，属太平府。九年，直隶广西布政使司。本朝改属太平府。雍正三年，罢龙州，析其地为下龙司、上龙司，设土巡检。七年，裁下龙司，移太平通判驻防。乾隆五十六年，改同知。

形势

山围川绕，壤连交阯。《明统志》。峻岭拱朝，长江环绕。同上。

风俗

椎髻蛮音，衣冠不正，饮食亦殊。《元统志》。地狭民稀，男女趁墟，少事畎亩，婚姻以唱歌踏青为媒，丧用鼓乐。病鲜求医，专事巫觋。《明统志》。

城池

太平府城 周三里有奇，门四。东西南三面环丽江。明洪武五年筑。本朝顺治十六年，康熙七年、五十八年重修。崇善县附郭。

左州城 周三里有奇，门四。明正德十五年筑。本朝康熙四年修。

养利州城 周二里有奇，门五。明宏治间土筑。万历十九年，改建甃石。本朝顺治十八年，康熙七年、二十四年、三十年，乾隆三十一年，重修。

永康州城 周一里有奇，门四。明万历中土筑，崇祯十一年甃砖。本朝康熙四十三年、乾隆七年重修。

宁明州城 周七里有奇，门四。旧土筑。本朝乾隆十五年，甃砖。

太平土州城 土垣，周二里有奇，门四。

安平土州城 土垣，周一百五十步。

万承土州城 土垣，周一百六十步有奇。

茗盈土州城 土垣，周一百七十步。

全茗土州城 土垣。

龙英土州城 土垣，周一百三十步。

佶伦土州城 土垣。

结安土州城 土垣。

镇远土州城 土垣。

都结土州城 土垣。

思陵土州城 土垣，周一里有奇，门四。

土江州城 周四里有奇，门四。

土思州城 土垣，周四里有奇，门六。明成化中筑。

下石西土州城 土垣，周一里有奇，门四。

上下冻土州城 土垣。

罗阳土县城 旧有土垣，周一里有奇，门四。今圮。

明江厅城 周七里有奇，门四，即思明旧城。明成化间建。本朝改流，设同知驻此。乾隆十三年修。

龙州厅城 周四里有奇，门四。东、西、南距河，北倚山。无池。

学校

太平府学　在府治北。明洪武三十年建。本朝顺治十八年、康熙三十六年修。乾隆五十八年重修。入学额数二十名。

崇善县学　旧附府学。本朝雍正元年建。入学额数十二名。旧额八名，乾隆三十年增四名。

左州学　在州治北。明嘉靖中建。本朝康熙二十五年、六十一年、嘉庆五年重修。入学额数九名。旧额十二名，乾隆三十年减三名。

养利州学　在州治西。本朝康熙三十二年重建。乾隆三十一年，改建城东隅。入学额数九名。旧额十二名，乾隆三十年减三名。

永康州学　在州治南。明万历三十年建。本朝康熙二十五年、四十五年、五十八年、乾隆三十三年重修。入学额数十五名。

宁明州学　在州城内，旧思明土府学。本朝康熙二十六年建。雍正十一年改州学。入学额数十五名。

太平土州学　在州城内。本朝雍正二年建。入学额数四名。

土思州学　在州城内。本朝康熙三十七年建。入学额数二十名。

肇化书院　在府城内，北门右。明嘉靖二十一年建。

丽江书院　在府城东门外，本朝雍正二年改建。

康山书院　在永康州学署后。本朝雍正二年，因义学改建。嘉庆四年修。

宁江书院　在宁明州西门内。本朝乾隆五十四年改建。

暨南书院　在龙州厅。本朝乾隆二十二年建。

户口

原额人丁四千四百七十五，今滋生男妇大小共三十万一千五百四十四名口。计五万九千二百五十户。

田赋

田地七百二十八顷七十六亩九分有奇，又新出膳田三十九户。额征地丁正杂银八千一百十三两五分九厘，遇闰加征银四百五十八两一钱八分九厘。

米五千一百一十二石四斗八勺。

山川

金柜山　在崇善县东一里。山形如柜，其中虚明，可容百人。相近有幞头山，以形似名。文奎山　在崇善县东二里。旧名将军山，又曰衣甲山。山势耸立。明鲁铎使安南，易今名。蛾眉山　在崇善县东三里。屹立云表。笔架山　在崇善县西南。三峰耸秀，形如笔架。崇官山　在崇善县西北五十余里，旧县北二里，县因以名。又有驮夹山，在旧县傍江中。灯架山　在崇善县北四里。高耸尖秀，望之巍然。青连山　在崇善县北十里。山色青碧。自越南广源州发脉，由上、下冻州治北，东达府境，绵亘二三百里。其阳有青山岩，高阔深邃，奇胜不一，岩中之土，可以煎硝。鳌头山　在崇善县东北四里。屹立江心，春夏波涛冲激，有声如雷，俗名鸡笼山。白云山　在崇善县东北四里。方岩连亘，如立屏然。有七洞相连，而白云最胜。龙泉山　在左州东二里，下有龙泉。博感山　在左州东八里。奇峰对列，一水中流，水隔处架槎以渡，岩洞泉石极幽胜。银瓮山　在左州西四十里。下临长江，削壁绚彩，如人马旌旗之状。金山　在左州西北一里。平地突起，壁立数仞。前有通幽小岩，逾铁桥，入石门。其后有流霞峰，最高，登之则八表在目。又有双青、独秀诸峰，环拱左右，为一州之胜境。武阳山　在养利州东四里。孤峰独立，四面水绕。有武安洞，洞中水滴成溪，曰武阳溪。古嵩山　在养利州南四里，形如屏风。胜奇山　在养利州南三十里，为州之门户。小印山　在养利州西一里。平地突起孤峰，其状如印。有岩空洞，玲珑穿透。养山　在养利州西北三十里。苍翠蓊郁，绵亘甚远。州盖以此山及利水为名。白虎山　在永康州东十里。净瓶山　在永康州东南二里。平地突起，一峰如瓶。明山　在永康州南，思同废州东。岩穴相通。绿㟖山　在永康州陀陵废县南十五里，绿瓮江出此。又骆驼山，在废陀陵县北十里。一作禄空山。凤凰山　在永康州西五十里，与万承州接界。逐象山　在宁明州东三十里。坡高山　在太平土州东一里。又芭匡山，在州西南七里。龙蟠山　在太平土州西二里，以山势蟠绕而名。又岩傍山，在州西二十五里。显山　在安平土州东一里。帽山　在安平土州西北，以形似名。又秀貌山，在州北一里。三台山　在万承土州东南一里，山峰秀列。

莲花山 在万承土州西二里，有岩洞池泉之胜。又连山，在州北一里，亦名天马山，有金童、玉女二峰。香寿山 在万承土州东北一里。有峰十余，皆高峻，山半有灵泉。狮山 在茗盈土州南五里。狮子山 在全茗土州东一里。端坐山 在全茗土州南二里，形如人坐。猛山 在全茗土州西北一里。其峰高峻，形如猛虎。州望山 在全茗土州北一里。平地突起，孤峰高耸，为一州之望。牛角山 在龙英土州治东。其山有岩，形如牛角。又笔架山，在州西南，通利江出此。陇结山 在佶伦土州东六十里，接果化土州界。陇均山 在佶伦土州西北，有水源出此。城门山 在结安土州东北。壁立如城。又石牛山，在州南十五里。杨山 在镇远土州北十里。《旧志》："州境山之有名者凡四，曰龙角，曰水归，曰杜阳，曰峺陇。"印山 在都结土州南四里，方正如印。青云山 在都结土州北一里，以高耸入云而名。峙壁山 在思陵土州东六里。又纪牟山，在州东十里。东陵山 在思陵土州东四十里。角硬山 在思陵土州南二十里。又连珠山，在州南三十里。波汉山 在土江州治后。山势起伏，如波澜。白虎山 在土江州南一里。又青龙岭，在州西一里。公母山 在土思州南一百二十里。顶有两峰，极其高耸，如男女之像，故名。山有云雾则晴，皎洁则雨。回团山 在土思州西南十里。白乐山 在下石西州北一里。峰峦耸秀，林木苍翠。八峰山 在上下冻土州西二里。山有八峰并耸。披干山 在凭祥土州北二里。有六尖峰。罗高山 在罗白土县东二里。又那瑾山，在县东南十四里。兔儿山 在罗白土县南十里。青龙山 在罗阳土县东四里。又白虎山，在县西北六里，一名白面山。明隆庆五年，土酋黄金彪作乱，守兵讨之。彪奔陇门村白面山箐中，食尽就缚。即此。花山 在上龙土司南。白石山 在明江厅东二里。有岩莹明邃广，石乳凝结。近岩，又有透天洞。古望山 在明江厅南五里。高百余丈，山岭平广，四旁泉流，极目百里。相传汉征交阯，常屯兵于山上。其西五里，有通天槽，亦旧时安营之所。独山 在龙州厅东五里，屹然独立。叫抱山 在龙州厅南。狮子山 在龙州厅南，隔河九里，以形似名。壮山 在龙州厅西四里。来脉雄大，左右有诸峰环卫。军山 在龙州厅北六里，盘踞南耸。

环岭 在崇善县西北，旧县南二里，亦名盘环岭。柏岭 在左州南三里，一名墨山岩。其中虚敞，曲折盘旋，可容百人。鸡公岭 在养利州东南四十里，与陀陵废县接界。万山壁立，极其高峻。散花岭 在养利州西三十里，广阔多花木。蛇岭 在永康州陀陵废县东三十里，路通罗阳土县。风门岭 在宁明州东三十里。层峦叠翠，东西两分，为南宁、太平孔道。勾繁岭 在佶伦土州南五里，接都结土州界。又下权岭，在州西，接镇远土州界。邱阳岭 在都结土州西六十里，与结安土州接界。摩天岭 在土思州南十五里，一名挂榜山。奇峰鳞砌，延袤数十里。惟中峰屹然，其顶独无树木。拱天岭 在上下冻土州南十里。《明统志》："山峻而长，绵延百余里。峰头皆北向，故名。东南接交阯界。"横山岭 在罗阳土县南三十里。秀岭 在龙州厅西南九十里，近安南高平七源州界。

邓岩 在崇善县东一里。人感谷岩，在县西一里，上有进宝石，下瞰江流，形如石关。又钟鸣岩，在县北一里。云岩 在左州西南二十里。四面平畴，一峰耸峙。有石岩二层，虚明高朗。一名落成岩，又名云州山。观音岩 在养利州东四十里。去地十余丈，岩地平阔，可坐百余人。又有观音岩，在茗盈土州东十里。飞仙岩 在土思州西二十里，接宁明州界。咘陇岩 在明江厅北二十里，接上龙司界。峻深数十丈，附近村民，贮粟其中，以备不虞。又白马洞，在州南三十里，中甚宏敞。仙岩 在龙州厅东一里许。石山突起，岩窟清幽。

榜兔洞 在养利州东二十里。树木葱蔚。土官时，旧置峒官，后废。武能洞 在养利州东三十里。二山夹冰，极为阨塞。陇慢洞 在养利州北十五里。万山环列，仅通一路，中有水穴奇胜。白马洞 在宁明州西南二十五里。石山突起，中穿一洞，有水从洞中出，深十余丈，夏冷冬温。又有白马洞，在明江厅南三十里，中甚宏敞。云门洞 在万承州南五里。外嶙峋而内宽敞，北广南狭，为往来孔道。罗回洞 在龙州厅西。明嘉靖中，讨交阯，分兵出罗回洞为左哨，即此。紫霞洞 在龙州厅南三十里。高二丈许，阔几二丈，大江水经其下。

石门 在崇善县北三里。有石突立江上，中通如门。

弄月石 在养利州东南二里。田中一大石，高如台，圆如月，上下相映。人登其上，如在月中。一名弄月台。

左江 在府城南。一名丽江，俗名府前江。《明统志》："府前江，发源广源州，合七源州水，历龙州，下思明，会崇善县水，流经府前。西转合右江之水，入邕州。"又云："左江发源交阯界，流五百八十里，至古万塞。下流九十里，至合江镇，与右江水合。"《旧志》："左江源出交阯高平府界，流经上下冻土州。南曰大源水。又东入龙州界，为龙江。绕州前而出江口，合明江入崇善县界，谓之丽江。绕府城西、南、东三面，又东经左州界，入南宁府新宁州界。"按：《明统志》分府前江、左江为二，误。旧县江 在府西北。上源曰逻水，自安平、太平二土州流入。《明统志》："逻水在太平土州北，旋绕州治。其源有三：逻水自下雷土州发源东流，龙水自安平土州东南流，教水自思诚废州南流，三水合流于此，经崇善县入左江。"《旧志》："旧县江，一名崇善江，即思诚、太平土州诸水合流。经故县北，又东南入左江。又有崇善水，源出崇官山，流入旧县江。"桥龙江 在左州东，源出陀陵废县三清山，合诸水东南流绕州治。又南入左江。濒江之田，赖其灌溉。州前江 在养利州南。源出万承土州界，西至州前合通利江。又有武阳溪，亦曰洞溪，源出武安洞，西南流至州南，入通利江，溉田甚广。润江 在养利州西北。自龙英土州流入，亦合通利江。绿瓮江 在永康州南十里，源出陀陵废县绿峒山。东北流绕州南，合思同州水。又东经罗阳土县西，为驮排江。又南至新宁州界，入左江。浅窄不通舟揖。通利江 在龙英土州治前。《明统志》："其源有三，一自西北，一自西南，一自笔架山，三水至州前合流。经养利州，历崇善县，入左江。"《旧志》："一名大利江，亦曰利水，自龙英笔架山发源，东南流经全茗土州西。又东南迳茗盈土州峡湾界，又南迳养利州西北，思诚废州东。又东南迳太平土州东，又南入左江。"明江 在土思州南二里。自迁隆峒西北流入，西流经宁明州东，又北合龙江。《明统志》："源出十万山，流绕思明府治南。又北流一百八十里，入龙州龙江。石多水浅，大舟难行。"

　　教水 在废思诚州南，今崇善县境。源出养利州，西流入境。绕州治前，分为二水，至州西南入安平土州界，合陇水。中有石滩。伍涧水 在永康州陀陵废县南。源出县西北山岭背，东南流经县治南。又南至新宁州界，入大江。渌零水 在永康州南，思同废州西。南入大江。陇水 在安平土州南。有二源，一自交阯高平府流入，一自下雷土州流入，二水合流。迳州治前，又东南入太平土州界，合逻水。石壁满江，滩恶水浅，不通舟揖。绿降水 在万承土州西南十里。源出州东南境，环绕州前。又西入养利州界，合通利江。亦名玉带水。峝黎水 在万承土州西北六里。源从州西北来，历九潭穿山而出，合玉带水，亦名连珠水。少东又有文秀水，源出州西，亦南入玉带水。北峝水 在万承土州北。源出州西北剥布村，东流入神湖。涧水 在茗盈土州南。源出观音岩，过岩穿洞，直抵州南。又有三小涧，水出山谷间，亦至州前合流，入养利州界。其水狭小，石崖层叠，不通舟楫。峎显水 在全茗土州东。一作波显江，源出州东北境，分为二水：一西南至州泉，合波壤江。一南流入茗盈土州界，引流溉田。波壤江在州东，源出州西北，西南流经州前，又西入通利江。峎卑水 一名涧水。源出都结土州境山中，西南流经佶伦土州南。又西南经结安土州南，为堰水，因土人堰水溉田而名。又南入全茗土州界。又有小水，源出陇均等山，绕佶伦土州前，东入果化土州界，入右江。淰削水 在思陵土州东二十二里，源出那河隘。又角硬水，在州南，源出角硬山，北流二十里，与淰削水合。归安水 在土江州东。源出上思州，流经州境。又绿眉水，在州南，皆入左江。陇冬水 在罗白土县前。源出兔儿山，流入左江。岜营水 在龙英土州东。自都康土州流入，合通利江。小水 在明江厅南。源出交阯文渊州界，与凭祥土州水会于州南。又东经下石西土州南，至宁明州界，入明江。皆石积小溪，不通舟楫。

东湖 在宁明州北二十一里。神湖 在万承土州东北五十里。阔数里，长十余里，接隆安县界。一名廪塘。旧属宣化县，明正德中，为州所据。

灵波 在养利州北。源出茗盈土州界山石中，流至州北。明万历末，知州王淡尝引之以溉田。潘恩波 在全茗土州南一里，源出山根峭石之下。

龙潭 在左州南三里。星潭 在万承土州西六里。有九潭相连，其圆如星，汇流山麓，穿山而出。

龙马泉 在府治南。其水清碧，南入丽江。相传有神龙化马于此，故名。旱祷辄应。又广济泉，在府北二十里，青连山阴。龙井泉 在崇善县东十余里。深丈余，下通府前江。龙泉 在左州东二里龙泉山下。涌出不竭，汇而为池，北流合桥龙江，灌田凡数百顷。又有龙泉，在龙州厅南三十里古甑洞，洞民引以灌田。石岩泉 在养利州城中，从石中出，与城东门外潭相通，水溢而入于江。呼水泉 在养利州西三里山下石岩中，凡牧童过此呼之，即涌出尺余，饮讫，即不复见。翠壁湖泉 在万承土州东二十里。众山环绕，其中一峰有泉，宽深四尺余，每日或三潮五潮，利济一方。思岩泉 在万承土州西五里，有二源，溉田万亩。马跑泉 在土思州西。《明统志》："元镇南王讨占城，师还至思明，士卒饮明江水而病，祷于神。忽马跑泉涌，味甘美，遂甃为井，又名太子井。明洪武初建楼其上。"

岩磨井 在镇远土州治南。水泉清冽，人皆仰给。又州境有小涧，水可灌田。

古迹

思诚故城　在崇善县境。《唐书·地理志》："羁縻思诚州，隶邕州都督府。"《寰宇记》："在邕州西陆路四百五十里，管县三。"《明统志》："宋为上思诚、下思诚二州，后并为思诚一州，隶太平砦。"《土夷考》："古名恩上。明洪武初，土官赵斗清归附，授知州世袭。"本朝仍予世职，设流官州同佐之。雍正十一年裁，移崇善县丞驻守。按：《唐》《宋》志并作"思诚"。《明》志作"思城"，近时始讹作"恩城"。古恩城在今田州界，非此地也。崇善故城　在今崇善县西北六十里。《土夷考》："故地名崇山。明洪武初，土官赵福贤归附，授知县世袭。宣德元年，福贤子暹叛，攻破左州，据村峒四十余所。帅臣顾兴祖诛讨之。八年，始改流官。嘉靖十七年，徙入府郭。今故址犹存。"左州故城　在今左州东。《唐书·地理志》："邕州有羁縻左州。"《土夷考》："古地名左阳。明洪武初，土官黄胜爵归附，授知州世袭，设流官吏目佐之。天顺中，以争袭相仇杀。成化十三年，始改设流官，迁治于思崖村。正德十五年，知州李钦承，又迁治于古揽村，即今治。"《通志》："故治在今州东十五里。"龙州故城　在龙州厅东北。《唐书·地理志》："安南都护府有羁縻龙州。"《明统志》："宋置故城，在今州东北一百里，元初筑。大德中，迁治龙江，为今州治。"

养利故州　在今养利州北。《土夷考》："古名历阳。明洪武初，土官赵日泰归附，授知州世袭。宣德三年，其裔赵文安，侵掠邻境，服辜。七年，改置流官。"《旧志》："有旧州村，在今州北上甲。又通域村，在州西北，接龙英土州界。弄豆村，在州东北下甲。三处皆有旧州故址。"太平故州　今太平土州治。《土夷考》："古地名铇阳。明洪武初，土官李以忠归附，授知州世袭，设流官吏目佐之。"本朝仍予世职。万承故州　今万承土州治。《通志》："唐置万承、万形二州，宋省万形入焉，隶太平砦。"《土夷考》："古地名万阳。明洪武初，土官许郭安归附，授知州世袭。"本朝仍予旧职，设流官州同佐之。茗盈故州　今茗盈土州治。《土夷考》："古地名旧峒。明洪武初，土官李正英归附，授知州世袭。本朝仍予旧职，设流官吏目佐之。"全茗故州　今全茗土州治。《土夷考》："古地名连冈。明洪武初，土官许添庆归附，授知州世袭。"本朝仍予旧职，设流官吏目佐之。镇远故州　今镇远土州治。《土夷考》："古地名古陇。明洪武初，土酋赵胜昌归附，授知州世袭。"本朝仍予旧职，设流官吏目佐之。思陵故州 今思陵土州治。《唐书·地理志》："羁縻思陵州，隶邕州都督府。"《土夷考》："明洪武二十一年，土官韦元寿奏请建州，以捍边境。从之，授知州世袭。"本朝仍予旧职。江州故州 今土江州治。《土夷考》："古地名江阳。明洪武初，土官黄威庆归附，授知州世袭。"本朝仍予旧职，设流官州判佐之。石西故州 今明江厅治。《唐书·地理志》："邕州都督府，有羁縻石西州。"《明统志》："宋分置下石西州，因以此为上石西州。"《通志》："明洪武初，以土官赵姓者领州事，后更赵、何、黄三姓，皆绝，改设流官，寄治于太平府城。天启三年，以州僻小，罢正官，以府通判兼理州事。本朝雍正七年，改流，设明江同知驻此。"下石西故州 在今下石西州东南界。《通志》："其先开鸿，宋时有守御功，为知州。元为峒兵千户。明授知州世袭。本朝仍予旧职，设流官吏目佐之。旧州本治陵、鸾二村之间。万历间，为思明州所夺，知州闭国藩始迁于此。"故波州 今安平土州治。《唐书·地理志》："羁縻波州，隶邕州都督府。"《宋史·地理志》："初安平土州曰波州。皇祐元年，改属邕州都督府。"《土夷考》："古地名安山。明洪武初，土官李郭佑归附，授知州世袭。"本朝仍予旧职，设流官州判佐之。故冻州 今上下冻土州治。《九域志》："左江道有羁縻冻州。"《土夷考》："古地名冻江。元至元二十年，上冻土官张绍，下冻土官冯禧祚叛，命龙州土官赵怗从讨平之。因合为一州，以怗从为知州。明洪武初，怗从归附，复授知州世袭，设流官吏目佐之。"本朝仍予旧职。

思明废府 今土思州治。《唐书·地理志》："羁縻思州，隶邕州都督府。"《通志》："明洪武初，思明总管黄忽都归附，授知府世袭，设流官同知佐之。本朝顺治十六年，土官黄戴归附，仍予旧职。雍正九年，降府为州，移治伯江哨。"

思同废州 在永康州西南。《唐书·地理志》："思同州，隶邕州都督府。"《宋史·地理志》："邕州羁縻思同州，属左江道。"《土夷考》："明洪武初，土酋王克嗣归附，授知州世袭，设流官吏目佐之。万历中，黄天锡裔绝无继，因并入永康。"《旧志》："今为思同村，北至永康州十五里。"上怀恩废州 在龙英土州西南。《明统志》："元省上怀恩州入龙英。"《通志》："今州西南有旧州村，即其遗址。"废禄州 在思陵土州东南。《唐书·地理志》："安南都护府，有羁縻禄州。"《九域志》："属左江道。"《旧志》："在太平府东南二百余里。

宋属太平砦，元属思明路。明洪武初，省入思明府。二十一年复置，寻没于交阯。永乐二年开复。宣德二年，又没于安南。"

思明旧州　今宁明州治。《土夷考》："元末，土酋王钧寿，本思明府酋同族。明洪武初归附，授知州世袭，设流官吏目佐之。成化中，思明土府黄竑作乱，四传至黄泰，窃据州地。其裔黄思隆，复与思明土知府黄承祖争地相仇，因改属太平府。"本朝康熙五十八年，以其后裔不法，改设流官同知，归太平府管辖。

永康故县　在今永康州北。《土夷考》："古地名康山。明洪武初，土官杨荣贤归附，授知县世袭。成化八年，改设流官。万历二十七年，并思同州入之，升县为州。"《旧志》："有旧县村，在今永康州北，盖改州时移治也。"罗白故县　今罗白土县治。《土夷考》："明洪武初，土官梁敬宾归附，授知县世袭。"本朝仍予旧职。罗阳故县　今罗阳土县治。《土夷考》："古地名福利。明洪武初，土官黄宣归附，授知州世袭。"本朝仍予旧职，设流官典史佐之。陀陵废县　在永康州西南六十里。宋置，属古万塞。《土夷考》："古地名骆驼。明洪武初，土官黄富归附，授知县世袭，设流官典史佐之。"本朝康熙三十八年，并入永康。

太平砦　今府治。《九域志》："邕州太平砦，在州西五百里。"《土夷考》："元至正间，太平路为上思酋黄英衍所据，因迁治于驮卢村。明洪武二年归附，设流官知府统之，复还旧治。"《旧志》："府城一名壶城，以丽江自西北来，经城南，复折而东北，屈曲如壶也。驮卢村，今在城东北三十里。"

龙英峒　今龙英土州治。《明统志》："宋为龙英峒，隶太平砦。元建为州，隶太平路。"《土夷考》："古地名英山。明洪武初，土官赵世贤归附，授知县世袭。"本朝仍予旧职，设流官州同佐之。佶伦峒　今佶伦土州治。《土夷考》："古地名那兜。明洪武初，土官冯万杰归附，授知州世袭。"本朝仍予旧职，设流官吏目佐之。按：《明统志》"佶伦"之"佶"，与"结安都""结"皆作"结"字，《新志》作"佶"，盖传讹也。结安峒　今结安土州治。《土夷考》："古地名营州。明洪武初，土官张仕荣归附，授知州世袭。"本朝仍予旧职，设流官吏目佐之。都结峒　今都结土州治。《土夷考》："古地名渠望。明洪武初，土官农威烈归附，授知州世袭。"本朝仍予旧职，设流官吏目佐之。凭祥峒　今凭祥土州治。《土夷考》："明洪武初，土官李升内附。十八年，授升于应知县世袭。嘉靖中，以县当交阯要冲，升为州。"本朝仍予旧职，设流官州判佐之。

受降城　在今明江厅北五里。明成化间，征交阯受降之所。

况村　在思州西。明成化中，思明庶孽黄绍，治兵况村，残思明州及下石西、上石西州，并据府治。宏治十八年，讨平之。绍子文昌复肆恶，迁府治于况村，筑城拒命，寻复讨擒之。

铜柱　在凭祥土州南，接交阯界。相传唐时安南都护马总所立。

关隘

壶关　在崇善县北三里。县城三面临江，惟北通陆。江流屈曲，形如壶口。明正德三年，知府胡世宁置关于此，用石甃筑，东西跨河。本朝设新太营，拨兵防守，为城北之保障。保障关　在崇善县东北四十里。又有威震关，在县东衣甲山下，一名伏波关，相传马援征交阯时所筑。镇南关　在凭祥土州西南四十五里，一名大南关，即界首关也。左右石山，高插云表。中设关，两旁建城一百十九丈。关外三十里，即坡叠驿，为越南入贡之道。平南关　在今龙州厅西南九十里。又有水口关，在厅西北九十五里。关外大河，舟楫直达交阯。旧时封禁，本朝乾隆五十六年，复准开关通市，由同知给腰牌放行，有兵防守。又有合石关，在厅西北百里。

怀村隘　在养利州西四十里，接思诚州界。夷人由此出入，最为要害。润村隘　在养利州西北三十里，接龙英土州界。那肖隘　在宁明州南，相近为板立隘。又有东门隘、扣山隘、罗隘、板却隘、板增隘、板龙隘、板标隘，在州西南。皆接越南界，有兵防守。普眉隘　在太平土州西南。相近又有角隘、押隘、雍隘、吞果隘，皆与龙州接界。兔零隘　在安平土州西北二十里，一名兔零峒。又古镫隘，在州西北三十里，一名古镫峒。又州境有八隘：下淡隘、上淡隘，在州东。多烈隘，在州东南。痛含隘、探考隘、乜村隘、底耽隘、参村隘，在州北。皆有土兵防守。岜猛隘　在全茗土州西五里，接龙英土州界。又鲁碌隘，在州西北。岜烂隘，在州北。皆接龙英土州界。鄙隘　在龙英土州西二十里。又陇宏隘、叫显隘，在州西。岜蜈隘、陇扎隘、吞白水隘，在州西北。耽隘，在州北。古对隘，在州东北。那河隘　在思陵土州南三十里，接交阯禄州界。辨强隘　在思陵土州北四十四里，接思州界，亦曰辨强峒。淰梯隘 在思州东一百二十里，与广东及越南交界。又淰乞隘、驮演隘、驮肤隘，在州南。黎龙隘、那曾隘，在州西南。权相隘，在州东南。皆有兵防守。峎花隘 在上冻土州东三十里。又布局隘，在州东三十里。皆接越南界，有兵防守。峀口隘 在凭祥土州西南十里。又绢村隘，在州西二十里。平公隘，在州北四十里。皆有兵防守。那怀隘 在龙州西南六十五里。相接为闭村隘。又有那曳隘、敢村隘、峎宜隘，在州西。俸村隘、斗奥隘、崦哷隘，在州北。皆逼近越南僻路，有龙凭营官兵及土兵防守。武德隘 在上龙司西北。相接为奇村隘、陇久隘。又有供村隘、那苗隘、把乜隘、暖塞隘，并在司北。俱与越南交界，有兵防守。由隘 在今明江厅西三十里。土名笋竹根，与越南文渊州接界，有兵防守。本朝乾隆五十五年，请开关通市，奉旨允准。罗岳隘 在今明江厅西北三十里。

驮卢巡司 在崇善县东北一百三十里。元末曾徙郡城于此，为太平入境门户。本朝乾隆四十四年置。

馗矗营 在府西南一百二十里。明万历四十二年置，今有都司驻防。龙凭营 在府西一百八十里。有都司驻防。

津梁

迎晖桥 在府城东。大兴桥 在太平土州治前。相近又有南平桥。武安洞桥 在万承土州西。通利桥 在龙英土州南，跨通利江。通津桥 在龙州。《明统志》："在龙州东。相近又有枕流桥。"

南津渡 在崇善县南门外，旧名府前渡。路通思州、思陵州、江州、上思州、忠州。驮河渡 在下龙司。《明统志》："在龙州东四十里，即龙江津济处。"

堤堰

大陂 在崇善县科派村侧。疏为二沟：左达周那，右达泽岸。县之田亩，多赖灌溉。灵陂 在养利州治。

造波 在永康州南二里。

祠庙

李公祠 在府城外下郭，祀元太平路总管李维屏。三公祠 在府城北门内，祀明翁万达、胡世宁、郭湍。伏波祠 在崇善县治东。周守祠 在左州通天岩，祀明知府周墨。

班夫人庙 在府城上郭。《明统志》："夫人溪峒世家女，尝以兵助马伏波平征侧征贰。郡人祀之，祈祷无不灵应。"龙神庙 在府东城外。本朝乾隆二十四年，知府查礼建。一在宁明州，乾隆五十四年，巡抚孙永清建。

寺观

积庆寺 在府北，元大历中建。

名宦

明

汪浩 正统中，为养利州判，抚御得宜。考满，土司乞久任。吏部将格之，帝曰："治蛮俗不可拘常法。"从之。

罗爵 吉水人。宏治中，知养利州。凡州之坛壝桥梁诸兴作，自爵始。又训民以学，风俗丕变。

胡永清 仁和人。正德中，知太平府。太平土知州李璇，数杀掠吏民。永清密檄龙英土知州赵元瑶擒之。思明叛族黄文昌，四世为逆，杀知府，占三州二十七村。永清发兵讨之，文昌惧，归所侵地降。土官承袭，长吏率要贿不时奏，以故诸酋怨叛。永清令生子即闻府，应世及者，年十岁以上，朔望谒府，父兄有故，按籍请官于朝。土官大悦。

周墨 太仓人。嘉靖三年，知左州。值田州乱后，州邑彫敝特甚，墨为开田凿井，筑城建学。州有虎患，移文于神，虎自投城中，捕杀之。

刘永祚 武进人。崇祯中，知养利州，有惠政。

本朝

黄层 同安人。康熙十八年，知养利州。时吴逆之变，伪将围州城。层与新太营守备固守，寻突围出，身受重创，犹斩贼数人。坠桥被执，不屈死。

屠嘉正　桐乡人。雍正甲辰进士，知大平府。时思明土知府黄珠，以所属五十村寨，请归同知管辖。土民不知归流之便，从其黠者为变，掠土署而杀其私属，议者命嘉正往摄土府事，而整旅待之。嘉正径入，布朝廷恩威，土民悉定。乃密访乱首送真法，因请降思明府为思州土州。

查礼　宛平人。乾隆二十三年，知太平府。边郡俗悍，以文教柔之，建丽江书院，学政行署，遂得按试如他郡。在任八年，多所兴创，习俗丕变，家尸祝焉。

人物

明

邓祥龙　崇善人。幼孤贫，以粮役为邑令所笞，奋志从师。析薪汲水，以代脩脯。后举于乡，知宁州，有惠政。

宋瑚　崇善人。成化中，举于乡，知乐昌县。值岁饥民绝食，瑚立法赈济，度其地可艺麻菜，给种令民种之。菜熟，全活甚众，人呼为"宋公菜"。

宋珊　崇善人。幼失父，事母以孝闻。由太学生授蒙城县丞。会江北大饥，奉檄赈济，区画周悉，活民无算。已而流贼四起，珊练民兵拒敌，蒙城赖以安全。

邓宗孔　崇善人。嘉靖进士，授都察院都事，迁知金华府。政治有贤声。

何埕　崇善人。事父母至孝，嘉靖时，诏加旌奖。

林翔凤　崇善人。万恩中，举于乡，授永平府推官。决狱多所平反，察劾不惮权要。迁贵州佥事，寻擢山海关副使。以功赐蟒玉。及归，门第卑隘如昔，人益重其操。

赵壅　崇善人。由岁贡授桂林训导。常念丽江丧祭过侈，乃取考亭家礼，酌以俗宜，编为《丧礼仪节》，乡人翕然从之。卒，祀府学乡贤祠。

岑珍　崇善人。由监生知临高县，听讼不事击断，惟劝谕之，使自解释，讼日以稀。在官三年，民甚德之。

本朝

麦士奇　崇善人。康熙己酉，举于乡。性至孝。时狼兵蹂躏，合境皆逃。士奇母老不能行，乃躬负母，夜走四十里，入那寅山以避。母卒，哀毁骨立。

熊恩绶 永康人。乾隆进士，官直隶大名道。五十一年，逆匪段文经等纠众劫库，恩绶死之。事闻，诏给恤典。

流寓

明

解缙 吉水人。永乐初，为翰林学士。以谏用交阯兵，出为广西参议。尚书李至刚，诬缙怨望，谪交阯。过思明，留寓太子泉，与土官黄广成赋咏，岁余而去。

列女

明

黄佶妻刘氏 崇善人。佶死，刘矢志抚孤。佶弟亿，亦早死，妻程氏，以死自矢。时称双节。又同县魏兰妻赵氏、程择妻邓氏，俱夫亡守节。

本朝

邓汝明妻刘氏 崇善人。夫死，子甫数岁，氏以纺绩为生。兵变，子为贼所掳。岁大饥，邻人邀刘领赈粥，刘已不食五日，曰："吾生平未尝外出，今虽饥矣，岂可忍耻以生乎？"投河而死。

张仲友妻梁氏 崇善人。夫亡守节。与同县梁有松妻韦氏，均乾隆年间旌。

胡日熙妻苏氏 养利人。夫亡守节。乾隆二十九年旌。

梁联晋妻陆氏 永康人。夫死，不食卒。与同州郭观泰妻覃氏，均乾隆年间旌。

谭珣妻段氏 宁明人。夫亡，偕妾冯氏守节。与同州谭宙仪妻黄氏、蒋轫美妻叶氏，均乾隆年间旌。

李范妻吴氏 太平土州人。夫亡守节。与同州李玉待妻赵氏，均乾隆年间旌。

李子宣妻赵氏 安平土州人。夫亡守节。乾隆七年旌。

何兆麟妻黄氏 永康人。夫亡守节。与同州梁永超妻凌氏，均嘉庆年间旌。

土产

芳竹 木绵 刺桐 芭芒草 杭药 乌蛇《明统志》:"府境皆出。"
锦地罗 金汁木 塞住药《明统志》:"俱思明土州出。"
马《府志》:"诸土州皆贡。"
金桔榄《金志》:"安平土州出。"

苗蛮

瑶 在宁明州,男子初昏,别栏另爨,习俗朴鄙。在江州,与民杂处,男力作,女反逐末。在思州,以踏青为媒,葬则歌舞而送。

俍 府境多有之。在崇善县者,椎髻徒跣,昏葬炙牲鸣锣,以召戚属,征调则为土兵。在左州者,蛮音,掘鼠为肴。在养利者,男子尺帛东头,着草屩;其俗有火箭,中人即伤。在永康者,与在养利相似,间有习汉文书者。在太平土州,居三街七甲。在安平,居四十三村。在思诚,居二厢。在茗盈,距全茗二里许。在龙英,居二峒、四季、二皈,及陆地诸村。在万承,僇力田作。在佶伦,耕山,俗鄙。在结安,多贫瘠。在都结,朴驯畏法。在思州,与瑶同。在下石西,风俗荒陋。在凭祥,所统皆狼兵,人习弓弩,户有盖藏。在罗阳,火种刀耕,暇则猎较。

侬 在思州。与瑶、俍杂处,风俗亦相同。

纂修官(臣)李绍昉恭纂(臣)蒋立镛恭纂
提调官前总纂(臣)郑绍谦恭覆辑
前校对官(臣)郑廷检恭校

镇安府

在广西省治西南一千三百五十五里。东西距三百四十一里，南北距二百十里。东至思恩府土田州界一百五十一里，西至云南广南府土富州界一百九十里，南至太平府龙英土州界一百二十里，北至土田州界九十里。东南至土田州界一百三十五里，西南至越南界二百二十里，东北至土田州界九十里，西北至云南土富州界二百里。自府治至京师，八千八百二十五里。

分野

天文翼轸分野，鹑尾之次。

建置沿革

古百越蛮地。宋于镇安峒，置右江镇安军民宣抚司。元改镇安路，属湖广行省。明洪武二年，改镇安府，属广西布政使司。本朝康熙二年，改设流官。隶思恩府。雍正七年，仍改府，属广西省。领厅一、州二、县一，土州四。

天保县

附郭。东西距二百五里，南北距一百七十里。东至奉议州界一百五里，西至归顺州界一百里，南至向武土州界八十里，北至土田州界九十里。东南至奉义州界九十里，西南至归顺州界九十里，东北至土田州界九十里，西北至小镇安界五十三里。本朝乾隆三年置。

奉议州

在府东北二百里。东西距一百六里，南北距六十五里。东至思恩府土田州界一里，西至本府界一百五里，南至土田州界四十五里，北至土田州界二十里。东南至土田州界三十五里，西南至向武土州界一百三十里，东北至土田州界一里，西北至土田州界一百十里。宋置奉议州。元因之。明洪武五年，省入来安府。七年复置。二十八年，改为奉议卫。寻罢卫，复置州，直隶广西布政使司。嘉靖年间，改属思恩府。本朝雍正七年，改设流官州判，属镇安府。

归顺州

在府西南七十三里。东西距一百六十九里，南北距一百五十五里。东至天保县界四十四里，西至小镇安界一百二十五里，南至越南界六十五里，北至思恩府土田州界九十里。东南至湖润寨界八十五里，西南至越南界八十五里，东北至天保县界四十五里，西北至小镇安界一百五十里。元置归顺州。明初，废为归顺峒。宏治九年，复置州，属镇安府。嘉靖初，直隶广西布政使司。本朝初，属思恩府。雍正七年，改设流官，仍属镇安府。

向武土州

在府东南一百六十里。东西距九十五里，南北距一百里。东至太平府镇远土州界十五里，西至天保县界八十里，南至都康土州界二十里，北至思恩府土田州界八十里。东南至太平府龙英土州界二十里，西南至上映土州界四十里，东北至思恩府上林土县界八十里，西北至奉议州界四十里。宋置向武州，属邕州横山寨。元属田州路。明洪武间，改置向武军民千户所。三十三年，复置向武州，直隶广西布政使司。本朝初，属思恩州。雍正七年，改属镇安府。

都康土州

在府东南一百九十里。东西距四十里，南北距三十三里。东至太平府龙英土州界六里，西至向武土州界九里，南至龙英土州界七里，北至向武土州界六里。东南至龙英土州界五里，西南至上映土州界七里，东北至向武土州界五里，西北至向武土州界五里。宋置都康州，属横山寨。元属田州路。明洪武间，为夷僚所据。建文元年复置，直隶广西布政使司。本朝康熙三年，属思恩府。雍正七年，改属镇安府。

上映土州

在府东南一百五十里。东西距四十里，南北距五十五里。东至太平府龙英土州界二十五里，西至向武土州界十五里，南至下雷土州界二十五里，北至都康土州界八里。东南至龙英土州界十八里，西南至下雷土州界二十里，东北至都康土州界六里，西北至向武土州界十四里。宋置上映州，属邕州。元属镇安路。明洪武初，废为上映峒。万历三十二年，复置州，属思恩府。本朝雍正七年，改属镇安府。

下雷土州

在府南少东一百六十里。东西距八十里，南北距一百里。东至太平府龙英土州界四十里，西至越南界四十里，南至太平府安平土州界五十里，北至向武土州界五十里。东南至安平土州界四十里，西南至越南界四十里，东北至上映土州界四十里，西北至归顺州湖润寨界二十里。宋置下雷州。元因之，后废为下雷峒。明初属镇安。嘉靖四十三年，属南宁府。万历十八年，复为下雷州。本朝雍正十年，改属镇安府。

小镇安

在府西一百五里。东西距一百六十里，南北距一百六十里。东至思恩府土田州界七十里，西至云南广南府土富州界九十里，南至归顺州界一百二十里，北至土富州界四十里。东南至归顺州界五十里，西南至归顺州界一百五十里，东北至土田州界八十里，西北至土富州界四十里。即故镇安峒地。明永乐中，分置土州，属思恩府。后废。本朝雍正七年，改属镇安府。乾隆八年，设土巡检。三十一年，改流官通判驻辖。

形势

高峰峻岭，环带左右。雷高据其左，马鞍翼其右。《明统志》。

风俗

性资梗执，情义乖疏。婚姻以牛酒为聘。《明统志》。地生岚瘴，民多疾病。民无定居，务农为业。开山耕种，三年一换。《新志》。

城池

镇安府城　周二里有奇，门三。宋土筑。旧治在今治西，明初移建今所。本朝乾隆二年甃石。天保县附郭。

奉议州城　周二里有奇，门三。东面江，土垣。本朝康熙九年，乾隆三十年重修。

归顺州城　周三里，门四。明宏治间土筑。本朝乾隆八年，改建石城。十八年、三十二年、三十三年重修。

向武土州城　周三百步，门一。宋皇祐间土筑。明万历重建。

都康土州城　周一里有奇，门三，无濠。宋乾兴间建。

上映土州城　环治皆山，唯北面平衍。宋皇祐间筑，石墙；又内筑土墙，周里许，正北一门。本朝康熙六十年，改南向，周二百四十步。东、西、南三门，乾隆四十三年修。

下雷土州城　石砌内外二重。内城广二百十四步，外城二百二十六步。东、南、北各一门，西面倚山。宋皇祐间建。

小镇安城　土垣。明永乐间建。

学校

镇安府学　在府治东北。本朝康熙七年建。雍正元年，迁城内。嘉庆四年，重建东郊外。入学额数十二名。

天保县学　附府学。本朝乾隆五十七年定入学额数四名。

奉议州学　本朝雍正二年建，乾隆六年改建州署东南，无学额，附府学。

归顺州学　在州城东。本朝雍正十一年建。入学额数四名。

秀阳书院　在府城东关，本朝乾隆十年建。

户口

额编人丁无，今滋生男妇大小共二十八万七千四百二十一名口。计四万六千二百七十一户。

田赋

田地一千二百二十五顷七十八亩五分有奇，又田垱六千二百四垱一伯一伍小半伍一分。额征地丁正杂银一万一千二百二两二钱四分三厘，遇闰加征银八十三两四厘。米二千二百六十八石七斗八升三勺。

山川

云山　在府署后。形势环抱，层叠如云。旁有独秀峰，峻插天表。扶苏山　在天保县东十五里。相传为天下十大名山之一，其巅可望见日出处。东山　在天保县东四十里。奇峰绝壁，高峻插天。又东为崇山，层峦叠翠，高出云表，下有陇桑隘。伦山　在天保县南九十里。峰峦丛翠，上逼天际，近向武土州界。又稍南为盘石山，四山环拱，中有洞，方广五六里。中耸一峰，蔚如玉笋，郡称奇景。马鞍山　在天保县西三里。山有神异，土俗遇水旱，辄祈祷于此。梅山　在天保县西三十五里。下有水流入驮命江。敢山　在天保县西五十里，下有泉水。鉴山　在天保县西七十八里。峰峦秀丽，林木幽深。上有石洞，泉流不竭，居人资以灌溉。岜笔山　在天保县北，上有数峰相连。马凉山　在天保县北九十五里，两山对峙。石门山　在奉议州。《明统志》："在奉议州东南六十里。"今无此山，疑州东南有三板坡，在垢例城头，与田州接界者是。唏沙山　一作咘沙。《明统志》："在奉议州南十里。"破山　在奉议州南五十里，接土田州界。中有一径，破分山脊，故名。高更山　在奉议州西三十五里。四面群山联接，东西穿径。更梯山　在奉议州西七十里。石径危峭，过者必架梯栈以行。《郡志》："高更山、更梯山，俱作'峺'。"莲花山　在奉议州北三十里。形如莲花，南北穿径。苍崖山　在归顺州东十里。卓立田间，其形如笋，高不可仰视。下有岩洞。岜远山　在归顺州东南八十里。悬崖百丈，山巅有水，循崖潚湃而下，如白练然，即流珠水也。狮子山　在归顺州南二里。其形如狮，横卧江心，二水分流其旁。为一州锁水之胜。排磨山　在归顺州南三十里。峭壁百余丈。下有泉水，流入莲塘。腾烟山　在归顺州西十里。一山突兀，峭壁环其三面。下有潜水，深数十丈。流分三派，各长一二里。岭卫山　在归顺州西一百五十里，荣劳峒地。高耸延亘，拦隔交趾，为一州捍卫，故名。照阳山　在归顺州西北一百五十里。州界群峰联络，惟此突然高耸，峭壁险巉，无路可上。中有石洞，正含朝旭，虚敞清幽，可坐百人。洞西达小镇安峒界。凤凰山 在归顺州北二里。山顶有石，峨如凤冠，故名。竹木森茂，百鸟丛集，唯鹰鹯未尝至。魁嵩山 在归顺州北九十里，山势高耸。武城山 在向武土州东四十五里。尖峰峭石，下有小岩。箇豪山 在向武土州南十五里，下有清泉。淰透山 在向武土州西南二十里。峰峦层叠，与上映土州分界。大乃溪出此。独巃山 在向武土州北四里。平阳独峙，石壁嶙峋。中有三岩，俱悬梯而上。上旱山 在向武土州北十五里，下有泉。塘滨山 在向武土州东北五十里。山下有峒。每遇朔望，尝闻鼓吹声。下有泉流，鱼不可食。坡州山 在向武土州东北九十里。《明统志》：“在旧富劳县北三里。山形如虎，一名虎山。”伏店山 在都康土州东一里。独山 在都康土州东四里，旧州后屏也，一山独立，故名。岜望山 在都康土州东七里。石峰嵯峨，人迹罕至。峆滩山 在都康土州西南，下有峆滩潭。巩佛山 在都康土州西六里，仙桥水出此。又鸦咋山，在州西北六里。隆满山 在都康土州北，为州治后障。苍翠如屏，林木阴翳。妙诀山 在都康土州北二里。笋插霄汉，为一州之望。鼎独山 在都康土州北八里。山下有穴，名龙潭。又唏显山，在州北十里。岜风山 在上映土州治东，附城。又唏底山，在州西，附城。下俱有泉。轩山 在上映土州南四十五里。地轴山 在下雷土州南一里。天关山 在下雷土州北一里。末山 在小镇安西三十里。山势延亘，山外即云南界。大魁山 在小镇安西北五十里。崔巍高耸。者月山 在小镇安西八十里。高耸屏列如城，顶平可居百家，有泉涌出，四围石壁，惟一路可通。

雷高岭 在府南八十里，跨连上映土州界。峦岭高亘，俨如界限。连珠岭 在奉议州西北三十里，迤逦平步四十余里。苍盂岭 在向武土州东二十五里。高峰叠嶂，四时烟雾，人迹罕到。

黑岩 在府南一里。石室幽暗，入者迷不能出。感驮岩 在小镇安北一里。《明统志》：“周二十余丈，中有石柱，大如盘，又名盘石岩。其侧有镇安峒。”

驮命江 在府城西南五里，源出马鞍山。东流经奉议州南，为满也江，以地有满也城为名。东流入右江。两岸皆山，中多乱石，不通舟楫。归顺江 在府城之西，归顺峒侧。《旧志》：“其源出梅山，东入驮命江。”右江 在奉议州东北。自田州流入东南，入上林土县界。枯榕江 在向武土州南二十里。源出箇豪山，东流经上林土县界，入右江。浤潝江 在向武土州北。《明统志》：“自太平府流入，与多罕泉枯榕江合。"《新志》："一名大乃溪，源出渗透山下，东北流绕州治前。又东南经旧州，南至上林土县界，入右江。"岜炉江 在都康土州北。《明统志》："在州西四里。"《新志》："谓之邑营水，源出州西北邑营坡，从地穴涌出，名曰龙潭溪，流成川，东入龙英州界，合通利江。"

黑洞水 在府城南二百余步。《明统志》："洞中有水，长流不竭。"龙潭水 在归顺州东北一里。源自山下石穴涌出，长流成川，绕州而南，入交趾高平府界，不通舟楫。流珠水 在归顺州东南八十里。源出岜远山，如珠玑磊落而下，南流经湖润寨界，西下雷州，东合逻水。鹅泉水 在归顺州西十五里。源出平地。相传昔有神鹅，搅田间沟洫成潭，深十余丈，阔数倍之，沂流成川。上有小山，林木蓊蔚，极为幽胜。其水东南合龙潭水。仙桥水 在都康土州西六里，接上映土州界。源出巩佛山麓，穿过仙桥，绕州治前，与唏滩、伏店二潭水合，流入龙英土州界。又唏滩水，在州西南，源出唏滩潭，逶迤里余，合仙桥水。又伏店水，在州东，源出伏店山穴，南流入仙桥水。逻水 在下雷土州南，又东南入安平土州界。末山水 在小镇安南三十里。源出末山，南流与劳山水合，入越南界。吉烈水 在小镇安北四十里。从山穴涌出，北流合大魁山水，入云南界。

大旱溪 在向武土州北。源出大旱山，东北流经奉议州吉杈城东，为吉杈溪。又东北流入右江。

咘桑泉 在府西一百八十里。咘来泉 在府城北二十五里，源出马凉山。东南流入驮命江。多恐泉 在都康土州南六里。鸦咋泉 在都康土州鸦咋山下，南流入邑营水。又龙潭水，源出鼎独山下，南流里余，入邑营水。岜风泉 在上映土州岜风山下。又咘底泉，在咘底山下。皆昼夜涌出，夹州治而北合流。又西南流入龙英土州界，州中田畴，赖其灌溉。

播龙沟 在奉议州东北三十五里。又里赖沟，在州东南五十五里。涨涸不常，皆与田州接界。

古迹

镇安故城 在府西镇安峒。《元志》："泰定三年，镇安总管岑修广，为其弟修仁所攻，来告，命湖广行省办治之。"《通志》："明洪武初，土官岑天保内附，世袭知府，设流官首领佐之。二年，以旧治僻远，移治废冻州，改镇安府。明末，土官故绝，府为富州贼沈文崇所据。本朝顺治十八年，讨平之。康熙二年，改置流官，设通判管府事。雍正七年，省通判，设知府。"奉议州故城 在今奉议州东南。《明统志》："宋置州，属广西经略安抚司。元属广西两江道宣慰司。旧城在州东十五里，元大德闲筑。洪武初，迁于此。石林村遗址尚存。"《土夷考》："明洪武初，奉议为土酋窃据。七年，向武土官黄志威，招抚有功，兼辖州事世袭。后土官故绝，改设流官州判，掌州事。"《旧志》："有故州治，在今州东南五十里，右江东岸，垢例城头。"归顺州故城 在今归顺州南。《土夷考》："明永乐八年，镇安知府岑志刚，分其第二子岑永福，领归顺峒事。传子瑛，屡率兵报效。宏治九年，都御史邓廷瓒，奏言归顺峒，旧为州治。洪武初裁革。今其峒主每效劳于官，乞复设州治，授以土官知州，从之。仍增设流官吏目佐之，属镇安府。嘉靖初，又以瑛子岑璋奏请，改属布政司。"《新志》："旧州治在今州南十里，明宏治间筑。本朝初，移治计甲，即故计峒也。改属思恩府，岑氏世袭如故。雍正九年，改设流官。"向武土州故城 在今向武土州西北五里，元筑。延祐间，迁于邑捧村，故址尚存。《土夷考》："宋皇祐中，有黄氏随平侬智高，因置向武州为土官，世袭。明洪武二年，黄志威归附，仍世袭知州。七年，以志威有功，兼辖奉议州，及富劳县，皆世袭。宏治中，奉议改流官，而向武、富劳、羁縻如故。"《新志》："州旧有土城在州甲。万历四十五年，为土田州侵劫残破，因迁治于乃甲东，去故治州甲四十五里。"

都康故州 在今都康土州东。《土夷考》："宋时有冯氏，世袭知州。明洪武初，夷僚作乱，酋长冯原保出奔，诏抚还其子进福，以安集民夷。后复置州，以授进福子斌，世袭知州，设流官吏目佐之。"《新志》："宋州治在今州东四里。旧有土垣，祥兴中，向武、龙英二州侵占，因还治于隆满山下，即今治。"下雷故州 今下雷土州治。《土夷考》："下雷州，始自宋许天全，随狄青征蛮有功，予土知州世袭。后以失州印，废州为峒。明洪武初，峒长许永通，归附，调征有功，仍予世袭。万历中，以地逼越南，复升为州，设流官吏目佐之。"本朝康熙十八年，裁吏目，许氏世袭如故。小镇安故州 小镇安旧治。《通志》："在音峒。明永乐初，分岑氏后裔置。宏治中，移治于麽窖甲，即今治。"

武林废县　在向武土州东十里。《明统志》:"元置,永乐初,省入富劳县。"富劳废县　在向武土州东北。《明统志》:"在州城北三十里,元置。洪武间,没于僚。三十五年复置,后并入向武州。"《新志》:"今名劳甲,在州东北六十五里。"

上映峒　在上映土州治。《土夷考》:"宋皇祐中,许公顺以平侬智高功,授知州世袭。明洪武五年,许云程因其叔邦华,潜谋夺位,出奔失印,遂废为上映峒,仍属镇安府,使云程叔朝卿管峒事。万历三十二年,许尚爵以从征功,复升为土知州,未颁印。崇祯十年,许桂芳又以平柳州功,始得州印。"本朝顺治十六年,许国泰归附,仍予世袭。禄峒　在归顺州西十四里。

关隘

莲花关　在奉议州北莲花山,与土田州接界。照阳关　在归顺州西北一百五十里,接小镇安界。陇桑隘　在府东四十里崇山下,接奉议州界。伦隘　在府南八十里伦山,接向武土州界。鉴隘　在府西七十八里。又得驮隘,在府西北八十里。皆接归顺州界。马凉隘　在府北九十五里,接土田州界。频峒隘　在归顺州东南六十里。又荣劳隘,在州西七十里。屯隘,在州南六十里。上勾隘,在州西南七十里。皆接越南高平府界,有兵防守。峨漕隘　在归顺州东南六十里,接湖润寨界。又有峺骈隘,在州南八十里。俱有兵防守。那耨隘　在向武土州东五里。又供隘,在州西十里。州境无险可凭。明万历四十五年,始于东西冲路,横筑石墙十余丈,中开门径,以为堵御,有兵防守。叫空隘　在都康土州东北六里,与向武土州接界。汤士隘　在上映土州东二里。又乃隘,在州西五里。咘隘,在州南七里。挞隘,在州东北六里。穿岩隘　即亭嵩隘,在下雷土州西南四十里,接越南上琅州界。平孟隘　在小镇安西南。相近有剥淰隘,又有剥勘隘,上下盖隘,在城西。俱外连越南,有兵防汛。伯大怀隘,打面梁那波、者赖、者欣三村,在城西南。本朝乾隆三十一年,设兵防守。

湖润寨巡司　在归顺州东南二百七十五里,明置土巡检,以岑氏世袭,属南宁府。本朝雍正十年,改属镇安府。乾隆十二年,省入归顺州。三十一年,设巡检。

津梁

南定桥 在府南。又有马桥、砚桥。积福桥 在府北。相近又有接送桥。大石桥 在府城南门外，鉴水经其下。本朝雍正十二年建。通济桥 在奉议州东二里。仙桥 在都康土州西巩佛山，与枯囚岭对峙。山脚相连，中断一垠，溪流成川。上有石板横覆，天然成桥，阔二丈，长三倍之。相传古有仙人游此。伏济桥 在上映土州东北。

堤堰

那益陂 在天保县东三里，潴水溉田。札空陂 在都康土州西。自炉泉水涌流，筑为陂，与州南黎塘，皆有灌溉之利。

莲花塘 在天保县南五里。《明统志》："其水四时不涸，灌溉之利甚溥。"

陵墓

明

岑天保墓 在府城东北三十里天保山麓。洪武初，授镇安土知府，世乱，保境息民。世治恪恭奉上，筑城垣，立法度，劝农桑，恤孤寡。民怀其德，遂以其名名山。本朝康熙年间，郡民请立祠祀之。

宋公墓 失其名。明季，为奉议州判，勤劳王事，因征蛮寇死，葬于州前街之左。本朝康熙间，州判刁玉为立碑碣，置田祭扫。

祠庙

火神庙 在天保县西门内，本朝乾隆十年建。龙神庙 在天保县东南芳山之上，本朝乾隆十九年建。

名宦

本朝

胡揩思 广济人。康熙十九年，授镇安通判。时云南土富州沈文崇之子绍基，复作乱，据府城。揢思抵任，不得入，随具文请兵议剿。贼闻，风窜据上甲马隘。官兵未集，贼复拥众陷城，与把总、知事皆被执。揢思咬牙喷血，厉声骂贼，遂遇害。

邵铨 南阳人。雍正四年，任奉议州判。时土寇罗文罡伏莽劫客，渐复纠众猖獗，自号傲国公。铨请发兵，身先士卒，直捣贼巢，讨平之。商民镌沐恩石于道口，以志不忘。

孔传堂 曲阜人。雍正八年，知府事。时初升流府，规制荒陋，习俗顽鄙。传堂励精振作，革除陋弊。新文庙，制祭器，设义学、社学，公余诏诸生讲明大义。又捐俸建大石桥于城南。郡民至今怀之。

人物

本朝

岑统巍 天保人。康熙十三年，逆贼沈绍基再破府城，杀通判，后汉土兵毕集，贼窃府印，遁踞陇幕峒。时急围，恐毁印，督将悬赏，募能计取者。统巍与黄志韬、韦天锡，共忿贼，议捐躯应募，白督将曰："印可得，赏不敢邀，愿请辅行二人。如印得，当速进兵，我三人自为计也。"遂诣贼巢，诡出印，贼疑不与，三人慷慨誓曰："愿以身质，如印去，而围不解，躯命在汝手。"乃出印，授辅行者，兵遽进。贼恨三人，绐己弛备，皆腰斩之。

韦天怜 天保人。幼孤，奉孀母至孝。母疾急，医不为下剂，天怜哀恳，医绐之曰："此非药饵能救，除割肉可疗。"天怜遽持刀袒衣，令妻割。妻不忍，乃自割股肉，作羹进母，病果瘳。

李日瑶 向武人。康熙初，吴逆变，土田州，乘势侵向武。时日瑶为镇甲目役，土官命率土兵御之。日瑶奋不顾身，力战而死。

列女

明

岑瑶妻李氏 归顺人，土官李琛女。瑶为其弟所害，李大归母家，誓死不嫁。昼夜尝锁外户，纺绩自养，守节以终。

本朝

岑氏 字如宝，镇安府土官岑吉祥之女。因父母无子，不忍嫁，父母再三谕之，如宝泣诉己志。卒不字，孝养终其身。

韦光灿妻黄氏 天保人。适郡首目光灿，归顺官目忌其能，诬以事，委官提讯，灿枉死。氏年二十六，赴省控诉。历三载，卒伸冤。抚子天怜成立。

许富妻梁氏 镇安土目梁成女。富，故归顺州人。顺治初，归顺、镇安互相攻杀，富密与归顺约为内应。土府觉之，急遣成擒捕，成赚女归，告以实，且慰之曰："儿尚少艾，不患无佳婿也。"氏佯诺，至暮潜归，哭语富曰："祸至矣！我忍舍尔苟活乎？"成随引土兵至，氏与富俱死于火。

岑统巍妻黄氏 天保人。统巍入贼巢，赚印遇害，氏闻，痛哭几绝。逾年，或讽他适。氏曰："吾夫以义死，不相从地下者，以巍孤耳，若等速我死耶！"自是无敢言。每岁时及统巍致命辰，必设祭，哭尽哀，里人皆叹息泣下。同县黄必金妻王氏、黄当妻农氏、黎正元妻韦氏、黄汉妻黎氏、许帅妻黄氏、岑若鼎妻黄氏，俱夫亡守节。

梁应中妻黄氏 归顺州人。应中早亡，甘贫守节。

黄衮妻黄氏 向武土州人。衮，土州官弟。未娶时，已纳妾，生男、女各一。妾亡娶氏，年甫十九，七月而衮殁。抚遗腹子，及妾子成立。同州韦应茂妻邓氏，夫亡守节，孝养抚孤。又黄道表女，甫十岁，父殁弟幼，灌园养母，至老不嫁。

土产

蜡 降香 天保县出。

方竹 归顺、奉议二州出。

白花蛇《府志》："白质黑章，治疯癫。"

苗蛮

苗 在奉议州者，僻处山谷。种旱稻及靛，以染为业。好蓄藏，每岁终，作窖于山隅或水浒，贮禾以备饥。在都康州者，男子以布缭头，暑犹被毡，大领短裙。女戴箬笠，衣短衫，裙长委地，不谙汉语。婚、葬杀牛为宴祭。

　　瑶　在天保县，聚居瑶庄，距城八十里，语言与民同。男女衣青衣，妇女裹头以花布。每岁元旦，群至官署，撞钟击鼓，跳跃戏于厅事前，名曰"祝丰年"。官犒以酒肉，欢饮而散。在奉议，居州属之山老坡，俗俭朴。言语衣服，与齐民无异。在归顺有十二村，妇女短衣，大领宽袖。在向武，男妇草屦、竹笠、短衣长裙。元旦互携酒肉，至亲邻家讴歌，十日乃已。冬日焚山，昼夜不绝，谓之火耕。稻田无几，种水芋、山薯以佐食。

　　俍　在上映土州。种山猎兽，食生饮血，以牛肠渣滓为美味。然性颇驯，不事剽窃。服役输赋，谓之熟俍。

　　猓　在天保县。喜居山巅，短衣长带，性耐作苦。婚嫁，男以酒米、牛鼠为聘，女家以竹簟、锄刀答之。丧不为服，哭三日而殓，葬于村旁，期年祭以狗。岁时庆吊，亦以狗、鼠。又小镇安有三百余户，披发山居，服饰似瑶。

纂修官（臣）李绍昉恭纂（臣）蒋立镛恭纂
提调官前总纂（臣）郑绍谦恭覆辑
校对官（臣）李孚忠恭校

郁林直隶州

在广西省治西南九百七十里。东西距二百五十里，南北距二百九十里。东至梧州府容县界六十里，西至广东廉州府合浦县界一百九十里，南至广东高州府化州界一百七十里，北至浔州府桂平县界一百二十里。东南至广东化州界二百二十里，西南至广东合浦县界一百四十里，东北至浔州府平南县界八十里，西北至浔州府贵县界九十五里。本州境东西距七十里，南北距一百四十。东至北流县界三十里，西至兴业县界四十里，南至陆川县界二十里，北至浔州府桂平县界一百二十里。东南至陆川县界二十五里，西南至兴业县界二十五里，东北至北流县界七十里，西北至贵县界五十里。自州治至京师八千四百三十里。

分野

天文翼轸分野，鹑尾之次。

建置沿革

古百越地。秦桂林郡地。两汉至晋，为郁林、合浦二郡地。汉郁林郡治布山县，在今浔州府。刘宋分置南流郡。齐又分置定川郡。梁、陈时省南流郡。隋平陈，废定川郡为定川县，属合浦郡。唐武德四年分置南流县，属容州。贞观十一年，徙牢州治南流，兼领定川。天宝初曰定川郡。乾元初复曰牢州，属岭南道。五代属南汉。宋开宝七年废牢州，省定川县入南流县，属郁林州。时州治兴业。至道二年，始徙州治南流，属广南西路。元曰郁林州，属广西两江道。明洪武五年，省南流县入州，属梧州府。

本朝雍正三年，升为直隶州。领县四。

博白县

在州西南九十里。东西距一百七十里，南北距一百四十里。东至陆川县界七十里，西至广东廉州府合浦县界一百里，南至广东高州府石城县界一百二十里，北至本州界二十里。东南至石城县界一百二十里，西南至合浦县界九十里，东北至本州界三十里，西北至兴业县界七十里。汉合浦郡合浦县地。唐武德四年，析合浦地置博白县，兼置南州。六年，改州曰白州。天宝初，曰南昌郡。乾元初，复曰白州，属岭南道。五代属南汉。宋仍曰白州南昌郡。政和初，州废，县属郁林州。三年复故。绍兴六年，州复废，县仍属郁林州。元、明因之。本朝初属梧州府，雍正三年，还属郁林州。

北流县

在州东四十里。东西距三十里，南北距二百八十里。东至梧州府容县界二十里，西至本州界十里，南至广东高州府化州界一百八十里，北至浔州府平南县界一百里。东南至容县界七十里，西南至高州府茂名县界一百八十里，东北至容县界三十里，西北至本州界四十里。汉合浦县地。南齐永明六年，置北流郡。梁、陈间废为北流县。隋属合浦郡。唐武德四年，于县置铜州。贞观八年，改容州。开元中，升为都督府，并置容管经略使。天宝初曰普宁郡。乾元初复曰容州。元和中，徙州治普宁县，仍属焉。五代、宋、元因之。明洪武十年，改属郁林州。本朝初属梧州府，雍正三年，还属郁林州。

陆川县

在州南七十里。东西距九十五里，南北距一百五十里。东至北流县界四十五里，西至博白县界五十里，南至广东高州府化州界一百里，北至本州界五十里。东南至化州界一百十里，西南至高州府石城县界一百十里，东北至北流县界五十里，西北至博白县界五十五里。汉合浦县地，梁陈间置陆川县。隋大业初，省县入北流。唐武德四年复置，仍曰陆川县，属南宕州。寻属禺州。唐末改属容州。五代、宋、元因之。明洪武四年，改属郁林州。本朝初属梧州府，雍正三年，还属郁林州。

兴业县

在州西六十里。东西距八十里，南北距八十五里。东至本州界二十里，西至浔州府贵县界六十里，南至博白县界三十里，北至贵县界五十五里。东南至本州界二十里，西南至广东廉州府合浦县界五十里，东北至本州界五十里，西北至贵县界二十五里。汉郁林郡布山县地。三国吴分置阴平县，属郁林郡。晋太康元年，改曰郁平。宋、齐至隋因之。唐初属贵州。麟德二年，分置郁州，又析置兴业县属之。乾封元年，改曰郁林州。天宝初曰郁林郡。乾元初复曰郁林州，属岭南道。五代属南汉。宋开宝五年，移州治兴业，省郁平入之。至道二年，又移州治南流，以兴业为属县。元、明因之。本朝初属梧州府，雍正三年，还属郁林州。

形势

襟带浔、梧，控扼蛮越，山川环亘，岭表奥区。《州志》。

风俗

知学务耕，民俗俭朴。《方舆胜览》。民业于田，逐末者少。纳聘用槟榔，疾病无医药。《新志》。

城池

郁林州城 周二里有奇，门四，有濠。宋筑。明洪武间增建。本朝康熙二十五年、乾隆十八年、三十八年、四十一年、五十六年重修。

博白县城 周四里，门四。唐武德五年土筑。元至正十三年甃砖。本朝康熙四十九年、雍正二年重修。

北流县城 周二里有奇，门三，有濠。明成化初重筑。本朝康熙三十五年修。

陆川县城 周一里有奇，门二，有濠。明永乐间土筑，成化二十一年甃砖。本朝顺治十六年、康熙五十八年、乾隆十八年重修。

兴业县城 周一里有奇，门三，有濠。明初土筑，宣德五年增建，正德二年甃砖。

学校

郁林州学 在州治西。宋至道二年建。本朝康熙初，因旧址重建，乾隆六年修。入学额数二十名。

博白县学 在县治西南，明嘉靖中迁建。本朝康熙三年重建，乾隆五十七年修。入学额数十二名。

北流县学 在县治东。本朝康熙元年重建，乾隆五十一年、嘉庆四年重修。入学额数十二名。

陆川县学 在县城北，明嘉靖中迁建。本朝顺治十六年、康熙二十四年、乾隆二十四年重修。入学额数十二名。旧额八名，乾隆五十七年增四名。

兴业县学 在县治东，明成化十年迁建。本朝雍正三年、乾隆五十二年重修。入学额数八名。

环玉书院 在博白县东门外，本朝乾隆十年建。

天一书院 在北流县南门外，本朝康熙元年建。

三峰书院 在陆川县南，本朝乾隆二十一年建。

石南书院 在兴业县学署前，本朝乾隆四十三年建。

户口

原额人丁三万三千九百一十四。今滋生男妇大小共五十六万一千四百三十五名口。计一十一万八千四百九十三户。

田赋

田地一万九百九十九顷二十四亩一分有奇。额征地丁正杂银五万一千八百二十六两七钱九分五厘，遇闰加征银九百四十九两一钱八分八厘。米四万八千五百七十七石四斗一升六合六勺。

山川

信石山 在州东南二里，一名牢石坡。《旧唐书·地理志》："牢石高四十丈，周二十里，牢州以此名。"《明统志》："坡上有平石，又有夹石形如钟，侧立。《旧经》云：每岁秋日，乡人共候此石。若云气覆之，其岁必稔。"荔枝山 在州东南二十里，为州屏障。天马山 在州东南三十里。上有天马冈。铜鼓山 在州西南七十里。西临南流江，水流潭下，隐隐有声。寒山 在州西北三十里。《九域志》："南越王尉陀，遣人入山采橘，经七日方回。问其故，云'山中大寒，不得归'。因名。"《通志》："下有龙潭，水色如青靛。"绿鸦山 在州西北三十五里。厥土青黄，冶者取土炼铁为釜。《通志》作"绿鸭山"。大楼山 在州北七十里。又榜山，在州东北三十里。卫公山 在博白县东十里，高百余丈。唐李靖南征，尝驻兵于此，因名。洞房山 在博白县东十五里。下有石洞，高广玲珑，缀乳丹碧，丽若雕房。凝雾山 在博白县东二十五里。山势屹立，云雾常幂其上。又五里，为云流山，小白江水出焉。又凤飞山，在县东百里。凌青山 在博白县东南五十里。水流为鸦山江。乳石山 在博白县南三十里。石垂乳如华盖，下有泉。九岐山 在博白县南七十里。层峦复嶂，分为九峰。蟠龙山 在博白县南八十里。蜿蜒苍翠，周百余里。大荒山 在博白县南一百五十里，周围数十里。《寰宇记》："山上池中有婢妾鱼，大如楯，两翼及脐下有三条，似练带，长四尺，摇动有光。"天马山 在博白县西南二十五里，为邑下关。宴石山 在博白县西南六十里。《方舆胜览》："其山皆盘石，壁立峭绝，北临大江。下有流泉，相传为越王宴游处。"双角山 在博白县西十五里。两峰角立。绿珠江发源于此。《九域志》作"二角山下，有绿珠井"。李昉《太平广记》："梁氏之居，旧井存焉，汲饮者必诞美女，里间以美女无益，遂填以巨石。"绿罗山 在博白县西二十里。高耸绵亘，周回百里。伏割山 在博白县西四十里。鹦鹉、孔雀多出其中。飞云山 在博白县西六十里。山势崇峻，常有云气。木仆山 在博白县西七十里。险峻峭削，顶有巨石，方可丈余。铜石山 在北流县东十五里。上有铜湖，出硃砂、水银。会灵台山 在北流县东二十五里。台高百余丈，有石洞，中甚明敞。外壁峭削，惟一径攀援而上。顶有飞泉，悬崖下注。稍东有龙井，祈祷辄应。峨石山 在北流县东南百里，罗水出焉。双威山 在北流县东南二百五十里，思贺江出此。天门山 在北流县西十里。绿蓝山 在北流县西北三十里，为大容山支陇，容江之源出焉。大容山 在北流县北二十里。南流江出此。详见《梧州府·容县》。勾漏山 在北流县东北十五里。《方舆胜览》："其岩穴勾曲穿漏，故名。

平川中石峰千百，皆矗立特起。"《明统志》："山有宝圭洞，道书第二十二洞天也。洞有三石室，相传葛洪尝于此修炼。"东山　在陆川县东三里。峰峦秀丽，中有泉水，南入妙洞。其下为金沙溪。文龙山　在陆川县东十里。水流为小溪，合分水入妙洞水。谢仙山　在陆川县东三十里。八峰分列，上有龙潭，涌泉下注，奔泻如瀑。金坑山　在陆川县东南十里。下有溪，沙黄如金，瀑水注之，流为水车江。大这山　在陆川县东南三十里。崎岖高峻，通广东化州。文黎山　在陆川县南五十里，产黄白藤。山下水流潆洄，凡九十九渡。双流山　在陆川县西南二十里。双瀑流注。相传唐龙豪县治此。又伏波山，在县西南四十里。鸣石山　在陆川县西十里。山势耸峻，中有大石，扣之有声，亦名石鼓山。相近曰凤凰山，形如凤，顶有石盘，泉出其中。后阳山　在陆川县北一里。层峦叠嶂，起伏不一。分水山　在陆川县北五里。水分二派：一南流至县东南为妙洞水，一北流汇回龙水入郁林州，合南流江。石袍山　在陆川县北二十里。《寰宇记》："山多竹木，苍翠如袍。"《旧志》："上有渊潭，旁为石岩，又名石湖山。"白羊山　在陆川县东北二十里。《寰宇记》："山色洁白，四面悬绝，上有飞泉，下有勾芒木，土人取其皮，绩以为布。"黄箭山　在陆川县东北六十里。东斗山　在兴业县东十里。又北斗山，在县北十里，二山对峙。相接者又有东山，绝顶有泉，从石壁飞下，凡百余仞。苟翁山　在兴业县东二十里。水流为龙母石。铁城山　在兴业县南十里。石壁削立，险固若城。中平衍，容数百家。上多石窦，泉流不竭。有四门，惟东门可通人行。南有土基，约四丈，相传为古敌楼。西北多石，艰阻难行，石皆铁色。绿阴山　在兴业县南二十里，一名甑山。有大榕蔽数十亩，鸣水绕其下。万石山　在兴业县西南十里。峰峦错落，如累石然。其下流涧诘曲，土人修禊于此。葵山　在兴业县北十余里。山半有龙井。

东门岭　在州东一里。两道岭　在州南十五里。峰峦尖削，为博白、陆川分道处。豸塘岭　在州北一里，为州后镇。又推来岭，在州西二十里。伏牛岭，在州西南五十里。流山岭　在州北五十里。崎岖险阻，山贼出没，为州境险要。登高岭　在博白县东一里。每岁重九，土民登陟宴赏。绿秀岭　在博白县东南五十里。高千仞，周三百里。下有龙潭，旱祷辄应。将军岭　在博白县北十里。宋狄青讨侬智高，屯兵于此。由子岭　在陆川县西北十里，下浪水出焉。翻车岭　在兴业县北二十五里。下临龙母江，山路险巇，两崖阴翳。

凌烟峰 在州东三十里。孤峰独耸，两岩中通。

水月岩 在州东二十里。虚明爽豁，洞壑绝胜。右接天马、钧天诸洞。张道岩 在州东二十五里。有石门，可通人行。隐仙岩 在州西二十里。石室幽邃，壁间有"元和十四年来游"七字。紫阳岩 在博白县南六十里。岩洞清虚，万象森列。上连碧崖，下瞰清泉，最为幽胜。通津岩 在北流县南十五里。石山叠嶂，有二门，南北相对，高敞如阙，水流环绕，石壁虚明，为县之胜。普照岩 在北流县勾漏山。形如覆釜。登岩却顾，则黄陂翠巘，与石峰相间。又岩西有独秀岩，平野中郁然孤峙，石室容数千人，石乳挂壁上，如佛像。妙洞岩 在陆川县东八里，一名东山岩。中有泉，南流入妙洞水。古州岩 在兴业县南九里。深广数丈，岩畔有潭，四时不涸。牛龙岩 在兴业县南十里。地温，居民遇冬，驱牛入岩以避寒。太上岩 在兴业县南十五里。内有石笋、石臼。又石掩岩，在县西南五十里，岩口有石如扉，阖不可入。广东灵山路经此。白马岩 在兴业县西二十里。岩深广，容数十人。

白石洞 在州东三十里，周七十里。道书以为第二十一洞天。将军洞 在博白县南三十里，一名飞鼠岩。石门三重，中如堂室，有温、凉二泉。唐庞孝泰守南州尝游此，题名其中。白沙洞 在北流县勾漏山。秉烛从窦入，俯伛扶伏，凡经六七窦，行里余乃至。勾漏甲于天下，而此洞为勾漏第一。玉田洞 在北流县勾漏山东。《明统志》："洞辟三门，明广可入。内田数亩，有石花如玉色，田后二石池，中有小屿，水潜通江。"玉虚洞 在北流县勾漏山西北。洞中物象，莹洁如玉。每云从洞出则风雨，从洞入则晴霁。

石柱坡 在州东三里，高三丈，相传汉马援所立，今其地亦名马援营。

黄桑峡 在兴业县西四十里，接广东灵山县界。

南流江 在州城东南。源出大容山，南流汇绿蓝水。经州东，复西南流十余里，合罗望江。又南经博白县西二里，会诸水流入广东廉州府界。桥丽江 在州南三十里。源出陆川县白石洞，流经州西南四十里，入南流江。沙田江 在州南四十里。源出博白县大岑山，西北流至州西南五十里，入南流江。定川江 在州西南二十里。上流名龙川江，源出兴业县葵山，东南流二十里穿石山中，由石穴流出。经县西十里，至县西南会通津江水。复东南流至县南八里，左接岑江水。又东南流汇下鸣水，入州界为定川江。又东南流合绿鸦水，入南流江。绿鸦水在州西北四十里，亦名鸦桥江，源出绿鸦山，南流入定川江。罗望江 在州城西。一名西望江。源出大容山，西南流入南流江。绿淇江 在博白县东十里。源出洞房山，南流汇陆川县下浪水。至县东南隅，接洗马江。流经县南一里，名饮马江，以马援南征饮马于此，故名，一名环玉江。又西流入南流江。洗马江，源出登高岭。又小白江，在县南十里，源出云流山。鸦山江，在县南十五里，源出凌青山。皆西南流入南流江。绿珠江 在博白县西。唐恤《岭表录异》："白州界有一派水，出自双角山，合容州江，呼为绿珠江。亦犹归州有昭君村，取美人生处为名也。"《旧志》："在县西七里，源出绿罗山，东南流入南流江。"南立江 在博白县北三十里。源出绿澄洞，西南流入南流江。思贺江 在北流县东南。源出双威山，汇六潭水，西北流至城，又东北入容县界，与绣江合。绿蓝江 在北流县北三十里。源出绿蓝山下，分二派：一东南流经县东落桑桥，至容县界，合绣江。一西南流入州界，合南流江。水车江 在陆川县东南十里。源出金坑山，西南流合妙洞水，为乌江。乌江 在陆川县南一里。上流名妙洞水，源出分水山，南流绕城东，合文龙山水。又绕城南，汇妙洞岩水。又南流合水车江，名乌江。复南流，汇龙化江，流入广东石城县界，合九州江。龙化江 在陆川县南四十里。源出大这山，名平南江。西南流十里，又名龙化江，复西流入乌江。岑江 在兴业县南八里。源出葵山之东南，流经县城东，名通济江，汇慕思江水，绕县东南，分二流：一经城南曰通津江，一西南流，经县南八里曰岑江。皆西流入龙穿江。

六潭水 在陆川县东三十里。源出谢仙山，北流入北流县之思贺江。崑仑水 在陆川县东四十里。水中有石，似崑仑。下流经广东廉州府石康县入海。按：此水与六潭源流各别，《通志》合为一，引其说于六潭水下，非是。下浪水 在陆川县东四十里。源出由子岭，西流入博白县界，汇绿淇江水。回龙水 在陆川县北十五里。其上流接乔林、登高岭二涧水，合流而下，名回龙江。汇分水山之北流，溯流而西，合黄箭水，流经郁林州界，入南流江。黄箭水 在陆川县北二十里。源出黄箭山，流合回龙水。又略洞江，在县西北四十里，北流入南流江。下鸣水 在兴业县东二十里。诸山涧汇流于此，巨石横截，滩濑飞激如雷，下流南入龙穿江。上鸣水 在兴业县北十里。源出芎蔊山，北流十余里，曰上鸣水。渐折而西，绕县北翻车岭下，名曰龙母江。又西北入浔州府贵县界。又有西水，在县北四十里，亦西北流入贵县界。

马门滩 在博白县西南六十里江中。汉马援南征，以江流湍急，凿去其石，余二巨石，双立为门。中流水急，势如奔马。其下四十里，又有北势滩，唐高骈为安南都护，平蛮北归，见其湍险，属防过使杨林疏浚之，舟行称便。

铜鼓湾 在博白县北二十里。相传旧有汉时铜鼓，浮在水面，有声，久之复沉。明宏治十二年，乡人获一铜鼓。

紫泉 在州西南南流江滨。有巨石伏群石中，旁有二窦，清泉涌出，旧名濯缨泉。宋嘉定中，忽涌紫水，因改今名。明洪武间，紫水再出，又名瑞泉。

瑞泉 在州之富民乡藤厘坡。本朝雍正十一年，地方开垦，忽涌二泉，味甘色清，足滋三千余亩。巡抚金鉷具奏，赐建祠宇，祀泉源之神，以答灵贶。

温泉井 在陆川县妙洞水旁。泉自石窍中出，四时温热，冬日可浴。

古迹

旧白州 今博白县治。唐武德四年，以合浦县地置博白县，于县置南州，并置朗平、周罗、龙豪、淳良、建宁五县属之。六年，改州曰白州。贞观十二年，省朗平、淳良。大历八年，以龙豪隶顺州如故。宋开宝五年，省建宁、周罗二县入博白。《寰宇记》："废建宁县，在博白县西。又废周罗县，在县东九十里。"《通志》："县北十五里，有废朗平县。东南百里，有废淳良县，今其地名安仁乡。"旧铜州 在北流县东南一里金龟山南。唐武德中置，后徙治普宁，故址犹存。又豪石废县在县东，唐武德四年置，属铜州；贞观十一年废。

南流废县 今州治。本汉合浦郡地，刘宋分置南流郡，治方度县。梁、陈时废。唐初复置县。《唐书·地理志》："牢州南流，本隶容州。武德四年，析北流置，以南百步有南流江名之。乾封三年来属。又牢州本义州，武德二年，以徼外蛮夷地置。贞观十一年，以东北有牢石，因更名，徙治南流，后废。乾封三年，将军王杲平蛮僚复置。"《宋史·地理志》："郁林州，本治兴业。至道二年，徙治南流。"定川废县 在州西南三十里。隋置县，属合浦郡，后废入北流县。唐武德四年，又析北流，置定川县，隶潘州。乾封三年，属牢州。宋开宝五年废。《寰宇记》："废定川县，在废牢州西北四十五里。又有宕川废县，皆唐置，宋开宝中，俱省入南流县。"《旧志》："定川废县在定川下渡。"容山废县　在州西北八十里。唐永淳初，置安仁县，属党州。二年，析置平琴州治焉，兼领怀义、福阳、古符三县。垂拱三年，州废。神龙三年，复置。天宝初曰平琴郡。至德二载，改安仁曰容山。乾元初，复改郡为州。建中二年州废，县皆属党州。《寰宇记》："开宝七年，废党州之容山、怀义二县，并入南流县。"南昌废县　在博白县南十五里。梁析合浦地置南昌县。隋属合浦郡。唐初属潘州，贞观中改属白州。宋开宝五年废。《寰宇记》："废南昌县，在博白县北九里。又有大都废县，亦在县南，唐初置，属廉州。贞观六年改属白州，十二年省入博白。"龙池废县　在博白县西南。唐贞观中置山州，领龙池、盆山二县。天宝初曰龙池郡。乾元初复故。建中间，州、县俱废。扶来废县　在北流县东南。唐武德四年，析信义县地置，属窦州，以扶莱水而名。贞观中省。乾封中复置，属禺州。宋初与州俱废。《寰宇记》："在旧州东南八十里。"罗辩废县　在北流县东南百里，唐武德四年置，名陆川。贞元中改罗辩。《寰宇记》："在辩州西南一百里，宋开宝五年，废入北流。"峨石废县　在北流县东南。唐总章元年，析白州温泉县地置，以南有峨石而名，为东峨州治。二年，改为禺州。天宝初曰温水郡。乾元初复曰禺州。宋开宝五年废禺州，省峨石县入北流。龙化废县　在陆川县南四十里。唐武德五年，析石龙吴川置龙化县。以龙化水而名，属罗州，寻属辩州。大历八年，容管经略使王翃析禺、罗、辩、白四州置顺州，治龙化县，亦曰顺义郡。宋开宝五年，州废，省县入陆川。南河废县　在陆川县西。唐武德五年，析石龙、吴川置南河县，属罗州。大历八年，改属顺州。宋初与州俱废。《通志》："废南河县，在县西五十里。"龙豪废县　在陆川县西南。唐武德四年，析合浦地置，属南州，寻属白州。大历八年改属顺州。宋开宝五年，省入陆川。郁平废县　在兴业县西北四十里。三国吴置县曰阴平，属郁林郡。晋太康元年，改曰郁平。唐初属南尹州，贞观后属郁林州。宋开宝五年，省入兴业。石南废县　在兴业县东北五十里。陈置石南县，为石南郡治。隋平陈，郡废，县属郁林郡。唐初，属南尹州，寻属贵州。麟德二年，分属郁林州。建中二年，省入兴业。潭栗废县　在兴业县东三十里。唐置，属郁林州。宋初废。兴德废县　在兴业县南，隋末析石南置，寻废。武德四年，析郁平县复置，属南尹州。寻属贵州。后改属郁林州。宋开宝五年，省入兴业。《旧志》："今县南有兴德乡，即故县。"

善劳旧县 在州北七十里。唐初为郁林州地。永淳元年，开古党峒置党州，领善劳、抚安、善文、宁仁四县。天宝初曰宁仁郡。乾元初复为党州。宋开宝七年，州废，县皆并入南流。《寰宇记》："善劳为旧党州理所，在容山县东二十里。废抚安县，在废党州东十五里。"陵城旧县 在北流县东南。唐武德四年析北流置，属铜州。寻属容州。宋开宝五年，省入北流。《寰宇记》："在普宁县西三十八里。"

鼓角楼 在州城上，宋陶弼有《诗》。

景陆堂 在州治，以景慕陆续，故名。寻山堂 在博白县洞房山，宋刘子羽谪居时建。

关隘

西关 在州西一里。天门关《寰宇记》："在北流县南三十里。有两石相对，其间阔三十步，俗号鬼门关。汉伏波将军马援讨林邑蛮，路由于此，立碑，石龟尚存。晋时趋交阯，皆由此关。其南尤多瘴疠，去者罕得生还。"《舆地纪胜》谓之桂门关。《旧志》："在县西十里，明宣德间改今名。"

抚康巡司 在州境。州东北多土㑃，明正德中，募充戍兵，其后授田输编户，谓之熟㑃。本朝雍正九年，设巡司。周罗寨巡司 在博白县东南八十里，以废周罗县而名。旧有巡司，今因之。沙河寨巡司 在博白县西南七十里。旧有巡司，今因之。又明正统间，安远侯柳溥请于博白立安定、春台、平山、兆常四土巡司。寻废。双威寨巡司 在北流县南二百里。旧置巡司，今因之。又旧有西湾巡司，明洪武中置。都陇、中山二巡司，明正统中置。今皆废。县南瑶僮曰鸡儿坡、南禄、茆田、那留等，凡十二村，性颇驯。温水寨巡司 在陆川县南五十里，一称温家寨。明设巡司，今因之。

绿鸦镇 在州西北绿鸦山下。《九域志》："南流县有绿鸦镇。"海门镇 在博白县西南一百五十里。旧为入安南之道。唐咸通三年，南诏寇安南，敕都护蔡袭退屯海门镇。四年，安南为南诏所陷，置行交州于海门镇，寻复置安南都护于此。六年，高骈治兵海门镇，进复安南。

县东营 在博白县东南。又县有界排、坡心、苏立、东笕、圆珠，共六营，旧皆设兵戍守。邑界瑶谓之山子，散居各堡，设瑶总以总之。其㑃人有俍目总之。皆佃田输租，与民无异。六潭营　在陆川县东三十里。额设耕兵数百戍守，四月更番。县有俍籍，统以俍目。其瑶居深山中，迁徙不常。

赵家寨　在兴业县南二十里。旧有巡司，明初废。又县旧有常宁、平安、棠木诸寨巡司，皆久废。

津梁

瑞龙桥　在州南一里。元延祐中建，旧名安远桥，为南道要冲。本朝康熙五十三年修。大兴桥　在州西十里，本朝雍正五年修。寻春桥　在州治西北。通津桥　在博白县北关外。落桑桥　在北流县东二十里，跨绿蓝江。登龙桥　在北流县东南，为行旅通津。木簰桥　在陆川县东十五里，又名东兴桥。登云桥　在兴业县城内。龙津桥　在兴业县南门外，又名新江桥。

绿珠渡　在博白县西七里。

堤堰

赤塳陂　在州西。又有都毫陂，在州西。官陂、银水陂、三山陂、表陂、锦陂、河阜陂，在州北。龙母陂　在博白县东十里。又有双鱼、江口、梁桥诸陂，皆资灌溉。横岗陂　在北流县南。又有大塘、都莫、大斗、龙陂、东门、坑塘等陂。暗螺陂　在陆川县南三十里。又有老鸦陂、官陂、沙料陂。按《郡志》，兴业县有南山、石羊等八陂，资灌溉甚广，今俱荒圮。

陵墓

唐
庞孝泰墓　在博白县西飞云山下。
宋
徐噩墓　在博白县东凝雾山下。
李时亮墓　在博白县南凤凰山麓。
明
陶成墓　在州西二十里，有祠在州治西。

祠庙

武襄祠 在州城内，祀宋狄青。忠烈祠 在州西门内，祀明陶成、陶鲁。孝子祠 在州西门，内祀明孝子文潜、晏然文，本朝杨嗣秉、谭载球、文兆龙。文丞相祠 在州城西，祀宋文天祥。瑞泉祠 在州之富民乡。本朝雍正十一年出泉，溉田甚广，敕建祠泉侧。十二年四月八日，肇工上梁，庆云见。历巳午时，五色纷翔如鸾凤状。庙成，请钦定封号，曰"昭德沛泽泉源之神"，御书题额，曰"惠润田功"。忠功祠 在州南门外，祀宋邓得遇、陈应。三贤祠 在博白县城东。祀宋李时亮、秦怀忠、徐霋。彭公祠 在陆川县，祀典史彭金。

寒山庙 在州北三十里，祀寒山神，祷雨辄应。伏波庙 在北流县南四十里。

寺观

宝山寺 在州东南。《明统志》作"宝相寺"。宴石寺 在博白县西。

灵宝观 在北流县勾漏山。观后石峰，有二石室，曰太阳、太阴。韬真观 在北流县勾漏山。左右有二石室。

名宦

宋

余传 莆田人。天禧中知北流县，兴学校，修桥梁，和易廉介，民瑶悦服。

吴庸 道州人。淳熙中，为陆川簿尉。时李接反，庸率众捕御，身亲六战，没于阵。帅臣刘焞上其事，赠承事郎。

明

赵天鉴 洪武初，知郁林州。清介自持，爱民如子。建忠功祠，曰"我使炎荒之人，知有忠义也"。

李禧 宣德中，知北流县。九年，奏最当迁，民乞留，诏加秩还任。

林长懋 莆田人。英宗时，为郁林知州，有惠政。都指挥陈鉴贪暴，杖杀两百户，州民皆被害。长懋奏之，置鉴重辟。其卒也，州人立庙祀之。懋，《州志》作"茂"。

王坦 平原人。成化间，以给事中谪北流主簿。时瑶贼出没，民多流亡。坦设策防御，盗贼屏迹。

郑宝 正德时，为郁林州同知，署北流县事。妖贼李通宝逼其城，与子宗珪出战，皆死。

本朝

陆翔华 嘉善人。顺治十四年，知郁林州。李定国余党未靖，郁林参将卜云提兵远出，贼乘虚突至。翔华率众登陴固守，贼攻城不克，引去。安辑流亡，给牛种，劝开垦，民得复业。

贾汉谊 曲沃人。顺治十六年，知郁林州。兵燹后，地多荒芜，汉谊履亩量丈，厘正赋役，至今赖之。

张应胜 江西人。康熙时，知北流县。时孙延龄拥众来攻，应胜调集乡勇，固守三日。守备常潜出降贼，城遂陷。应胜力战，为贼所害。家丁五人，工书何涵，皆战死。

贾有福 锦州人。康熙二十三年，知郁林州。值土寇猖獗，浔、梧各路，进兵会剿。有福匹马从征，诸盗相继擒治。州经兵燹，多逋欠，力请蠲除，民获安堵。

人物

唐

庞孝泰 博白人。龙朔中，以左骁骑将军，为辽东道行军总管，与苏定方、程名振等征高丽。岭西兵逼蛇水，盖苏文来攻，孝泰与战，手杀数十人，兵少力屈，死之。

宋

徐噩 博白人。仁宗时乡举，摄宜州。讨欧希范有功，授白州长史。皇祐中，侬智高叛，噩引兵追至亚阳，大捷。历战于金城驿，援兵不至，死之。赠大理寺丞。

秦怀忠 博白人。嘉祐初，以进士令徐闻。有异政，再任雷州推官。平反冤狱，擢金书雷州军事。历知容州。

李时亮 博白人。嘉祐进士，累官知廉州，有异政。熙宁中，交人犯境，献平边十策；又疏时政得失五十事。神宗嘉纳之。累迁散骑常侍。

冼积忠　北流人。绍兴进士，官朝请大夫，知白州，有治声。《州志》作"积中"。

但中庸　北流人。绍兴进士，官至广东提点刑狱。砥砺名节，政绩著闻。

陈应　博白人。德祐中，为南流尹。元以谭道福知郁林州，应与提刑邓得遇合谋倡义，乘除夜三鼓奋勇登城，杀逻卒，道福遁去。得遇疏上其事，擢应藤州知州。后元兵大至，得遇死难，应削迹不知所终。

元

庞森　北流人。至顺中，历官台州通判。制行廉洁，以古名贤自期。尝手书《汉·循吏传》于壁，以自警。

明

陶成　郁林人。永乐中举于乡，为交阯凤山典史。尚书黄福荐其贤，命署琼江府教授，夷人化之。正统中，历官浙江副使，遇事敢任。处州贼叶宗留等作乱，成屡破之。后与都指挥佥事崔元战死，时景泰元年五月也。事闻，赠左参政。

陶鲁　成子。以父荫，授新会丞。时甫弱冠，县令王重器之，勉之学。天顺中，以破贼功，就迁知县。成化、宏治时，屡破剧贼，历官至湖广布政使，兼广东按察副使，领岭西道事。鲁善抚士，多智术，谋定后战。凿池公署后，为亭其中，不置桥，夜则召部下计事，以板度，语毕令退，故常得胜算而机不泄。历官四十五年，始终不离兵事。然不专尚武，治寇贼先化之，不得已乃用战。每平贼，率置县建学，以兴教化。前后大小数十战，夺还被掠及抚安复业者十三万七千有奇。两广人倚之如长城。子荆民，以父功，世袭副千户。

李宏　北流人。永乐进士，擢御史。尝上时政十事，皆经国正论，多见施行。

文旭　郁林人。宏治时，以岁贡授奉议卫经历。父早殁，事母至孝。子潜，亦以孝称，亲殁，庐墓三年。潜侄桂，少孤，天性孝友，长于文学，嘉靖中，举于乡。

何以尚　兴业人。嘉靖末，由举人官户部司务，会主事海瑞以直谏下狱，以尚抗疏论救，予杖夺职。隆庆初，起光禄寺丞，又以劾高拱坐谪。拱罢，起雷州推官，终南京鸿胪卿。

黄灿然　博白人。由举人知大昌县。后归里，为安仁贼所执，不屈，骂贼死。本朝乾隆四十一年，赐谥节愍。

本朝

郑振祖　郁林人。顺治初，郁林有土寇入镇，纠众围州城。历三月，城内粮尽，有颜伯素者领兵博白，振祖与弟拔祖夜缒城出，潜诣颜请救。未至，而土寇萧荆壁先计诱破城，三人引兵力战，杀贼甚多，力屈遇害。

杨嗣秉　郁林人。早孤。母周氏患咯血病，嗣秉废业攻医，鬻产以供汤药，历十七载，侍奉不倦。周以寿终。

马若光　郁林人。幼丧父。顺治十一年，贼李定国掠州境，与母黄氏避兵山中。母被执，若光冒刃入贼，泣语贼杀己以释其母。贼感动，遂俱释以归。

庞颖　陆川人。顺治庚子举人，知嘉鱼县，有循迹。当夏包子之变，独守孤城，尽力保御，嘉人请为立祀。

张暎轸　郁林人。康熙二十九年副榜。初，土寇唐朝凤荼毒州境，其母被掠，时轸年十二，匍匐号救，贼异而释之。

陈朝圭　郁林人。幼鞠于继母，及卒，庐墓三年。遇大风，邻屋尽坏，而朝圭庐独存。异母弟妹皆幼，朝圭维持调护，有人所不能堪者。既长，毕为婚嫁。雍正中，由副贡知辰溪县，民敬戴之如父母。调永顺，终道州知州。

谭载球　郁林人。家贫，负薪以养亲。一日随父趁墟，贼劫其父，载球力救得免。父母卒，皆庐墓三年，得食则祭，祭未尝不抚冢长号。雍正十三年旌。乾隆十四年，祀孝子祠。

文兆龙　郁林人。岁贡。父病，侍汤药不离侧。适寇至，负父拜泣，寇为感动，不相惊扰。母张氏，患痨咳，兆龙忧形于色，朝夕祈于神，以延母寿，寿果至七十有八。乾隆八年旌，祀孝子祠。

李甲先　博白人。贡生。由教谕迁庆远教授。与兄甲芳，事亲俱以孝闻。甲芳卒，甲先视其子如子。尝以学俸置义田，给族之耕读者。辛丑秋邑大饥，乃取家财，择里中少壮人，授一金，使出籴；老稚不能行，作糜赈之。年八十三卒。又同邑李维藩、李廷芬，皆以孝称。

流寓

元

文升　宋相天祥弟，壁之子也。天祥死难，以升为嗣。后仕元海北廉访使，卒于郁林之八叠冈，子孙遂家焉。

列女

晋

石崇妾绿珠 博白人。姓梁氏。孙秀使人求之，崇不与，秀怒劝赵王伦诛崇，因矫诏收之。崇谓珠曰："我今为尔得罪。"珠泣曰："当效死于官前。"遂自投楼下死。

明

李启东妻徐氏 博白人。成化中，龙山贼陷城，徐被掠，骂贼而死。

朱文盛妻谢氏 陆川人。正德中，贼犯县城，获文盛，索金。谢往绐贼，愿以身代夫，取银以赎。贼释文盛，谢为所害。

杨四妻刘氏 兴业人。少寡，有富商艳其色，欲强取之，陷以财，刘不从，逮于狱胁之，服毒死。

梁英女 郁林人，名新姐，年十七。嘉靖中，贼劫其家，欲污之，不从，被杀。

陈所蕴妻吴氏 郁林人。所蕴以举人会试，道亡。吴闻讣，旬日不食。将死，姑慰谕，乃进食。时年二十二，既释服，姑怜其少，无子，欲嫁之，吴引刀自毁其貌。姑死，贫无以葬，拮据将事。数膺旌表。

廖锦妻文氏 郁林人。锦应试，卒于途，文年二十二，无子。有乡贵谋议婚者，文峻拒之，矢节以终。

邓日孚妻陶氏 郁林人。孚乡试还漓江，舟覆死。讣闻，陶吞金不死，又绝粒半月不死，遂尽焚服饰，缟衣蔬食，以终其身。

曾才鲁母杨氏 郁林人。年十六，孀居抚孤，始终不渝。

庞文甸妻梁氏 陆川人。年十九而寡，誓志矢节，媒氏逼嫁不从，服毒死。

本朝

王氏三烈 博白农家女，亥娘、酉娘、竹姑。康熙十九年，避乱于宴石岩，寇攻急，三女度不得免，俱投崖死。县令程镳立"三烈祠"于崖下。

关于衮妻文氏 郁林人。夫亡守节，与同州杨作屏妻陶氏，均康熙年间旌。

陈仁道妻庞氏 博白人。康熙十九年，寇剽掠，其夫集众拒之，为所害。

氏购骸归葬，尽变其产，募壮士擒贼，缚杀以祭夫墓。纺绩守节，终其身。又同县王祚钊妻朱氏，年二十一，夫卒，家贫，无手足助。值土寇乱，避居山中，岁荐饥，备极艰苦。朱之虬妻林氏，孝事舅姑。舅姑继没，夫亦早世。林年二十五，子景博、景邑，及夫弟珝熙，皆幼。值闽盗叶天易乱，林携家匿深山中，屡濒于危。乱定后，归其故庐，以十指营舅姑葬，以耕读勗其家。后次子景邑亦早卒，妇李氏依姑守志。

陈世瓒妻梁氏 郁林人。夫亡守节，与同州烈妇文秉世妻梁氏，均雍正年间旌。

秦泗衡妻刘氏 博白人。夫亡守节，雍正年间旌。

何士逢妻卢氏 北流人。年二十二而寡，抚遗孤成立。与同县李天枢妻邹氏、李文炜妻黄氏、谢朝荐妻陈氏、李朝瓒妻龙氏、罗文滔妻某氏，均雍正年间旌。

庞顺妻梁氏 陆川人。夫卒，闭户自经，以救得生。自是毁容缟素，孝事姑。抚孤子駧，并夫幼弟颣顿，皆成立。雍正三年旌。同县庞颖妾李氏、吕绎如妻陈氏、子若契妻李氏，均雍正年间旌。

杨元浩妻庞氏 郁林人。守节抚孤。其子式序妻李氏，亦矢志守贞。姑、媳以"双节"称，乾隆元年旌。同州李以峒妻邓氏、钟培妻苏氏、晏朝妻蒋氏、钟梦獬妻黄氏、张映翼妻黎氏、杨彦炯妻李氏、苏其𫒽妻文氏、文道新妻庞氏、梁玉英妻庞氏、文际泰妻李氏、陈聚震妻李氏、黎士雅妻冯氏、苏孙槐妻文氏、辛国相妻李氏、黎若淳妻梁氏、梁海立妻杨氏、卢伟才妻王氏、李溶妻杨氏、陈朝堂妻王氏、杨廷楷妻秦氏、梁廷培妻年氏、钟业妻杨氏、年维楷妻庞氏、牟照彰妻杨氏、梁应朝妻黎氏、梁汝烈妻杨氏、王正简妻苏氏、陶璋妻文氏、卢廷彦妻王氏、英慎参妻甘氏，均乾隆年间旌。

陈朝执妾钟氏 郁林人。嫁二十八日而夫卒，嫡妻晏氏无子，谕以他适。答以从一而终，泣拒之。旦夕侍晏侧。晏惑于堪舆，钟劝其早葬。晏病，久侍汤药，寝食俱废。晏年八十三，钟年六十三岁卒。士民请祀节孝。同州秦昌祺妻杨氏，姑年八十余，病床褥，杨侍汤药，供溺涸，寒暑不少懈。亦以节称。

唐元理妻陈氏 郁林人。夫亡，择侄为后。家贫，翁姑皆在殡，勤纺绩以葬。嗣子僖娶邓氏，生子而殁，姑妇相依为命。一门双节，乡里敬之。

朱继喜女三妹 博白人。年十三，守正捐躯。乾隆二年旌。同县节妇黄之璠妻文氏，黄钟存妻罗氏，李廷柱妻张氏，王德隆妻谢氏，吴地穰妻李氏，刘芳妻陈氏，林兆奇妻朱氏，秦理妻杨氏，朱景尚妻吴氏，黄玉琚妻罗氏，莫子聪妻钟氏，黄日俊妻程氏、媳罗氏，朱之选妻王氏、媳李氏，均乾隆年间旌。

秦儒玮妻梁氏 博白人。年二十六，夫亡子幼，翁老家贫。氏尝食野蔬而以谷饭翁，翁见梁盂中仅藜藿，悲泣失声。梁跪泣曰："翁第看二孙成立，媳之福也，他何足计！"后翁殁，贷棺而敛，纺绩偿其值。与同县朱衍金妻揭氏、宾汝敛妻冯氏、李廷芳妻朱氏，俱以节孝闻。

曹大经妻李氏 北流人。夫亡守节。同县杨元萱妻曹氏、蒙用黼妻陈氏、梁世正妻李氏、陈祖仁妻李氏、曾仁祯妻梁氏、邱日信妻陈氏、顾绍基妻袁氏、梁翘槫妻韦氏、蔡启文妻邹氏、李霭吉妻谭氏、梁世臻妻曾氏、马乃骧妻李氏、林翰妻邱氏、李谞吉妻陈氏、蒙懋绩妻李氏、顾绍勋妻李氏、蒋上埙妻区氏、李维凝妻梁氏、陈斯猷妻梁氏，均乾隆年间旌。

庞颙妻吴氏 陆川人。夫亡守节，抚孤成立。后子及孙相继亡，与媳黄氏、孙媳李氏，三世孀居，一门苦节。乾隆元年旌。同县庞颐妻余氏、庞峤妻陶氏、庞崧妻谢氏、杨文德妻汤氏、江腾鳌妻黄氏、傅宗礼妻李氏、陈焕妻卢氏、陈士光妻王氏、陈奎妻黄氏，均乾隆年间旌。

苏芳镐妻陈氏 郁林人。夫亡守节。与同州梁栋概妻李氏、何殿璺妻薛氏、黄景堂妻梁氏，均嘉庆年间旌。

王久誉妻张氏 博白人。夫亡守节。与同县李德辉妻唐氏、黄德光妻谢氏，均嘉庆年间旌。

阙邦觐妻宁氏 北流人。觐选庶常，未及娶而卒，宁奔丧守贞。与同县节妇曾衍侯妻马氏、曹与妻陈氏、刘文澜妻陈氏、党高先妻吴氏、伍者叙妻梁氏、凌卓汉妻梁氏、杨峻妻宁氏、庞潮玉妻梁氏，均嘉庆年间旌。

李时铭妻陈氏 陆川人。捐躯明志。嘉庆四年旌。

覃瑞庄妻唐氏 兴业人。夫亡守节。与同县寿妇耆氏、庞则孟妻黎氏，俱嘉庆年间旌。按：《旧志》："嘉靖中，县令张子英妻卜氏，为贼所劫，坠楼死，民立贞烈祠祀之。熊伯虎妻张氏，湖南祁阳人。顺治中，随夫侨寓博白，时陆川盗某伺伯虎往北流，使其党杀于路，欲夺张。张自经死，其侍女亦赴火死。"谨附记。

仙释

元

李龙　兴业人。至正间，事修炼术，偶携妻至外家酣饮还，途中谓妻曰："体中燥痒不可忍，会须过前溪一浴，尔姑待于此。"有顷，风雨骤作，妻趋视之，则遍身鳞甲矣，属曰："我岁一来归，当以米糕祀我。"遂化龙去。每岁果一还，还则雨足稼丰，乡人呼其居曰"李龙宅"。

土产

布《元和郡县志》："郁林贡纻布。"

勾芒木《明统志》："皮可绩为布，郁林州出。"

椰子《格古要论》："出郁林州，树似栟榈，实大如瓜，肉白可食。锯开，中有酒微酸，谓之椰子酒。其壳可为酒器。"

人面子《格古要论》："出郁林州，春花、夏实、秋熟，两边似人面，故名。"

缩砂《明统志》："郁林州博白县出。"

葛仙米　出北流勾漏洞水泽间。暴干，仍渍以水，如粒米状。以酒泛之，清爽袭人。

苗蛮

夷人　在郁林州，居山谷，食用手搏；酒名都林，合糟共饮；死则打鼓助哀。其在废党州古党峒者，男椎髻，女散发，徒跣，吹笙，巢居夜泊。

瑶　在博白县，无版籍，散居各堡。在北流，居县治南鸡儿坡、南禄、茆田、那留等十二村，男女跣足，或着木履，性颇驯。在陆川，居深山中，伐木烧地，种稻、粟、姜、瓜、茹芋为食；性敦朴；寄物善藏，经久不失也。

僮　在北流县，与瑶错居，习俗亦同。

俍　在郁林州东北四十里，抵大容山皆是，俗近瑶而不为患。明正德间，苦流寇募充戍兵。其后授田编户，谓之熟俍。在博白，善用铜砲，健守石梯、界牌诸隘，设倮目总之。佃田输赋，与民无异。在陆川者，来自宾州，使充戍卒，授田耕守，别置倮籍。在兴业，居兴德乡二三图，耕山采樵，夜然松薪代烛。

山子 在博白县者，即瑶类，习尚亦同。在陆川县者，居山伐木种地，性极淳朴。

纂修官（臣）李绍昉恭纂（臣）蒋立镛恭纂
提调官前总纂（臣）郑绍谦恭覆辑
校对官（臣）吴清皋恭校

附　录

一、广西统部总表

	秦	两汉	三国	晋	南北朝	隋
	桂林象郡地	初属南越国，元鼎中为交州郡。苍梧、郁林二郡地，兼为荆州零陵郡南境。	吴增置始安、临贺、桂林、宁浦死郡，分属广州。	始安、苍梧、郁林、桂林、临贺、晋兴六郡分属广州。	宋属广、湘、越三州，梁置桂、静二州。	始安、苍梧、永平、郁林四郡。
桂林府	桂林郡地	零陵郡地	始安郡（吴甘露初置，治始安）	始安郡	桂州始安郡（宋改，始建国，齐复郡，梁置州）	始安郡（大业元年废州。）
柳州府	桂林郡地	郁林郡地	吴分置桂林郡。	桂林郡（移治潭中，后复废）	马平郡（梁置）	废
庆远府	象郡地	郁林郡地		蛮地		
思恩府		郁林郡地		晋兴郡地		
平乐府	桂林郡地	苍梧郡地	吴为始安郡地		宋属始建国，齐属始安郡。	
梧州府	桂林郡地	苍梧郡（初为南越地，元鼎六年置郡。元封五年兼置交趾刺史。后汉属交州）	苍梧郡（吴分属广州）	苍梧郡	苍梧郡	徙废。
浔州府	桂林郡地	郁林郡地			桂平郡（梁置）	废
南宁府	桂林郡地	郁林郡地		晋兴郡（大兴初置，治晋兴县）	晋兴郡	废

太平府	郁林郡地		蛮僚地		
镇安府	蛮地				
郁林直隶州	桂林郡地	合浦郡地		南流郡（宋置，属越州，梁省）、方度县（宋郡治，梁陈省）、定川县（齐置）	定川县（废郡为县，属合浦郡，后省入北流）

续

	唐	五代	宋	元	明
	属岭南道，汉分置岭南西道。	初属楚国广顺，中属南汉。	至道二年置广南西路。	初置广西等道肃政廉访使，隶湖广行省。至正末，分置广西等处行中书省。	广西布政使司（洪武九年置）
桂林府	桂州始安郡（初复置州，属岭南道。光化三年置静江军节度）	桂州（初属楚，后属南汉）	静江府（至道三年为广南西路，治绍兴。三年升府）	静江路（改路属湖广行省）	桂林府（洪武初，改府为广西布政司治）
柳州府	柳州（初置昆州，贞观八年更名。天宝初，改龙城郡。乾元初，复故）	柳州（初属楚，后属南汉）	柳州龙城郡（属岭南西路）	柳州路（改路，属广西道）	柳州府（改府，属广西布政司）
庆远府	宜州（贞观四年置粤州，乾丰中改名，属岭南道）	宜州（初属楚，后属南汉）	庆远府（初属广南西路，咸淳初升府。）	庆远南丹溪峒等处军民安抚司（初曰庆远路，大德初改置，属广西道）	庆远府（洪武三年复府，属广西布政司）
思恩府	羁縻思恩州（属邕州）		思恩州（属邕州右江道）	思恩州（属田州路）	思恩府（初属田州府，永乐初，直隶广西布政司，正统五年升府，寻改军民府，宏治末改流）
平乐府	昭州乐郡（武德四年置乐州。贞观八年更名，属岭南道）	昭州（初属楚，后属南汉）	昭州平乐郡（属广南西路）	平乐府（大德中改府，属广西道）	平乐府（属广西布政司）
梧州府	梧州苍梧郡（武德四年置州，属岭南道）	梧州（初属楚，后属南汉）	梧州苍梧郡（属广南西路）	梧州路（至元十四置安抚司，寻改路，属广西道）	梧州府（改府，属广西布政司）

浔州府	浔州浔江郡（贞观七年改置，属岭南道）	浔州（属南汉）	浔州浔江郡（属岭南西道。）	浔州路（改路，属广西道）	浔州府（改府，属广西布政司）
南宁府	邕州朗宁郡（武德四年置南晋州。贞观六年更名，属岭南道。咸通三年置岭南西道节度）	邕州（南汉改置，建武军节度。晋天福中更名诚州，汉初复故）	邕州永宁郡建武军（兼置军，属广南西路）	南宁路（初曰邕州路，兼置左右两江镇抚，泰定初更名，属广西道）	南宁府（洪武初改府，属广西布政司）
太平府	开置羁縻诸州，属邕州。		初分为左江道，后析置太平砦，仍属邕州。	太平路（置，属左江道）	太平府（洪武二年改府，属广西布政司）
镇安府			右江镇安军民宣抚司	镇安路（改路，属湖广行省）	镇安府（洪武二年改府，属广西布政司）
郁林直隶州	牢州定川郡（武德二年置义州。贞观十一年更名。天宝初改郡，属岭南道）、南流县（武德四年置，属容州。贞观十一年移牢州，治此）、定川县（武德四年复置，属容州。寻属牢州）、宕川县（属潘州，后属牢州）、	牢州（属南汉）、南流县、定川县宕川县、容山县、党州善劳县	郁林州（开宝七年废牢州。至道二年移州来治，属广南西路）、南流县（属郁林州，后为州治）、	郁林州（属广西两江道）南流县	郁林州（洪武五年改，属梧州府）、南流县（洪武五年省入州）
	容山县（永淳初置安仁县，二年置平琴州，兼领怀义、福阳、古符三县。垂拱初，州废。神龙三年复置。至德二载改安仁县，曰容山。建中二年，州废，县属党州）、党州宁仁郡（永淳初开古党峒置）、善劳县（永淳初置州治，兼领抚安、善文、宁仁三县）		定川县（开宝五年省）、宕川县（开宝中省）、容山县（开宝七年省）、党州（省）、善劳县（省）		

二、桂林府表

	秦	两汉	三国	晋	南北朝	隋
桂林府	桂林郡地	零陵郡地	始安郡（吴甘露初置，治始安）	始安郡	桂州始安郡（宋改，始建国，齐复郡，梁置州）	始安郡（大业元年废州）
临桂县		始安县（汉置，属零陵郡）	始安县（郡治）	始安县	始安县	始安县（郡治）
兴安县		始安县地				置临桂镇。
灵川县		始安县地				
阳朔县		始安县地	尚安县(吴置，属始安郡）	熙平县(武帝更名）	熙平县（齐后废）	阳朔县（开皇十年改置，仍属始安郡）
永宁州		始安、潭中二县地。		常安县（太康初析置，属始安郡）	梁化郡（梁置）梁化县（梁改置）	梁化郡（开皇中废郡，寻改县，曰纯化。大业二年省入始安）
永福县		始安县地	吴为始安、永丰二县地。			仁寿初，分置兴安县。
义宁县		始安县地				
全州		零陵郡（元鼎六年置，后汉徙)零陵县（郡治)洮阳县（属零陵郡）	零陵县（属零陵郡）洮阳县	零陵县洮阳县	零陵县洮阳县	湘源县（初改置，属零陵郡）零陵县（废)洮阳县（废）
灌阳县		零陵县地	灌阳县（吴置，属零陵郡）	灌阳县	灌阳县	初省入湘源，大业末复置，曰灌阳。
龙胜厅						

续

	唐	五代	宋	元	明
桂林府	桂州始安郡(初复置州，属岭南道。光化三年置静江军节度）	桂州（初属楚，后属南汉）	静江府（至道三年为广南西路，治绍兴，三年升府）	静江路（改路属湖广行省）	桂林府（洪武初，改府为广西布政司治）
临桂县	临桂县（武德四年，复为州治，并析置福禄县。贞观八年仍省入更名）	临桂县	临桂县（府治）	临桂县（路治）	临桂县（府治）

兴安县	全义县（武德四年置临源县，属桂州。大历三年更名）	全义县（晋开运三年，湖南马氏于县置溥州）	兴安县（乾德初州废，仍属桂州。太平兴国初更名，后属静江府）	兴安县（属静江路）	兴安县（属桂林府）
灵川县	灵川县（龙朔二年置，属桂州）	灵川县	灵川县（属静江府）	灵川县（属静江路）	灵川县（属桂林府）
阳朔县	阳朔县（武德四年分置归义县，俱属桂州，贞观处省入）	阳朔县	阳朔县（南宋后省）	阳朔县（初复置，属静江路）	阳朔县（属桂林府）
永宁州	古县（乾宁三年分置，属桂州）慕化县（武德四年复置纯化，属桂州。永贞初更名）	古县慕化县	古县（属静江府）慕化县（嘉祐六年省）	古县（属静江路。）	永宁州（初曰古田县，复没于瑶蛮。隆庆中置州，属桂林府）
永福县	永福县（武德初置，属桂州）理定县（至德二载更名，属桂州）	永福县理定县	永福县（属静江府）理定县（属静江府）	永福县（属静江路）理定县（属静江路。）	永福县（初属桂林府，后属永宁州）理定县（正统五年省）
义宁县	灵川县地	义宁县（晋天福中置，属桂州）广明县（唐末置，属桂州）	义宁县（开宝五年省，六年复置，属静江府）	义宁县（属静江路）	义宁县（初属桂林府，后属永宁州）
全州	湘源县（属永州。）	全州（晋天福中置）、清湘县（晋天福中更名，为州治）	全州（属荆湖南路。绍兴初，听广西路节制）清湘县	全州（改路属湖广行省）、清湘县（路治）	全州（洪武初升府，寻降州，属湖广永州府。二十八年，改属桂林府。洪武九年省入州）
灌阳县	灌阳县（武德七年废。上元二年复置，属永州）	灌阳县	灌阳县	灌阳县（属全州路）	灌阳县（属全州）
龙胜厅					义宁县地

三、柳州府表

	秦	两汉	三国	晋	南北朝	隋
柳州府	桂林郡地	郁林郡地	吴分置桂林郡。	桂林郡（移治潭中，后复废）	马平郡（梁置）	废
马平县		潭中县（属郁林郡）	潭中县（属桂林郡）	潭中县（郡治）	潭中县（宋省，齐复置，属桂林郡，后废）	马平县（开皇十一年析置，为象州。大业初，属始安郡）
雒容县		潭中县地				象县（置，属始安郡）
罗城县		潭中县地			齐熙郡地	开皇十一年析置。《临祥县史》"旧有黄水县，俱大业初省。"
柳城县		潭中县地			龙城县（梁置）	龙城县（属始安郡）
怀远县		潭中北境，牂牁蛮地。			齐熙郡地	
融县		潭中县地			齐熙郡（齐置，梁兼置东宁州）、齐熙郡（郡治）	初废郡。开皇十八年改州曰融州。大业初废。义熙县（开皇十八年更名融州治,后属始安郡）
象州		中留县地	桂林郡（吴分置武安）、武安县（郡治，后徙）	桂林郡武熙县（太康中更名，属郁林郡）	桂林郡（治武熙。梁置桂州，寻徙，又分置象、韶阳等郡）武熙县（宋属桂林郡，梁郡治）	废诸郡，置象州。大业初废。阳寿县（置，又有灌阳县。开皇十八年改名"阳宁"。大业初省入，属始安郡）、桂林县（开皇中置，属始安郡。又有西宁县，大业初省入）
来宾县		潭中县地				严州循德郡（乾封二年置州，属岭南道）、来宾县（武德四年，置文安县，旋更名乐沙，属昆州。贞观七年省,寻改置怀义县,为严州治。天宝二年又更名）

续

	唐	五代	宋	元	明
柳州府	柳州（初置昆州，贞观八年更名。天宝初，改龙城郡。乾元初，复故）	柳州（初属楚，后属南汉）	柳州龙城郡（属岭南西路）	柳州路（改路，属广西道）	柳州府(改府，属广西布政司)
马平县	马平县（初为昆州治。武德四年析置新平县。贞观中为柳州治，寻省新平）	马平县	马平县（初为柳州治。咸淳中，属柳州）	马平县（属柳州路）	马平县(府治)
雒容县	洛容县（永徽中置，属严州，天授二年，属柳州）象县（初属桂州，后属柳州）	洛容县象县	洛容县 象县（嘉祐六年省）	洛容县	雒容县（万历三年移今治，属柳州府）
罗城县	武阳县（武德四年复置临牂、黄水二县。又置安修县。自贞观中，省黄水、安修二县。永徽初，并省临牂县入融水。龙朔二年复置，临牂更名，属融州）	武阳县	开宝五年分置罗城县，属融州。熙宁七年省入融水。武阳县（熙宁七年省入融水）		罗城县（洪武二年复置，属融州。十年改，属柳州府）
柳城县	武德四年置龙州。贞观七年废。龙城县（初为龙州治，又分置柳岭县，贞观七年省，属柳州）	龙城县	柳城县（景德三年更名。咸淳初，为柳州治）	柳城县（路治）	柳城县（初移今治，属柳州府）
怀远县	初为融州地，后为古州蛮地。		怀远县（崇宁四年置怀远军，寻升为平州，兼置怀远县。政和初，州、县俱废，寻复置州。宣和二年赐名"怀远郡"。绍兴四年废）	怀远县	洪武十年省。十四年复置，属柳州府。万历十九年移今治。
融县	融州融水郡(初复置州，属岭南道)融水县（武德六年更名）	融州融水郡。融水县	融州融水郡（大观初置黔南路。三年，赐名"清远军"广南西路）	融州（初改路，属广西道，寻降州，属广西道）融水县	融县（洪武十年降县，属柳州府）、融水县（洪武初省入州）

象州	象州象山郡（武德四年置州，治阳寿。贞观十三年移治武化。大历十二年，复治阳寿）、阳寿县（州治）、桂林县（武德四年复析桂林，置桂林、武德二县。又于武德置象州。贞观十二年省西宁入。武德十三年移州治武化。天宝初，省武德入阳寿。乾封初省桂林入武仙）、武化县（武德四年置，并析置长风县，属晏州，寻属象州，大历十一年省）	象州（属南汉）、阳寿县、武化县	象州象山郡（属广南西路，景定三年徙）、阳寿县、武化县（熙宁四年省。元祐初复置。南渡后省）	象州（初治阳寿，升路，属广西道，寻降州）、阳寿县	象州（属柳州府）、阳寿县（洪武二年省入州）
来宾县	严州循德郡（乾封二年置州，属岭南道）、来宾县（武德四年，置文安县，旋更名乐沙，属昆州。贞观七年省，寻改置怀义县，为严州治。天宝二年又更名）	严州（属南汉）、来宾县（属南汉）、循德县（省）、归化县	严州（开宝七年省。属柳州）、来宾县（属象州）、归化县（省）	来宾县	来宾县（初改，属柳州府）

四、庆远府表

	秦	两汉	三国	晋	南北朝	隋	唐
庆远府	象郡地	郁林郡地		蛮地			宜州（贞观四年置粤州，乾封中更名，属岭南道）
宜山县							龙水县（贞观四年置州治）、崖山县（贞观九年置，属柳州，后属宜州）、洛曹县（初置洛封县，属柳州。元和十三年更名）、东玺县（属宜州）、羁縻温泉州温泉郡（隶桂州都督府）、羁縻思顺州（隶桂州都督府）、羁縻蕃州（隶桂州都督府）、羁縻述昆州（隶桂州都督府）琳州（隶黔州都督府）
天河县		蛮地					天河县（贞观四年置，属粤州，后属宜州）
河池州		蛮地					羁縻智州地。

思恩州	蛮地					环州正平郡（贞观十二年置，治正平，属岭南道，后移来治）、思恩县（贞观中置，属环州，后为州治）、正平县（州治，后州徙，县废） 福零县、龙源县、饶勉县、武石县、歌良县、都蒙县（与州同置，寻俱废）、羁縻抚水州（隶黔州都督府，领抚水、古劳、多蓬、京水四县）
东兰州	蛮地					
那地土州	蛮地					
南丹土州	蛮地					
忻城土县	蛮地					芝州忻城郡（初置纤、归、思、忻、芝五州。天宝初并为忻城郡，后复月芝州，属岭南道）、忻城县（州治）、富录县、平西县、多灵县、思龙县（俱贞观中置，属芝州）、羁縻纤州（领东区、吉陵、宾安、南山、都邦、纤质六县，属桂州都督府）、羁縻归思州（领履博、罗遵、都恩、吉南、许水五县，属桂州都督府）

续

	五代	宋	元	明
庆远府	宜州（初属楚，后属南汉）	庆远府（初属广南西路，咸淳初升府）	庆远南丹溪峒等处军民安抚司（初曰庆远路，大德初改置，属广西道）	庆远府（洪武三年复府，属广西布政司）
宜山县	龙水县 崖山县 洛曹县 东玺县(省)	宜山县（宣和初更名，后为府治）崖山县（景祐三年省）、洛曹县（淳化初改，属宜州。嘉祐七年省）、温泉州（领温泉、洛富二县，属宜州）、思顺州（领安宁、钦化、严栖三县，属宜州，后省）、蕃州（领蕃水、都伊、思寥三县，属宜州）、述昆州（领夷蒙、夷水、古桂、临山、都陇五县，属宜州）、归化州（领归朝、洛回、洛都、洛巍四县，属宜州。后省）、琳州（领多梅、古阳、歌良、多奉四县，寻省）	宜山县（路治）	宜山县（府治）
天河县	天河县	天河县（大观初省，靖康初，复置，后属庆远府）	天河县	天河县（万历中移今治）

河池州		河池县（初置，属金城州，后属智州。治平二年，属宜州。大观初，增置庭州，改县曰怀德。四年，州废，复故名。后属庆远府）、羁縻智州（领英罗、富力、智本、兰江、平林五县，属宜州，后省）、羁縻金城州（领金城、河池、宝安三县，属宜州，后省）	河池县（属庆远路）	河池州（宏治七年升州，仍属庆远府。嘉靖四年移今治）
思恩州	环州思恩县	环州（熙宁八年省）、思恩县（属宜州，后属庆远府）、羁縻镇宁州（领福宁、礼丹二县，熙宁八年省）、溪州（大观初置，四年省）、抚水州（祥符中，改安化军）	思恩县（属庆远路）	思恩县（宏治十七年，属河池州）
东兰州		兰州（领都彝、阮平、如江三县，属宜州）、羁縻文州（领思阳、芝山、都黎三县，属宜州。又有兑州万松县，隆州兴隆县俱政和四年置，宣和三年废）	东兰州（改名）	东兰州（属庆远府）、羁縻文州（洪武十二年省）
那地土州		地州（崇宁五年置）、那州（崇宁五年置）、孚州（大观五年置，治归仁县，旋废。政和七年复置。宣和三年，州、县俱废）	地州、那州	那地州（洪武初省那州入，更名，属庆远府）
南丹土州		南丹州(初置，大观初改曰"观州"。四年，复故名)、中平县(属南丹州，寻废)	南丹州（初置南丹州安抚司。大德初并，属庆远路）	南丹州（洪武初复置。二十八年废州为卫。永乐二年复故，属庆远府）
忻城土县	忻城县（属南汉）	羁縻芝州(属宜州。庆历三年废)、忻城县（属庆远府）、纡州（庆历三年省）、归思州（庆历三年省）	忻城县（属庆远路）	忻城县（宏治间降为土县，仍属庆远府）

五、思恩府表

	秦	两汉	三国	晋	南北朝	隋	唐
思恩府		郁林郡地		晋兴郡地			羁縻思恩州（属邕州）
武缘县		领方县地		晋兴县	晋兴县（大兴初置）	武缘县（置，属郁林郡，寻废）、晋兴县（开皇十四年废）	武缘县（武德五年复置）、晋兴县（复置）
宾州		郁林郡地、领方县（属郁林郡，为都尉治）	临浦县（吴更名）	领方县（初，复故名）	领方郡（梁置）、领方县（梁为郡治）、安城郡（梁置）	领方郡（废）、领方县（属郁林郡）、安城郡（改郡为县，属郁林郡）	宾州领方郡（贞观五年置州。天宝初曰"安城郡"。至德二载更名）、琅邪县（武德四年析置，属南方州。贞观五年，属宾州）、领方县、思干县（武德四年置，贞观中省）、保城县（属宾州。至德中更名）
迁江县		领方县地					羁縻思刚州（属邕州都督府）
上林县		领方县地					澄州（武德四年置南方州。贞观八年更名，属岭南道）、上林县（武德四年析置）、无虞县（武德四年置）、止戈县（武德四年置）、贺永县（武德四年置，属澄州）
田州土州		郁林郡地		蛮地			田州横山郡（开元中置，治都救，天宝初置郡）、都救县（州治）、恩城州（置，属邕州）
上林土县		蛮地					

续

	五代	宋	元	明
思恩府		思恩州（属邕州右江道）	思恩州（属田州路）	思恩府（初属田州府，永乐初，直隶广西布政司，正统五年升府，寻改军民府，宏治末改流）
武缘县	武缘县、晋兴县	武缘县、乐昌县(开宝五年更名，景祐三年省）	武缘县（属南宁路）	武缘县（万历七年，改属思恩府）
宾州	宾州领方郡（属南汉）、琅邪县、领方县、保城县	宾州安城郡（开宝五年州废。六年复置，更郡名，属广南西路）、琅邪县（开宝六年省，移州并领方县来治）、领方县（徙）、保城县（开宝六年省）	宾州（初升宾州路，属广西道，复降州）、领方县	宾州（属柳州路）、领方县（初省入州）
迁江县	羁縻思刚州	迁江县(天禧四年改置，属宾州）	迁江县	迁江县
上林县	上林县、无虞县、止戈县、贺永县	澄州(开宝五年省)、上林县(属邕州。端拱三年改，属宾州）、无虞县（省）、止戈县（省）、贺永县（省）	上林县	上林县
田州土州	田州、都救县、恩城州	田州（属邕州右江道）、羁縻娄凤州（属邕州右江道）、上隆州（属横山寨）恩城州	田州路（升路）、来安路（属右江道）、羁縻娄凤州（废）、上隆州（属田州路）、恩城州	田州路（洪武初升府。嘉靖七年降州，增置田宁府。八年，府废，复为州，直隶广西布政司）、来安路（洪武初升府，寻省入）、上隆州（成化三年徙废）、恩城州（直隶广西布政司，宏治中废）
上林土县		上林县（属横山寨）	上林县（属田州路）	上林县（属思恩府）

六、泗城府表

	秦	两汉	三国	晋	南北朝	隋	唐	五代	宋	元	明
泗城府									泗城州（皇祐中置，属邕州横山寨）、利州（属邕州横山寨）	泗城州（属田州路）、利州、唐兴州（属来安路）	泗城州（洪武初，移治古磡洞，直隶广西布政司）、利州（嘉靖初省入）、唐兴州（废）、程县（洪武二十一年置，正统中废）
凌云县									泗城州地	泗城州地	泗城州地
西隆州										安隆砦	永乐初置安隆长官司，属广西布政司。
西林县											永乐七年置上林长官司，属广西布政司，万历中省入。

七、平乐府表

	秦	两汉	三国	晋	南北朝	隋
平乐府	桂林郡地	苍梧郡地	吴为始安郡地。		宋属始建国，齐属始安郡。	
平乐县		荔浦、富川二县地	平乐县（吴置，属始安郡）	平乐县	平乐县	平乐县
恭城县		富川县地	平乐县地			
富川县		富川县（属苍梧郡）、冯乘县（属苍梧郡）	富川县（吴属临贺郡）、冯乘县（吴属临贺郡）	富川县、冯乘县	富川县、绥越县（陈置）、冯乘县	富川县、绥越县（大业初省）、冯乘县（属零陵郡）
贺县		临贺县（属苍梧郡）、封阳县（属苍梧郡）	临贺郡（吴黄武五年置）、临贺县（郡治）、建兴县（吴置，属临贺郡）、封阳县（吴属临贺郡）	临贺郡、临贺县、兴安县（太康初更名）、封阳县	临贺郡（宋泰始五年更名临庆国，齐复故）、临贺县、荡山县（梁置）、兴安县、封阳县	临贺郡（初废郡，置贺州，大业初废）、临贺县（大业初废，十二年复置，属苍梧郡）、荡山县（大业二年省）、桂岭县（开皇十八年更名，属熙平郡）、封阳县（属苍梧郡）

荔浦县	荔浦县（属苍梧郡）	荔浦县（吴属始安郡）、永丰县（吴分置，属始安郡）	荔浦县、永丰县	荔浦县、永丰县	荔浦县、永丰县（废）
修仁县	荔浦县地	建陵县（吴分置，属苍梧郡）	建陵县	建陵左县（宋属始建国，齐加"左"字，属始安郡，梁复故）	建陵县
昭平县	临贺县地			静州梁寿郡静慰郡（梁置）、龙平县（梁置州，郡治）、豪静县（梁置，兼置武城郡。陈置逍遥郡）、开江县（梁置，兼置开江郡）	静州梁寿郡静慰郡（初废二郡，大业初废州）、龙平县（属始安郡）、豪静县（废诸郡属始安郡）、开江县(郡县俱省)
永安州	荔浦县地				隋化县(开皇十年分置，属始安郡)

续

	唐	五代	宋	元	明
平乐府	昭州乐郡（武德四年置乐州。贞观八年更名，属岭南道）	昭州（初属楚，后属南汉。）	昭州平乐郡（属广南西路）	平乐府（大德中改府，属广西道）	平乐府（属广西布政司）
平乐县	平乐县（州治。又分置沙亭县，贞观七年省）、永平县（证圣初置，属昭州）	平乐县永平县	平乐县、永平县（开宝五年省）	平乐县(府治)	平乐县
恭城县	恭城县（武德四年置，属昭州）	恭城县	恭城县	恭城县(属平乐府)	恭城县（成化十三年移今治）
富川县	富川县、绥越县（武德四年复置，贞观十二年省）、冯乘县（属贺州）	富川县、冯乘县	富川县、冯乘县（开宝五年省）	富川县	富川县（洪武九年改属平乐府，二十八年移今治）
贺县	贺州临贺郡(武德四年复置州，属岭南道)、临贺县（州治）、荡山县（武德四年复置，属贺州）、桂岭县（属贺州）、封阳县（属贺州）	贺州、临贺县、荡山县、桂岭县、封阳县	贺州（初属广南东路，后属广南西路）、临贺县、荡山县（开宝四年省）、桂岭县、封阳县（开宝四年省）	贺州（属广西道）、临贺县、桂岭县(末废)	贺县（洪武十年降县，属平乐府）、临贺县（洪武二年省入州）

荔浦县	荔浦县（武德四年于县置荔州，并析置崇仁县。贞观十二年州废，寻省入，属桂州）、丰水县（武德四年复置，属昭州，后属桂州。长庆三年更名）	荔浦县永宁县（梁复更名）	荔浦县、永宁县（熙宁中省）	荔浦县	荔浦县（宏治四年改属平乐府）
修仁县	修仁县（属桂州，贞观初置晏州，又置武龙县。十二年，州县俱废。长庆初更名）	修仁县	修仁县（熙宁中省入荔浦，元丰初复置）	修仁县	修仁县（初属桂林府，宏治四年改属平乐府）
昭平县	富州开江郡（武德四年复置。贞观八年更名，属岭南道）、龙平县（武德四年析置归化、安乐、博劳等县，九年省入，为富州治）、豪静县（贞观中省入苍梧）、思勤县（圣历元年置，并置武安州。开元三年州废）、马江县（武德五年复置，属梧州。神龙初，属富州。长庆初更名）	富州龙平县思勤县马江县	富州（开宝五年省）、龙平县（属昭州，熙宁中属梧州。元丰中仍属昭州。宣和中更名昭平。淳熙六年复故）、思勤县（开宝五年省）、马江县（开宝五年省）	龙平县（属平乐府）	昭平县（洪武十八年省入平乐。万历四年复置，更名，仍属平乐府）
永安州	蒙州蒙山郡（武德四年置南恭州。贞观把年更名，属岭南道）、立山县（武德四年更名，为州治。又分置岭政县，贞观十二年省）、正义县（武德五年，分荔浦置纯义县，属南恭州。贞观中，属鹓州，寻还属蒙州，永贞初更名）、东区县（武德五年，分立山县，置，属荔州，寻属南恭州。贞观六年属荔州，寻属蒙州）	蒙州立山县正义县东区县	蒙州（熙宁五年省）、立山县（属昭州）、正义县（熙宁五年省）、东区县（熙宁五年省）	立山县（属平乐府）	永安州（成化十三年复置，更名，属桂林府。宏治四年改属平乐府）、立山县（洪武十八年省入平乐府）

八、梧州府表

	秦	两汉	三国	晋	南北朝	隋
梧州府	桂林郡地	苍梧郡（初为南越地，元鼎六年置郡。元封五年兼置交阯刺史。后汉属交州。）	苍梧郡（吴分属广州）	苍梧郡	苍梧郡	徙废。

苍梧县	广信县（郡治）、猛陵县（属苍梧郡）	广信县、新宁县（吴置）、猛陵县	广信县、宁新县（太康元年更名，寻废）、遂城县（置，属苍梧郡）猛陵县	广信县、宁新县（宋省，齐复置）、遂城县、猛陵县	苍梧县（更名，属苍梧郡）、宁新县（省）、戎城县（开皇十一年更名，属永平郡）、猛陵县（省入豪静）
藤县	猛陵县地		永平郡（升平五年置，治安沂）、夫宁县（义熙中析置，属永平郡）、安沂县（郡治）	永平郡（齐移夫宁，梁兼置石州）、夫宁县(齐为郡治，梁为州郡治)、安沂县（齐属永平郡，梁更名安基兼置建陵郡）	永平郡（初废郡，改州名藤州。大业初，复郡）、永平县（开皇中更名，后为郡治）、安基县（属永平郡）、隋安县（开皇十九年置，属永平郡）、贺川县（开皇十九年置，属永平郡）、淳民县（开皇十九年置，属永平郡）
容县	合浦县地		荡昌县（武帝析置，属合浦郡）	阴石郡（梁置）、阴石县（梁更名，郡治）	阴石郡（废）、普宁县（初更名奉化、开皇十九年又改，属永平郡）、宁人县（开皇十五年置安人，十八年更名）
岑溪县	猛陵县地			永业县（梁置永业郡，寻改县，后省）	永业县（开皇十六年复置，属永熙郡）
怀集县	四会县地		怀化县（元熙中置，属新会郡）	怀集县（宋元嘉中改置，属绥建郡）、荐安县（齐置，属广州）、永固县（宋文帝置，大明初省入开建）	怀集县（属广州）、荐安县（属熙平郡）

续

	唐		五代	宋	元	明
梧州府	梧州苍梧郡（武德四年置州，属岭南道）		梧州（初属楚，后属南汉）	梧州苍梧郡（属广南西路）	梧州路（至元十四年置安抚司，寻改路，属广西道）	梧州府（改府，属广西布政司）
苍梧县	苍梧县、戎城县（初属藤州，后属梧州）、猛陵县（武德四年复置，更名，属藤州，贞观八年改属梧州）		苍梧县、戎城县、猛陵县	苍梧县、戎城县（熙宁四年省）、猛陵县（开宝四年省）	苍梧县（路治）	苍梧县（府治）

藤县	藤州感义郡（武德四年复置州。天宝初更名）、镡津县（州治，贞观初更名）、义昌县（初属藤州。贞观中为泰州治。二十三年，县废。至德二载更名）、隋安县（贞观末省）、贺川县（贞观末省）、感义县（武德七年更名，属藤州）宁风县（贞观五年置，七年为泰州治，十八年州废，属藤州）	藤州（属南汉）、镡津县、义昌县、感义县、宁风县	藤州感义郡（属广南西路）镡津县、义昌县（开宝三年省）、感义县（开宝三年省）、宁风县（开宝三年省）	藤州（属广西道）、镡津县	藤州（洪武十一年降县，属梧州府）、镡津县（洪武五年省入州）
容县	容州普宁郡（元和中移治，属岭南道）、普宁县（初分置新安县，属容州。贞观十一年省。元和中移州来治）、渭龙县（武德四年置，属容州）、宕昌县（武德四年置，属容州。建中三年改属禺州，后废）、欣道县（初属藤州，贞观二十三年更名，属容州）	容州（初属楚，后属南汉）、普宁县、渭龙县欣道县	容州普宁郡（属广南西路）普宁县、渭龙县（开宝五年省）、欣道县（开宝五年省）	容州（初升路，寻降州，属广西两江道）、普宁县	容县（洪武十年降县，属梧州府）普宁县（省入州）
岑溪县	义州连城郡（武德四年置南义州。贞观初改义州，属岭南道）、龙城县（武德四年置州治。至德二载更名岑溪）、义城县（武德五年析置，乾元中废）、永业县（初更名安义，属南义州。至德中复故）、连城县（武德五年置，属南义州）	义州、岑溪县、永业县、连城县	义州（太平兴国初改南仪州，熙宁四年省）、岑溪县（属藤州）、永业县（省）、连城县（省）	岑溪县	岑溪县（洪武十一年，改属梧州府）
怀集县	怀集县（武德五年置威州，贞观初废，属南绥州，寻属广州）、荞水县（武德五年置齐州，贞观初废，属绥州。十三年，属广州。至德二载更名）、永固县（初复置，属广州。开元二年省）	怀集县、荞水县	怀集县、荞水县（开宝五年省）	怀集县（改属贺州）	怀集县（洪武九年，改属梧州府）

九、浔州府表

	秦	两汉	三国	晋	南北朝	隋
浔州府	桂林郡地	郁林郡地			桂平郡（梁置）	废
桂平府		布山县地。阿林县（属郁林郡）	阿林县	阿林县	阿林县	桂平县（置，属郁林郡）、皇化县（开皇十一年置，大业初省）、大宾县（开皇十五年置，属永平郡）阿林县
平南县		猛陵县地		武城县（初置，属郁林郡，后废）	武林县（宋元嘉二年更名，属永平郡）	武林县、隋建县（开皇十九年置，属永平郡）
贵县		郁林郡（治布山）、布山县(郡治）	郁林郡布山县	郁林郡布山县	郁林郡（梁兼置南定州）布山县（梁陈间分置龙山县）怀泽县	郁林郡（初废郡，改尹州，治郁林县。大业二年改郁州，旋复为郡）、郁林县（开皇十年置，郡治）、布山县（大业初省）、怀泽县（省）、马度县（开皇十一年置，属郁林郡）
武宣县		中留县（属郁林郡，后汉曰中溜）	中溜县	中溜县（初省，后复置）	桂林郡（宋移治，后徙）、中溜县（宋郡治，齐属桂林郡）	桂林郡（桂林县地）、中溜县（开皇十一省）

续

	唐	五代	宋	元	明
浔州府	浔州浔江郡（贞观七年改置，属岭南道）	浔州（属南汉）	浔州浔江郡（属岭南西道）	浔州路（升路，属广西道）注：升路，《总表》作"改路"。	浔州府（改府，属广西布政司）
桂平府	桂平县（贞观七年复为州治。又分置陵江县，十二年省）皇化县（贞观七年复置）、大宾县（武德七年置浔州，旋徙县属）、繡州常林郡（武德四年置林州，六年更名。天宝初又改，为郡）、常林县（武德四年置，旧有归诚县，贞观六年省入）、阿林县（属繡州）、罗绣县（武德四年置，属繡州）、卢越县（武德四年置，贞观六年省）	桂平县、皇化县、大宾县、繡州、常林县、阿林县、罗绣县	桂平县、皇化县（开宝五年省）、大宾县（开宝五年省）、繡州（开宝六年省）、常林县（开宝六年省）、阿林县（开宝六年省）、罗绣县（开宝六年省）	桂平县（路治）	桂平县（府治）、武靖州（成化三年置，万历末省）

新宁州	如和县（武德五年置，属钦州）。景云二年改属邕州）、羁縻西原州（领罗和、古林、罗淡三县，属安南都护府，后没于蛮）	如和县	羁縻武黎州（景祐二年置，属邕州左江道）、如和县（景祐二年省入宣化）	羁縻武黎州（省）	新宁州（隆庆六年析置，属南宁府）
隆安县	思笼县（乾元后分置，属邕州）	思笼县	思笼县（开宝五年省入宣化）		隆安县（嘉靖七年置，属南宁府）
横州	横州宁浦郡（武德四年复置简州，旋改南简州。贞观八年又更名，属岭南道）、宁浦（属横州）、蒙泽县（武德四年析置，贞观十二年省）、从化县（武德四年置淳风县，属横州，永贞初更名）、乐山县（属横州）、岭山县（属横州）	横州（属南汉）宁浦县、从化县、乐山县、岭山县	横州宁浦郡（属广南西路）、宁浦、从化县（省）乐山县（省）、岭山县（省）	横州（初升路。元贞初降州，属广西道）宁浦县	横州（洪武初属浔州府，十年降县，改属南宁府，十四年复升州）宁浦县（初省入州）
永淳县	峦州永定郡（贞观末置州。后废。开元十五年复置，天宝初改郡属岭南道、永定县（贞观末置，州治）、武罗县（贞观末置，属峦州）、灵竹县（贞观末置，属峦州）	峦州（属南汉）、永定县、武罗县、灵竹县	峦州（开宝五年省）、永淳县（初属横州。熙宁四年省。元祐三年复置更名）、武罗县（开宝五年省）、灵竹县（开宝五年省）	永淳县（属横州）	永淳县（洪武十年改，属南宁府）
上思州	羁縻上思州（属邕州都督府）、瀼州临潭郡（贞观十二年置州，领临江、波零、鹄山、宏远等四县）		上思州（属左江道）	上思州（属思明路）	上思州（宏治中改属南宁府）
归德土州			羁縻归德州（熙宁中置，属邕州横山寨）	归德州（属田州路）	归德州（直隶广西布政司，宏治十八年改属南宁府）
果化土州			羁縻果化州（属邕州横山寨）	果化州（属田州路）	果化州（直隶广西布政司，宏治十八年改属南宁府）
忠州土州			羁縻忠州（属邕州左江道）	忠州（属思明路）	忠州（初属思明府，隆庆三年改属南宁府）

十一、太平府

	秦	两汉	三国	晋	南北朝	隋	唐
太平府	郁林郡地			蛮僚地			开置羁縻诸州，属邕州。
崇善县	临尘、雍鸡等县地。						
左州							羁縻左州（属邕州）
养利州							
永康州							羁縻思同州（属邕州）
宁明州							
太平土州							
安平土州							羁縻波州（属邕州）
万承土州							羁縻万承州（属邕州） 羁縻万形州（属邕州）
茗盈土州							
全茗土州							
龙英土州							
佶伦土州							
结安土州							
镇远土州							
都结土州							
思陵土州							羁縻思陵州（属安南都护府）
江州土州							
思州土州							羁縻思明州（属邕州都督府）
下石西土州							石西州地
上下冻土州							
凭祥土州							
罗白土县							
罗阳土县							

续

	五代	宋	元	明
太平府		初分为左江道，后析置太平砦，仍属邕州。	太平路（置，属左江道）	太平府（洪武二年改府，属广西布政司）

崇善县	羁縻崇善县（初置，属太平砦）	崇善县（属太平路）	崇善县（初属太平府，嘉靖中移入，为府治）
左州	左州（属左江道）	左州（属太平路）	左州（属太平府，正德中移今治）
养利州	羁縻养利州（属太平砦）	养利州（属太平路）	养利州（属太平府，宣德七年改同正州）
永康州	羁縻永康县（初置，属迁隆寨）、思同州（属左江道）	永康县（属太平路）、思同州（属太平府）	永康州（初属太平府，成化八年改同正县。万历二十七年升州）、思同州（初属太平府，万历中省入）
宁明州		思明州（属思明路）	思明州（初属思明府，后改属太平府）
太平土州	羁縻太平州（属太平砦）	太平州（属太平路）	太平州（属太平府）
安平土州	安平州（皇祐初更名，属左江道）	安平州（属太平路）	安平州（属太平府）
万承土州	万承州（属左江道）	万承州（属太平路）	万承州（属太平府）
茗盈土州	羁縻茗盈州（属邕州）	茗盈州（属太平路）	茗盈州（属太平府）
全茗土州	羁縻全茗州（属邕州）	全茗州（属太平路）	全茗州（属太平府）
龙英土州	太平砦地。	龙英州（属太平路）	龙英州（属太平府）
佶伦土州	太平砦地。	佶伦州（属太平路）	佶伦州（属太平府）
结安土州	太平砦地。	结安州（属太平路）	结安州（属太平府）
镇远土州	羁縻镇远州（属邕州）	镇远州（属太平路）	镇远州（属太平府）
都结土州	太平砦地。	都结州（属太平路）	都结州（属太平府）
思陵土州	思陵州（属左江道）	思陵州（属思明路）	思陵州（直隶广西布政司）
江州土州	羁縻江州（属邕州左江道）	江州（属思明路）	江州（洪武初属思明府，二十年直隶广西布政司，后改属太平府）
思州土州	思明州（属邕州左江道）	思明路（改路，属广西道）	思明府（升府，属广西布政司）
下石西土州	下石西州（元丰后分置，属永平砦）	下石西州（属思明路）	下石西州（初属思明府，后改属太平府）
上下冻土州	羁縻冻州（属左江道）	上下冻州（初分上冻、下冻二州，寻复合为一州，属龙州）	上下冻州（属太平府）
凭祥土州		思明路地。	凭祥州（洪武十八年置凭祥镇。永乐二年升县，属思明府。嘉靖中升州）
罗白土县	罗白县（属迁隆峒）	罗白县（属江州）	罗白县（属太平府）
罗阳土县	罗阳县（属迁隆峒）	罗阳县（属太平路）	罗阳县（属太平府）

十二、镇安府表

	秦	两汉	三国	晋	南北朝	隋	唐	五代	宋
镇安府		蛮地							右江镇安军民宣抚司
天保县									
奉议州		蛮地							奉议州
归顺州		蛮地							
向武土州		蛮地							向武州（属邕州横山寨）
都康土州		蛮地							都康州（属横山寨）
上映土州		蛮地							上映州（属邕州）
下雷土州									羁縻下雷州

续

	元	明
镇安府	镇安路（改路，属湖广行省）	镇安府（洪武二年改府，直隶广西布政司）
天保县	镇安峒地	
奉议州	奉议州（属田州路）	奉议州（洪武二十八年改奉议卫，寻复为州，直隶广西布政司。嘉靖中，改属思恩府）
归顺州	归顺路	归顺路（初废，宏治九年复置，属镇安府。嘉靖初，直隶广西布政司）
向武土州	向武州（属田州路）、富劳县、武林县	向武州（洪武初改置向武军民千户所。三十三年复置州，直隶广西布政司）、富劳县（洪武间没于僚。三十五年复置，后省入州） 武林县（永乐初省）
都康土州	都康州（属田州路）	都康州（初没于僚。建文初复置，直隶广西布政司）
上映土州	上映州（属镇安路）	上映州（初废，万历三十二年复置，属思恩府）
下雷土州	废，为下雷峒。	下雷州（初属镇安府，嘉靖四十三年改属南宁府。万历十八年复州，属南宁府）

十三、郁林直隶州表

	秦	两汉	三国	晋	南北朝	隋
郁林直隶州	桂林郡地	合浦郡地			南流郡（宋置，属越州，梁省）、方度县（宋郡治，梁陈省）、定川县（齐置）	定川县（废郡为县，属合浦郡，后省入北流）
博白县		合浦县地			南昌县（梁置）	南昌县（属合浦郡）
北流县		合浦县地			北流郡（齐永明六年置，后废为县）	北流县（属合浦郡）
陆川县		合浦县地			陆川县（梁陈间置）	陆川县（大业初省入北流）
兴业县		布山县地	阴平县(吴置，属郁林郡）	郁平县(太康元年更名）	郁平县、石南郡、石南县（陈置郡治）	郁平县、石南郡（废）、石南县（属郁林郡）、兴德镇（末置，寻省）

续

	唐	五代	宋	元	明
郁林直隶州	牢州定川郡（武德二年置义州。贞观十一年更名。天宝初改郡，属岭南道）、南流县（武德四年置，属容州。贞观十一年移牢州，治此）、定川县（武德四年复置，属容州。寻属牢州）、宕川县（属潘州，后属牢州）、容山县（永淳初置安仁县，二年置平琴州，兼领怀义、福阳、古符三县。垂拱初，州废。神龙三年复置。至德二载改安仁县，曰容山。建中二年，州废，县属党州）、党州宁仁郡（永淳初开古党峒置）、善劳县(永淳初置州治，兼领抚安、善文、宁仁三县）	牢州（属南汉）、南流县、定川县、宕川县、容山县、党州善劳县	郁林州（开宝七年废牢州。至道二年移州来治，属广南西路）、南流县（属郁林州，后为州治）、定川县（开宝五年省）宕川县（开宝中省）容山县（开宝七年省）党州（省）、善劳县（省）	郁林州（属广西两江道）南流县	郁林州（洪武五年改，属梧州府）、南流县（洪武五年省入州）

博白县	白州南昌郡（武德四年置南州，六年更名，属岭南道）、博白县（武德四年置为州治。又置大都县。贞观十三年省）、南昌县（初属潘州，后属白州）、建宁县（武德四年置，并置朗平、淳良、龙豪等县，属南州，贞观中省郎平、淳良二县）、周罗县（属南州）、龙池县（贞观中置山州，领龙池、盆山二县。天宝初曰龙池郡，建中间，州县俱废）	白州（属南汉）、博白县、南昌县、建宁县、周罗县	白州南昌郡（属广南西道，南渡后省）、博白县（属郁林州）、南昌县（开宝五年省）、建宁县（开宝五年省）、周罗县（开宝五年省）	博白县	博白县
北流县	北流县（武德四年置铜州。贞观初改容州。天宝初曰"普宁郡"。元和中，州徙县废）、陵城县（武德四年置，属铜州，寻属容州）、禺州温水郡(乾封三年置东峨州，总章二年更名，属岭南道)、峨石县（总章元年为州治）、罗辩县(武德四年置陆川县，后更名，属禺州)、扶莱县（武德四年置，属窦州。贞观中省。乾封中复置，属禺州）	北流县、陵城县、禺州、峨石县、罗辩县、扶莱县	北流县（属容州）、陵城县（初改属禺州，开宝五年省）、禺州（开宝五年省）、峨石县（开宝五年省）、罗辩县（省）、扶莱县（省）	北流县	北流县（洪武十年改，属郁林州）
陆川县	陆川县（武德四年复置，属南宕州，寻属禺州，又属容州）、顺州顺义郡（大历八年置州，属岭南道）、龙化县（武德五年置，属罗州，寻属辩州，后为顺州治）、龙豪县（武德四年置，属南州，寻属白州，后属顺州）、南河县（武德五年置，属罗州，后属顺州）	陆川县、顺州、龙化县、龙豪县、南河县	陆川县、顺州（开宝五年省）、龙化县（省）、龙豪县（省）、南河县（省）	陆川县	陆川县（洪武四年改，属郁林州）
兴业县	兴业县（麟德二年置，属郁林州）、郁林州（麟德二年分置郁州。乾封元年更名，属岭南道）、郁平县（初属南尹州，贞观后属郁林州）、石南县（建中二年省）、兴德县（武德四年复置，属南尹州，寻属贵州，又改属郁林州）、潭栗县（置，属郁林州）	兴业县、郁林州、郁平县（州治）、兴德县、潭栗县	兴业县（开宝中为州治。至道二年州徙县废）、郁林州（开宝五年移州治兴业，省郁平县入之）、郁平县（省）、兴德县（省）、潭栗县（省）	兴业县	兴业县